博物日本

本草學與江戶日本的自然觀

費德里柯・馬孔
Federico Marcon ——著

林潔盈——譯　張哲嘉——審定

*The Knowledge of **Nature** and the Nature of Knowledge in **Early Modern Japan***

編輯說明

由於本書涉及大量中文、日文、英文資料，考量格式體例的統一性，因此在編輯上採取以下準則：

一、本書原文的「early modern」統一譯作「近世」。

二、作者於文中若有中、日文古籍史料的引用，為便於理解，將會以黑體字補充原文，例如「用於展覽和餘興活動的東西」（**見世物**），「人性」（**性**）；或因中文語境而有通用之日文漢字，則直接以黑體字呈現，例如日文的「**写生**」。

三、若出現對中、日原文的獨立段落引用，因考量與正文的明體字做出區隔，故統一改為楷體字，而作者對原文中所補充的部分，則會改回明體字，並以「（按：___）」標示。例如：

> 我的主公（按：前田利保）剛剛完成了他的巨作《本草通串》……

四、由於本書涉及的江戶歷史人物眾多，原文採直接以名字來稱呼日本現代化前的人物（例如將德川家康稱作「家康」）。考量中文語境的使用習慣，本書譯文仍保留連名帶姓的方式稱呼。

五、表示日文讀音時，會依羅馬拼音為主，並附上以黑體字標示的日文原文，例如「onozukara」（**自ずから**）。

一個對世界史的哲學詮釋必須說明，何以今日在種種偏差與阻力下，對自然的理性支配仍慢慢占了上風，並整合了所有的人類特徵。

——霍克海默（Max Horkheimer）與阿多諾（Theodor W. Adorno）

目次

V 日本自然的形成：江戶幕府末年

導讀

哪啊哪啊～博物學：日本「自然觀」的虛與實

洪廣冀　國立臺灣大學地理環境資源學系

沒有一種叫做「日本自然觀」的東西，而這是一本關於此點的書。

熟悉西方科學史著作的讀者，一眼即可看出，前述句子是模仿科學史家謝平（Steven Shapin）於《科學革命》（*The Scientific Revolution*）的開頭：「沒有一種叫做『科學革命』的東西，而這是本關於此事的書」（There was no such thing as the Scientific Revolution, and this is a book about it）。為何要以此句型介紹《博物日本：本草學與江戶日本的自然觀》這本書？理由很簡單，因為在與本書作者、普林斯頓大學東亞系教授馬孔（Federico Marcon）的互動中，我深深感到謝平《科學革命》一書對他的影響。如果說謝平以一本題為「科學革命」的書說明科學革命並不存在，或至少不是以教科書所說的樣子存在，那麼馬孔則要告訴讀者，各位以為的「日本自然觀」，可能都是一種後見之明的建構。

對關心臺灣環境保護與環境史的朋友而言，日本既是個臺灣應當取法與追趕的模範生，同時又是得嚴正譴責的「兇手」。一方面，有鑒於臺灣的自然資源管理體制過度以國家為中心，且重點多放在相對「原始」的「自然」，論者認為，臺灣應取法日本的「里山經驗」，在結合社區之力從事自然資源經營的同時，將重點放在刻畫著人類農耕、畜牧、漁產、林產等痕跡的淺山上。此外，為支持日本里山經驗的優越性，論者也常從電影、動漫、日劇等素材中汲取靈感，認為日本「自古以來」即有與今日環境保育相當的文化傳統。如數年前曾在臺灣造成轟動的電影《哪啊哪啊～神去村》，男主角騎著被削成陰莖狀的巨木，轟隆隆地滑入稻草紮成的的陰戶中。除了戲劇效果外，該景傳遞的訊息不言而喻。在這個以伐木為業的山村中，居民依然保有陰陽調和與天人合一的精神，敬天畏地、珍惜萬物，無怪能成就任何已開發國家都難以企及的「永續林業」。

另一方面，一談到臺灣曾經傲視全球的森林為何淪落至今日境地，總會有人振振有詞，認為日本殖民臺灣期間，大肆開發臺灣的原始林，大量檜木飄洋過海，化身為鳥居的樑柱。有趣的是，每當有人指責殖民政府是如何掠奪臺灣的森林資源，就會有另一群人起身反駁，表示戰後國民黨政府才是導致臺灣森林浩劫的元兇。追根究底，日本這個歷史與臺灣相互交織的島國，到底擁有什麼樣的自然觀？有必要指出的，不獨臺灣，當全球環境危機迫在眉睫，歐美知識分子亟思替代的環境典範時，日本的自然觀絕對是候選人之一。最明顯的例子為地理學者賈德・戴蒙的《大崩壞》（*Collapse: How Societies Choose to Fail or Succeed*）。在這本細數歷史上的人類社會如何破壞環境、最後因無以為繼而分崩離析的大歷史中，戴蒙認為只有兩個例外，一個是江戶日本，另一個則是新幾內亞的原住民部落。

在《博物日本：本草學與江戶日本的自然觀》中，馬孔為讀者回答「日本的自然觀為何？」此大哉問。然而，就馬孔而言，這恐怕是問錯了問題。他認為，在一八八〇年代日本知識人將德文「Natur」與英文「nature」譯為「自然」（しぜん）前，日文中根本沒有對應的詞彙；也就是說，在明治維新前，生活在日本列島上的人們，不具備所謂的「自然觀」。在描述「nature」一詞含括之獨立於人而存在的「物」（object）、物自身的性質，以及物不假外力地演變時，他們會採用物產、造化、天地、世界、宇宙等辭彙描述之。這就牽涉到英國著名文化研究者雷蒙・威廉斯（Raymond Williams）所說的，在英文世界中，恐怕沒有一個字，能如「nature」一般，帶有如此多重的含義（唯一的例外恐怕是「culture」）。即便如此，對關心日本（乃至於所謂「非西方」社會）之「自然觀」的研究者，這構成分析的挑戰。然而「nature」的多義是一回事，是否根本不存在某特定詞彙來掌握多義的「nature」又是另一回事。當關心「nature」的西方科學史家，能從卷帙浩繁的經典中，鎖定「nature」一詞，追溯該詞的系譜時，關心日本「自然觀」的研究者卻不能如此做。日本自然觀並非「是什麼」的問題，而是其探究該「如何可能」的問題。

——

馬孔的作法是針對一個叫做「本草學」的知識傳統。對臺灣讀者而言，提到本草，除了羊奶（六年級生才會知道的哽）以及周杰倫（七年級生的哽）外，大概就是等著在博物館中展示的傳統。馬孔告訴我們，在當代日本，本草學的地位則更為曖昧。一方面，它似乎是來自明代中國某個古怪的藥學傳統；本草學者迷信五行，認為可「以形補形」，但隨著十九世紀中後期日本的「脫亞入歐」，該傳統也就逐步式微。另一方面，就某些日本科學史家而言，日本本草學雖源自中國，但卻並非是中國本草學；日本本草學為具當代意義的生物學（biology）——日本史上的本草學者，雖不在大學教書，也不在科學期刊上發表論文，但都可說是日本生物學的先行者、先驅或「之父」。馬孔不認為如此。他認為，江戶日本的本草學既非中國本草學，同時也非近代生物學；若就性質論，它比較貼近西方一個歷史悠久的知識傳統：natural history。

什麼是natural history？科學史家一般將其起源溯至羅馬帝國的智者老普林尼（Pliny the Elder）。在西元紀年還在兩位數，也就是距今將近兩千年前，老普林尼編纂出版*Naturalis Historia*叢書，開啟了natural history這個文類。不過，科學史家也提醒我們，老普林尼的natural history

其實既不natural也不history。*Naturalis Historia*的條目除了植物、動物與礦物外，還包括經人為加工的藝術、工藝與商品；至於history，老普林尼也非專指過去發生之事；他的history毋寧是在展現一種寫作技巧與風格：描述。值得一提的是，當西歐文明進入所謂「文藝復興」，乃至於「啟蒙」與「科學革命」的時代，相較於亞里斯多德、畢達哥拉斯、托勒密等古典哲人受到的關注，以及伽利略、哥白尼、牛頓等人在知識界吹皺一池春水，natural history常被認為是難登大雅之堂的雕蟲小技，或是源自暴發戶的搜集癖罷了；而naturalist更時常被表象所迷，無力揭露自然背後的原理云云。更糟的是，由於老普林尼是在觀察火山時吸入毒氣而死，任何準備想當naturalist的人，大概都會被告誡：好奇害死貓。

Natural history的翻身要等到十八世紀。長期探究植物、動物與礦物如何入藥的瑞典醫師林奈（Carl Linnaeus），花了畢生心力，讓natural history可與邏輯、數學與物理並列，而naturalist可被尊稱為自然哲學家（natural philosopher）。首先，他視物種（species）為造物者心目中的理念，因此是貫穿古今、放諸四海皆準的。其次，以物種為基石，林奈打造出界－門－綱－目－科－屬－種的階層體系。第三，他以屬名與種小名為物種命名，傾盡全力消滅俗名，確保各物種都有一個——且只能有一個——專屬的學名。第四，他確立natural history的標準實作。一個夠格的naturalist得知道如何製作與保存標本，將之安置在特製的標本櫃中，在打造自己標本館

（herbarium）的同時，得樂於與其他 naturalist 交換標本，互通有無。第五，關於任何物種的描述得「忠於自然」（true to nature）；具體作法為盡可能地瀏覽相關標本後，推敲出造物者創造物種時的理念，或說某種鑄模（type）。

林奈的時代也是所謂地理大發現的時代。當愈來愈多珍禽異獸、奇花異草湧入 naturalist 的標本館，naturalist 開始相信，他們不僅能勾勒出造物者造物時的鑄模，甚至進一步揣摩造物者打造自然時的計畫。Naturalist 以為的造物計畫，又轉為十九世紀歐洲帝國打造版圖時的計畫。在那個帝國的年代，natural history 可說是與國利民生緊緊相繫的帝國科學；若無 naturalist 關於物種分布、特性、效用的豐富知識，任何帝國均無法以全球為尺度構思該在何處栽植茶葉、甘蔗、罌粟、棉花、橡膠、香料等經濟作物，也無從預測何處才能採得樟腦、黑檀、金雞納樹皮等天然產物。被轉為帝國科學的 natural history 參與了科學史上幾波最重要的思想革命，如十九世紀上半葉洪堡（Alexander von Humboldt）的整體論與生機論，下半葉達爾文的演化論，十九與二十世紀之交的生理學，以及二十世紀上半葉的生態學等。時至今日，即便 natural history 已不復昔日的霸主地位，但也沒有人可否認 natural history 在近代世界形成中所扮演的角色。甚至有論者認為，考慮到 natural history 與帝國的緊密關係，該學科多少得為當今的環境危機負責云云。此說有其道理，但無論如何，natural history 何嘗不是人類在面對環境危機時的一帖解藥？別的不用說，若無存放在各大博物館中的標本，以及naturalist針對個別物種的精細描述，任何關於生物多樣性、環境保育與復育、保護區劃設的討論，終將淪為空談。

——

如前所述，馬孔的核心論證正是指出日本本草學類似natural history，即natural history絕非西方文明獨有的產物。更具體地說，他認為，科學史研究者辨識出來的natural history的知識特色，如把自然視為等待被分類、描述之物，自然界存在最基本、不可被化約的單位，「忠於自然」之標本與插圖的重要性等，在江戶日本本草學中歷歷可見。據此，馬孔認為，廣泛流行的「日本自古以來即存有某種里山精神或人與自然和諧共存」的見解，經不起史料檢驗。如果說十七至十九世紀的naturalist念茲在茲的是把自然轉為物或資源，他們在江戶日本的同行，對此下的功夫不會比較少。最後，馬孔也否定另種流行的見解，即江戶日本的知識人熱烈擁抱荷蘭東印度公司引入的歐洲科學（所謂「蘭學」），確保其對自然的認識能與歐陸同步。他認為江戶本草學獨立發展出類似natural history的特色；他不否認蘭學的影響——但與其說本草學為蘭學的一支，倒不如說蘭學在接觸到本草學後，很快就被「本草化」。

此論證看來簡單，實則暗礁處處。首先，就像蝙蝠有翅膀，鳥也有翅膀，研究者不能就此認為這兩類翅膀有著同樣的起源，更不用說經歷雷同的演化過程。再者，馬孔也深知，他不能輕易地把某時某地的社會當成鳥或蝙蝠；將人類社會類比為生物，再以某種生物學的理論解釋社會動態，這正是十九世紀末期社會達爾文主義最大的謬誤。第三，呼應後殖民學者杜贊奇（Prasenjit Duara）的見解，馬孔認為研究者得從民族主義中搶救科學史。這又涉及所謂「李約瑟問題」。李約瑟（Joseph Needham）為二十世紀的英國生理學家，將其後半生奉獻在中國文明與科學的探究上。他拋出以下這個問題：曾發明火藥、印刷術、羅盤與造紙的中國，為何沒有發展出科學革命？面對此大哉問，曾有一整個世代的中國科學史家試著證明「西方有，我們也有」。馬孔認為，即便李約瑟問題並未掃到日本，他的「江戶本草學與natural history如出一轍」的見解勢必招來懷疑的目光，被批評為重蹈了「你有我也有」的覆轍。

最後，馬孔還得與科學史本身的爭論對話。該如何書寫科學的社會史或具社會學意涵的科學史？自一九七〇年代以來，便引起科學史家激烈的爭辯。論辯的焦點為內史（科學的理念或理論）與外史（科學置身的社會、政治與文化脈絡）孰輕孰重，以及自然是否為社會建構等。有趣的是，前述爭論往往與西方與非西方的分類重疊，即在探究西方科學史時，研究者常強調理念的進展，而在處理非西方時，論者則強調社會文化等外在因素。因此，相較於只探究西方或非西方的科學史家，致力將江戶本草學與natural history並駕齊觀的馬孔，得小心拿捏內史與外史的平衡；因為只要偏向一邊，必然招致批評，認為另一邊談得不夠。

馬孔的取徑反映在該書的英文標題上：The Knowledge of Nature and the Nature of Knowledge。此標題很難用中文轉譯；但簡單來說，馬孔要表達的是，不論是江戶本草學，還是natural history，都是一種知識，知識必然是社會的，且得放回其所處的社會，才能妥當理解。再者，馬孔也要藉此表達，關於自然的知識，以及該知識針對的自然，彼此為相互辯證的過程；正因為知識及其對象的關係是辯證的，知識史就不會是線性的發展，不同的知識史也不必然殊途同歸。這裡馬孔反對的是一種目的論的見解（或李約瑟所言的「海納百川」）；即認為江戶本草學將導向近代科學，從而在本草學史中揀選符合當代科學的元素，將之組裝為日本近代科學的「前史」。

在如此理解下，在四部十一章的篇幅中，以最早評注李時珍《本草綱目》的林羅山為入口，馬孔帶領讀者走入一個遍植藥草的花園，一一拜會負責各區的園丁。這趟藥草園之旅包括以田野調查修正《本草綱目》的貝原益軒，提倡文本考據的稻生若水，協助幕府將軍德川吉宗展開各藩之物產調查的丹羽正伯，致力以本草學架構理解林奈式分類學的小野蘭山與伊藤圭介，以「物產博覽會」引發大眾對本草學興趣的平賀源內，以佛經的語言詮釋植物學的宇田川榕庵，最後則為結合本草學與經濟思想的佐藤信淵。馬孔也關注本草學者的實作。他告訴讀者，目前日文用以指涉「照片」的「**写真**」，曾經是本草學者製作標本及繪製插圖時追求的目標，與同時期歐洲之naturalist追求的「true to nature」，有著異曲同工之妙。馬孔將分析的下限劃在明治初期。他認為，從林羅山評注《本草綱目》的十七世紀初期起算，歷經兩個半世紀之洗禮的江戶本草學，經歷了「除魅」(disenchantment)與「返魅」(re-enchantment)的過程。一方面，他認為，「自然被轉化成一組可以分析、表現、操縱、控制與生產的對象」，不再具備「任何形上學或神聖的光環」。另一方面，馬孔也觀察到，「相對於歐洲機械論的自然概念」，如佐藤信淵這樣的幕末本草學者，反倒相信「神的創造能力」。此「返魅」的信念，馬孔指出，「在意識形態上支持著明治日本的工業擴張，並使那些抗議汙染與環境破壞的人閉嘴」。有趣的是，他也指出，進入一八八〇年代，即明治知識人開始將「nature」翻譯為「自然」時，「這種『返魅』助長了一種新的自然概念，一方面旨在轉譯西方的『自然』概念，另一方面又賦予它（按：自然）一種不容置疑的日本獨特性，使日本與自然的關係，以及日本社會的生產關係，最終都被神話化」。

當我在哈佛大學攻讀科學史博士時，東亞系的栗山茂久教授，曾指定一本哥倫比亞大學東亞系的博士論文，要求學生閱讀。在討論時，栗山教授告訴我們，這是英文世界中唯一一本處

理日本本草學的專論。日後，在栗山教授舉辦的聚會中，我也遇到這本論文的作者馬孔，並結為學友。在幾回互動中，我深深為這名出身義大利、碩士階段才至美國攻讀學位，有著溫暖笑容的年輕博士折服。馬孔精通古典與現代日文，以及多種歐陸語言，對日本與歐陸主要的理論思潮如數家珍；他醉心於理論的思考與論辯，同時對生活周遭的蟲魚鳥獸有著敏銳的觀察力。畢業後的馬孔，花了相當多的時間將其博士論文轉為專書。當我讀到其最終版本時，為其在改寫與重寫博士論文上投注的心力，感到驚訝與佩服。同樣作為natural history的研究者，我可以體會馬孔得克服的障礙；馬孔能悠遊在不同的知識與理論傳統中，將史料與特定理論和哲學傳統對接，又不至於讓讀者感到突兀，這是功力，也是長期浸淫在史料與多種人文思潮中的結果。

《博物日本》不是本好讀的書。若各位讀者期待能讀到「江戶日本的生態智慧」，一定會感到失望；若各位期待能讀到一個充滿異國情調的日本，恐怕也會同樣失望。不過，若各位能放下前述期待，各位必然會為本書勾勒的眾生相（包括本草學者及其關注的蟲魚鳥獸、奇花異草與草根樹皮）著迷。不僅如此，當有人登高疾呼，我們應取法誰誰誰（不管是世界上的那一國，又或是臺灣島上的某一族群）的「自然觀」時，各位也會多所保留。

沒有一種叫「自然觀」的東西，我們還需要很多本書來說明此點。

導讀

赤芍與白芍：又見新花發故枝的東亞本草學

中央研究院近代史研究所副研究員　張哲嘉

《本草綱目》如今在全世界享有盛名，被譽為中醫藥史上最璀璨的瑰寶。就其書中所收藥物品類之繁多、分類安排之巧忠來看，擁有如此崇高的地位似乎是理所當然。然而，事實上《本草綱目》原本在中國國內的遭遇並不順遂。不但將書稿呈獻給朝廷後被冷凍起來，在最初尋求出版的過程也是屢屢碰壁，顯然書商評估市場時並不看好。幸而付梓之後再版了數次，卻因為內容太過龐雜，醫生臨床使用起來並不方便，書中兼容並蓄的內容，反倒較為符合推崇博學多聞的富裕文人需要。只不過李時珍編輯時喜歡任意更動引用原文，在考證學風當道的清代頗受主流學者的訾議，因此在國內的名望難以與《神農本草經》等古代經典相抗衡。到了現代之所以能後來居上，跟它流傳到國外後受到東洋、西洋讀者的重視脫不了關係。閱讀江戶日本的本草學史，對我們來說並不只是閒情偶寄的異域趣味而已，更重要的是，這也是瞭解傳統知識生產與實踐，以及如何過渡到今日的重要鎖鑰。

眾所周知，日本自古就接受中國的官修本草作為國家的藥典，長期以來一直扮演追隨者的角色，似乎引進了先進醫學之後，全國上下就會從此享受康泰的生活，然而現實上並非如此。中國本草書上所記載的藥品，絕大多數在日本必須要依靠進口才能取得。不但價格昂貴，而且買到的舶來品也多難辨真偽。曾經有一次，朝鮮王朝的使節團到京都與當地人筆談，才發現朝鮮國內醫師開處方籤都只要仰賴藥商提供即可，而日本醫師通常都需要自行上山採藥才足以支應所需。因此可以想見，在藥品種類與敘述細節都遠超前代的《本草綱目》一傳入日本，立刻引起廣泛的重視。畢竟辨識藥物跟日本醫師的例行性作業密切相關；而如果無法在國內找到藥草，或者培育堪用的代用品，又會連帶影響到國家的外匯收支，這是攸關民命與荷包的大事。面對同樣的本草，日本人閱讀的心情卻是大不相同。《本草綱目》很快成為日本鑽研本草學的基準，不管是官方還是民間，都對國內的產物調查與培育投注了中國人難相比擬的資源與心力。到了江戶後期，日本的本草學逐漸走出了中國以藥學為核心的窠臼，開展出注重觀察實物的特長。此一表現既體現了傳統學術發展多種可能性的潛能，恰好也與西歐博物學所重視的風格正相接軌，從而更平順地接引到近代轉型為植物學、動物學等新式學科。此為江戶本草學值得我們重視的理由之一。

儘管如此，江戶時代日本人對於中國專家的知識權威還是十分敬畏的。十八世紀末，僻居九州南端的薩摩藩，曾經假借受其控制之琉球王國所具備的朝貢身分，派遣專人攜帶植物種苗渡海，懇請福建的官員、藥房、醫師、船員，乃至於遠至北京同仁堂師傅指點是何品種、有無藥效。最後將所蒐集到的情報編成《質問本草》一書，在鹿兒島出版。從此看來，中國境內不乏能人，只不過我們無從得知這些人物之間平時有無交流，而且，假使沒有日本史料留下記錄，他們的智慧也只能隨草木同朽。雖然清代也有如趙學敏、吳其濬等高手，但除了他們自己的著作本身之外，無從獲悉其知識生產過程與內容，更乏其他史料作為旁證。相對而言，江戶日本的本草專家或愛好者環繞著藩幕體制與私人講學，形成了彼此既串連、又帶有競爭性的多重人際網路。現存還有不少的手稿或出版品，足以讓我們部份重建這些人物的個人活動或相互影響，也可略窺當時作為一位本草學家的學思歷程與挑戰之所在，這一些寶貴的訊息，是中國本草文獻中絕少透露的。此為江戶本草學值得我們重視的理由之一。

自從大航海時代以後，東亞世界與西歐往來更為頻繁，藥學、博物學知識更是彼此都亟欲瞭解、交流的重點之一。跟日本一樣，歐洲人對於滿載大陸深處祕藥訊息的《本草綱目》十分推崇，也想進一步認識日本的物產，與此同時，他們也帶來了採集自全球各處的商品與西洋式的學問，包括林奈式的分類體系。日本人在同時承接中國與西洋兩大知識傳統時，無可避免地面臨了何所適從的爭辯，在磨合的過程中，調和折衷派取得了一定程度的發言權，並將《本草綱目》中所用的「綱」、「目」、「屬」、「種」等詞彙作為翻譯西洋知識分類體系的正式學術術語，

《本草綱目》的地位得以維持不墜。即使是到了明治維新、西式學科制度確立之後，日本國內仍有振興本草學的呼聲。而成功轉型為新式藥學學者的本草愛好者，仍然將舊有的素養導入新式教育之中。如中國醫藥學院在臺中成立，首先敦聘以開設本草學課程的學者乃是那琦教授，他早年就讀於滿洲醫科大學藥學部，受業於本草學大家岡西為人。他以在課餘全臺走透透調查藥草資源而聞名，在試圖解決海島上藥物資源匱乏的問題而努力之餘，也體現出早年教育所陶冶的江戶本草學家精神。在這個意義上，日本的學風也孳乳了今日臺灣的學術與保健生活，此為江戶本草學值得我們重視的理由之三。

自從我在大學講授傳統醫藥史以來，一直固定加入相當比例的日本史內容。當我開始介紹日本本草時，總是用中藥的赤芍與白芍作為比喻，雖然與中國本草系出同源，卻各有所長。因為臺灣的高等教育缺乏日本醫學史的內容，是一件十分可惜的事，始終想盡一份心力。但缺乏適當的中文教材供學生閱讀，常以為憾。本書是在普林斯頓大學之馬孔教授的博士論文基礎上修改而成。當我在二〇〇八年於哈佛燕京學社訪問之時，我的接待人栗山茂久教授曾特地邀請剛獲得學位的馬孔博士到劍橋演講，並且十分欣喜英文學界終於有一本有關江戶本草史的專論，對於未來學術的推展必有相當助益。如今此書之中文版得以問世，我也體會到栗山教授的心情。尤其希望有更多讀者以本書為契機，開啟對本草學豐富內涵的知識之旅。

前言

Prologue

我在位於東京大學本鄉校區的三条町家民宿度過了二〇一三年的夏季。這間民宿在一座名為育德園的花園附近，這座花園建於一六三〇年代，當時是前田利常（一五九四－一六五八）在江戶的住宅。前田利常是日本德川時期最富裕的加賀藩[1]藩主（稱為「大名」），位高權重。花園圍繞著一個「心」字形的池塘展開，現在大部分人都將這個心字池稱為「三四郎池」，則是因為夏目漱石小說《三四郎》中主人翁的名字。[2] 池塘周圍植被茂盛，讓人不禁有種無序且令人不安的荒野之感。至少，當我沿著池塘周圍狹窄不平的小路散步時，往往會有這種感覺。這裡有各式各樣的鳥類：烏鴉、杜鵑、鵯、啄木鳥、朱鷺、魚狗、日本樹鶯、金背鳩與一群綠色的鸚鵡。有一天晚上，我甚至看到一隻貉（學名為*Nyctereutes procyonoides viverrinus*的日本亞種），也就是日本人口中的「狸」。日本民間故事常以這種動物為主角，故事中的狸通常具有超自然的力量，是頑皮的搗蛋鬼、偽裝大師，而且常被描繪成擁有巨大睪丸的形象。

然而，仔細一看，這座花園看似雜亂無章的繁茂遠非荒野之兆。事實上，許多樹的樹幹上與矮小的草本植物之間，都可以看到標示著植物名稱的塑膠標籤。對於這些豐富的花園植物而言，這些標籤可說是它們的精準編目，並且與花園最初予人的荒野印象形成一種奇特的對比，它們暗示著設計、規劃、人工，以及最重要的，對自然的支配。如果你造訪東京的其他公園，想要為夏季的悶熱尋找幾乎不可得的調劑，你也會有同樣的奇異感受：雖然乍看之下有一種無序的荒野感，不過當你注意到標有樹木與草本植物名稱的標籤時，這種感覺就會消失，而且有些標籤甚至會寫上拉丁文學名。

自有人類之初，關於自然界的知識就已經存在。對早期智人來說，有關植物營養、療效與毒性的資訊是攸關性命的問題。即使在今天，生物學家也經常運用東南亞、非洲與南美洲狩獵採集者部落的「植物學」知識，對倖存的熱帶雨林裡最偏遠的角落進行探索。然而，像植物學與動物學這類自然科學所產生的知識是截然不同的。它將一個生態系分割成分離的元素，這些元素被隔離、解構、分析、切片、物化為圖像、乾燥或防腐的樣本，用作實驗、操縱、轉化、受版權保護，並經常被大量複製和被用作商業用途。

儘管在過去幾十年間，各種「綠色」思想家與運動都強調人類社會與環境的不可分離性與重疊性，但我們多半還是相信現代的世界觀，認為人類與自然世界完全分離。在人類世的時代，人類普遍否認自身在自然世界的嵌入性。我們認為自己注定要主宰自然。儘管有確鑿的證據顯示出我們對環境造成了災難性的影響，但今日「完全開化的地球散發著災難勝利的光芒。」[3]

科學史家認為這種現代世界的典範起源於文藝復興時期，是社會與知識在漫長複雜的集結進程中的一部分，屬於科學革命的範疇。近世歐洲的自然哲學家愈來愈將物種從其生態系中分離出來，在圖冊與繁殖實驗中將其物化，並把它們當成奢侈食材、藥學、農業、工業與娛樂的資源來進行商品化。根據這樣的經典觀點，隨著歐洲強權在帝國時代的擴張，西方科學被當成其現代化成就的一部分，而這種世界觀也在傳統（意味著「落後」）文化中被全球化了，例如日本與中國都在十九世紀晚期擁抱西方科學。因此，無論是頌揚還是譴責過去兩個世紀科學現代性的革命性影響，世界的「啟蒙」始終是一項無可爭議的**西方**事業，尤其是歐洲的事業。

本書旨在糾正這種假設。書中試圖論證，遠在現代之前的德川時期（一六〇〇年至一八六八年），日本已經藉由對自然物進行系統研究的形式，開始了對自然環境的去神話過程。這與歐洲自然史有著驚人的相似性，但卻沒有直接受到歐洲自然史的影響。這個過程是由入侵原始地區的學者進行的，他們調查日本的動植物物種，並將這些動植物歸納成字典與百科全書的獨立條目，或是當作認知、審美或娛樂商品來收藏、分析、交換、展示或消費。這門學科最初被稱為本草學，它是源自中國的研究領域，從屬醫學，專門研究礦物、植物與動物的藥理特性，後來發展成為一個非常兼容並蓄的領域，包含大量的實踐、理論、概念化與目標。我主張，本草學的演變既來自其內部發展，也來自德川社會的深刻轉變，以及那個社會中學者的社會專業軌跡。當明治時期（一八六八年至一九一二年）引入西方科學以維持日本的現代化時，本草學的許多實踐、制度與知識並沒有丟失或被放棄，而是經過轉譯、改變，並被納入植物學、動物學與生物學等新學科的語言與形式中。

當位於東京本鄉的前田利常院落被改成公共用地，並交給文部省，用於建造東京醫學校與東京開成學校（後於一八七七年被合併為東京大學）的新硬體設施時，育德園還是一片荒地。它逐漸被縮減成現在的規模，植被的維護則由東京大學植物研究中心與白山的小石川植物園共同輔導。賦予這片荒野樹木與植物一抹馴化感的標籤，很可能就是在那時貼上的。然而，前田家族是德川時期的藩主，家族中也有人是本草學的業餘學者。誰知道他們是否也給心字池周圍的植物貼上了標籤？

第一部

序論

Introduction

堅持不懈追求真理的哲學，必須在沒有明確詮釋線索的情況下進行詮釋……哲學要解讀的文本是不完整、矛盾且支離破碎的。

——阿多諾，〈哲學的現實性〉（The Actuality of Philosophy）

1

沒有本質的自然：
近世日本自然研究史導論

Nature without Nature: Prolegomena to a History of Nature Studies in Early Modern Japan

將自然除魅

《常陸國風土記》（西元七二一年）敘述了六世紀初統治者繼體天皇統治時期的景況：

有一個名叫箭括氏麻多智的人，將郡役所西邊山谷的一塊沼澤地開闢成稻田。不久，一群夜刀神企圖阻撓他的工作，妨礙新田的開墾。當地人表示，夜刀神是外觀像蛇的神靈，有著蛇一般的身軀，頭上長有尖角。若有人看到祂們，就會家門破滅，招致滅族之禍。郡役所附近的田野藏有許多這種動物。

箭括氏非常憤怒：他披上鎧甲，拿起長戟，打殺並驅除夜刀神至高山之下。後來他在山腳豎立標記，標示邊界，並向夜刀神表示：「此山上乃眾夜刀神的領域；山下農田是人民的耕種範圍。自此以後，我輩將奉祀眾神，世世代代崇之敬之，只求眾神莫詛咒我輩，或對我輩懷恨在心。」

箭括氏建造了一座神社並舉行第一次祭典。然後，他開墾了十町的稻田。他的後代一代代地祭祀著這些神靈，至今仍是如此。[1]

箭括氏的故事揭露了早期日本各個社群以宗教信仰與神話故事為特徵的模式，其中包括人類與神聖空間的基本劃分。一側是人類的住所與耕地，構成一種為滿足人類需求而馴化的自然共生領域；另一側，陰暗的森林與無法穿越的山脈是野生動物與桀驁神靈的國度，是一個不宜人居的自然。在這兩者之間，神社與木造鳥居標示著分隔著兩個世界的邊界：神社與鳥居向人類漫遊者發出信號，如果他們繼續前進，就會進入野生動物與神靈統治的敵對國度，風險自負，而且神社與鳥居也提醒著神靈，祂們與人類之間存在著共存的協定——這種協定通常源自人類社群與自然神靈之間的暴力衝突，就如《常陸國風土記》的故事一樣。

對人類來說，未馴化自然的神聖空間不僅不宜人居，同時也是陌生的。那裡不僅有各種樹木、草本植物與動物，同樣也有神靈和其他可怕的生物，例如河童、天狗、狐狸（有超自然能力）與貉（狸貓），牠們會欺騙，會綁架，會挑戰摔角比賽，有時還會殺死所有膽敢進入其國度的人類。[2] 這類生物在民間傳說中比比皆是，而且這些超自然生物中的每一種，都各自有許多神道神社以「安撫」的方式供奉著，讓人類能享受該地區的自然財富，就如箭括氏故事所描述的情況。[3] 神社保護人類與神聖空間之間的邊界不被滲透，並藉由祭祀儀式控制著被人類征服的神聖力量。神道祭典包括鎮魂祭與地神祭，即使是今天，在新建築動土或開闢新耕地之前，也要舉行這些儀式。因此，神道神社的作用是作為區隔人與自然世界的標誌。

日本的人類學家與民族學家往往認為，日本主要島嶼的山地景觀再現了類似的空間劃分：被耕地包圍的村莊與城市，受里山環繞（里山是木材與木柴的儲存地，也是狩獵採集的資源），構成了人類的空間；在里山之外是森林覆蓋的山，人煙罕至或杳無人煙[4]。神道神社以里宮、田宮與山宮的系統來突顯出這種同心的空間組織，居民在這些神社裡祭祀那些因為人類開發新土地而被激怒的神靈；奧宮位於最外環，用來標記人類空間與未馴化自然的神聖空間之間的邊界。[5]

在上個世紀，各學科的學者（從柳田國男〔一八七五—一九六二〕的民族學研究到中尾佐助〔一九一六—一九九三〕的生物地理學與薗田稔〔一九三六年生〕的神道環境主義）都利用這種空間劃分來創造和維持一種意識形態上的信念組合；根據這種信念，在與自然環境的共情關係中，一直存在著一種統一且獨特的日本認同，這種認同基本上不受歷史變化的影響。[6] 儘管有證據顯示，日本歷史上一直都存在著自然（或神聖）與人類領域的儀式分離，[7] 然而事實上，最近對日本群島環境史的研究顯示，從日本歷史的最早期開始，環境破壞一直是日本歷史的一個特點，確切原因在於日本文化中存在著一種將人類對自然的干預行為加以昇華的宗教儀式。[8]例如，十八與十九世紀德川幕府重新造林政策的核心是經濟與純粹的損害控制問題，而不是宗教上的「熱愛自然」。[9]

本書重新建構了各種過程，這些過程緩慢但無情地破壞了這種傳統的空間劃分與維持這種劃分的世界觀。[10]本書展現了從十六世紀晚期到十九世紀中期，一系列截然不同的知識與手工實踐，一方面從中如何支持著人類領域的擴大，將原始山脈與森林當作原料儲藏庫與認知資源，另一方面也發展出將自然物種及其環境概念化的新方式。將神聖空間與人類空間結合在一起的，是形上關係的無形結構，這種結構的消失來自於一系列長期、無規劃且偶然的知識、經濟、政治與文化過程。許多與本草學有關的各種自然研究學科，讓這些過程緊密融合起來（本草學是一個包括藥物學、農藝學與自然史等學科的學術領域）。隨之而來的是自然界的世俗化，這種世俗化源於將自然分成無數離散的物體，以產品、自然物種或收藏品等可標準化且可量化的單元來進行描述、分析、消耗或累積。[11]

由於我主要關注的是近世日本對物質環境的態度轉變，所以我在此不會詳盡闡述本草學這門學科的歷史。[12]更確切地說，我循著其複雜歷史的部分譜系，揭露它對專業學者的專業化、農業進展、幕府與藩政新經濟政策的發展，以及各種相關動植物的大眾娛樂、雅玩、藝術創作和知識論述的形成等所造成的影響。我認為，這些都是相互關聯的過程，在自然的世俗化與日本當地自然物種的物化中扮演著關鍵的角色。一方面，農業生產日益商業化（包括稻米與其他穀物的種植，以及漁業、紡織、清酒釀造、染色、採礦等原始工業活動）導致動植物的商品化，進而也讓動植物被轉化為資源，為農業生產與持續擴大的藥用物質市場的需求，進行目錄編輯與樣本累積。另一方面，本草學者與業餘愛好者往往將動植物當作獨立於生態系的知識商品來研究，在百科全書、圖冊、專題論文與收藏品中被當作抽象物種的具體樣本來進行編目。這種趨勢一部分源自早期本草學者堅持採用《本草綱目》等典籍的詮釋風格，這些典籍往往將礦物、植物與動物物種當成名物（編按：可理解為事物的名稱或名字，並依其特徵與其他事物作出區隔），以百科全書個別條目的形式來揭露其藥理特性。對脫離生態系的個別標本的描述與運用，則伴隨著國家資助任務對博物學家的招聘而發展，以將動植物詳細編成所謂的農產品或資源（**產物**），並在植物園進行藥品與抗蟲害作物的實驗。人們對動植物的興趣日益濃厚，也讓這些動植物成了珍奇（**好物**），成為收藏、欣賞、交換與陳列的展覽物（**見世物**）。

無論是為了擴大人類知識的觸及範圍，或是為了致力於道德提升，還是為了增進農業生產或產生新的美感圖像，抑或為了社會效用或單純因為好玩，專業與業餘的學者們遵循著理論或實踐的規約，獨力或合力收集、觀察、飼育、交換、分析、比較、描繪、描述、幻想且歸納分類了各式各樣的昆蟲與魚類、草本植物與菇類，以及樹木和花卉。大多數本草學者偏好採用詞典編纂的方式，從書籍與百科全書中累積知識與收集資訊。然而從十八世紀初開始，愈來愈多博物學家開始進入未知的原始森林、山脈和峽谷，為其中的動植物物種進行完整的清點編目。對這些學者來說，大自然不再是一個有機的、有意義的、類似創造的超自然神祕空間，而是萬物的聚集之處。其中一位博物學家貝原益軒（一六三〇—一七一四）曾說：「我爬上高山，進入深谷，沿著陡峭的小徑，走過危險之地。我曾被雨淋濕，在霧中迷失方向。我忍受著最冷的風與最熱的太陽。但我最終還是觀察到八百多個村莊的自然環境。」[13]

動植物既是原物料也是知識商品，並以標本的方式構成了人間萬物。然而，當動植物被當作研究、生產或交換的物種時，則成為抽象特徵的有形載體。不同的社會實踐將它們轉化為百科全書與圖冊中自然類的名物、農學手冊與農業企業的產品、藥典中的藥用物質（**薬品**）、或是各種形式大眾娛樂或業餘研究的珍奇。這些社會實踐（可以是知識的、藝術的、政治的與經濟的，但更多的時候是上述的混合體）將自然世俗化了，將曾經是深不可測的超自然力量與形上學原理的神奇領域，轉化為可以透過觀察、描述、表徵與再現技術等規約，來掌握並操弄的多種「客體」。

在德川時代後半期，特別是動植物的寫實描繪成了本草學實踐的特點，其確切目的在於從個別動植物的物質表象中，抽取出那些被認為是物種決定性標誌的形態特徵（所謂的「種」）。這在東亞自然史上是一個了不起的發展。在中國的藥典中，「種」與「類」等概念的運用其實並不嚴謹（兩者在現代生物學術語中分別指「種」與「屬」），這兩個術語在某文本或一系列文本所獨有的意義系統中，指稱一種或一組不相關聯的礦物、植物或動物，但其中卻沒有整體的系統一致性。[14] 李時珍的《本草綱目》是整個時期最有影響力的典籍，它試圖建立起一個連貫的物種與屬類的等級次序，即綱目系統。[15] 每個物種的鑑別取決於不同地區各種動植物的名稱，但在更精確的分類學中，它們的分類大體上以形態相似性為根據。李時珍在他的著作中採用了理學的框架，因此他在理論上假定所有物種的分類順序取決於它們形上學的成分。

在《本草綱目》於十七世紀初被引進日本的時候，便成為本草學領域的基礎文獻，一直到一八六八年後明治政府正式採用西方醫學制度為止。到十九世紀下半葉逐漸消亡之前，《本草綱目》分類系統的基本特徵一直沒有受到質疑，只有經過更新與修正。貼近真實（true-to-nature）的插圖試圖提取出每個物種所特有的基本型態特徵，而這些插圖也被插入一個框架，該框架大體上接受了《本草綱目》的分類方式，或者至少是接受了它的物種概念。因而這裡失去的是對形上學基礎的任何訴求。

圖冊與百科全書中貼近真實的插圖有三個基本功能。第一，它們精煉了共同觀察規約的結果，以圖畫的形式表現出特定情況下調查的具體標本。第二，它們旨在揭露每個物種的特定形態特徵，與今天許多賞鳥手冊中的插圖並不一樣。第三，作為知識典範，它們訓練博物學家的眼睛，藉由分辨動植物的形態與數量特徵，來識別自然界中的物種，這同樣也是賞鳥手冊的作用。這些插圖的實際功能是精確辨識出動植物，這對學者來說是一項艱鉅的任務，因為他們必須處理多種語言來源（中文、日文與後來的荷蘭文）以及地區與方言的命名差異。因此就如傅柯（Michel Foucault）所言，它們在教導博物學家「系統性觀察」方面與林奈（Carl Linnaeus）的《自然系統》（*systema naturae*）有相同的影響，能按系統需求來塑造專家的觀察目光。[16]它們是德川時期後半期描述與解釋自然物種的主要形式，這代表學者認知實踐的巨大變化，不過它並沒有公開挑戰《本草綱目》的分類體系。

一方面，我們可以說，德川時期的自然研究並沒有革命性的典範轉移。這些表現實踐並沒有拆卸掉《本草綱目》的分類架構，也沒有公開質疑支撐其分類劃分的理學形上學。恰恰相反，本草學者往往很努力地讓自己的描述符合權威百科全書中對動植物的既有定義，即使圖像描述明顯與公認知識相抵觸，也寧可遵循物種的常規命名方式。[17]但是另一方面，德川時代後半期本草學實踐中對形態描述與並置的強調，卻也影響到自然物作為知識對象的構思與建構方式。

今日的手冊、百科全書、田野筆記與專題著作，不再從一個宏大的形上學系統中演繹出礦物、植物與動物的屬性，而是在沒有對先前的形上學預設提出任何公開與直接的質疑之下，從它們自身客觀物質性的功能主義描述中，推斷出這些屬性。換句話說，理學的形上學就單純變得毫不相干。剩下的只有看得到的東西：岩石、植物與動物都是物質，它們可以被觸摸、收集、複製、交換，但它們是抽象的，因為它們可以透過社會實踐被提煉出來，成為物種抽象特質的普遍載體。

藉由收集、觀察與表現，本草學者將物質環境簡化為物質對象的集合，這些物質對象經過巧妙處理，以表現出愈形抽象的特質，即從個別標本的多樣性中抽取出來的物種本質形態屬性。即使是神祕且令人敬畏的超自然生物，如曾經保護著原始森林這種不可侵犯的神聖空間的河童、人魚與天狗等，也被歸化並受到與其他動物一樣的對待，用地圖標明區域形態的差異與分布。

何謂物種？

這些貼近真實的插圖背後有一個假設，即動植物的外貌特徵顯示它們屬於一個確切的物種。因此，它們在圖冊與手冊中的準確圖像描述，以及藉由日益精進的乾燥防腐技術加以保存，都成為表徵物種的標準化工具。這樣的作法伴隨著早期本草學者所使用的那套傳統詞彙學方法，甚至在某些情況下取代了傳統的方法。

將個別、具體的標本轉化為一組普遍且物種特有之抽象特徵的物質載體，正是具現化了知識論上的規範。本草學者與其合作者的工作包括編製目錄、收集、種植、培育、交換、乾燥、儲存、登錄、描繪與描述。作為物種代表的標本（specimens-as-species）體現了知識與物質實踐，這些實踐設法將特定的個例轉化為普遍的範本，而這些作為「社會象形文字」的普遍範本則將社會勞動遮掩了起來。[18] 作為物種代表的標本是「感性的東西，同時也是超越感觀或社會性的。」[19] 它們與商品形式的相似性是具有啟發性的。物種就像商品一樣，是人類勞動的產物，一種透過一系列智力與手工實踐而表現出來的抽象概念。除非從讓物種概念變得毫無意義的分支演化史層面來考慮，否則所謂的物種絕對不是自然的種類，而是社會的建構。[20] 在這個意義上，本草學者所進行的操作與當代林奈學派博物學家的操作，本質上並沒有什麼不同。[21]

此外，無論在歐洲或日本，追求正確且貼近真實的動植物圖像再現（representations），都在圖冊中作為物種代表的標本的逼真外觀中隱藏了一個事實，即這些再現是在取決於歷史的社會條件下所進行的人類勞動，所帶來的成果。換句話說，這些圖像背後的「寫實主義」（realism）掩蓋了一個事實，亦即物種作為產品這件事，是學者在特定的社會環境下，遵循明確規約與共同信賴標準，並在特定的政治當局所提供的合法保護傘下，以確定的目標而操作出來的。同樣的機制也在私人收藏或公共展覽的乾燥或防腐樣品中運作。

本書所要捍衛的觀點是，這種把自然具現化的過程（reification of nature，概念化的知識將它試圖描繪的東西進行物化的趨勢）與發生在日本近世時期，生產方式在深層結構上的轉變，是同時發生的，而且還與之相關：包含農業的商品化、社會的貨幣化，以及商品交換的市場主導機制的發展。在這個自然領域被具現化與除魅的過程中，學者所扮演的角色至關重要。

學者的社會史

事實上，各種形式的自然研究、農學實驗，與涉及收集和描述動植物的文化消遣，都是由專業學者進行中介的活動。這些學者並不是在與外界隔離的真空狀態中活動，而是會受到各種形式的社會支配所影響。因此，在描述日本德川時期自然研究的發展時，我非常注意知識生產的社會條件，並對主要的本草學專家進行了簡短的生平介紹。然而，這些簡述並不是要讓人拘泥於資訊細節，而是為了揭示他們的社會歷史軌跡。事實上，就如同其他學科，本草學本身是一個由其社會地位所架構出的意義系統，它同時也對讓它產生結構的社會有所貢獻。它的歷史發展反映出德川社會結構的變化，既是徵象，也是原因。此外，本草學者也是自然與社會之間的調停者：他們生產的知識為人們透過圖冊、文化圈、公共展覽、藥草採集等各種獲得自然世界的經驗，賦予了秩序與意義。用希拉里・普特南（Hilary Putnam）的話來說，在德川社會特有的語言分工中，學者組織了「清晰」與「明白」的理解標準，並將之合法化。[22]

知識生產就像其他人類活動一樣會受到社會制約。學者的組織、合法機構、贊助場所、資訊交換網絡、知識研究工具與文化產品市場等諸如此類的形式，全都是歷史上偶然的社會動態，它們不只有助於形塑學者的假設、世界觀與傾向（也就是社會可接受的標準，包括他們思考、寫作與調查的方式、對象與條件），也塑造了學者在有意無意間，為了確立自身在社會專業的認同，而採納的自我塑造策略。「所有人都是知識分子，但不是所有人在社會中都具有知識分子的作用。」[23] 如果知識和學術生產與有文化的人類社會歷史同時發生，那麼專業學者之所以能成為受到社會認可的人物，只是因為近世世界中，那些偶然的歷史事件與過程的異質集成所導致而已。在歐洲，那些活躍於大學、學院或王室法庭的專業學者們的歷史，時間上恰與文藝復興時期迄今的近代史相吻合。[24] 在十七世紀之前的日本，不存在受到社會普遍認可的專業學者。在德川時期之前，知識生產是佛教僧侶、宮廷貴族與武士菁英的專屬領域。因此，本草學的歷史與專業學者的浮現是同步的，而這種情形在更大的德川社會脈絡下，也反映出學者在確立自身地位與可信度時，所進行的談判與妥協。林羅山（一五八三—一六五七）是十七世紀初在日本推廣《本草綱目》的第一人，與此同時，他也致力為自己創造一個學者的社會專業身分（見第三章）。貝原益軒是黑田藩主的家臣，他將自己作為學者的活動以及他的全部學術成果，視為他作為一名忠誠的武士對他的藩主與藩民的一種服務（見第五章）。稻生若水（一六五五－一七一五）的百科全書式著作旨在頌揚德川政權（亦見第五章）。丹羽正伯（一七〇〇－一七五三）與田村藍水（一七一七－一七七六）的研究是幕府經濟政策的一個組成部分，而作為學者，他們也是德川政府官僚的基本成員（見第七章與第十章）。小野蘭山（一七二九－一八一〇）與栗本丹洲（一七五六－一八三四）周旋於文化圈、植物手冊市場與國家支持，以發展他們的學術事業（見第八章與第九章）。平賀源內（一七二八－一七七九）將卓越的學術成就視為在社會中向上流動的唯一途徑（見第十章）。換句話說，本草學歷史就等於專業本草學者的誕生史與發展史。正因為如此，以自然知識為題的本書，有很大一部分是透過本草學者的自我塑造策略、談判與爭取社會認可的奮鬥過程，來重新建構近世日本的知識本質。

製造知識，改變世界：知識論的基礎

儘管如此，這些學者生產的知識並不能被歸併為這種生產的社會條件。知識是一種社會創造，既取決於欲知對象的客觀結構，也取決於組織、支持與讓知識本身的生產、流通與累積合法化的客觀社會體系，還取決於學者主觀推論與概念選擇的集合。在不同的程度與和形式上，這適用於人類歷史上出現的每一門學科，包括本草學在內。自然知識社會生產的歷史可以被視為是一個逐漸累積的過程，而且這個過程也不時受到激進的典範轉移（paradigm shifts）所打斷，因為學術生產的社會條件隨著時間的推移而改變，而知識的累積涉及對世界的操縱與干預，對世界本身具有持久的影響。從某種意義上來說，知識一旦生產出來，就能自主存續下去，不會受到最初生產者的初衷所影響。[25]

因此，對任何知識領域的歷史而言，要想理所當然地提出完整的主張，就應該同時具備內在論（internalist）與外在論（externalist）的方法，擷取知識論的實踐與論述、自我描述與辯護的策略、其生產的社會條件、對認知對象的影響，以及對世界的影響。[26]雖然我並不懷抱著任何宏大的野心，但在我對日本德川時期自然史發展的敘述中，我分析了十七到十九世紀間從事者不斷變化的實踐與論述、他們採納的各種合法化與自我塑造策略、他們不同的社會軌跡、他們聚集和資訊交換的網絡、他們對物種的概念，以及他們採納的描述與操縱技術。然後，我重新建構了這些趨勢與力量相互作用的複雜方式，將自然事物轉化成研究對象，並干預自然環境——有時甚至會產生戲劇性的效果。這些轉變在不同的歷史時刻以不同的形式出現，且通常與維持知識生產的不同目的一致。

讓我用一個例子來說明這一點。本書的一個故事線，是從本草學發展早期著重於將自然物種（**名物**）的名稱系統化，逐漸轉變為著重於由幕府或藩政當局雇用博物學家對作為物質產品（**產物**）的自然物種進行調查和實驗。雖然關於自然物的兩種知識形式並非截然不同，而且持續相互影響與協助，但促使博物學家研究的不同目的、他們不同的機構歸屬與合法化力量、傳達研究結果的不同格式、對自然物種個體化與描述的不同技術（語言與圖像）等，都在同一個物質實在中創造了兩種不同的知識「對象」。換句話說，具體的植物與動物標本成為一個「物種」的通用成員，在不同概念操作的結果下成為名稱（**名物**）或產品（**產物**）。作為物質客體，它們是各種屬性的載體，一方面直接回應了知識論上的實踐，將它們限定為名稱或產品，但另一方面，它們也可以被挪用來回應不同的社會需求，在名稱的情況下是分類的或純粹知識論的，在產品的情況下是經濟的（藥用、農業、烹飪等）。

在過去的兩世紀中，認知主體與客體的動態調解一直是知識哲學（尤其是科學知識）關注的核心問題。在發展個人論點之際，我也受到大量研究的影響。我特別感興趣的，是阿多諾在他那極其複雜的《否定辯證法》（*Negative Dialectic*）一書中，試圖儘量精確地將物質與概念的非同一性（nonidentity）關係概念化（在包括論述實踐與物質實踐的更大意義上），以及他賦予物質的優先權，因為物質總是而且必然是超越概念性的。這個立場有許多優勢。首先，它能避免對未經中介的知識產生不成熟信念的可能性，這種知識往往將科學史化約為一種描述，而這種描述則是愈發精緻地逼近（approximation）一個固定不變的外在世界的緩慢過程。[27]這種逼近的過程通常與西方科學的發展同時發生，在日本史料中尤其如此，而且它具有雙重作用，既武斷地將現代科學去歷史化（dehistoricizing），又將其非西方的先驅者轉化為不成熟的原始科學知識形式，或轉化為民族或種族對自然世界的排他敏感性的非理性形式。其次，物質（客體）與概念（主體）之間的非同一性關係，會讓人對歷史與自然有更細膩且非化約論式的理解，這讓人能「以最極端的歷史決定性來理解歷史中的存有物，且在它最具歷史性的地方理解為自然存有物，或者……在它深深扎根於自然本身之處，將自然當作歷史存有物來理解。」[28]也就是說，物質環境與社會是相互交織的，因為物質世界既是自然的，也是社會的：如果人類在演化壓力下逐步發展出自己的社會與智力工具，那麼「自然總是與我們用來掌握與操縱它的、受歷史與社會制約的概念與實踐聯繫在一起。」[29]第三，它揭露了自然知識的歷史與社會地位，正如黛博拉．庫克（Deborah Cook）所言，「概念與一個非概念的整體糾纏在一起，因為藉由它們意義的力量而存活的，是它們在特定歷史條件下的非概念傳達或傳播。」[30]

對物質與概念的非同一性的覺察（awareness），以及這種非同一性關聯的開展所產生的動態，並不只是一種乏味的理論臆測，而是我對知識、社會與物質世界的關聯進行研究的前提。在我們這個後康德主義與後教條主義的處境下，在認知過程中發生在認知主體與被認知客體上的事情，不再是不言而喻的，但這也正是需要解釋之處。一方面，認知過程本身創造了認知對象，迫使欲知對象進入一個論述與實踐的概念框架中，這個概念框架在本質上與認知過程不同，卻讓認知過程具有可理解性。像植物、昆蟲、樹木或病毒這樣的物質事物，以及像地震、變態或雪花等自然現象，都因為歷史上的認知過程，將它們簡化為特定的概念工具，成為所謂的自然客體，然而這些工具不會耗盡它們的物質實在性，卻讓它們變得可理解、可控制且可操作。另一方面，這些物質客體只要作為客體，就是可理解、可控制且可操作的，它們被調動起來以滿足歷史上人類的各種願望與需要（認知的、審美的或經濟的），並因此介入社會動態，在人類社會、客體本身與環境中產生持久的影響。這就是我呼應阿多諾時所言，自然與歷史不可分割，必須以辯證的相互關聯性來理解。結果就是，這種啟發式的舉動意味著本草學者所產生的知識，無法與我們現在所知在過去兩世紀的科學發現相比較，這是由於本草學與現代科學都具有社會歷史性的緣故，所以本草學必須以它自己的方式來重建，正如它在德川社會中逐漸展現的那樣。

讓我們以人參（學名 *Panax ginseng*）為例。[31] 這是一種味道苦澀的根，原本只生長在世界上兩個冷溫帶地區：美洲東北部與一個包括滿州南部與朝鮮半島的地區。它在文本權威、神話故事、機構、醫師、藥劑師、藥草學家等眾人的概念化之下，成為一種靈丹妙藥，具有神奇的藥用特性。任何透過特定驗證程序而被確認為該物種成員的根，都成為可以被調動的客體，用於認知、藥用、社會、文化、經濟與政治實踐（栽種、市場化、交換、走私、製粉、觀察、描述、消費等），這些實踐影響了人類，也影響了這些物質對象（今日的植物學家認定的人參屬成員有七種，其中大多為人為選擇的結果）以及環境（例如因為在世界各地從日本到德國等不同地方栽種而整地）。簡言之，認知過程從來就不是中性的，但它必然同時影響到認知主體、認知客體與包含它們的世界。

總而言之，我們透過改變世界來認識這個世界。自然知識在近世歐洲與日本的擴展，需要借助於一系列的實踐，從收集、解剖、種植、雜交與移植，到乾燥、防腐、編目，以及在不同生態系中引進外來物種。這些實踐遠非簡單的經驗數據收集，而是來自對物質實體的不斷操縱。此外，我們也透過認識世界來改變世界。探索時代給各大洲的自然環境帶來的巨大的變化：在馬、牛與各種細菌和病毒被引入歐洲的同時，番茄、馬鈴薯與菸草也入侵歐亞大陸。[32]人類對有關地球的知識所帶來的影響，在上個世紀達到極其驚人的程度：基因工程為世界帶來了人造物種，現在也迫使我們徹底重新思考生命的概念。諾貝爾化學獎得主保羅・克魯岑（Paul Crutzen）提出「人類世」（Anthropocene）這個新詞，就是考慮到人類對生態系統造成的全球影響，以此指稱人類過去三個世紀的歷史。[33] 全球變暖、汙染與對荒野的破壞，都是人類導致動植物滅絕的原因，其地質規模堪比地震、隕石與冰河時期。[34]

就如普特南在加入反實在論陣營之前所言，「心靈與世界共同構成了心靈與世界。」[35] 就這個意義而言，我既反對天真的實在論，它將知識設想為對不變本質的揭露，我也反對懷疑論式的反實在論，它將知識貶為如大衛・布魯爾（David Bloor）所謂的社會建構，或是如沃夫岡・施特格穆勒（Wolfgang Stegmüller）與理查・羅逖（Richard Rorty）的工具主義與實用主義的虛構。[36] 對天真的實在論者來說，知識的歷史是更為精細的工具與概念設備的逐步發展，能讓人能更深刻地理解到，獨立於人類活動且不受人類活動影響的自然法則。對於工具主義者或觀念論式的反實在論者來說，知識的歷史是對表徵虛構的無盡重構，恰恰回應了社會權力關係的轉變。相對於這兩種立場，我擁護的是批判實在論（或批判物質論〔critical materialism〕）的立場，將知識視為探究者社群與其研究對象之間的積極和相互創造。就自然知識而言，它意味著自然與博物學家持續不斷地「創造」彼此。因此，自然知識的歷史不能被局限於重構單一博物學家群體所共有的所有論述與手工實踐之中。它還應該恢復自然知識在更大範圍的社會中合法化的過程；它應該揭露自然知識在不同時期中社會所接受的範疇與功能；也應該衡量這些認知實踐在社會、政治與經濟領域的影響，以及對自然環境的影響。這就是為什麼我希望這本書，儘管只專注於日本德川時期的自然史發展，但同時也要處理其他領域和專業的歷史學家所共有的議題。

沒有本質的自然（Nature Without Nature）

重新建構德川時期博物學家活動的一個困難之處，不在於理解他們對所研究對象或包含這些對象的環境的概念，而是在於英文對自然概念本身的語意錯綜複雜。雷蒙・威廉斯（Raymond Williams）將英文中「nature」（有自然、本質之意）一字定義為「也許是語言中最複雜的詞」。[37] 亞瑟・拉夫喬伊（Arthur O. Lovejoy）將其意義發展和整個西方思想史劃上等號。[38] 它的語意潛力是令人難以置信的：[39] 我同時用「nature」來稱呼圍繞著我的環境、我體內無法控制的衝動、維持物理實在的法則、形上學意義上的所有存在、事物的內在本質，以及存在的概念、上帝的概念，或甚至同時指以上種種。更令人生畏的是，企圖在日本這樣的非西方文化圈中重建自然概念的歷史，因為一直到一八八〇年代後，當日本人採用「自然」一詞來翻譯德文「Natur」時，語意潛力相當於「自然」的單一概念才出現。[40] 之後，一系列不同的術語被用來表達環境、物質世界、自然物與自然法則等的不同層面，例如天地、山水、森羅萬象、萬物、本草、藥草、產物等詞彙。[41]「Nature」一詞與近代日本用以翻譯的「自然」一詞，是否傳達了這樣的一個普遍性概念，從而辯護了下面這個假設：德川時期用詞的總和所指向者，只是人類對實在界的相同體驗，因此合理化了這不合格翻譯的正當性？我不這麼認為。在我們對「自然」的概念中，並沒有什麼是**自然**的。正如葛拉漢・哈曼（Graham Harman）所言，「自然並不自然，也永遠不可能被自然化……如果用『自然』來描述由惰性物質所構成的現存石板的狀態，那麼**自然就是不自然的**。」[42] 此外，對於近代之前與近世的日本，若把那些在歷史上具體可理解，且表達人與環境關係的詞彙，都納入現代英文「nature」一詞的語意保護傘下，難道我們不正是冒著把定義社會意義的大量思想與實踐，強加於本質上不相容的社會的風險之中嗎？

「自然是什麼？」這似乎是個無法回答的問題。即使是在最普遍且最初步的意義上，我們也很難理解問題的「什麼」到底指稱的是一件東西、一個過程、一種邏輯、一個領域、一個概念、一個後設概念、一個比喻、一個條件，還是存有本身，這個讓人氣餒的情況，足以使人想起希波的奧古斯丁（Augustine of Hippo）對時間之謎的回答：「所以，時間是什麼？如果沒有人問我，我知道；但是如果有人問我，我想解釋，但我做不到。」[43]「自然」是西方世界思想史上最重要的概念之一。然而，若我們看一下它語意上的層層結構，就會發現其中充滿矛盾。在論及「自然」時，我們會想到一些既具體又抽象、既物質又概念、既物理又形上學的東西。對現代人來說，「自然」可以讓人想起令人屏息的風景、茂密的雨林或令人敬畏的自然現象。[44] 然而，它也代表著那些景觀，無論是特殊的、物質的還是有形的，它是一個整體，是從具體外觀中抽取出來的一個整體。「自然」包含了構成這些景觀的物體，以及促成它們的無形力量。「自然」指事物的本質，是賦予事物樣貌的不變之物，而且含有永恆、不變與非歷史的涵義。然而，它也會改變：自然會演化，不斷產生與消滅族群、物種與生態系。它是陌生也是熟悉的，是佛洛伊德所謂「怪異」(das Unheimliche）的完美範例。[45]「自然」喜歡隱藏它的祕密，這正是赫拉克利特（Heraclitus）的著名箴言[46]，但它也是一本完全可以理解的「書」，它「用數學語言寫成，字母為三角形、圓形與其他幾何形狀，沒有這些形狀，人類就無法理解任何一個單詞。」[47]自然是神祕的伊西斯（Isis）女神、是斯賓諾莎（Baruch Spinoza）的上帝、是慈祥的母親，但它也有「紅牙血爪的殘酷」[48]。它是一個和諧的、自我創造的、自癒的有機體[49]，而且也是一個充滿衝突與破壞力量的領域。它既在我們之內，也在我們之外。它是特殊的，定義了作為個體、具有獨特態度、罪惡與美德的我們是什麼樣的人，但它也是普遍的，定義了作為一個人、被賦予不可剝奪權利的意義。在某些哲學傳統中，人類是自然不可分割的一部分，[50]而從亞里斯多德、笛卡兒到海德格的其他思想家，都在努力證明我們與自然的實質區別與分離。對人類來說，自然狀態同時是一種噩夢般的持續戰爭狀態（霍布斯），也是一個與周遭環境有著幸福的兄弟關係（盧梭）。「自然」甚至還有更多矛盾之處。它們是這個詞彙複雜歷史的表徵，經過一系列的翻譯，從希臘文的「φύσις」到拉丁文的「natura」[51]，再到印歐語系的方言變化，以及在不同哲學流派、文化實踐、宗教傳統與社會經濟進程中連續的重新配置。意義與涵義相互疊加，而不是相互消除，從而促成了「自然」的語意分層，成為一個難以分割的層層結構。

英文「nature」一字的語意複雜性，影響了我們對那些沒有形成類似概念的社會的理解。語詞的功能不僅僅是描述，也規範了我們生活的世界。這不只是一個在語意上謹小慎微的問題。即使在今天，「自然」也成被用來為各式各樣的信仰和實踐辯護。從人權、競爭本能、自由市場的自由主義，到性取向、家庭組織、國家認同等等，政治領導人、智庫與媒體「知識分子」透過訴諸**自然性**（naturalness），讓自己在這些基本議題上的觀點合法化，也就是說，試圖藉此避免讓它們成為爭論或批評的對象。[52]

我在這裡想強調的，不是傳統東亞地區**缺乏**一個相當於「自然」的詞彙，而是這個詞彙在語意與意識形態上的**過度**（excesses）。事實上，「自然」在指稱物質、**物理**環境的同時，也代表在歷史進程中與之相關，而且已是其語意層層結構中不可或缺的**形上學**假設，只是我們往往沒有意識到這一點。當我們表示某個東西是「自然的」的時候，我們就是把這個東西設想為獨立於人類意志的存在，或是代表著正常的事物，這個東西只能是它表面上看起來的樣子；因為形容某物（一個事件、一件物品）是自然的，就是賦予它原創性與真實性。在近世日本，表達「自然」這類涵義的詞語，與那些涉及物質環境與其法則的詞語，並沒有任何語意上的同質性。這就是為什麼對我來說，「自然」不是一個空洞的能指（就如布希亞〔Jean Baudrillard〕所謂被剝奪了原創性與真實性[53]），實際上充滿了互相祕密召喚的意義：物理的、形上學的、美學的、宗教的、認知的、經濟的、倫理的與政治的。這些意義並非永恆或普遍的，而是具有歷史背景和社會條件的。很多時候，訴諸「自然」帶有意識形態的色彩。例如，從「深層生態」環保主義（“deep ecology” environmentalism）到新世紀（New Age）權威等常見的流行文化與政治論述中，只要將自然看作是一個有機的、自我調節且創造性的整體，就足以說明這一點。[54]為了挪用人類與環境之間，新陳代謝關係的政治維度，按布魯諾．拉圖（Bruno Latour）的說法就是讓自然「民主化」[55]，我們必須將自己從「自然」的神祕力量中解放出來，因為我和阿多諾一樣認為，「人們本身被自然所支配：被那個空洞且靠不住的自然概念所支配。」[56]「自然」已經獲得了如此有影響力的意識形態力量，以至於有些哲學家和社會理論家已經開始捍衛「沒有自然的生態學」。[57]簡而言之，今天看來，為了讓環境能夠生存下去，「自然」必須死亡。[58]因此，當「自然」一詞在本書中出現時（因為它是一個我們無法輕易捨棄的詞彙），我們必須在意識到其語意與意識形態複雜性的情況下加以理解。

在近代之前與近世的東亞地區，並不存在能與英文「nature」一詞相對應的單一詞彙。中文與日文的「自然」，都是十九世紀末採用的表達方式，用來翻譯英文的「nature」與德文的「Natur」，但是在近世，「自然」一詞大多被用作形容詞或副詞，在日文中也讀作「onozukara」（**自ずから**），有「本身」、「自發的」之意。[59] 事實上，中國與日本的傳統都用不同的詞語來區分英文中「nature」一字所大致包含的各種語意範圍。「人性」是一個具有深刻社會、倫理與心理意涵的儒家概念，它一直到朱熹思想後期的傳統，即十二世紀晚期，才獲得形上學的意涵。中國宋代的理學以一種新穎和具創造性的方式，將道家、佛家與儒家的元素融合在一起，發展出一套複雜的邏輯與物質原則的形上學體系，為各種物理、社會與心理現象提供解釋。然而，並沒有一個像「自然」的單一詞彙能夠涵蓋宇宙的有序整體。更重要的是，沒有像「自然」一樣的單一詞語，能指稱物質與現象實在的整體性。

在日本，本草學者與理學思想家經常使用「天地」一詞來指稱整個自然現象的物質世界。然而，更確切地說，天地並不包括促動與調節各種現象的生成力量，也不包括各種自然物與現象如樹木、藥草、魚、昆蟲、星星或雨。恰好相反，正如伊藤仁齋（一六二七－一七〇五）所言，天地單純就是指稱「在上方與下方中開展的萬物之處。」[60] 它與所有自然現象的「容器」或「儲藏器」的形象，有著隱喻般的關聯。伊藤仁齋在《語孟字義》提出了「天地」的最佳定義：

當一個人用六塊木頭搭成一個有蓋的盒子，幾乎立刻就會產生生成力（**氣**），自然地填滿這個盒子。一旦生成力填滿盒子的內部空間，白霉就會自然地產生。隨著白霉的產生，也會長出白蟻。這就是原理（**理**）自發作用的方式。物質宇宙（**天地**）就像一個大盒子：陰與陽的運作就像盒子裡的生成力；而整個自然現象（**万物**）就是白霉和白蟻。[61]

仁齋把天地描述成一個界限，在這個界限內，一種內在但獨特的生成力（**氣**）是一種酶，以一種邏輯且連貫的方式（**理**）移動物質，產生宇宙中的一切事物。因此，雖然天地指稱的是人類認知無法跨越的邊界，它包含但卻不包括所有物理與形上學的東西，促使人類能在自然物體與現象的具體物質性中，掌握天地內在力量的邏輯運作，即氣、理、陰、陽、五行（木火土金水）等構成的物質實在組建模塊與類似之物。

自然的許多名字

自然一方面無以名之，一方面又已經有許多名字。[62]舉幾個例子，「乾坤」的涵義與「天地」相似，是一種容器，而且不包括現象或自然物種。這個詞幾乎只在占卜和《易經》中使用。「宇宙」

（現在為天文學術語）出現在早期道家著作之中，強調宇宙空間與時間的無限性，但是在近代之前的日本文本中，它只是偶爾作為「天下」的同義詞出現，字面意思是「天下所有」，通常具有政治「領域」的意義。[63]

自明治時代以來，現代日文以「sekai」（**世界**）來表示世界，但這個詞最初是佛教概念「loka-dhātu」[64]的翻譯，即佛教意義上的現象宇宙。在日本，像《竹取物語》和《源氏物語》這樣的早期著作將它當作「宇宙」的同義詞，而像「kono yo」（**この世**）這樣的表達則是指「這個世界」包含人類社會在內的具體物質性。

「山水」或「山河」則是經常出現在中國詩歌的詞彙，指的是景觀、風景或一般的自然環境；在中國與日本，它們往往與風景畫相關。「造化」則是另一個有趣的詞彙：它出現在早期道家文本，指自然事物的生成能力，即自然界生成植物、動物與一切存在的能力，而且不斷致使事物變化、轉化與多樣化。《古事記》（編纂於西元七一二年）用「造化」來指稱神靈的創造能力，但俳句詩人松尾芭蕉則經常用它來讚美大自然的多樣性。更難定義的是「風土」一詞，它在中國的地方志被用來指稱特定地區的氣候、動植物與地理環境。[65]

然而，這些詞語沒有一個具有像英文「nature」一字那樣廣泛和全面的語意範圍，而且它們在使用上也不是那麼一致。此外，它們並不包括存在於宇宙中的無數（包括自然、超自然與人造的）事物與現象。有一整組詞彙具有指稱宇宙中無數事物與現象的功能，包括萬物、萬事、萬有、萬象、諸物等，它們儘管意義上稍有不同，卻也都是代表天地所包含「無數事物」的詞彙。

因此，在沒有一個包括「自然」與它所包含的各種物體的詞彙的情況下，難怪本草學者會從他們的智力與體力勞動所發揮的社會功能出發，普遍概念化了構成他們研究對象的礦物、植物與動物。換句話說，岩石、植物與動物的通用名稱取決於它們的用途。或者更確切地說，植物、動物與所有自然現象都是它們根據人類的智力活動而得到的所思形式（noematic forms）。這也就是說，它們會根據不同學者就不同社會功能所抱持的能思立場（noetic stances）與干預方式而改變它們的名稱。因此，對醫生、藥劑師與正統本草學者來說，植物與動物屬於「本草」或「藥草」。對百科全書學者與詞彙學家來說，植物與動物是「有名稱的東西」（**名物**）。對涉及調查物體的農學家與博物學家來說，則是「產品」（**產物**）。本草學者往往還會使用一個相當笨拙的名詞「**草木鳥獸魚介昆蟲金玉土石**」（指藥草、樹木、鳥獸、昆蟲、魚類、金屬、寶石、土壤、石頭）。而當植物與動物成為大眾娛樂與觀賞的焦點時，它們就會被稱為「用於展覽和餘興活動的東西」（**見世物**）或「珍奇事物」（**好物**）。

本書總共分成五個部分，其中三個部分是遵循下面的模式來劃分。第一部分的第二章是一六〇〇年以前中國與日本藥學領域的簡短歷史概論，第二部分則著重於十七世紀百科全書的製作與流通，以及辭典學研究在準確決定自然物種方面的功能。第三部分重新建構了一七三六年德川吉宗時期全國自然物種調查的組織，以及國家機構對本草學專家的招募。第四部分詳細描繪了自然史在十八世紀文化圈、大眾娛樂、展覽與收藏的普及。最後，第五部分提出在德川時期後期，隨著西方知識的廣泛傳播與接受，以及幕府與藩政對政治經濟事務的干預愈形增加，兼收並蓄的本草學領域變得愈來愈能順應經濟增長的需求，而且本草學專家也參與了經濟改革。後記勾勒出本草學在明治初期的雙重命運：雖然它一方面失去了自己的名稱，但也保留了許多累積的知識，而且被剛剛確立的西方科學語言重新編纂；而另一方面它雖保留了自己的名稱，但卻以一個埋葬在遙遠過去的傳統的名義，抹去了兩個世紀的研究成果。因此，「自然」一詞的發明是一個近代的故事，是一八七〇年代與一八八〇年代革命性轉變的一部分，然而其根源卻早已深植於十八世紀與十九世紀的哲學辯論之中。

目的論的罪惡與德川時期的種種情況

這本書所提供的似乎是另一個版本的歷史，闡述人類如何演變成現在這種經驗世界的方式——一個關於人類如何走入現代的全盤故事，只不過是以地方的版本述說。它的時間結構，與跨越兩個半世紀的日本史中，有關社會與文化發展的關注，無疑加強了一種印象，即從一個神祕的古老世界到一個科學精確的工具主義世界是必要的進程。我對一系列相互交織的社會、知識、經濟與政治變革逐漸開展的關注，確實也強化了現代化進程不可避免的印象。對於長期持續的歷史進程，我明確拒絕接受任何功能主義或意向主義的解釋。我尤其拒絕將本草學者的努力、協商、實踐與限制等，解釋為西方生物科學在十九世紀末的日本出現並取得成功的必要或充分原因。然而，我確實相信重建歷史進程的展開有其價值與可能性，這並不必然就會屈服於目的論之下。在這本書中，我試圖避免任何形式的概要決定論（schematic determinism），轉而傾向研究德川時期博物學家的知識實踐、他們所處的社會政治環境、他們繼承的思想與信仰，以及他們操控的物質對象之間的互動關係。在我所描述的進程與事件背景下，對自然物以及包含自然物的環境的普遍態度，在一個宏觀社會學的層面上確實發生了變化，而且這中間有不同的節奏與觸及範圍，從遏制與排斥，到發現與包容，然後在一八六八年明治維新以後，再到對「日本」自然的開發與民族主義的意識形態化。[66] 只要它不存在演化的必要性，我完全可以接受這種說法。

我有意識地避免在任何因果意義上，將本草學與現代科學聯繫在一起的企圖，反而寧願用它自己的方式重新建構這個研究領域，因為是它把自己與藥學傳統和其他當代知識領域聯繫在一起的。也因此，舉例來說，我拒絕單從應用工具性（**実学**）的角度來解釋本草學作為自然史的發展，[67]反而把德川時期後半段，國家為經濟利益而徵用本草學的作法，限定為它所具有的眾多功能（認知、道德、教育、美學、娛樂等）之一。本草學的經濟效用在一八三〇年代以後逐漸得到支配性，與其說是本草學本身所固有的邏輯發展，不如說是與十九世紀帝國主義全球市場中日本的社會、政治與經濟狀況有關的歷史發展。

在我的日本德川時期自然研究歷史中，唯一的必然是在這段歷史中出現的事件與進程的偶然性。近代日本的科學進步與科技成就，並沒有在貝原益軒的動植物研究中得到預示，德川吉宗（一六八四—一七五一）對本草學的贊助也沒有促使其實踐者去尋找科學方法。自然史廣受歡迎的事實，並沒有讓日本在十九世紀就急切地採納西方科學，活躍於該領域的大量專業與業餘博物學家也不能完全解釋日本明治時期迅速轉向科學的原因。本草學發展了觀察與描述自然物種的標準化規程，但這些並不會讓學者轉而奉行或接受林奈的方法。換句話說，我在近世日本複雜的自然研究中，並沒有看到一種土生土長的原始科學態度，讓他們有歡迎西方科學到來的**傾向**。我也不認為本草學曾發展出一種替代性的自然概念，這種概念相悖於現代科學所直接或間接產生的「異化」知識論與環境破壞。我們無法在近世日本找到另一種替代且「更人性化」的科學種子，就如同我們無法在那裡找到另一種「東亞」現代性的可能性。相反地，正是日本在二十世紀早期實現了現代化，所以才會從這個角度回頭要求重新建構日本的過去。因此，第一個這麼做的本草學史家，白井光太郎（一八六三－一九三二），之所以同時也被算作是近代日本最早的一位生物學家，似乎也就不足為奇了。[68]

我們所謂的近世科學到底是什麼？

因此，我認為德川時期並不存在所謂的日本**科學革命**，原因與史蒂文．謝平（Steven Shapin）就近世歐洲的情況所給出的理由相同。[69] 這並不必然意味著本草學者的描述與觀察是無用或錯誤的。作為社會的產物，他們同樣都承受著作為德川社會與思想之特徵和推動力的各種矛盾。本草學者與同時期的歐洲自然哲學家一樣，關注的是對動植物的真實與準確描述，以及它們在一個被認為能揭示其真實本質的系統中的分類。此外，本草學者與他們的歐洲同行一樣，都受到形上學的先入之見與固有權威典籍的影響。舉例來說，他們都把自然物種設想為「自然類」（natural kinds），即獨立於人類干預的動植物分類群或排序。從現代生物學的角度來看，他們都在不同的地方犯了錯。今天，生物物種根本不被視為「自然類」，但將本草學者的研究結果與現代科學知識相比較，不僅是一種不合時宜的作法，而且也不會有什麼結果。

若將德川時期學者的自然知識與十八世紀歐洲自然哲學家對動植物的認識進行比較和評判，將後者歸為「科學」，並爭論日本學者在接受「正確」西方典範的失敗或成功，那就更糟糕了。儘管早期歐洲博物學家在時間與譜系上可以算作現代科學家的祖先，但是從今日遺傳學與生物學研究的角度來看，歐洲博物學家的自然史與本草學並沒有實質上的區別——若堅持相反觀點，將類似於當代科學的方法論與經驗論立場歸於近世歐洲博物學家，則又犯下另一種時代謬誤。此外，正如蘇吉・希瓦松達朗（Sujit Sivasundaram）、瑪瓦・艾爾夏克莉（Marwa Elshakry）與賽門・夏佛（Simon Schaffer）等學者最近所證明的那樣，西方現代科學在十八與十九世紀的全球擴張過程中，也因為與非歐洲文化的接觸而深受影響。[70]

簡言之，我想要避免的是將科學看作是一種非歷史的、中立的判斷尺度。這個決定不可避免地導致了科學是什麼的問題，這遠遠超過了本研究的範疇與可能性。現代科學是一個特定歷史時期的文化產物，是在特定的社會條件下，在構思它的特定概念體系的框架內成形的。就像任何其他形式的知識一樣，今天的科學也是「情境」知識，因此它反映出其生產者在其歷史、文化、社會與物質脈絡中的地位。換句話說，科學不是一種透明地反映出有序實在界的、非歷史性的知識形式，而是一門包括各種研究領域的學科，且出現於特定社會知識條件中的特定歷史時刻與脈絡之中。正如彼得・迪爾（Peter Dear）所言，「在十九與二十世紀發展起來、被稱為

『科學』的文化活動，與舊的自然哲學並不相同。後者在十七世紀與十八世紀所經歷的變化導致了一種新事業的建立，它把舊的『自然哲學』拿來重新用相當不同的工具性術語來明確闡述——科學於焉誕生，它是過去兩種截然不同的領域的混合體。」[71]

這並不等同於堅稱，科學因為其歷史情境，只是一種跟其他知識形式一樣的知識形式，在本質上與宗教、迷信、傳統或民間信仰並無二致。如果在近代，科學已經與形上學的絕對真理分道揚鑣，擁抱了具有經驗**準確性**與**確定性**的知識論——也就是說，真理取決於一個共享觀察、測量與符號表徵等規程的知識論社群，並且在這社群中的認知主體之間形成了合理的共識——它仍然和哲學一樣，會駁斥毫無根據的觀點和信仰。肯定科學知識的歷史與社會情境，並不必然就是在質疑其認知主張的有效性。[72]

此外，現代科學在十九世紀出現的時候是一個全球性的事件，其規模遠比人們以前認為的要大得多。即使我們接受傳統說法，即現代科學是十九世紀歐洲的產物，它所包含的各種學科領域也見證了帝國時代的全球性質：歐洲文化受到當地知識的影響，同時也影響了全世界新思想與新實踐的發展。[73] 正如歐洲現代科學否定了近世自然哲學的內容、實踐與制度一樣，本草學的許多元素也在日本明治時期被轉化成新的學科如生物學、植物學與動物學。從本草學起家，後來被譽為東京帝國大學第一位日本科學家的伊藤圭介（一八〇三—一九〇一），就象徵性地體現了這種蛻變。這本書所面臨的挑戰，是在不屈服於現代化目的論的前提下，將它視為十九世紀日本社會、政治、經濟與文化變化的反映，重新建構這個故事。

在日本迅速工業化的過程中，這些發展帶來的一個影響，就是傳統的自然世界概念就此消失。這種除魅反過來又產生了兩個進一步的結果：一方面，它把環境變成了一個可以為了經濟成長需求而加以開發的資源儲藏庫；[74]另一方面，它要求發展新的自然環境概念，但這些新概念卻有相反的意識形態目標，即支持這種開發，或譴責開發帶來的汙染，同時也將民族主義獨特性的內涵投射到這種開發之上。[75]

2

《本草綱目》與它所創造的世界

The *Bencao gangmu* and the World It Created

基本藥草

毫無疑問，日本文化的許多元素起源於中國，而且是直接從中國傳入日本，或是經由朝鮮王國間接傳入。[1] 日本文化的中國元素包括：借鑒自中國並從根本上改造的書寫系統；宗教傳統，如佛教與道教等，深刻影響著日本的社會、文化與精神歷史；思想流派；文學與藝術形式；政治、法律與行政系統；技術知識；銀幣與銅幣；工具、工藝品、商品和各種自然資源；技工與學者。就這方面而言，本草學亦非例外。關於動植物的知識可能與人類一樣古老，但在近代前的日本，系統與制度化的自然知識完全倚賴來自中國的權威文獻。[2] 在德川時期，明清文化的影響尤其深刻。[3] 因此，日本近世的整個自然研究領域全都始於一本中國百科全書的引入，即一五九六年在南京出版的李時珍《本草綱目》，也就不讓人感到驚訝了。

在中國，對藥草的研究（本草學）是醫學的一個「實用」分支。[4]因此，它與食品製備、巫術和鬼神論密切相關。「本草」的字面意思是「基本藥材」，這個詞彙出現在《漢書》（西元七六年），並將之定義為一個獨立的研究領域。[5]《淮南子》是西元前二世紀試圖融合藥學與治療學的道家典籍，它曾經提到本草學的神話起源：

在古代，人們以藥草和飲水為生，會採集樹上的果實，吃蛤肉。他們經常遭受疾病和毒害。後來，神農氏首次教人播種五穀、觀察土地是乾是濕、是肥沃還是多石、土地是高是低。他嘗遍了所有藥草，調查水源是甘還是苦。他用這種方式教導人們該避開什麼，以及在哪裡可以尋求幫助。當時神農在一天之內就發現了七十種有療效的物質。[6]

「神農」是神話中將古代農業與藥物學傳授於民的帝王，將神農氏視為中國藥學始祖的傳統始自《神農本草經》，這可能是在西元前二世紀至西元前一世紀之間編纂的文本，現已失傳。[7]據說這本書列出了三百六十五種神農氏嚐過的「基本藥草」（本草），並按其毒性多寡將它們分為上品、中品與下品。後來的藥典採用了它的結構，並以之為基礎增添新的藥材。南朝陶弘景的《本草經集注》（約西元四九二年）不僅增加了藥物的數目，也為本草學領域奠定了基本形式與形上學的基礎，一直到明朝，當王綸的《本草集要》（一四九六年）、陳嘉謨的《本草蒙筌》（一五六五年），以及特別是李時珍的《本草綱目》等著作出現，才從根本上重新塑造了藥學。

在古日本，正式的醫學研究與實踐僅限於「典藥寮」，它是成立於七世紀末的「大學寮」的一個部門。典藥寮的醫學理論和實踐完全以中國模式為基礎，但不同的是，日本醫學「大體上與社會分離」。正如杉本正慶（Masayoshi Sugimoto）與大衛・史溫（David L. Swain）所言，「按律令法，典藥寮只為皇室與首都官員服務，令制國[8]國學的醫學課程同樣也是為了各國官吏之利益。」[9]

典藥寮掌控藥物學手冊的製作與使用，這些手冊提供了「愈形廣泛之藥草、動物與礦物物質的理論分類、描述、產地與治療效果。」[10] 侍醫（御醫）完全倚賴進口自中國大陸的書籍，而唯一的日文參考文獻則是中國百科全書的摘要或簡化版。[11] 典藥寮最早採用的藥學教科書是《神農本草經集注》，它是陶弘景的《神農本草經》修訂擴充版本。[12] 它包含對七百三十種藥用物質的解釋，共分成礦物（**玉石**）、植物（**草木**）、動物（**蟲獸**）、果實（**果**）、蔬菜（**菜**）、主食（**米食**）與有名無實（**有名未用**）等七部。該書按照《神農本草經》的劃分方式，將每一部的所有物種分成三個藥用等級（品）。正如漢學家李約瑟（Joseph Needham）所解釋，「這些（等級）的命名受到社會官僚等級的啟發，第一等謂之『君』，第二等謂之『臣』，而第三和最下等謂之『佐使』。」[13]「君」為上藥，用於維持身體健康，不含危險物質。「佐使」為下藥，可治療更嚴重的感染，但若服用劑量不當則可能致毒。稱為「臣」的中等藥，則處於中間位置。[14]這種三品劃分法一直被沿用到《本草綱目》的出版，且與道家宇宙觀有關，認為宇宙萬物受到天、地、人三種力量（三才）所主宰。君等上藥由於不含有毒物質，可以大量食用，其療效來自天，因此可以滋養生命本身（養命）。臣等中藥倚賴的是人，適量服用可以滋養人的生命（養性）。佐使等下藥取決於地，可能有致命性，因此只能小劑量短時間服用。[15]

西元七八七年，《新修本草》取代《神農本草經集注》，成為典藥寮的主要教材。該書共五十三卷，包含約八百五十種物質的資訊，於西元六五九年在中國官員蘇敬[16]的監督下，由二十二名學者組成的團隊編纂而成。《新修本草》是「自然史的里程碑，至少是一部關於藥草的專著。」它也提供了插圖，並收錄有關於礦物、植物與動物來源之藥用物質的文字描述。[17]一千年後，荷蘭東印度公司的醫生恩格爾貝特·肯普弗（Engelbert Kaempfer）在他的《異域採風記》（*Amoenitas Exoticae*，一七一二年出版）就曾引用《新修本草》的資料。西元九一八年，御醫深根輔仁（活躍於西元九〇〇年至九二〇年間）將《新修本草》的條目翻譯成日文，並在條目中添加了一個簡短的注釋，說明這些動植物在日本是否存在。深根輔仁這本《本草和名》的詞彙表中列出了一千零二十五個條目，其中五百五十個條目有日文名稱。[18]

在大學寮的封閉世界外，佛教寺院也在累積藥理知識。八世紀日本佛教律宗創始人鑒真和尚（六八八—七六三）曾研究植物的藥理特性。在十六世紀之前，佛教寺院是唯一向平民提供醫療協助的機構。在寺廟發展出的一些藥物被記載在十世紀的政府律令條文《延喜式》（西元九〇一年至九二三年間編纂）以及八世紀有關出雲國（今島根縣）自然資源、地理條件與口述傳統的《出雲國風土記》。[19]

在宋代（九六〇年至一二七九年），日本和中國的商業交流急劇增加。許多書籍從中國進口，而這一部分得歸功於日本僧侶頻繁前往中國大陸。隨著一一九二年鎌倉幕府成立，佛教僧侶（尤其是密宗與禪宗）編寫了大量的醫藥與藥學論文，這些著作很大程度上仍然得益於中國的百科全書。中國的《大觀經史證類備急本草》（編纂於一一〇八年）在日本簡稱《大觀本草》，在當時成為藥學訓練的基礎教材。一二八四年，大學寮學者惟宗具俊用日文編纂了一個摘要版本，名為《本草色葉抄》。該書擇取《大觀本草》的五百九十個條目，按《伊呂波歌》的假名順序重新編排，以方便使用。[20]

自十三世紀起到十七世紀初引入《本草綱目》之間的這段時間，並沒有什麼重大變化。在這個時期，日本歷史上持續不斷的內戰造成社會混亂，無疑是細化發展新形式系統化與制度化學習的主要障礙。在窮困的天皇朝廷中，典藥寮僅僅是象徵性的存在：它再也沒有出產新的藥理學研究，只保留《大觀本草》作為唯一的教科書。密宗佛教僧侶寫了一系列的藥草專論，但這些著作只在寺廟網絡間流傳，以芳香植物、香料和致幻劑為主，以幫助僧侶進行冥想練習為目的。[21]

十七世紀初，恰逢醫學大革新的時期，李時珍的《本草綱目》作為當時最權威的藥物學百科全書進入日本。在十六世紀，田代三喜（一四七二—一五四四）和曲直瀨道三（一五〇七—一五九四）將十三世紀與十四世紀中國醫生李杲（李東垣）與朱震亨（朱丹溪）的醫學理論引入日本，並以一種原創的方式重新詮釋之。[22]田代三喜在明代中國學習了一段時間以後，於一五〇九年還俗，開始在古河市行醫；一直到一五七三年，古河市都是足利幕府在關東地區的根據地。他的學生曲直瀨道三同樣也「脫離佛教組織，還俗入世行醫。」[23]他們的學派被稱為後世派，字面意義為「後來的方法」。到了十七世紀，後世派成為主流醫學學派，這在很大程度上歸功於足利幕府與後來德川幕府的贊助。這一時期最重要的兩個後世派流派分別是曲直瀨道三創立的啟迪院，以及堀杏庵（一五八五—一六四二）創立的崛派。堀杏庵是藤原惺窩（一五六一—一六一九）與曲直瀨正純的弟子，也是林羅山的密友。[24]受到朱熹宇宙觀的影響，後世派認為疾病的根源在於「理」和「氣」的不協調，導致身體的陰陽五行失衡。此外，它還聲稱疾病的原因並非外部的病理因子，而是身體的虛弱使這些因子得以進入。因此，後世派療法的主要目標在於加強身體的抵抗力，透過針灸、艾灸（灸術），以及定期服用人參與其他藥用根莖在內的治療方式，提高陰能量的水準，以對抗被認為是所有疾病起源的陽能量過剩。

十六世紀後世派的醫學創新，預示著李時珍著作的傳入，也為它開闢了成功的道路。《本草綱目》本身在明代中國被認為是理學醫學理論與實踐中不可或缺的藥物學指南。

中國歷史上最偉大的博物學家

李時珍是太醫之子[25]。漢學家李約瑟稱之為「藥學界泰斗」，認為「他可能是中國歷史上最偉大的博物學家，值得與歐洲文藝復興時期和其他同時代最優秀的科學家相提並論。」[26]在過去十五年間，中華人民共和國政府將李時珍視為科學家與科學經驗主義的先驅來加以表彰。[27]

李時珍的父親希望他能做官，但在三次未能通過最高級別的科舉考試[28]以後，決定棄儒從醫，將自己的一生奉獻給醫學研究。[29]他累積的大量知識與醫術高超的聲譽，讓他得到許多貴族的支持。一五四九年，楚王任命他為奉祠正，「兼管良醫所事務。」[30]後來，他的事業突飛猛進，晉升成為太醫院正五品院使[31]。貴族的贊助讓他得以用大量書信往返進入龐大的同儕學者網絡，同時也提供他充分的資料來源與完成其百科全書所需的資金。

李時珍希望他的《本草綱目》能夠解決「藥用自然史典籍中持續存在的謬誤。」[32]自一五五六年起，他開始到最重要的藥物產地去收集並研究標本和藥材。《本草綱目》完成於一五八七年，共有一千八百九十五個條目（兩百七十五種礦物、四百四十六種動物與一千零九十四種植物）。[33]李時珍未能目睹《本草綱目》的刊行便撒手人寰，而這本著作則在明朝詩人王世貞的斡旋下，於一五九六年在金陵（現在的南京）問世。[34]王世貞為該書作序，讚揚李時珍的作品「涵蓋了從最古老的記載到傳奇，無一遺漏。」[35]李時珍之子李建元曾將一套獻給朝廷，後來這套百科全書才打開市場，賣給更廣大的群眾。

李時珍的作品極具重要性，對東亞文化歷史的影響更是深遠。本草學在近世日本最初的發展，就根植於這個文本。它的書名將它與過去幾世紀的藥典聯繫在一起，但它所涵蓋的範圍與採用的方法，造就了它里程碑式的成就。[36]據稱，這本書涵蓋了「所有已知的東西」，包括植物、動物、礦物與怪物，無論它們是否具有作為藥理物質的實用價值。李約瑟評論道，「這本書本身就是結合了礦物學、冶金學、真菌學、植物學、動物學、生理學與其他科學的總論。」[37]王世貞為該書作序時曾道：

> 打開這本書，如進入金谷之園，內容豐富，色彩奪目；如登上龍王寶殿，寶藏琳琅展現，

盡收眼底；如冰壺玉鏡，細節一覽無遺。豐富而不多餘，詳細而必要，包容廣泛且透徹，深邃而廣大。我們怎麼能單純把它看作是一本醫學書呢？李氏為錯綜複雜的原理、研究事物的百科全書、帝王的祕籍與平民的寶貴知識辛勤付出，可謂用心良苦！[38]

正如王世貞的讚美之言，《本草綱目》與之前同類作品的區別，不僅僅在於內容的詳盡。李時珍對宋明理學「格物」傳統的貢獻，遠遠超出資訊搜集的完全性，還包括對所接收的自然知識資料整體，進行必要的系統化處理。正如梅泰理（Georges Métailié）所言，這是一個具有里程碑意義的龐大計畫，旨在全面「重組知識」。[39] 李氏藉由兩個策略來實現此一目標：物種名稱的標準化與物種分級分類法的發展。

早期藥典面臨的一個困難，在於為標本選擇標準名稱，因為植物、動物與礦物的名稱會隨著不同地區與不同歷史時期而改變。李時珍藉由仔細的文獻學研究解決了這個問題，建立標準術語（**正名**）。李約瑟解釋道，「在命名時，他採用了一種優先次序系統，將歷史上首先賦予任何特定植物或動物的名稱當作標準術語。」[40]

李時珍對這門學科的第二個貢獻是分類系統。首先，他效仿陶弘景的《本草經集注》，將自然界的物體分成礦物、植物與動物，並在百科全書中以一個獨立章節來處理，最後再與因它們所衍生的藥理物質分開。他將這些物種編入一個系統化的分類體系，並按照各種藥理物質理論上的相對應疾病來進行分類。[41] 所有條目或「種」都被分在十六個大標題或組別之下，是為「綱」。綱之下有更小的類別，是為「目」。因此，綱包含十六部，而部又被劃分為「類」，每一類又被細分為「種」。也就是說，「綱」與「目」構成「部」、「類」與「種」等自然知識呈現的組織原則。這本書的書名《本草綱目》就來自這種分類法，指分為十六綱與六十目的藥典。綱與目這兩個術語指的是網的主繩與網眼。作為單獨術語使用時，「綱目」指有層次的組織。[42]

李時珍在卷首語（**凡例**）中解釋了其分類系統的歷史起源：

《神農本草經》有三卷，包含三百六十種，分成三個等級：上品、中品、下品。梁朝陶弘景曾增添其種類至雙倍，並按等級增添之。在唐代與宋代，都曾有複印與重修，每位作者都做了補充，有納入亦有刪減；如此以來，儘管品目仍然存在，但原本的標題都被弄混，失去了真正的意義。現在，我把全部都歸入十六部六十類，前者代表較高等級的綱，後者代表從屬的目，每一種都有各自的類別。[43]

因此，完整的分類系統（表二之一）包括種，種被組織成類，類又屬於更上一層的部：

表二之一　《本草綱目》十六部的分類系統

一、水部：有四十三個條目，近一步分成兩類，包括「從天上掉下來的」（如霧、雹、冰、雪、不同類型的雨等）與「從地上溢出的」。

二、火部：有十一個條目，從五行之一的火到特定種類的火如火星（擊石之火）、鑽木之火、煤炭之火等。

三、土部：有六十一個條目，包含各種地形、黏土等，共六十一種。

四、金石部：有一百六十一個條目，包含「金屬與礦物」，進一步細分為金、玉、石、鹵等四類。

五、草部：有六百一十五個條目的「藥草」，進一步分成十類：山草類七十種；芳草類五十六種；隰草類一百二十六種；毒草類四十七種；蔓草類九時一種；水草類二十三種；石草類十九種；苔類十六種；雜草類九種；以及一百五十三種未分類與無法分類的藥草，這些藥草在一些地區曾被命名，但沒有已知的藥理用途。

六、穀部：有七十三個條日的穀物，細分為麻麥稻類十二種，稷粟類十八種，菽豆類十四種（大豆與豆類）與造釀類二十九種（發酵產物）。

七、菜部：有一百零五個條目的菜，分成五類：葷菜類三十二種（如洋蔥、薑、蒜等調味蔬菜），柔滑類四十一種（如菠菜），蓏菜類十一種（如橡子），水菜類六種（如萵苣），以及芝栭類十五種（菇，芝栭指靈芝和木耳）。

八、果部：有一百二十八個條目的果實，其中包括五果類十一種（梅、杏、棗、李等），山果類三十四種（梨、柿、柑等），夷果類三十一種（荔枝、棕櫚等），味果類十三種（胡椒），蓏果類九種（瓜），以及水果類二十九種（如蓮藕、荸薺等）。

九、木部：有一百八十個條目的樹木，其中有香木類三十五種，喬木類五十二種，灌木類五十一種，寓木類十二種，苞木類四種（簇生，如竹子），以及雜木類二十六種。

十、服器部：有七十九個條目的物品，如從植物中獲得的衣服與用具，其中包括服帛類二十五種（棉、絲、破布等）與器物類五十四種（從紙到日曆、煙火到漆器等）。

十一、蟲部：有一百零七個條目的昆蟲[44]，分成卵生類四十五種（其中包括螞蟻、蜜蜂等昆蟲，也包括蜘蛛和水蛭），化生類三十一種（由變態而生，如蠐螬、蟬、天牛、螢火蟲與蝗蟲），以及濕生蟲三十種（由濕氣而生，即無尾目（蛙與蟾蜍）、唇足綱與倍足綱（即蜈蚣），以及所有蚯蚓）。

十二、鱗部：有九十四個條目的有鱗動物，分成四類，包括龍類九種（蜥蜴與神話中的龍），蛇類十七種，魚類三十一種，無鱗魚類三十七種（如魷魚、鱔、鰻、鯰、鮠、鯊、鰩、海豚、神話中的海妖、章魚、蝦、水母等）。

十三、介部：有四十六個條目的貝介，分成龜鱉類十七種（龜與蟹）以及蚌蛤類二十九種（雙殼貝類與腹足綱）。

十四、禽部：有七十七個條目的鳥，分成水禽類二十三種，原禽類二十三種（草原鳥類），林禽類十七種（森林鳥類）與山禽類十四種（山鳥，包括鳳凰）。

十五、獸部：有八十六個條目的四足動物，包括畜類二十八種（家畜），獸類三十八種（野生動物，所有不能作為牲畜的大型動物），鼠類十二種（囓齒動物），以及寓類（流浪動物）、怪類共八種。

十六、人部：有三十七個關於人的條目，包括不同的種族（與中國有接觸的部落與民族）、木乃伊與類似人類的怪物。

李時珍對「世間萬物」的分類標準視「肉眼可見的形態」（**形質**）與「肉眼不可見的屬性」（**氣質**）而定，前者取決於陰，後者是陽的特徵。因此，他按照「氣」與「五行」相互作用形成的物理模式來排列所有條目。對於植物與動物，他大致按從小到大的順序，但總的來說，他會根據形態與生態的綜合標準，要不然就是考量一動物或植物是生活在野外、被種植或受馴化等等，來確立這十六部。另外，他還考慮了它們的毒性、味道或口感，或遵循傳統的農學分類。其自然組織的複雜性在〈凡例〉中是顯而易見的：

> 在古時的文字中，寶石、礦物、水與土都不可避免地被混淆了。昆蟲與魚類不分，魚類與貝介也不分。事實上，有些昆蟲被歸類成樹木，有些樹木和藥草放在一起。但現在每個群組都有自己的部。首先是水與火，然後是土；因為水與火在無數事物（無生命與有生命）之前就已經存在，而土是萬物之母。接著是金屬與礦物，它們從土中自然產生，然後是藥草、穀物、（可食用）蔬菜、結實的樹木，與所有木質的樹木。這些都是按照大小，從小到大順序排列。接下來是關於人類可以穿戴的物品（這種作法符合邏輯，因為它們大多來自植物）。再下去是昆蟲、魚類、貝類、鳥獸、以及最後的人類。這就是眾生的階梯，從最低等到最高等。[45]

李時珍將每個物種的條目（**小綱**）排列成一個由八個子章節（**小目**）組成的結構，不過並非所有條目都有八個小目。在物種的標準名稱（**正名**）之後，他列出該物種在過去或不同地區的所有名稱（**釋名**）。接下來的子章節（**集解**）包括該物種的棲息地、季節性、形態、屬性與其他特質。接著是「正誤」，強調從前資料中對物種描述的錯誤，並加以糾正。然後是「修治」，詳細介紹如何加工處理礦物、植物或動物物種，以提取並保存其藥理物質。「氣味」按傳統的三分法詳細說明取自該物種的藥物劑量、味道與毒性。隨後是最重要的治療用途說明（**主治**），以及對其藥性發現的歷史重建（**發明**）。條目的最後則是藥物的處方集（**附方**）。[46]

李時珍當時可能並不想在他的百科全書中添加插圖。其子[47]李建元卻決定在金陵版中加入這些圖片。我們並不知道大部分插圖是誰畫的，不過有些取自唐慎微於一〇八二年出版的《經史證類備急本草》，而其他插圖可能是李建元自己畫的。[48]

梳理事物

儘管在我們看來這樣的系統可能很奇怪，但李時珍的物種分類呈現出一個融貫的（coherent）

系統，該系統建立在他所身處的時代中，物質實在（matenal reality）的散漫配置之上，並以理學的形上學為框架。分類學（將植物與動物分成不同分類單位或群）是世界各地與不同歷史時期中所有社會的一個文化層面。它們是人類學一個分支的研究對象，稱為民俗生物學（folkbiology）或民族生物學（ethnobiology）。民族生物學家認為，每個社會文化群體都將自然界分成動、植物物種的群體和類別。這些往往以層次的等級形式呈現，特定的分類單元會被細分成更多的一般分類單元等。[49]

恩斯特・邁爾（Ernst Mayr）強調，從歷史知識論的角度來看，我們必須分辨出用於分類的方案與用於辨識的方法。[50]邁爾指出，所有分類都有兩個主要目的，而且這兩者往往相互關聯。一個是模式發展，以實用為目的（發明、製藥、農學、百科全書等）精確辨識動植物的物種。「資訊檢索的便利性通常是物品分類的主要或唯一目標。」[51]第二個目的是「針對那些由於因果關係（如疾病分類）或起源（如生物分類）而有關聯的物件進行分類。」[52]相對於辨識方法，第二種方法的特點是將物種按等級分成屬、目、綱等，就如同在《本草綱目》中，種類—部—綱—目的等級系統。在這種秩序下對一物種的辨識，遵循了一種因果法則或自然界的形上學秩序。換句話說，在邁爾看來，辨識方法往往是刻意以人類為中心的，它們更隨意，也更容易變化，而歐洲中世紀植物標本集和中國在《本草綱目》之前的藥典也確實如此，它們根據藥草所產生的物質或所具有的治療特性，按字母順序進行物種的排列。相形之下，分類法受制於一種強加其上的順序，使它們更難改變。[53] 辨識法與分類法之間的分界線往往難以劃分。在前現代與近世時期，歐洲、中國與日本的博物學家因為那些難以明顯分類的群體和物種而面臨考驗。無脊椎動物（通常與昆蟲有關）、兩棲動物、爬蟲動物與鯨類的情形往往如此。[54] 舉例來說，李時珍《本草綱目》的分類系統，旨在再現一個基於物理與形上學原則的自然階層（scala naturae），它將蛇、鱿魚、鱔、鰻、鯰、魨、鯊、鰩、海豚、神話中的海妖、章魚、蝦與水母等歸入有鱗魚（鱗）的標題下，蟾蜍和蛙則歸在昆蟲（蟲）之下。[55] 今日，生物學家維利・亨尼希（Willi Henning）在一九六〇年代發展的支序分類學（cladistic sysematics），按照演化樹上分支的歷史順序來排列生物，而不是按照其形態上的相似性。[56] 去氧核醣核酸分析與隨之而來的支序分類學發展，為科學家的分類實踐提供了遺傳學基礎，但是並沒有解決分類核心的知識論問題。[57]

事實仍然是，不同分類法往往產生一種令人暈眩的奇異感。波赫士（Jorge Luis Borges）在「一本名為《天朝仁學廣覽》的中國百科全書」的瘋狂中，看到所有分類系統最終獨斷妄為的明顯標誌：每種文化對世界都有自己不可溝通、不可共量（incommensurable）和主觀的理解。[58] 那麼問題來了，物質世界如何能表達如此令人眩目的多樣性？難道秩序是人類強加給世界的，以至於尋找自然界的內在架構注定就會失敗？或者，就算一種內在秩序確實存在，我們是否有可能接觸到它，或者我們注定只能通過文化的排序濾鏡來經驗這個世界？這些基本問題反映了西方與亞洲的許多思想，也是分類問題的核心。[59]

我們藉由對宇宙的各個部分進行分類來瞭解我們所處的宇宙。對每一個存在事物進行排序與重新排序，是人類社會的歷史及其物質世界的新陳代謝關係中，一個經常性的特徵。正如伊恩・哈金（Ian Hacking）所言，「要列舉，就得要有不同**種類**的事物與人來計算。計算則渴求類別。我們現在許多用來描述人的類別，都是列舉需求的副產品。」[60] 分類在時間和空間上各不相同：不同社會文化群體不斷地創造、採用、修改和放棄多少具有系統性的動植物物種排序，以及各種物質、人工或超驗（transcendental）現象的排序。每一個分類系統都與其他系統大相徑庭，就如傅柯所言，是「另一個思想體系的奇特魅力」。[61] 作為每一種人類文化的結構核心，它內化了一個驚人的悖論，即同一物質實在中，存在著異質性的多重分類法。愛斯基摩人社群居住的世界，不同於圖阿雷格人（Tuareg）或瑞士銀行家的世界：瑞士銀行家口中的「雪」或「沙」，對愛斯基摩人和圖阿雷格人來說，是有著微妙差異的世界，卻也攸關生死；愛斯基摩獵人或圖阿雷格商人眼中的商品或服務交換的直接社會關係，對瑞士銀行家來說則變成高度複雜且非個人化的投資、利益、避險基金、衍生性金融商品、證券、債券等。因此，我們也許可以說，人類社群以一種純粹效益的、認知的或享樂式的瑣碎方式，透過劃分和將其組成部分按順序排列，來滿足部分的實際需求，從而創造了他們所生活的世界。對歷史學家來說，分類與其合法性的重要性在於它們對產生它們的社會的揭示，正如哈莉特．里特沃（Harriet Ritvo）對維多利亞時期英國的論述那樣。[62] 因此，一個特定分類系統的是真是假，取決於其證成（justification）的合理性。反過來，對自然的符號表徵（symbolic representation）的合理性，是相關聯於——但並不是被化約成——論述生產者們的社會地位、他們相對於政治與經濟權力的地位、他們的主要信仰，以及他們經既定機構認證的智力與手工實踐等。也就是說，一個分類系統的權威地位，與背後社會所賦予開發該系統的專家社群的知識論權威成正比。

我們藉由命名來瞭解世間萬物。因此，語言對真實世界進行了原始且基礎的分類排序，正如《本草綱目》對名稱標準化的努力所清楚顯示的那樣。普魯斯特（Marcel Proust）在《追憶似水年華》（*Recherche*）第一卷寫道，「文字為我們呈現的是事物的小圖，清晰而熟悉，就像那些掛在學校牆上的圖片，讓孩子知道什麼是工作臺、什麼是鳥、什麼是蟻塚，這些東西都被認為與其他同類東西相似。」[63] 普魯斯特認為，語言迫使真實世界進入它自己的網格，將意義的連續體分割成離散的語意單位，用一系列的集合來填滿真實世界（或者說將真實世界扁平化），每個集合都有自己的標籤和適當安排的內容。李時珍致力於物種名稱的修正，亦具有同樣的作用：對自然的排序始於對其名稱的排序。當我說「有一棵樹」的時候，我實際上是把我眼見的所有事物歸為一個大集合，這些事物被簡化成我從文化中繼承下來的認知模式。這是一種固有於語言「百科全書」的認知模式，而就這個語言百科全書來說，我從具有隱喻性的「掛在教室牆上的圖片」所學到的東西，並不亞於我從每一個語言行為所學到的。[64]

然而，狀況其實比這個還更複雜。儘管我們堅信，我們對「樹」、「鳥」或「蟻丘」等字詞的使用是直截了當且完全自然的，但字詞絕不是對它們所描述現實的簡單模仿。愛德華・沙皮爾（Edward Sapir）曾說：「世界上沒有哪兩種語言足夠相似到可以被視為代表著相同的社會實在（social reality），」因為「不同社會所生活的世界是不同的世界，而不是貼著不同標籤的同一個世界。」[65] 不僅愛斯基摩人、圖阿雷格人與瑞士銀行家生活在不同的世界，而且似乎有多少種語言就有多少個世界，或者該更確切地說，有多少人就有多少個世界。李時珍的詞彙學研究似乎也符合這個觀點。

這種說法幾乎已經成為常識，但它又引出另外兩組問題。一方面是我想稱之為「語言決定論」（linguistic determinism）的問題，它涉及語言在塑造個人、社會以及他們所生活世界的角色。海德格（Martin Heidegger）認為，「人的行為就好像**他**是語言的塑造者與主人，然而事實上，**語言**仍然是人的主人。」[66] 根據此一觀點，人類被嵌入語言不斷為他們建構的符號宇宙中，而且正是因為語言的這種功能，我們才能擁有和累積知識。換句話說，正是因為語言，才有了所謂的

「世界」，而不僅僅是一系列不連貫的神經元刺激。

另一方面，如果我們確實無法逃離語言，那麼需要處理的問題就關乎我們對世界的認知宣稱的地位，而生物分類法只是其中的一個例子：它們的秩序究竟是人類社會的功能性或效益性組建，還是在某種意義上代表自然世界本身的內在秩序？換句話說，如果語言（或任何其他符號系統）是我們理解真實世界必要且不可避免的手段，那麼我們對世界所做的任何知識論陳述，對我們來說都必然是**我們**的主張：除非用最接近真相（truthlikeness）的術語做出最佳的解釋，否則我們將永遠無法談論客觀實在本身。我們歷史上的認知模式（例如生物分類法）與物質實在之間的差距仍然是不可逾越的，存在的問題與思維的問題是不可分割的。康德（Immanuel Kant）的超驗知識論（也是這種相關主義〔correlationist〕觀點的哲學根源）似乎是人類認知的無法超越的地平線。[67]但是物質呢？李時珍試圖在他的百科全書中歸類的宇宙「萬物」，是否僅僅存在於語言之中？

阿多諾在《否定辯證法》一書中提出了一個擺脫語言決定論的途徑，避免回到前康德式的教條主義或現代實證主義的大真實在論（naïve realism）。阿多諾在強調物質與概念的非同一性時，假設存在著一種物質對思想的過度（excess）或優勢。這種策略上的轉折讓阿多諾能保留一種基本的物質論方法，同時又不放棄人類關於世界知識的歷史性。一方面，阿多諾承認我們被

「語言監獄」所俘虜。[68]但另一方面，藉由設想真實世界與思想的交疊，阿多諾發展出一種對立的辯證法，使物質歷史化而不至於落入觀念論。在各個歷史時期，思想總是在試圖將物質納入一個概念組合的過程中敗下陣來。[69]正是從這種自然與歷史的鬥爭中（自然與歷史這兩個概念必須退回到存有學的教條主義〔ontological dogmatism〕或後現代相對主義〔postmodern relativism〕中才能分離），物質世界與人類社會的新陳代謝關係應運而生。對阿多諾來說，「概念不僅是指非概念性的、物質的個體，而且也出現在歷史的情境與條件的接觸之中。」[70]在不同歷史情況下，從對自然界的概念理解的變化中倖存下來的，正是相對於思想，那非概念性的物質實在的過度。

概念禁錮了物質對象，讓它們可以被人類的需求所操縱，無論這些需求是智力的（知識、美學）還是物質的（農業、醫藥、美食等）。然而，概念並不能完全將物質納入其意義之中。在對世界的各種概念化中，總有一些東西會超越之，且不會被簡化成概念。由於這種過度，我們可以理解知識的社會歷史情境，而不必將知識的概念裝置設想為漸漸接近不變的真實世界（如實證主義），也不必把實在本身簡化為我們用以理解之的表達形式（如後現代相對主義或社會建構主義〔social constructivism〕）。相反，《本草綱目》在日本德川時期不斷進行創造性調整的情形，既源於日本博物學家操作的不同社會歷史背景，也源於其分類學與概念網格未能捕獲的不同對象。事實上，日本本草學者的博物學研究中有一個不變的因素，就是他們將從文本來源獲取的資訊轉移到在日本土生土長的動植物身上。學者們起初試圖透過詞典學和文獻學的研究，以及並置不同的文本，來解決他們在權威百科全書中讀到有關於中國物種的內容與實際在日本原生物種之間不一致的問題（本書第二部分的重點）。但是到了十八世紀，為了解決這些不一致的問題，新的觀察、描述與再現實踐發展了起來（本書的第三與第四部分）。分類實踐後來也會受到影響（本書第五部分）。此外，本草學者在認知實踐方面的變化，也藉由選擇、雜交與栽培等實驗而影響了他們的研究對象。

事物的調查

科學史家經常讚揚《本草綱目》從自然史角度對動植物物種長篇又精確的描述。事實上，正是這部百科全書的理學形上學框架，為李時珍對每一章節的重點提供了依據。[71]李時珍之子李建元在父親身後將該書第一版進獻給中國皇帝時，曾在奏疏[72]中提及，李時珍意欲說明宇宙萬物運行的基本原理（**實該物理**）。他在原序中曾解釋了宋明理學的哲學靈感：「雖然這部作品中提到的自然物為醫者提供了不同價值的藥物，但研究需要解釋其辨識方法與性質，並闡明有關性質與模式的真相（**其考釋性理**），這都是我們（理學家）儒者所謂的『格物之學』的一部分

（**實吾儒格物之學**）；它們可以補充古籍的不足之處。」[73]「格物之學」是朱熹思想的一個基本層面。「格物致知」（萬物的知識）是另一種表達方式，它在後來日本學者的哲學思辨中起著重要的作用。

朱熹的學說被德川時期學者稱為「朱子學」，在翻譯成英文時通常被不恰當地譯為「新儒家」（Neo-Confucianism）。[74]朱子學徹底改變了對儒家經典的詮釋，將佛教與道家的玄學元素加入儒家的實踐道德規範中。[75]朱熹認為，宇宙是由「理」和「氣」這兩個基本原則而產生和存在的。氣是萬物動力與運動起源的物質能量原則。然而，僅靠氣的運轉並不足以創造我們所看到的事物，因為氣本身既沒有邏輯，也沒有理性。理讓氣所形成與推動的事物有了秩序與融貫性。氣與理的內在力量產生並支配著宇宙萬物。氣和理相互依存，不可能獨立存在，但由於理使萬物有序，中國思想家經常對理的邏輯進行先驗研究，而不是對理在氣中的物質展現進行經驗研究。當氣與理協調一致地作用於惰性物質時，陰和陽這兩股力量就會出現，而陰陽的相互作用又產生了五行，即木、火、土、金與水。陰陽與五行的相互作用形成了宇宙萬物。

自然界的一切事物本身都有氣和理，但根據氣的種類（即陰陽五行的混合），不同物質對理的反應也有所不同。就如同所有物質，人類也有氣和理，但由於人類有能力辨別宇宙中理的運行，所以人的地位高於動物。李時珍在《本草綱目》的分類系統中正是應用了這種氣與理的邏輯。

朱熹將「人性」（**性**）界定為人的理，因此與宇宙的理相同的人性，在本質上是真且善的。因此，行為不當意味著違背一個人的真實本性。這種情況的發生，可能是因為人類的心智（**心**）不只是由與理相同的「性」所構成，還包括了源自於「氣」的激情或情感（**情**），而「情」會阻礙「理」在人性中的實現。氣與理為研究自然提供了強有力的概念工具。一方面，一切事物在理論上都是可以透過規範世界萬物的原則（**理**）來理解的。另一方面，由於宇宙的結構反映在人類身上，宇宙也可以藉由內省而得到主觀上的理解。藉著掌握自身內在性的方式，智者就能理解宇宙。[76] 反之，藉由研究外部現象，智者可以在自然的運作中發現自我。[77]

在《本草綱目》中，理學影響最明顯的是體現在一個假設上，即條目應該反映出事物的形上學秩序，也就是「從最低到最高的生命階梯」。[78] 這種秩序讓朱熹提出兩個論述，即理在生物中的體現，以及氣的干擾導致理的混亂。人類位於生命階梯的頂端，因為人類的本性（**性**）是這樣的：理可以在性（人的心智、意識）的運作中，以比野獸或怪物還更純粹的方式施加於氣之上。最上層的當然是理學的智者，即主導帝制中國封建社會等級制度的文人。藉由內心冥想與對外在事物的考察，官吏能洞悉人性的本質（**性**）與宇宙的規律（**理**）。由於他們對理的邏輯有著深入的理解，所以能操作與糾正任何物質干擾，讓理能順暢流動。這些破壞在自然界以自然災害與疾病的形式出現，在人類社會則以戰爭和犯罪的形式出現。正如本傑明．艾爾曼（Benjamin Elman）所言：「『格物致知』的前提是，在真實而非虛幻的世界中存在著『萬物之理』。」[79] 無論對自然世界或人類世界而言，都是如此。

李時珍在《本草綱目》及其分類方法中，明確採用了理學「氣」與「理」的邏輯框架，但事實上，這種邏輯只是其分類判斷的形上學證成。正如我們所看到的，李時珍根據觀察與「可見形態」（**形質**）的詮釋，對物種進行不同的分類，這裡的形質包括形狀、大小、顏色、氣味、棲息地與其他值得注意的屬性。這些形質又反過來被解釋成由形上學的排列置換而生的「不可見屬性」（**氣質**）。梅泰理認為，「李時珍的標準很大程度上是基於主觀判斷，並不是互斥的。」[80] 因此，在他看來，《本草綱目》「絕不可能構成現代的自然物種分類法。」[81] 但是，如果我們不把它和現代植物學實踐進行比較，而是從十六世紀藥物學的角度來思考李時珍的工作，那麼《本草綱目》仍舊為研究動植物提供了一種新的經驗進路。事實上，認為萬物屬性源於陰陽元素的相互作用、五行的無限結構配置、氣與理的相互作用等等的觀點，並沒有為李時珍提供一種統一對所有自然物種進行分類的方法。相反地，理學的形上學只是為他基於經驗觀察的分類決策提供了一個合理的平臺，而不是作為他推導出事物分類的一個公理前提。李時珍和當時的所有學者一樣，認為宇宙萬物有一種理論上可理解的內在秩序，而這種秩序不需要被證明或證實。然而，這種秩序並不直接影響到李時珍對物種的排序。事實上，在《本草綱目》中，有關理學形上學的全部，通常只在範疇（**類**）層面發揮說明工具的作用。例如，在「木部」的介紹中，我們可以讀到「木乃植物，五行之一。性有土宜，山谷原隰。肇由氣化，爰受形質。喬條苞灌，根葉華實。堅脆美惡，各具太極。」[82]李時珍又繼續寫道：「色香氣味，區辨品類。」事實上，他並不是以理學形上學為前提，而是從純粹的經驗角度來完整解釋其分類結構。

《本草綱目》根據型態相似性將不同動、植物分成不同的範疇（**類**），這在很大程度上與現代生物學所採用的「科」是一致的——事實上許多民間分類法亦是如此。正如李約瑟所評論的：「中國人把植物屬之間的關係理得很清楚，儘管他們往往『浸淫』在生態與生理分類中。」[83]梅泰理在認定李時珍作品的「科學性」時比李約瑟更加謹慎，他曾評論道：「觀察到李時珍的『民間分類』（folk classification）與現代科學分類學之間的某些趨同發展，並不完全令人驚訝。」[84]

《本草綱目》中「種」與「類」的關係與歐洲前現代「種」（species）與「屬」（genera）的概念類似，被認為是具有邏輯性且符合存有學的。[85]正如約翰・威爾金斯（John S. Wilkins）具有說服力的論證，亞里斯多德關於屬與種的邏輯精髓以不同的形式在現代早期庫薩的尼古拉（Nicholas of Cusa）、馬爾西利奧・費奇諾（Marsilio Ficino）、萊昂哈特・福克斯（Leonhart Fuchs）、康拉德・格斯納（Conrad Gesner）、安德烈亞・齊薩爾皮諾（Andreas Cisalpino）等人的著作中保留了下來。[86]換言之，「種」和「屬」在成為生物類別之前，就如中文的「種」與「類」，就已經是邏輯範疇，而且現在仍然如此。中文的「種」將自然物種構想為自然類時，在方式與方法一致性上絕對不同於林奈與現代分類學家。然而，系統分類學研究證明，由林奈之後的邁爾、H．W．B．約瑟夫（Horace William Brindley Joseph）、喬治．蓋洛德．辛普森（George Gaylord Simpson），甚至大衛．胡爾（David Hull）等人設想的現代分類系統，也無法識別出所謂的「自然類」。[87]

李時珍假設，自然物種與現象在階級關係系統中的多樣化取決於理和氣對物質的作用。世界上自然與人工事物的奇妙多樣性，就這麼受到陰陽與五行的範疇所調節。李約瑟承認，李時珍的系統與亞里斯多德「自然階層」的概念相近。然而，李時珍的理學觀點和亞里斯多德的觀點有一個明顯的區別。亞里斯多德的「物種」本質上是靜態且永恆的：它們的物理屬性（質料因）直接來自於屬於特定物種的四元素（土、水、空氣與火）構成。因此，變化是物種的一個內在條件，是該物種每個個體內內在潛能的實現，但它無法讓一個物種成為其本質所決定的東西以外的東西[88]——這將與亞里斯多德在《形上學》（*Metaphysics*）第四卷中揭示的同一律、無矛盾律與排中律相牴觸。[89]

朱熹的五行模式則相反，是動態且有變化能力的，正如那葭（Carla Nappi）所證明的那樣。[90]這其中一切都在不斷地改變，不僅僅是透過腐爛或死亡，也藉由蛻變來改變。也如那葭所言，「《本草綱目》的背後有一個赫拉克利特的恆常：沒有什麼是不變的。轉變與變化的過程無處不在。」[91] 李時珍在文中經常表示「造物之非凡」，自然物種如何不斷突破所有知識論的障礙。不斷變化的狀態是自然物種存在的特徵，這一點深深地影響了《本草綱目》分類學的系統性：如何可能將不斷變化的植物與動物包含在一個如波菲利之樹（Porphyrian tree）的嚴格對應系統中？[92] 事實上，礦物、植物與動物之所以能被轉化為藥用物質，正是因為宇宙萬物固有的轉化能力。

名稱有什麼意義？

《本草綱目》中普遍存在的「文人知識論」這個特點，從李時珍對物種名稱的文獻學分析的重視可見一斑。[93] 當李時珍在重新整理過去已被認定的藥學知識的同時，還按照文人傳統編寫了一部大型百科全書式的作品：「李時珍對植物的興趣主要是作為文化對象。」[94] 在他為百科全書引用的九百三十二本書籍中，只有三分之一是藥學與醫學著作，其餘包括百科全書、方志、儒家經典、詩詞選集等，這在藥學史上是前所未有的。由於其百科全書式的廣博性，《本草綱目》在出版後不僅成為中國明代與清代藥師與醫生不可或缺的資料來源，也成為文人、畫家、詩人與學者的參考資料。

《本草綱目》最突出的一個特點，在於它強調對物種名稱的準確文獻學分析。李時珍尤其著重於找到每個物種的正確名稱（**正名**），並澄清一個物種在不同地理區域或不同歷史時期的其他名稱的來源與意義，這證明他遵循了「正名」的儒家教條——這是「文人常年關注的問題」，也是所有學者「熱衷的目標」。[95]

孔子在《論語》中首先強調了糾正事物與名稱之對應關係的重要性。《論語》有一段是這樣的，「子路曰：『衛君待子而為政，子將奚先？』子曰：『必也正名乎！』」[96] 正名原本是指賦予政治頭銜以適當的功能，這意味著「政即正」。[97] 換言之，「正名」與維護社會適當階級秩序的政治信條是嚴格相關的。然而，孔子在其他地方則更廣泛，幾乎是在唯名論（nominalist）[98] 的意義上使用「正名」。例如在《論語．陽貨篇》第九章，孔子敦促學生學習《詩經》，以「多識於鳥獸草木之名」。

西元前三世紀的荀子讓「正名」的教條更加複雜化。他曾寫道，「制名以指實……下以辨同異。」[99] 藉由表示異同，名稱亦表明事物的特有性質與功能。但是為了做到這一點，名稱必須有確切的意義。荀子的語言哲學認為「正名」既是維持適當社會秩序的方式，也是一種揭露事物內在秩序的邏輯與知識論方法：「為了把不同種類的東西分開，我們使用『分開的名稱』，比如『鳥』和『獸』，一直到我們無法進一步分開不同種類的東西時才停止。」[100]

朱熹根據其形上學體系重構了「正名」的概念：如果理是宇宙萬物的組織原則，那麼它不只規範事物，也規範用來表達這些事物的符號。換句話說，事物與它們的名稱都遵循著相同的理與氣的法則。因此，自然物體名稱的順序與這些自然物體的固有順序是一致的。例如，清代學者李塨在對《大學》的分析中，論述了協調行動、事物與名稱的必要性：對他來說，糾正一個人的行為或糾正事物使之符合其名稱，是深入理解事物正確順序的一種手段。[101]

朱熹的哲學、李時珍的藥物學，與其他文人百科全書中詞與物的結構同源性，在理論與方法上都深刻地影響了對自然的研究。文字與事物的形上學特性決定了早期幾代本草學者研究自然的方式：對動植物的觀察與實驗，從未與針對動植物名稱的辭典編輯與文獻學研究區別出來。因此，文獻學在自然研究中扮演著與觀察一樣重要的角色。梅泰理認為，「李時珍的田野工作屬於人類學的範疇，而不是田野植物學的範疇，」而且只是補充了他的文獻學研究。[102] 另一方面，一邊是朱熹的理性決定論（rationalist determinism），而另一邊是因五行作用而不斷蛻變的自然事物，與其所產生的內在動態真實世界的概念，李時珍被迫在這兩者之間不斷地討價還價。正如那葭所言，「欲瞭解自然世界並確認文本主張，觀察是主要且可靠的方法」——正是因為要系統性地描述一個始終在運動的真實世界，著實有其內在的困難。[103]

經驗觀察在《本草綱目》中的角色與重要性仍然是一個有爭議性的問題，不過這已經超出本書的範圍。然而，毫無疑問的是，名稱與正確命名是李時珍關注的核心問題。在《本草綱目》中，一個物種首先會進行正名，即確認一物種最早的名稱；其次，「釋名」的部分對礦物、植物與動物物種的名稱變異提供解釋。在正名與釋名以後，才探討其形態、藥用與藥理特性：正確地為一事物命名，決定了它在事物秩序中的正確位置。因此，錯誤與其說是觀察或實驗的錯誤，不如說是命名錯誤的問題。[104] 如果名稱與事物從知識論的角度來說是相似的，那麼對動植物的研究就涉及對其名稱的語言使用的研究。《本草綱目》中描述的「生命階梯」包括一個由語言定義和描述組成的語意網絡，這些定義與描述被認為是與它們所定義事物相同的。[105] 換句話說，在明代中國，就像在中世紀歐洲一樣，有關自然的著作首先是一本有關自然之名的著作。在理學的語境中，名稱不只是事物的表述方式，更是事物的不同存在方式。

李時珍可能會駁回莎翁筆下茱麗葉的呼喊：「名字有什麼意義？玫瑰若改其名，亦不減其芬芳。」[106] 他可能寧願同意克呂尼的伯納德（Bernard of Cluny）的觀點：「昔日的玫瑰只存在於它的名字中，我們現在擁有的只是個名字。」[107] 對他來說，事物的名稱內化並揭示了它們的性質、基本屬性、蛻變的邏輯、和「宇宙萬物」的關係，以及在事物秩序中的適當位置。然而，正如李時珍明確解釋的，他花了數十年在大明帝國各省旅行，採訪了藥劑師與農學家，用各種物質進行實驗，測試了被接受的知識的有效性，大幅度擴展了已知物種的數量，並且挖掘了數世紀以來累積在藥物學中的層層結構的意義，找回了物種名稱的基本意義。

這就好比《本草綱目》有兩個靈魂，一個是邏輯的，另一個是經驗的，兩者相輔相成。它被引入日本後，在兩個半世紀的發展過程中，創造出一個充滿活力的研究領域，表達著這兩種方法。《本草綱目》取得了空前的成功，直到二十世紀還在不斷重印。它是明清時期中國醫生藥理訓練的標準手冊，也是自然研究的必讀教材。《本草綱目》是文人智士書架上必不可少的經典，人們不僅欣賞它的實用價值，也將它當成詩歌創作與風景繪畫的審美啟發。

現代學者對這樣的成功作出了不同的解釋。首先，《本草綱目》是十一世紀以來第一部完全原創的藥物學著作。此外，儘管在《本草綱目》初版以後的幾個世紀裡，還有許多其他百科全書被編纂出來，它仍然是這些百科全書的基礎與權威性資料來源。其次，它大幅度地增加了已知物種的數量。最後也是最重要的一點是，它對自然物種的分類順序並不是根據物質作為藥物的用途來進行人為劃分，而是基於人們所感知到的自然秩序。

第二部份

名稱的排序：

一六〇七年至一七一五年

ORDERING NAMES: 1607-1715

故知者為之分別制名以指實，上以明貴賤，下以辨同異。

——荀子

一個人必須運用真理與能量來為事物命名。它提升並強化了生命。

——湯瑪斯．曼（Thomas Mann）《魔山》（*The Magic Mountain*）

《本草綱目》於十七世紀初傳入日本，標示著日本的藥物學發展進入了一個新階段。在一六〇〇年前後的幾十年間，從中國與朝鮮國傳入日本的中文文本大幅增加，李時珍這本百科全書的引進只是這個過程的一部分。[1]同一時間，知識產生的世俗化過程也開始在不同地區發生，特別是在播磨國、土佐國與京阪都會區[2]。佛教僧侶與寺院斷絕關係，放棄誓言，將他們的知識專長付諸實踐，成為武士菁英的顧問、教師或行政官員。在一六〇〇年秋天關原之戰以後，這些「自由流動」的學者搬遷到日本列島的主要城市與城下町，以教師、圖書館員、書記員和參贊等身分謀生。隨著時間的推移，他們在新德川政權的合法化發揮了重要作用。在近世日本，自然研究領域形成的最初步驟與這些大規模的過程是同時發生的：資訊的激增、文化生產的世俗化，以及新政權的鞏固。

為了理解近世日本在各個知識領域中，文化生產的爆炸性成長，我們應該重構學者（**儒者**）這個新社會職業身分如何產生的動態過程。在前現代時期，尤其是在九世紀到十五世紀之間，包括佛教與儒家的評論、官方年表、各種史評專論、美學專著等知識生產，幾乎只是朝廷貴族和佛教僧侶的領域，在某種程度上，這構成了他們社會地位的專有表達。也就是說，文化本身就是一般貴族、後來的軍事貴族以及佛教寺院機構的社會表現。從十五世紀下半葉開始，隨著足利家族對實際政治權力的控制大大減弱，佛教僧侶與貧窮的皇室貴族成員在地方藩主（**大名**）

找到庇護。作為封建領主，這些地方藩主對封地的控制愈來愈穩固，他們試圖將高壓軍事力量轉變為更具象徵意義的統治形式，並與同儕競爭以期脫穎而出。著名的茶道宗師千利休（一五二二－一五九一）或山口一帶大內氏的富裕宮廷（山口被譽為「小京都」），都是這個過程的完美例證。[3]

到十六世紀末，當第一代學者（二十世紀歷史學家所謂的「朱子學者」）開始為自己的學術工作爭取認可，也為佛教與皇室機構以外的知識分子爭取新的社會角色時，這種現象的規模也愈形擴大。藤原惺窩、林羅山、松永尺五（一五九二－一六五七）、那波活所（一五九五－一六四八）、堀杏庵與曲直瀨道三等，都曾經是僧侶，他們在日本發明了一種做學問的新方式，成功引進明朝士大夫（**士**）的理想，在豐臣秀吉（一五三七－一五九八）與一六〇〇年後德川家康（一五四二－一六一六）統治的封建社會中站穩腳步。他們的生活事件以及他們為了靠知識專長謀生所做的妥協，影響著他們學術作品的風格、語言、問題、主題與知識劃分。

最早幾代的德川時期學者主要倚賴外來的理學傳統評注。其語言、風格與形上學前提最終影響了他們在不同領域的文化產出。理學自十三世紀以來，一直是東亞地區的思想主流，當時主導著宮廷學者（**博士**）的實踐是佛教、道家與古典儒學，理學是此外的唯一選擇。它不僅提供了一個將政治、倫理與宇宙的形上學秩序連結起來的概念體系，也將文人置於理想社會階級的頂端。此外，理學還包含了一套關於醫學、藥學、植物學、財政政策、行政管理與軍事技術的技術手冊，對江戶的新政權具有實用價值。本草學也不例外：《本草綱目》是李時珍多年實證研究的成果，正如我們所見，它也被植入了理學的框架。它所採用的術語、風格與目標，無論是實際的或是理論的（格物），都對整個近世日本的類似作品造成了影響。

《本草綱目》是十七世紀日本大量引進（或再版）的百科全書之一，它滿足了藤原惺窩與林羅山等早期學者的需求，這些學者正在致力理解、消化、詮釋和普及理學的評注文集。百科全書體現了「格物致知」理想的具體實現，這是朱熹哲學的一個基本層面。第三章至第五章考察了日本自然史研究領域的早期百科全書製作史，從林羅山為《本草綱目》撰寫的詞彙表《多識編》到稻生若水的《庶物類纂》。林羅山、貝原益軒，甚至稻生若水都沒有將自己定位為本草學專家，而是從最廣泛的角度去看待自己與自己的學術追求。然而，後世的自然學家在他們的作品中回溯到日本自然研究領域的基礎。平賀源內在一七六二年為自己藥用物質大展做廣告的告示中寫道，「元祿時期，稻生大師率先在京都研究了本草學這門學科。在稻生之後，貝原大師與松岡大師繼續了他的研究。他們的研究被證明是有用的，而且產生了大量的文本，造福後世。由於他們的研究，依賴外國藥物的人才能大大減少。此外，我們對本地藥用動植物物種的知識也大幅度增加，這尤其要感謝這三位大師的偉大成就。」4

以下各章重新建構了林羅山（第三章）以及貝原益軒和稻生若水（第五章）等人爭取知識界認可的奮鬥過程，同時考察了德川時期第一個百年首批本草學百科全書的製作情形。內容尤其著重於林羅山的《多識編》、貝原益軒的《大和本草》，以及稻生若水的《庶物類纂》，不過也勘測了其他中日百科全書的流通方式，以及它們在塑造十七世紀日本自然知識所扮演的角色（第四章）。

3

轉譯的知識：
林羅山與《本草綱目》評注

Knowledge in Translation: Hayashi Razan and the Glossing of *Bencao gangmu*

林羅山的養成

我們可以假設一切都始於一六〇七年，林羅山將一套《本草綱目》的印刷本送給已經退隱的幕府將軍德川家康。[1]自從丸山真男（一九一四—一九九六）將林羅山描繪成德川政權意識形態機器的締造者以來，林羅山在德川時期早期日本思想界的獨創性不斷受到質疑，其重要性也被削弱。[2]儘管如此，我們從林羅山開始討論是有許多正當原因的。林羅山對李時珍百科全書的推廣，讓本草學這門學科普及化，讓它能跨越宮廷學者與佛教僧侶的封閉世界，觸及更廣泛的學者群眾。林羅山編輯並出版了《本草綱目序註》，並為這部龐大的百科全書編纂了一份名為《多識編》的文摘，其中包括百科全書條目的日文翻譯。[3]這份詞彙表儘管不準確也不完整，但仍然成為後來許多百科全書的一個基礎，從《訓蒙圖彙》、《和漢三才圖會》到貝原益軒著名的《大和本草》與稻生若水的《庶物類纂》，全都將它列在參考書目之中。林羅山也許沒有特別具有原創性，他的所有著作可能都是中國文本的庸俗簡化版本，但我們不能忽略他在各領域對中國知識的努力採納與改寫，為德川時期大部分知識生產訂定了中文名稱音譯、翻譯與系統化的標準。最重要的是，林羅山可能不是丸山真男所想像的那種意識形態的幕後決策者，只是對於新的學者形象在社會角色的創造上，他比同時期任何人的貢獻都來得大，並將前幾個世紀裡只局限在佛教機構與宮廷的學者職能推往更寬廣的世界。

有關林羅山的許多誤解和理想化大多來自《德川實紀》，這本書是十九世紀在幕府贊助下出版的書籍，是為德川霸權合法化運動的一部分。《德川實紀》追溯林羅山並推舉他為日本正統理學的創始人，將十八世紀末日本特有的意識形態概念投射到過去。《德川實紀》的編纂始於一八〇九年，由在一七九三年成為昌平黌（編按：「黌」音同「弘」）大學頭的林述齋（一七六八－一八四一）——他同時也是林羅山的後裔——負責監督。《德川實紀》在林述齋過世後於一八四九年完成，它按照與林氏學派教條一致的理學框架來講述德川政權的歷史。一七九〇年，一系列的政治改革將林氏學派提升為國家官方意識形態與哲學「正統」。[4]在二十世紀初，思想史家接受了《德川實紀》對德川幕府之建立的敘述，將之認定為事實，而隨著丸山真男《日本政治思想史研究》的出版，這段敘述又更確立了進一步的權威。[5]丸山認為，德川家康「使林氏家族成為政權官方哲學的守護者。」[6]

赫爾曼．奧姆斯（Herman Ooms）恰好與這種詮釋相反，他的論證認為前幾代幕府對於林羅山或他的思想並沒有表現出全面性的支持，而是採取了不同的意識形態合法化策略。其他歷史學家也認為，十七世紀早期理學的多樣性讓人想到的一個問題，也就是「意識形態」這個名詞，究竟是否適用於德川早期日本理學的知識霸權。[7] 奧姆斯解釋道，在一六〇五年，林羅山「進入德川家康麾下，當時他並非是以儒家學者或佛教僧人的身分，而是作為一個特別有學問的年輕人，由於他廣博的中國學術知識讓面試官留下了深刻的印象。」[8] 事實上，林羅山處於一個初生的武士學習網絡的中心，這些武士很快就會因為他們的知識技能，被幕府或地方藩領聘為教師、講師或官員。

尋書人林羅山與本草學

林羅山並不打算創建一門新的自然研究學科，但他的工作為後代本草學學者提供了創建新學科的基礎。林羅山的作品涵蓋了許多領域，包括儒家典籍的注釋、神道、佛教、詩歌創作、日本歷史、醫學與本草學等等。德川早期像是林羅山這樣的通才，對正要起步的新知識生產空間而言，恰好是一種回應，畢竟當時的知識生產還沒有分化成專業分工。學者幾乎能閱讀所有流通的文本，而這些文本的數量尚在可控制的範圍內，以致於學者並沒有感受到需要專攻特定領域的壓力。林羅山的工作促進了其他學科的發展，包括嚴格意義上的理學哲學（**朱子学**）、詞典編纂（**名物学**）、行政管理（**経済学**）、歷史譜系（**系図学**）等。林羅山幫助發明理學學者的職業（**儒者**），這種職業在林羅山生前並不存在，但在一定程度上確實是因為他的研究活動，使這種職業成為後代學者的現實。雖然奧姆斯將林羅山描述成一個喜歡讀書的年輕人，而這一點受到德川家康雇用他作為圖書採購員的事實所支持，但這並無法說明他智力勞動的性質、這種勞動為他帶來什麼樣的社會地位，以及其智力產出造成的影響。為了評估林羅山作為朱子學、本草學或其他知識領域先驅者的角色，我們應該刻劃出他用來將自己塑造成學者的策略、他所受到的壓力，以及這種社會專業身分讓他在同時代人中獲得的認可。[9] 換言之，當林羅山把自己於一六〇七年在長崎購買的《本草綱目》五十二卷帶到駿府城，送給這位已經退隱的將軍，後來還協助在紅葉山文庫進行存檔入庫的工作時，他到底扮演著什麼樣的社會角色——圖書館員？學者？幕府家臣？還是德川家康的雇員？

如果我們考慮近期研究所顯示的，《本草綱目》早在一六〇七年之前就已經引進日本，那麼這個問題就更有意義了。[10] 在《羅山先生年譜》涵蓋林羅山在一六〇四年生活事件的條目中，列出了他在該年之前讀過的所有書籍。這份清單來自《既讀書目》這部林羅山的手稿，其中羅列出超過四百四十本按主題排列的書籍。李時珍的《本草綱目》就出現在這份令人印象深刻的中、日、韓三文皆備的書單之中，這意味著林羅山早在所謂正式引進的三年前，就將該書列為「已讀」。

其它將《本草綱目》引作參考資料的情況也顯示，這本百科全書在林羅山的網絡以外也為人所知。一六〇八年，來自京都的德川家康侍醫曲直瀨玄朔（一五四九－一六三一）出版了《藥性能毒》，這本手冊之前以手稿的形式流傳，其中包括《能毒》的修正增訂版。《能毒》是曲直瀨玄朔的養父，即日本醫學史上的重要人物曲直瀨道三所撰寫的藥學手冊。《藥性能毒》的注釋將《本草綱目》列為動植物藥理治療的參考資料之一。另一個與林羅山沒有直接關係的《本草綱目》引據，出現在一位名叫管得庵的儒家學者暨醫生的著作中。管得庵在日記中寫道，他在十七世紀初曾把《本草綱目》拿給他的老師藤原惺窩看過。[11] 我們對管得庵所知不多，只知道他在拜入藤原惺窩門下之前，曾拜入曲直瀨道三和曲直瀨玄朔門下習醫。管得庵可能是一個網絡中的節點，這個網絡將曲直瀨家族和藤原惺窩，以及多年後的林羅山聯繫了起來。

儘管醫師與藥劑師在林羅山正式引進《本草綱目》之前就已經知道這本書的存在，後世本草學者將《本草綱目》的引進歸結於一六〇七年的意義，表示學術活動與政治權威、學問與權力之間存在著密切的關係。林羅山爭取認同的奮鬥，為一種新的學者類別的存在與社會接受打開了可能性，這種學者類別只能藉由其智力勞動受到認可，其價值是由他們與新政治當局的關係來保證的。

因此，重建林羅山成為一名學者的奮鬥史，以及他所面臨的所有事件、矛盾、談判與妥協，是理解十七世紀隨後幾代學者所面臨的限制因素與採納的方法、語言和態度的基礎。

待聘學者林羅山

本名林信勝的林羅山，出生於天正十一年十一月八日（一五八三年十二月二十一日）。[12] 根據《羅山林先生行狀》的傳記，林氏家族是出身高貴的藤原氏族的一個分支，但林羅山的祖先實際上是來自加賀國[13]的農村武士（**鄉士**）或低階的地侍。[14] 林羅山的父親後來離開家鄉成為浪人，遷居大阪，靠土地租金收入生活。按照這類頌德文的慣例，《羅山林先生行狀》將林羅山描述為一個「非常聰明的孩子，兩歲就能流利地說話。」[15]

林羅山的兩個兒子所寫下的兩本傳記，並未顯示林氏家族經歷了任何經濟困難，但是在十六世紀動盪的最後幾十年間，對於像林氏這樣離鄉背井、與新的權力中心沒有聯繫的農村武士來說，除了放棄武士身分轉而成為商人或工匠外，投資教育往往是社會流動的唯一選擇。可能是出於這個原因，林羅山於一五九五年進入京都建仁寺，作為臨濟宗的俗家弟子。建仁寺是京都五山這個強大網絡的重要一部分，在中世紀後期日本可能是最負盛名的文化生產中心。[16]正是在那裡，林羅山第一次接觸到宋代學者朱熹的評注。

從宋代到清代的中國，以及朝鮮半島上朝鮮王朝的政治與思想史，朱熹對儒家經典的評注，都扮演著重要的角色。朱熹徹底改變了對儒家經典的詮釋，將佛教與道家的玄學元素加入儒家經典的實踐倫理中。[17]他的著作在鎌倉時期（一一九二年至一三三六年）傳入日本，而在十四世紀期間，京都五山的禪僧開始深入研究朱熹的理學。臨濟宗尤其將朱熹評注當作是促進冥想的文本。理學思想在十六世紀內戰期間開始從佛寺的封閉世界向外傳播。當時，尋求庇護的僧侶在各個封地以顧問或教育家的身分待了下來。[18]

在豐臣秀吉與德川治下的統一國家的形成過程中，朱熹思想究竟扮演什麼樣的角色，一直是當代學者爭論不休的問題。毫無疑問，到十六世紀末，理學已經開始在知識生產中占據重要地位。對儒家經典與朱熹評注的影射與引用，經常出現在佛教作品、武家家規（**家訓**）與口述故事（**御伽草子**）之中。最重要的是，到十六世紀末與十七世紀初，理學已經成為一種新哲學語言的媒介，引入了新的知識形式、新的研究領域與新的社會概念。它對秩序與規則（自然秩序、社會秩序、家庭秩序、思想秩序）的強調，建立在複雜的形上學機制上，吸引了尋求在日本推行新社會制度的社會力量與政治力量。理學文本也啟發了家庭與政府在財政與組織管理方面的新形式。因此，對新領導人來說，熟悉這些文本的有識之士實際上具有擔任參贊與顧問的價值。

日本列島在德川治下實現軍政合一以後，新秩序的形成為新社會群體的出現創造了機會。這些群體包括在戰國時期作為小地主和自耕農（**鄉士**或**地侍**）以承擔地方軍事人物角色的低階武士。這些群體中重要性較低的成員，例如林氏家族，因為被德川當局切斷了直接獲得管理職位的機會，所以他們往往在文化追求中找到提高社會地位的機會。文化在十七世紀早期新幕府的合法化過程中扮演了重要的角色。由於掌握了政治權力，以德川為首的新興軍事菁英開始採納各種策略，企圖提高自己的地位，讓自己的統治地位合法化。除了以展示軍威和鎮壓起義（如一六一四年至一六一五年的大阪之役和一六三七年至一六三八年的島原之亂）的方式來展現軍事力量外，他們還採用了複雜的象徵性方法。這些方法包括創造過去軍事貴族的不間斷血統、資助佛教機構、神化已去世的德川家康（一六一六年），以及資助藝術家和學者建構可見的權力標誌等，最後這一點不僅是以宮殿與繪畫的形式，也存在於出版事業、圖書館、學校與學術機構中。[19]

對於那些希望獻身於學習的年輕一代的低階武士來說，佛教寺院是提供教育的唯一機構。藉由這樣的學習，年輕武士學生熟悉了一些中文教材。中文知識反過來又提高了他們作為私人教師、講師或顧問的價值，讓他們能受僱於武家，後來也為商人家庭所用。自七世紀日本第一個統一政權出現以來，對那些早已存在的傳統儒家倫理與政治的規範而言，理學提供了一個新穎且系統性的詮釋。儘管早在十七世紀初期，讓理學成為一種強大的意識形態工具所需的社會與知識元素在當時就已經具備，然而要把它轉變成德川政權在一七九〇年法令中指定為「正統」的成熟意識形態工具，著實還是花了兩個世紀的時間。

正是在這樣的脈絡下，年輕的林羅山在十二歲時進入建仁寺，當時「在臨濟宗寺廟中，閱讀與背誦理學文本已經取代背誦（佛學）經文，成為訓練年輕學子的主要方式。」[20] 他在寺院裡開始累積知識與閱讀書籍，並在日記與手稿中仔細列出書單，作為學術課程的補充。他很快就掌握了中文，如饑似渴地讀完了他所能接觸到的所有文本。[21] 即使經過三年的訓練，也剃了頭髮了誓，但他仍於一五九七年「偷偷逃出寺廟，回到了家裡。」[22] 回家後，他繼續閱讀各種主題的中文書籍，但是年輕的林羅山要取得書籍並不容易，這個問題在他的兩本傳記中都曾經被提及。他對知識的渴望是無止境的。事實上，他認為「我們正處於一個歷史時期，沒有人不熟悉五經。因此當代學者的責任是儘可能尋找更多的書，直到把所有書都讀完為止。」[23]

林羅山渴望拓展自己的學識，這讓他開始複寫與購買來自明代中國或朝鮮王朝的藥學與醫學書籍。他很快就開始公開講授以五經為主的儒家傳統重要典籍，並透過朱熹的理學觀點加以詮釋。他作為求書若渴的人與講師在京都公開露面，最終使他與其他年輕學者接觸，這些人要嘛成為他的學生，要嘛與他合作，交換書籍與觀點。[24] 這些學者中的大多數都不得不從頭開始塑造自己的職業身分。他們渴望成為士大夫，即在帝制中國因為優秀智力而被挑選，並通過公考制度認證的政府官員。[25] 但日本沒有這樣的制度，也沒有學者能跳脫佛教僧眾或小型宮廷學者社群（**博士**），以作為公眾人物般的方式存在。因此，奧姆斯寫道，「林羅山的職業生涯並非儒家學者的職業生涯。」[26] 德川時期將理學家稱為「儒者」，不過在林羅山的時期，儒者尚未成為一個在社會與職業上受到認定的身分。正如奧姆斯所言，「情況恰好相反，我們可以說林羅山利用他的職業生涯來確立自己作為儒者的身分。」[27]

將中國想成士大夫的國度，並因佛教與宮廷機構對知識生產的控制而決心抗爭的林羅山，在藤原惺窩身上找到了仿效的榜樣，後來也成為藤原惺窩的弟子。[28] 藤原惺窩原為禪僧，他在接觸到朝鮮半島的一名俘虜，即前官員姜沆（一五六七－一六一八）以後，決定還俗。姜沆向他講授了理學（藤原惺窩作為禪宗弟子時已經開始學習），並向他解釋了儒家文人在中國與朝鮮社會中，所扮演的重要社會與政治角色。由於這種關係，藤原惺窩在自家開辦了一所小型的理學學校，並開始穿著深衣，即中國儒家學者的正式服裝（圖三之一）。這種服裝類似於中國古代官員的服裝，旨在強調理學與理學專業的儒者在公共生活中發揮的積極作用，不過藤原惺窩本人卻從未能親身實踐。[29] 藤原惺窩在他位於京都外圍的小型學校招收了許多學生與同事，如松永尺五、那波活所、堀杏庵、曲直瀨道三、曲直瀨玄朔等。他們很快就成為京都知識圈的活躍分子。

一六〇〇年以後，林羅山開始更頻繁地授課，受眾愈來愈多。他的講座專注於中國與日本的古代經典和儒家傳統文本，「但朱熹的《論語集注》著實也在林羅山的書桌上占據著特殊位置。」[30] 我們很難想像當時的人是怎麼看待這些授課的假僧侶。二十年後，林羅山的職業生涯達到頂峰，成為幕府人員中的御咄眾，這個職位比「負責最卑微服侍工作的近侍（小姓）、侍從（小納戶）、醫師與佛教僧侶（坊主眾）等」高不了多少。[31] 在十七世紀早期的幾十年間，人們很可能將像是林羅山這樣的公共講師與一群小販和街頭藝人聯繫在一起，這些人做的事情包含從宗教布道到講故事，以及舞臺表演或雜耍表演等各種事情。[32] 這種講授活動在整個

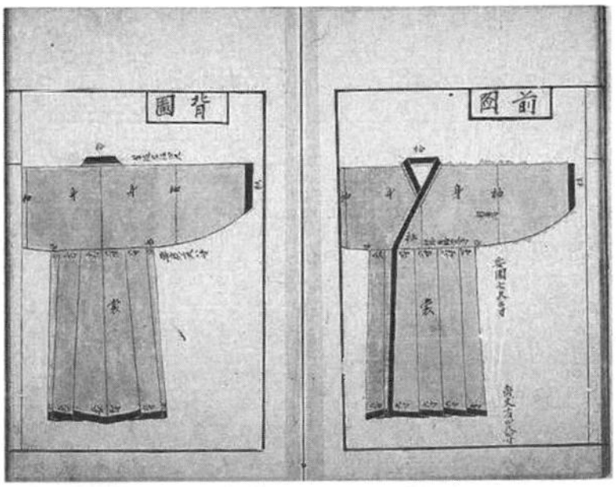

圖三之一　中井履軒的深衣，出自《深衣圖解》（一七九五年）。東京：國立國會圖書館。

時期一直持續著（圖三之二）。

其他為自己的知識專長尋找贊助的學者也都和林羅山的早期職業生涯一樣，成了學術上的街頭藝人。然而，為了建立協會與教育機構，他們努力散播著之前被封閉在寺廟院落或在大學寮祕密相傳的書籍、詮釋與思想。林羅山在京都街頭（指十七世紀末所謂的「寄席」）的能見度與他的知識影響力與日俱增，以致於他的講座經常被同時期人士的日記所引用。[33] 他的聲譽在同行之間不斷提高，也開始受益於同儕學者網絡的擴大，而能接觸到富裕家庭以獲得支持與財務援助。林羅山的例子說明了，在那些年到達京都尋求學習支持的諸多學者，是如何開始形成一個網絡的：他們透

圖三之二　大阪生國魂神社（難波大社）的一個場景。湯漬翫水，出自《御入部伽羅女》（一七一〇年）。大阪：大阪府立圖書館。

過這個網絡交換有關新書、評注與講座的資訊，同時也交換武士與富裕市民尋找私人教師與教員的訊息。他們與富商的聯繫使他們能夠獲得來自中國的書籍，從而豐富了他們的課程。

林羅山與富商吉田玄之（一五七一—一六三二）的友誼對林氏的職業生涯非常重要。吉田玄之是名業餘學者，曾贊助日文版《史記》的出版。林羅山最早與吉田玄之聯繫上，是為了購買這套中國經典著作。後來的友誼正如書信往來所示，促成了林羅山很可能在一開始就預見到的結果。吉田玄之是角倉了以（一五五四—一六一四）之子，亦為其繼承人，角倉了以是當時最著名的商人之一，手上握有在日本境外貿易的官方許可。[34]出生於醫師與土倉[35]家庭的角倉了以，傾向於土倉的經營。他與豐臣家族，以及後來的德川家康和幕府，都有密切的合作關係。對林羅山來說，這種友誼意味著自己能持續獲得角倉家與中國船舶貿易往來的資訊與書籍。最重要的是，一六〇四年八月，吉田玄之安排了林羅山與藤原惺窩期待已久的會面。林羅山很快就成為藤原惺窩的弟子，進入了老師所經營的學者與官員網絡。

這一系列接觸的成果很快就出現了。一六〇五年初，林羅山開始與朝鮮駐日使館成員通信。該年四月，他在京都二條城第一次見到德川家康。到一六〇六年，他開始定期晉見德川家康，並能自由使用德川家康在伏見城的圖書館。到一六〇七年，他開始為在一六〇五年成為新幕府將軍的家康三子德川秀忠（一五七九—一六三二）講學。在這些年間，林羅山從京都到福建、駿府與長崎，然後又回到京都，與來自大陸的使節會晤，從中國商人那裡購買書籍，並組織講座。然而，他與德川家的接觸，不應被視為新政府支持他所謂「由學者領導社會」的哲學觀點。林羅山一直到一六三〇年，才從幕府得到「為國服務二十五年的感謝」：在江戶的一小塊土地和兩百兩的小額撥款，用於建立他自己的私人學園。他將之命名為弘文院。[36] 然而，如果低估幕府對林羅山學術工作的認可，無論是作為圖書館員與圖書採購員，還是作為與大陸外交書信往返的「捉刀人」，都是錯誤的，因為德川對其知識專長的認可，有效地讓他作為獨立於傳統文化學習機構的「學者」這個社會職業身分合法化。

林羅山在京都的知名度愈來愈高，再加上他進入了藤原惺窩與吉田玄之的同儕學者網絡，這都為他帶來了一些惡名；而這一切反過來又讓他與宮廷與佛教寺院中既有的知識生產者產生直接競爭。林羅山發起了一場激烈的反佛運動，抨擊所謂的僧侶不道德與庸俗行為，同時譴責寺廟作為土地持有者的經濟利益。[37] 林羅山同時也不得不與宮廷學者鬥爭，因為這些學者想保護他們對儒家文本的講授與詮釋權。他與當時的宮廷儒學研究權威清原秀賢（一五七五—一六一四）的對峙，說明了十七世紀初的知識環境。

清原秀賢是多位天皇的儒家經典私人講師（**明経博士**）。[38] 一六〇三年，在建仁寺住持慈稽的斡旋下，清原秀賢與林羅山會面，開始了友好的交流。清原秀賢的日記顯示，林羅山在一六〇三年十月到一六〇四年九月期間，曾三次造訪清原秀賢的宅邸。[39] 這些會面被描述成是愉快的，兩人曾交換並討論了中國的文本。和島芳男（Yoshio Wajima）認為，林羅山可能希望得到清原秀賢的支持，並透過清原秀賢進入首都文化圈的最高階層。[40] 但是林羅山的計畫失敗了。一六〇四年，林羅山開始講授朱熹的《論語集注》，這打破了朝廷對儒家事務的控制，招致了清原秀賢的憤怒。林羅山在《野槌》（一六二一年）曾解釋道：

> 在我開始講授朱熹《論語集注》和其他明代理學典籍的一、兩年後，二十一歲的我在討論儒學議題時開始穿著深衣。[41] 在當時的日本，如果有人在沒有事先申請朝廷許可的情況下講授儒家經典，就是重罪。或者說，至少朝廷上有些人會提出這樣的指控。但我並不在意，繼續講課，甚至有過之而不及。[42]

藤原惺窩在一六〇五年二月二十六日寫給林羅山的一封信證實了這個說法。藤原惺窩警告他的新學生「在講課時不要穿深衣或華而不實的衣服」，以避免受到「那些具有更高社會地位的人」指責。藤原惺窩的謹慎揭露了新學者在德川早期社會中不甚穩固的地位。哲學上的理由進一步證明了他的謹慎態度：「按照人之道而遵從上級的命令，是為了遵循『理』之道而採取的正道。」[43]儘管受到老師的警告，林羅山並沒有中斷他的講學實踐。

林羅山決定繼續公開演講，不向朝廷妥協的決定，最終招致清原秀賢的報復。清原秀賢在一六〇四年至一六〇五年期間對林羅山提出指控，向朝廷與德川家康提起訴訟，但是完全沒用。德川家康並沒有對林羅山採取行動，最後更授與林羅山（以及其他所有公共講師）追求知識的自由。[44]這個令人驚訝的決定可以被解釋為德川政權下社會秩序變化的徵兆。像林羅山這樣地位低下的武士居然能戰勝首都最古老貴族家族的成員，這一點很了不起。

歷史學家普遍認為，德川家康在清原秀賢與林羅山之爭所採取的決定，是他計畫的一部分，藉此讓理學成為其政權的哲學基礎；也就是說，理學必須擺脫與佛教寺廟和宮廷的關係。[45]然而，奧姆斯提出了令人信服的解釋，認為「德川家康肯定不會接受林羅山激烈的反佛運動，也不會接受他對理學的熱愛。」[46]事實上，得到幕府資助的印刷廠出版的大多數為佛學書籍，只有兩本古典儒學書籍，完全沒有關於朱熹思想的書。這可能只是兩個必然事件因湊巧相遇所造成的結果。德川家康需要將他的霸權從一個基本來自上世紀內亂的軍事力量，轉變為一個具有象徵合法性的政權。德川家康的政權需要宗教、法律、哲學與倫理基礎，才能符合他對源氏與足利幕府的理想化模式。[47]正如我們所見，他採取了不同的策略，全都是為了要賦予新政府權威。同時，林羅山也在努力將自己打造成一個以明代士大夫為榜樣的理學學者。只有幕府的贊助才能讓他的理學思想得到知識權威，因為他既不能倚靠宮廷，也不能倚靠佛教寺廟。從社會學的角度來看，幕府與學者都需要對方的合法性。

無論動機如何，德川家康對林羅山公開演講的授權，以及後來招募這位年輕學者擔任私人教師、講師、捉刀人、校對者、國際外交顧問與圖書採購員，都提升了林羅山的地位。儘管林羅山不是佛教徒，亦非貴族子弟，但幕府的贊助，無論多麼微不足道，都讓他得到被社會接受為學者所需的認可。後世學者認為，這一事件是儒者公共角色的開始。林羅山雖不必然為新政權提供意識形態直接的合法性，但他確實透過中國哲學的論述與實踐，在最新知識的形式上（如外交禮儀、財政與行政組織事務等），為幕府增添了文化專業知識的體面性。藉由支持新學者類型的作法，德川家康和他的繼任者避免了對潛在競爭力量的過度依賴，進而防止宮廷與佛教僧侶繼續像過去幾個世紀那樣維持著強大的政治影響力。[48] 十七世紀末，幕府對佛教寺院的贊助減少，也是出於同樣的動機。

在德川家康的支持下，林羅山繼續公開講學，同時為幕府處理文化與國際外交相關工作。一六〇七年，德川家康聘請林羅山作為顧問時，這位前幕府將軍強迫林羅山剃光頭，穿得像個僧侶一樣。根據《羅山先生年譜》的說法，這個命令在林羅山在駿府城參加德川家康舉辦的詩歌會時不期而至。林羅山在寫給吉田玄之的一封信中表達了自己的絕望，在信中抱怨道：「現在我跟和尚一樣禿著頭，而且總得穿著黑袍。這是不對的。」[49]關於德川家康的命令有許多不同的猜測，但他在這個問題上似乎別無選擇。如果德川家康想讓藩主承認並尊重林羅山的知識技能，就必須讓林羅山外表上看起來與當時被認為是權威學者的人相近，也就是僧侶。林羅山順從地將自己的名字改成道春，不過未曾發誓願，也沒有加入任何寺院。[50]

與政府和京都社會有力人士的交往，讓林羅山獲得了一定的聲望，也讓公眾認可了他的才能。然而，正如凱特·魏德曼·中井（Kate Wildman Nakai）所言，「大多數早期德川儒者在德川社會中的地位是模稜兩可的。」[51]日本學者原本希望自己能像中國的士大夫一樣，但卻只能憑藉自己的語言技能和有關中國事務的知識來獲得就業機會。他們的智力勞動必須要能吸引他們的贊助人，即日本的新統治者，然而這些統治者並不想讓儒家學者控制他們土地的官僚行政。

《多識編》：一部名稱之書

一六〇七年十月，德川家康派遣林羅山前往長崎購買一套完整的《本草綱目》。有傳言說，德川家康「非常喜歡那套百科全書，總是想把它放在手邊。」[52]林羅山曾在一六〇二年造訪長崎。這個港口城市吸引學者的主要原因，在於它的中國圖書市場，那邊的書是從大陸運過來的。林羅山於一六〇二年造訪長崎的目的不明，可能是去買書，或是會見在該地舉辦私人講座的大陸學者。他很可能是在那個場合聽說了《本草綱目》。[53]

林羅山未曾受過醫學訓練，不過他的閱讀書單卻列了許多醫學與藥學書籍。我們無法判斷林羅山在這些領域的專業知識，儘管他終其一生都持續與知名醫生書信往返。他肯定承認李時珍著作作為朱熹形上學在經驗應用上的知識價值。對西村三郎（Saburō Nishimura）來說，林羅山在《本草綱目》中發現了有關「名物學」（**名物学**，即語義學〔semasiology〕）[54]的有用資訊來源，這個學門是在日本發展起來的一個理學研究分支。名物學包含文獻學分析，旨在確認中文「名稱」與日本「事物」之間的對應關係。[55] 林羅山對《本草綱目》的使用方式基本上是著重在詞典編纂與百科全書等方面。

他對《本草綱目》的研究工作，最先是從《多識編》開始，後來又為李時珍的序寫了日文版，[56]都激發了人們對中文文本的廣泛興趣。[57] 林羅山於一六一二年完成《多識編》的手稿。而《多識編》於一六三〇年印刷出版，分為兩卷，隔年又擴充為五卷的《新刊多識編》。該書包含《本草綱目》與《農書》的摘要，後者是元代農學家王禎（一二七一－一三三三）於一三一三年編纂的農學百科全書。與其說是節本，不如說它收錄了這些中文百科全書的兩千三百一十五個詞條，並附有日文翻譯（包括地區差異）。[58]

《多識編》的大部分條目都是按照《本草綱目》原本的順序來條列，並且為每個條目提供萬葉假名的日文翻譯。[59]有時候，條目後面還有注釋，說明該植物或動物在其他中文資料中可能使用的名稱。它的結構顯示，它可能被用作快速參考資料或詞彙表，伴隨著中文資料的學術閱讀來使用。林羅山選擇萬葉假名的簡化形式證實了這個假說。

舉例來說，《多識編》的第一個條目（也是《本草綱目》的第一個條目）讀起來是這樣的，

雨水　下米　今案　阿末美豆

中文的「雨水」緊接著日文翻譯「ame」（用代表聲符的漢字來寫是「**下米**」），或「雨」。[60]然後「**今案**」（亦即個人詮釋）指下面的翻譯是基於林羅山的推測，意思是中文的「雨水」**可能**指日文的「amamizu」（編按：即「**阿末美豆**」），也就是雨水。林羅山將《本草綱目》的條目翻譯成不合時宜的萬葉假名系統，看起來可能很奇怪，但他實際上是遵照了自古以來類似辭彙的寫作風格。十世紀的《本草和名》是他在翻譯時所採用的許多參考資料之一，而《本草和名》就是用萬葉假名來注解的。

《多識編》在為一物種的區域變異進行分類時，遵照了《本草綱目》的作法，將所有亞種列在下面一行。當他找不到任何令人滿意的日文翻譯時，或是由於漢字字符是目前所使用，故不需要翻譯時，他就會直接抄寫《本草綱目》的條目，並附上萬葉假名的讀法。例如，日本柿的條目如下：

柿　可岐

這個條目只有一個漢字「柿」，後面是日文音譯：「**可岐**」，唸作「kaki」。[61] 林羅山並沒有從《本草綱目》添加任何進一步的資訊，沒有描述、沒有形態學、沒有生理學、沒有季節性，也沒有藥理用途。他就只是把這個名字翻譯成日文而已。

然後，林羅山在沒有進一步描述的情況下，大膽對帶有「柿」字的複合詞進行了可能的日文翻譯：

柿　可岐

烘柿　今案豆豆美可岐
烘烤的柿子，可能是柿子卷。

白柿　今案豆利可岐
白色的柿子，可能是柿子乾。

烏柿　今案阿末保志
完全開花的柿子。[62]可能是酸的黑柿子。

醂柿[63]　今案阿和世可岐
柿子醬。可能是指合柿（發酵的柿子）。

林羅山並未將煮熟的柿子和柿子的亞種區分開來。他將「烏柿」翻譯成「酸柿」（**甘干**），但忽略了《本草綱目》中柿樹屬（*Diospyros*）下的烏材（*Diospyros eriantha*）變種。這就好比一本動物百科全書打算把豬肉食譜和關於豬科之下肉豬與野豬的生物資訊一起列出來。[64]其他條目也遵循著同樣的模式。林羅山有時會注意到日本人知曉的早期百科全書中，是否用不同的名稱列出特定物種，但即便在這些情況下，他也只是抄寫了該條目，並給出其日文讀法。例如，一種「水蛭」（Clistellates 目醫蛭科）的條目顯示如下：

蛭　比流　異名　至掌　別録　馬蛭　唐本
馬蛭　今案牟末比流　木痴　草痴
石蛭　泥蛭　山蚑

在漢字「蛭」以後，林羅山提供了日文讀法「hiru」（**比流**）。然後他忠實地抄寫了《本草綱目》中提出的「異名」。在接下來的兩行中，他抄錄了《本草綱目》中記載的六個亞種，但他只翻譯了第一個亞種，也許因為林羅山認為只有這個亞種與日本的「uma hiru」（**馬蛭**）相當。[65]

下面的例子顯示出林羅山因為缺乏藥物學專業知識而可能導致的錯誤。在一六一二年的手稿中，天仙子（*Hyoscyamus niger*）的條目只有其日文翻譯：

莨菪

在這裡，林羅山只在漢字「莨菪」後面附上了兩個日文讀音：「onihirukusa」與「ōmirukusa」，這都是他直接從深根輔仁的《本草和名》中直接拿出來用的。林羅山可能對「onihirukusa」與「ōmirukusa」到底是哪種植物感到困惑。事實上，在後來印刷的《多識編》裡，他將「莨菪」和菸草聯繫在一起：

莨菪　於保美久佐今案多波古

林羅山仍然將《本草綱目》的莨菪條目翻譯成「ōmikusa」，但又加入假設，認為這種植物可能是菸草。[66] 如果林羅山具備中國藥學最基本的知識，他就會知道「莨菪」是一種藥草，藉由咀嚼或吸入的方式服用，自古以來就因為它所具有的強大麻醉與鎮靜作用而被人類所用。在中國，莨菪被分在與莨相同的類別，莨也是一種被用作麻醉劑的植物。[67] 雖然任何藥學家都會知道這一點，但林羅山的主要興趣在於詞語而非事物的排序，而且他的資料來源是書籍，並非實際的植物。[68]

乍看之下，《多識編》就像一本中文術語的詞彙表：一部名稱之書，而不是自然之書。林羅山的日文翻譯並不是以對動植物的觀察為基礎，而是在可能的情況下，從早期的字典抄下來，或是根據漢字的字面意義進行推測，提出日文的對應詞。文中有許多錯誤，不過對於日本的第一部此類作品來說，並不令人意外。《多識編》經過修訂的情形，顯示林羅山試圖改進他的詞彙表。遺憾的是，他的書信往來紀錄並沒有透露他是否曾與其他學者聯繫，以獲取有關動植物的資訊。在後來的自然史百科全書中，只有少數將《多識編》列入參考資料來源，尤其是早期的百科全書。但相對地，它在中文詩歌寫作手冊、繪畫手冊與理學評注裡卻經常被引用，作為理解美學或文獻學著作中出現的礦物、植物與動物之中文名稱的參考資料來源。

《多識編》並非自然史著作，因為當時還沒有這樣的領域。然而，《多識編》是一種學術工具，讓後代專業學者能獲得大量具有自然史意義的中文資料。林羅山這份詞彙表的標題來自明代理學家林兆珂的七卷本《毛詩多識編》。《多識編》也是一份關於「鳥獸草木」名稱的詞彙表。林兆珂收集了中國經典中引用的「鳥獸草木」名稱，以琢磨自己的「萬物知識」。

有關名稱的確切知識是教育的一個基本步驟。在分類學中對自然進行排序，相當於按照邏輯順序排序礦物與動植物的名稱。正如西元前三世紀的荀子所言，「故知者為之分別制名以指實，上以明貴賤，下以辨同異。」[69] 也正如中國的科舉考試是為了衡量考生是否能引經據典並展現對其文字意涵的理解，那些掌握名稱順序的人也被認為能掌握事物的順序。此外，掌握名稱順序者，即掌握事物順序者，無論從形上學或道德的層面來說，都有執政管理的資格。從哲學和社會學的角度來判斷智力，都需要文獻學上的精確性，這一點也反映在帝制中國學習過程的結構上。[70] 十七世紀早期的日本並沒有文官考試制度，受社會認可的儒者也尚未出現，對於像林羅山這樣的準學者來說，要理解被引進日本的大量中文圖書，《多識編》這樣的詞彙表是不可或缺的工具。用中井的話來說，《多識編》是一個將「儒家思想中較陌生元素的中國原始形式」加以採納或修改的手段。[71]

對同時期讀者如何分類和使用《多識編》的重構支持了這種解釋。文學史家龜田次郎（Jirō Kameda）在《日本文學大辭典》將《多識編》定義為德川時期廣泛用於中文詩歌創作的文本。[72] 以中文詩歌為題的散文和選集，以及各種字典之中，經常會在引言中加以引述。在十八世紀，當名物學開始在學者圈裡流行起來，《多識編》則成了如何將動植物中文名稱翻譯成日文的標準資料來源。最具影響力的圖書目錄，即《和漢書籍目錄》以及其更新版《增補書籍目錄》，都將《多識編》歸入「**字書**」（字典）標題下，畢竟這是一部名稱之書。[73]

4

寫作自然百科全書

Writing Nature's Encyclopedia

對我們來說，百科全書是一幅地圖，可以幫助人們在神祕的書籍與資訊森林中尋找方向。正如狄德羅（Denis Diderot）在其《百科全書》（*Encyclopédie*）的序言中寫道：「只要人類的歷史繼續開展，書籍的數量就會不斷增加，而可以預測的是，會有那麼一天，從書本中學習任何東西的難度幾乎與直接研究整個宇宙的難度相同。要尋找隱藏在大自然中的一些真理，幾乎與在大量裝訂成冊的書籍中尋找它一樣方便。」[1] 百科全書是解決資訊超載的辦法。此外，狄羅德與達朗白（Jean le Rond D'Alembert）主張，百科全書是強大的教育工具，正如「encyclopedia」這個字的詞源，即希臘文「*ἐγκύκλιος παιδεία*」所示，其字面意思就是「全面性的通識教育」。

然而，就像地圖無法在不失真的狀況下重現地球的曲度，百科全書將知識標準化，也不得不組織了對特定理論觀點的共識，並阻止異端思想與詮釋的擴散。[2] 在這麼做的過程中，它們往往讓正統的學術事業合法化，並為已確立權力者的事業徵募知識。[3] 近世時期裡中國和日本的百科全書的性質為何？這些百科全書是讓人在知識迷宮中尋找方向的地圖嗎？還是更像波赫士極短篇〈嚴謹的科學〉（Del rigor de la ciencia）中製圖師的作品，是一幅大到與實際領土逐點重合的帝國地圖？[4]

中國「百科全書」的再發現

中國百科全書的引進與再版，以及後來對原版百科全書的匯編，都在近世日本包括本草學在內的幾個學科的構成，扮演了十分重要的角色。[5] 在新成立的德川政權下，隨著知識景觀的重塑，十七世紀可說是一個百科全書的時代。[6] 德川時期的思想史中，有許多專業知識領域都起源於中國百科全書鉅著中（如《爾雅》等）的主題劃分。此外，百科全書與百科全書式的教科書，也都表達出「格物」所強調的全面性的理想；它們以系統性的組織形式，再現了物質實在中，有關「理」這個形上學原則的排序活動。

在本草學的領域中，當《本草綱目》一在日本流傳開來，就成為一種「原文本」（architext），影響整個德川時期原創藥物學手冊與百科全書的風格、術語、結構、觀點與內容。[7] 它對自然物種的分類一直到十九世紀才開始受到質疑，儘管經過修正與更新，它仍然象徵著自然知識領域的正統。在林羅山正式引進這部百科全書以後，《本草綱目》印本的需求不斷增加，很快就超過了長崎商人能從大明帝國書商那裡的購買能力，可說是供不應求。在日本，《本草綱目》的初版很可能是以金陵初版為基礎，一六三七年由專門從事中文圖書交易的書商野田彌次右衛門在京都印刷。這位出版商在書中增添了最早的漢文訓讀注釋，這些音標讓人能按古典日文解讀漢文（即文言文）。[8] 一六五三年六月，這名書商又在書中加入取自其他中國藥典的插圖，出版了帶有新修訂漢文訓讀注釋的新版本。一六五九年的第三版由野村觀齋對一六五三年版本進行修訂而成，並加入日本畫師的原創插圖。一六六九年的第四版出自松下見林（一六三七—一七〇三）之手，為一六五九年版本的修訂版，然而過沒多久，一六七二年第五版問世，據信為貝原益軒編輯而成。[9] 一七一四年，完全由稻生若水修訂的獨立版本出版，題為《新校正本草綱目》。小野蘭山的代表作《本草綱目啟蒙》於一八〇三年至一八〇六年間出版，旨在重新注釋這本李時珍的代表作。[10]

在《本草綱目》被引進日本以後，又經過一個多世紀，才有學者出版了日本第一部原創的藥物學百科全書。然而這部作品，即貝原益軒的《大和本草》，相較於同時期本草學作品明顯的詞典編纂方法，可謂破格之作。貝原益軒提出一種觀察自然的新方法，強調經驗研究與實地觀察，以補充像《本草綱目》這樣的文本資料。然而，雖然後世的本草學者將貝原益軒視為該學科的其中一位創始人而加以頌揚，但他對經驗方法論的強調，要一直到十八世紀後期才被後來的博物學家所採用。

在整個十七世紀，研究《本草綱目》與其他中國藥典的學者愈來愈多，其中有許多人也是受雇於藩政府的顧問，還有一些學者在私立學校授課，或是城鎮的開業醫生（**町医者**）——從十六世紀初開始，這些私人醫生在城下町開設診所醫治町民，以此賺取收入。[11] 人們對中文文本的興趣日益濃厚，促使許多學者為日本讀者製作了刪節、簡化與插圖版的中國藥物學。這些譯本很大程度上是為了幫助醫生、農民與園丁的實際應用，不過隨著時間推移，也為教育家、詩人、藝術家與學者提供知識與美學上的參考。

十七世紀，學者才剛開始經歷資訊爆炸，這種資訊爆炸後來促成了德川時期「知識的寧靜革命」(quiet revolution in knowledge)。[12] 國外書籍與思想帶來的知識洪流在滿足人們渴望知識的同時，也可能造成誤解，因為進口的字典、百科全書、教科書、手冊與專題著作往往相互矛盾且令人困惑。[13] 引用布萊恩・奧格維（Brian Ogilvie）的說法，日本和在歐洲一樣，「除非附有自然參考書目，否則自然之書已經變得難以閱讀。」[14] 學者用來應付這種資訊過載的策略有很多，包括按主題排列的書目、索引和目錄，這些都在十七世紀初開始以手稿的形式流傳。[15] 林羅山的《多識編》就是這樣的一個工具。節本與辭典也很多，有的直接從明清時期的中國引進，有的是由日本學者撰寫的原本。同樣的資訊爆炸促使萊布尼茲（Gottfried Leibniz）等學者對「不斷增加的可怕大量書籍」感到不齒，或是讓格斯納擔心「混亂且有害的大量書籍」迫使日本學者尋求策略以應對他們自己的資訊過剩。[16]

在十七世紀，醫師們繼續研究《本草綱目》，後來也研究《大和本草》的藥物學價值。雖然當時學者意識到本草學作為理學形上學在經驗應用的潛在價值，但卻只顧著維持武士菁英所支持的學者身分求生存，而且也忙於整理來自中國與朝鮮的大量文本，所以並沒有進一步發展這個概念。在十七世紀末，本草學尚未成為一門獨立的學科，也仍然是一個混合的研究課題，並以其實際應用吸引著學者，這種吸引力雖主要是在藥學方面，不過也有農業、語言學、詩歌與藝術的層面。

在本草學研究的這個早期階段，實踐者並未在專門學校中受過訓練，也沒有形成一個專家群體。相反，他們往往是醫生或精通漢學的學者。他們的主要關注點是要替中文的礦物、植物與動物等找到在日本的對應對象。他們關注的是翻譯，而且他們更喜歡文獻學研究，而不是直接觀察自然。在一定程度上，這種偏好可以被解釋為學者倚賴進口自中國與朝鮮半島的書籍，而這些書籍被認為比日本的任何研究都要來得更高明更優秀。[17] 一般認為，從書本中學習不但等同於從自然中學習（事物的次序與詞彙的次序相同），就某些方面而言甚至更有優勢。事實上，文字比現象觀察更能清楚顯示出現實的邏輯與結構。

十七世紀的日本自然史研究也受到中國古代「百科全書」的重新發現所影響。許多研究本草學文本的學者認為，所有關於植物與動物的不確定性，只要勤奮研究中國經典都可以找到答案。這種態度與他們的歐洲同行類似，尤其是在義大利半島的同行，於十六世紀之交重新發現了古希臘與古羅馬博物學家的作品。[18] 為了讓醫學恢復到他們認為更純粹、未墮落的狀態，尼科洛・李奧尼塞諾（Nicolò Leoniceno）等學者致力於發掘古代知識，消除阿拉伯與中世紀傳統對醫學的影響。奧格維評論道，「文藝復興時期的博物學家是改革者，不是革命者。」[19] 對這些早期的人文主義博物學家來說，自然觀察只有在它能夠改正或驗證從過去繼承的知識時，才是重要的。

對本草學感興趣的十七世紀學者而言，他們的學科訓練也是以文本為基礎，而這些文本的權威性是互相對立的。觀察扮演的角色微不足道，貝原益軒是個很重要的例外。大多數博物學家與他們的文藝復興同行一樣，都接受過醫學訓練，研究自然也是藥物學教育的一部分。許多人也是理學學者（**儒者**），將對自然的透徹理解看作是追求「格物」的一種手段。自十七世紀以來，提供自然世界資訊的中文文本大量流傳，其中有從中國大陸進口的新書，也有舊書的重印本。此外，這些文本還對應到不同的體裁，而日本學者經常採用非正統的方式來細讀這些文字，以尋找有關動植物或其他主題的資訊。在十七與十八世紀許多日本百科全書的書目注釋中，我們發現了如《三才圖會》（一六〇九年）這樣的「類書」、字典與各類詞典、大典（百科全書）、地方志、譜錄（以一個或一組自然或人工物品為題的專題著作），以及農書。[20] 雖然這些都無法歸併到我們現代或啟蒙運動以後，以狄德羅與達朗白《百科全書》為原型的百科全書理念，但它們的範疇往往是百科全書式的，因為它們對各種主題提供了廣泛且全方位的處理。

其中，《爾雅》[21]（西元前五至三世紀戰國時期編纂，是最古老的中文字典或辭典）在十七世紀中期被日本出版商「重新發現」並重新編輯。[22] 這個更新版被用來幫助正確閱讀儒家典籍的重要作品。[23] 雖然《爾雅》被歸為字典或詞典，它在共十九篇，總計兩千零九十四個條目中說明了四千三百個詞的含義，相當於「對古代文本中具體段落的直接注釋集」。[24] 其中第十三至十九篇解釋了中文詩歌中引用的動植物名稱，尤其是古代經典《詩經》中所引用者。[25]

這些詞典的重新發現，促使學者更新，或是編纂新的詞典。貝原益軒的姪子貝原好古（一六六四—一七〇〇）於一六九四年出版了《和爾雅》，就是遵循了《爾雅》的結構。今日，《和爾雅》被認為是最早描述與介紹一些外國物種的文本之一，但是在有關本草學歷史的二次文獻中卻鮮少提及。[26] 像《爾雅》與《和爾雅》這樣的百科全書式字典，對任何嚴謹的學者而言都是基本工具，就如現代的《牛津英語詞典》或《大英百科全書》（或《維基百科》）。幕府學者暨輔臣新井白石（一六五七—一七二五）對《爾雅》非常著迷，以致於在一七一九年出版了《東雅》，一本仿照《爾雅》中文文本的字典。[27]

中國的地方志是日本地名集豐富體例的模範。[28]除了地理、氣候與民族誌資訊以外，這些文本還詳細介紹了中國的動植物，以及怪獸和幻想的精怪。《山海經》就是這樣的一部古代地方志，在德川時期被重新發現並重印。[29]《山海經》在德川時期非常受歡迎，以新的怪物豐富了人們的想像。[30]後來的自然史百科全書都延續了將怪獸與神話動物納入其分類的模式。

在整個德川時期，源自中國、朝鮮或日本的「百科全書」有著非常大的需求量。這些百科全書將自然界的元素分類到書籍、章節與子章節中，藉此賦予結構，而這些章節往往被認為能反映出自然界的秩序。[31]這些書籍拓展了人們對事物的認識（**博物**），因此也滿足了儒家「格物」的需求。另一個影響深遠的文本為晉代張華（二三二—三〇〇）的《博物志》，這是在西元三世紀末由皇帝下令編纂而成。[32]該書共有十卷，將所有可取得的資訊分為不同的標題：地理；外國與異人；異獸、異鳥、異蟲、異魚與異草木；醫藥；服飾與食物；人物、書籍、各種樂器與音樂；異聞；歷史；以及雜說。張華是第一個使用「博物」一詞來定義宇宙中所有可知事物領域的人。[33]在日本明治時期，「博物」一詞被用作「自然史」的同義詞，不過對張華而言，「博物」

不僅包括世界的物質層面，同時也包括人類文明、傳說、歷史與神話。

儘管百科全書很受歡迎，進口到日本的書籍仍然以實用手冊、刪節版字典與教科書為大多數，這可能是因為百科全書卷數多所導致的成本問題。這些書籍大多是為了提高農業生產，在編寫與繪製插圖時都考慮到耕種者的需求。[34] 它們被稱為種樹書，是有關樹木種植的書。在德川時期，具有特殊價值的中國農業手冊是元代學者王禎著作的《農書》，以及明代學者徐光啟（一五六二—一六三三）撰寫的《農政全書》。諸如此類的手冊與字典和百科全書並不同，它們不但對植物進行分類，還提供如何、何時與何地栽植的技術資訊。除了這兩本著名的手冊以外，大多數農學文獻都是專題著作，只專注在單一物種或特定屬的植物或花卉。這種主題聚焦的形式被日本學者所採用，既用於教科書的編寫，也用在替富商與武士頌揚其精美植物收藏的精緻插圖小冊中。[35] 這類小冊通常很薄，標題由相關藥草、樹木或花卉的名稱構成，再加上一個「譜」字，字面意思是「圖表」或「列表」。在出版《大和本草》之前，貝原益軒也曾沈迷於這種專題體裁。

處理資訊超載的問題

來自中國的資訊和書籍是混亂、隨意且往往相互矛盾的，這促使日本學者試圖藉由編纂參考書目或摘要的方式，將新知識整理成可管理的形式。我們在下一章會看到，貝原益軒試圖解決本草學領域的一些混亂問題，但這並非易事，因為將動植物的中文名稱對應到日本實際的動植物物種是非常困難的。另外，中文百科全書所涉及的物種數量也非常驚人。[36] 貝原益軒在自己的《大和本草》中，將物種數量削減到一千三百六十二條，將分析局限在日本本土物種。

隨著藥草標本與手冊從中國經由長崎、從朝鮮王國經由對馬、從歐洲經由荷蘭與中國商人的斡旋而大量進入日本，專門研究植物的專家人數也急劇增加。隨著時間推移，這些早期的植物學家形成了一個學術交流網絡。在貝原益軒之前，學者們嘗試各種不同的策略，試圖從來自大陸的大量資訊中找到秩序。有些人著手處理大型教育手冊與百科全書的系統化問題，其中最成功的嘗試是理學家中村惕齋（一六二九—一七〇二）編纂的《訓蒙圖彙》，這是日本第一部圖解百科全書，共二十卷。這部百科全書於一六六六年在京都印製，涵蓋了諸如天文、地理、人類居住地、人類、人體、服裝、異國物品、工具、動物與植物等主題。原本作為兒童教育參考書的《訓蒙圖彙》，很快就成為非專業人士最常用的參考資料。[37] 每個條目都有一幅插圖、該物種的漢字名稱、日文翻譯，以及非常簡短的說明。[38] 光是這六百六十八幅插圖就足以引起現代本草學學者的興趣，但是在二手資料來源中，往往只對該文本進行粗略的處理。[39]

中村惕齋這本圖解詞典的結構如圖四之一所示，這張圖裡有四種花，從右到左分別是鳳仙、水仙、秋葵與春菊。[40] 鳳仙條目包含一張植物的圖片、中文名稱與其日文讀法，以及一個簡短的說明，其中特別指出四個不同的名稱，有金鳳花、夾竹桃、小桃紅與菊婢。水仙條目明確指出水仙有兩種，其一為單瓣，稱為金盞銀臺，另一種為多葉，稱為玉瓏玲。秋葵條目比較詳細。中村解釋說，秋葵俗稱黃蜀葵，是一種木槿，其葉子總是朝著太陽的方向。他補充道，這種植物的一個變種只有單花，稱為側金盞。至於春菊，中村推測它應該是「kōsaiguisa」（かうさいぐさ），又

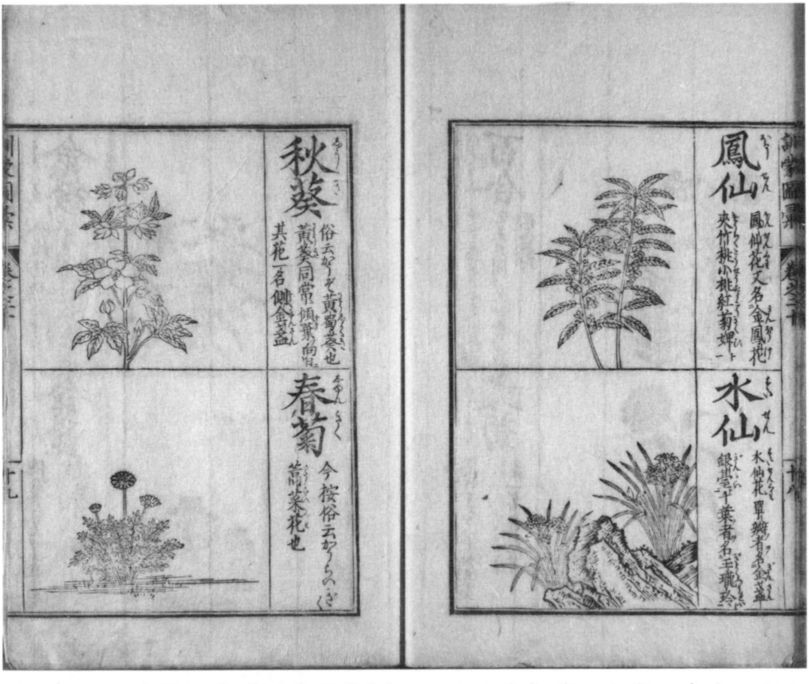

圖四之一　中村惕齋《訓蒙圖彙》（一六六六年）第二十卷。東京：國立國會圖書館。

稱為蒿菜花，是蓬的一個變種。[41]

中村惕齋將中國明代王圻（一五三〇—一六一五）的百科全書《三才圖會》[42]、徐光啟的《農政全書》、《多識編》、《本草綱目》與《本草和名》等列為原始資料，作為其詮釋的參考。他還告訴讀者，自己曾經採訪許多中國移民、農民、漁民、工匠與樵夫，以確證他從文本資料中收集的資訊。[43]

中村惕齋在引言中解釋說，他委託許多知名藝術家為他的百科全書繪製插圖。[44]這些插圖的品質與精確度說明了它在本草學研究者之間受歡迎的原因。

例如，圖四之二被認為是世界上最早的鱟的圖像。[45]該條目包含中文名稱「鱟」，日文讀作「kō」，並簡單解釋這種動物通常被稱為鱟魚。同一頁，按順時針方向從右上方開始，有龜、鱉和蟹。[46]《訓蒙圖彙》是《多識編》與《和爾雅》文本傳統中的一本字典或辭典，它也是一個詞彙表，目的在於對照中、日文名稱。但是《訓蒙圖彙》與其他類似書籍的不同處在於，插圖是將中文與日文單詞關聯起來的媒介。中村惕齋試圖用一個中文單詞為每一幅圖像命名，並與曾出現在從前文本中，以及來自實踐專家證詞的日文名稱，用圖像關聯起來，進而創造一本完美的字典。

《訓蒙圖彙》是諸多體現了對描述性圖像興趣的著作之一，它啟發了其他類似的作品。大阪醫師寺島良安（約活躍於十七世紀早期）的《和漢三才圖彙》於一七一三年出版，共一百零五卷。正如《和爾雅》與《東雅》一樣，寺島良安的著作是日本人對王圻《三才圖會》的重新詮釋。《訓蒙圖彙》被列為《和漢三才圖彙》的一個資料來源，它啟發寺島良安為他的類別書繪製插圖，但與中村惕齋不同的是，他只將重點局限於日本的動植物。他在序言中解釋道，這本書是三十年研究的成果。寺島良安經常提到《本草綱目》，有時會根據自己行醫的經驗對

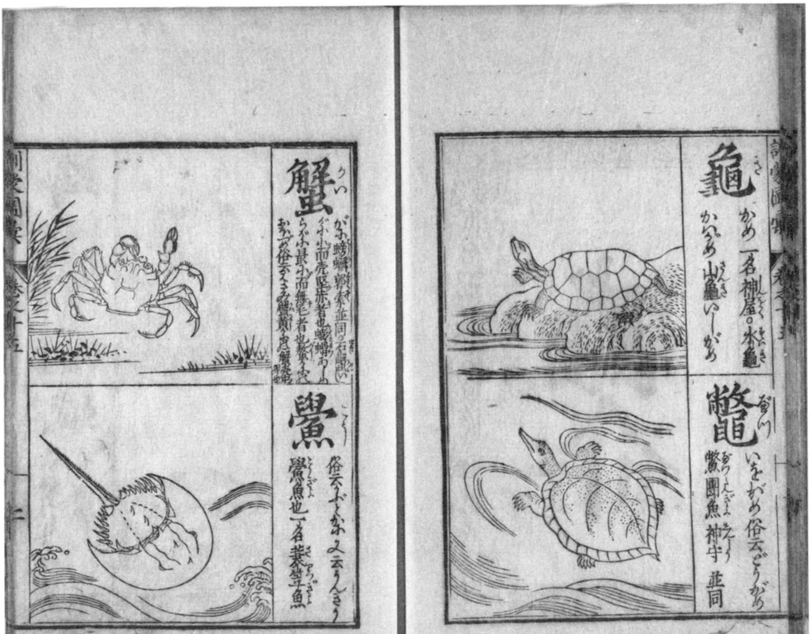

圖四之二　中村惕齋《訓蒙圖彙》（一六六六年）第十五卷。東京：國立國會圖書館。

這本中文藥典的藥理資訊進行評論。他還在百科全書中加入有關日本歷史與宗教的部分，而且是最早加入西方原始資料的人之一。這部作品在整個德川時期與二十世紀都持續再版。[47]

像《訓蒙圖彙》與《和漢三才圖彙》這類百科全書的流行成功，是非武士人口識字率提高的直接結果。[48] 它們的成功也顯示，參考手冊與教科書中的描述性圖片愈來愈受到歡迎。一六六六年出版的《訓蒙圖彙》，在初版兩年後由京都的同一個書商再版，同時將圖片放大。[49] 一六九五年，新修訂的擴充版以《頭書增補訓蒙圖彙》為題出版，並以較小的格式印刷。根據矢部一郎（Ichiro Yabe）的說法，這些後來的版本以幾個不同的形式流通：不同的章節獨立出售，還有很多盜版（便宜但印刷粗糙）。[50]《頭書增補訓蒙圖彙》尤其將動物條目增加到三百八十九條，植物條目則從三百五十四條增加到三百九十五條。新加入的條目幾乎都是被中村愓齋視為與日本人無關而忽略掉的中國物種。[51] 在整個德川時期，更多版本被用於寺院學校（**寺子屋**），並在明治時期繼續印刷銷售。[52]《訓蒙圖彙》的圖像也吸引了對日本百科全書非常著迷的荷蘭醫生肯普弗。肯普弗不僅購買了第二版，而且還摘錄了超過七十幅插圖放入他的著作《日本史》（*The History of Japan*），該書先於一七二七年以英譯本出版，後於一七七九年以荷蘭文原版出版（圖四之三與圖四之四）。[53]

儘管《訓蒙圖彙》非常成功，但人們對作者中村愓齋卻知之甚少。中村愓齋是商人之子，

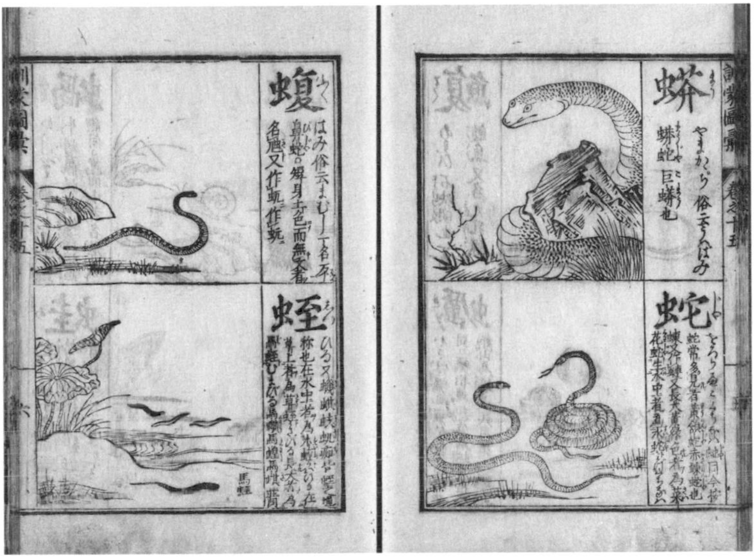

圖四之三　中村惕齋《訓蒙圖彙》（一六六六年）第十三卷。東京：國立國會圖書館。

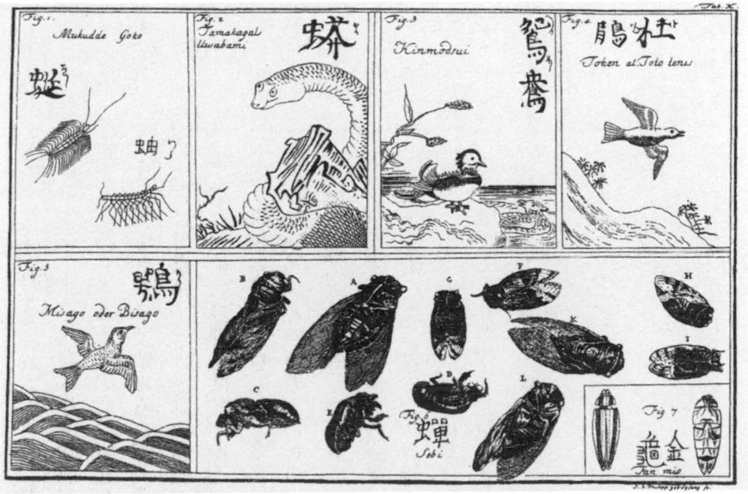

圖四之四　恩格爾貝特・肯普弗《日本史》（倫敦一七二七年出版）。這幅插圖出自一六六八年版的《訓蒙圖彙》，肯普弗曾將此書帶回歐洲。

他以自學的方式研讀朱熹著作。作為京都的教育家與學者，中村惕齋幾乎與理學家伊藤仁齋齊名。[54]作家井原西鶴（一六四二—一六九三）曾在一六七九年出版的《西鶴五百韻》中引用了《訓蒙圖彙》的部分內容，並將之定義為「寶藏」（重宝）。[55]中村惕齋後來的經歷，和十七世紀的學者經常遇到的狀況一樣，被德島藩[56]聘為官員和教育家，並在那裡為蜂須賀家族服務。許多同名作品都證明了《訓蒙圖彙》的廣泛傳播。一八六七年以前出版的日文書籍目錄《國書總目錄》列出了十五本書名帶有「訓蒙圖彙」字眼的各類書籍，其中大部分是娛樂場所的目錄和指南，或是諷刺作品，最著名的是式亭三馬（一七七六—一八二二）的《戲場訓蒙圖彙》（一八〇三年），由浮世繪畫家歌川豐國（一七六九—一八二五）繪製插圖。[57]一六九〇年，一本妓院目錄以《人倫訓蒙圖彙》為題出版。

這些字典與藥學手冊與林羅山的《多識編》一樣，主要的使用者是醫師與理學學者等有識之士；然而，它們也因為藝術用途而備受好評，並受到廣泛地引用。它們特別是繪畫與詩歌創作的寶貴材料，尤其是在自然物體為詩歌形式風格要求的日本和歌與俳句。

事實上，對自然世界的描繪在詩集中受到廣泛地使用。其中，由潛蜑子（活躍於一六九〇年代）編輯並於一六九〇年印刷的名詩選集《六六貝合和歌》，將詩集中的每首詩與特定的貝殼圖片聯想在一起（圖四之五）。[58]圖中顯示了三十六首詩的索引，分為左右兩組，每組十八首。

每一首詩都由一個特定的貝殼來表示，包括其代表貝殼的名稱，可以直接引用或是以「雙關語」（**掛詞**）的形式。然而，《六六貝合和歌》並不只是詩歌選集而已：它將詩歌與精美貝殼插圖相互搭配，所有的貝殼都按本草學百科全書的方式進行嚴格的分類與命名。

出於審美目的而使用貝殼圖像，或者說，在百科全書與自然史專著中對自然界的圖像進行美學處理，在早期現代歐洲也很常見。艾瑪．史帕里（Emma C. Spary）指出，歐洲人的私人收藏目錄通常都附有精美插圖，在上流社會中，品味是讓收藏與收藏者

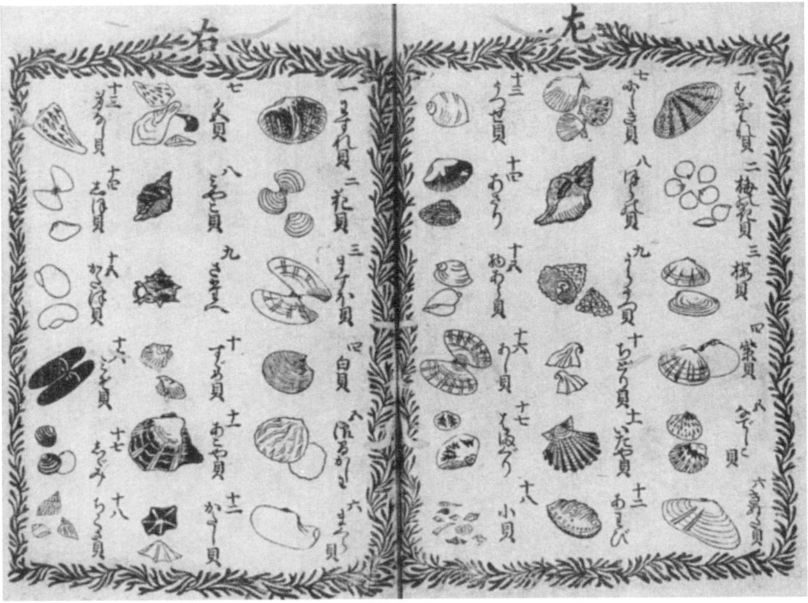

圖四之五　潛蛩子《六六貝合和歌》（一六九〇年）的索引。東京：國立國會圖書館。

地位受到認可的最重要標準。反過來，成為上流社會的一員，也就認定了一個人想法與研究的真實價值。[59] 史帕里認為，「在描述為收藏品建立順序的過程時，歐洲博物學家經常從設計的角度出發。」[60] 例如，《六六貝合和歌》與德扎利爾．達根維爾（Dezallier d'Argenville）的《貝殼學，或論貝殼之性質》（*La Conchyliologie, ou Traité* sur la nature des *coquillages*，一七五七年首版）相似，達根維爾按照林奈分類法來展示他的貝殼收藏，但這並不妨礙他以珍奇櫃的方式作藝術性的呈現（圖四之六）。

在十七世紀的日本，新文本的大量生產與引進讓學者面臨挑

圖四之六　德扎利爾．達根維爾《貝殼學，或論貝殼之性質》，書中原創插圖為亞克．梅斯尼爾（Jacques Mesnil）所繪（一七八〇年於巴黎出版）。紐約：紐約公共圖書館。

戰，他們得將湧入的知識組織成系統化的字典、百科全書、書目與手冊等形式。在德川時代的前半期，人們的識字能力與書籍產量都急劇增加，這種資訊爆炸就是在這樣的脈絡下發生的。[61] 醫師是這種文本資源與自然界資訊增加的主要原因，其實際目的在於發展藥學專業知識。德川政權與藩政當局經常贊助大型百科全書的出版：百科全書作為知識累積的紀念物，是文化資產，無論是否有實際用途，都受到統治精英的支持，也符合幕藩體制的文武政治。此外，百科全書、教育工具與學術研究基本工具的普及，也伴隨並促進著專業學者階層的形成。

百科全書呈現真實世界的結構順序，反映了宇宙的存有學秩序，與朱熹「格物」教條相一致。這個原理在第二代與第三代日本學者的哲學思辨中扮演了重要的角色。這種基於理學宇宙觀的「文人知識論」的另一個結果是，如果「理」是宇宙萬物的組織原則，那麼它不僅規範了事物，也規範了用來表達事物的符號。換句話說，事物與其名稱都受制於同樣屬於非人格化的理與氣的法則。因此，自然物名稱的順序與這些自然物的固有順序是相同的。理學家使用與製作自然知識手冊與百科全書，目的在於個人培養，或是作為改進農業與藥學技術的教學工具與實用手冊。在下一章，我們將瞭解到貝原益軒如何結合實際利益與理學理想，將他在自然史領域的活動與研究嵌入他作為公共教育家與藩政官員的角色中。他的《大和本草》是其道德教育計畫的一部分，而且這也是日本第一部真正意義上的自然史百科全書。

5

日本最早的自然百科全書：
《大和本草》與《庶物類纂》
The First Japanese Encyclopedias of Nature: *Yamato honzō* and *Shobutsu ruisan*

兼具學者與家臣身分的貝原益軒

一七一四年，在他漫長的生命走到終點時，貝原益軒可能是日本最傑出的學者（**儒者**）。他的《大和本草》隨著《本草綱目》成為最具權威的藥物學百科全書，也是大多數醫學院的必修教科書。貝原益軒的父親是低階武士，也是九州島福岡城的醫生，因此貝原益軒在建立其專業學者聲望時，面臨了與林羅山不同的障礙。[1] 就林羅山的例子來說，他發明一個既不是宮廷貴族也不是佛教僧侶的學者的概念是出於需求，但貝原益軒的知識追求卻是以藩主的贊助為必要條件的。對貝原益軒來說，成為學者是滿足藩主需求的一個方式，這在本質上與黑田家族的其他家臣並無區別。

雖然貝原益軒的家族據稱有藤原氏血統，[2] 但他父親的財富並沒有因此受到保障。貝原益軒之父名寬齋，曾當了好幾年的浪人，以村醫的身分謀生。[3] 因此，貝原益軒早年的生活與農民並無二致。[4]這樣的背景很可能影響了貝原益軒，讓他對社會狀況與平民教育非常關注。相對於為藩主服務的武士之子，貝原益軒不是在城堡裡長大，而是直接接觸平民生活。根據《貝原益軒先生年譜》，貝原益軒是一個非常早熟的孩子，這在聖人傳記中是一個常見的主題。[5]貝原益軒並未在藩校接受教育，而是由父親與兄長貝原元端（號存齋，一六二二—一六九五）教授閱讀日文與中文。曾在京都接受醫學訓練的貝原元端對弟弟的早期教育影響特別大，將貝原益軒引介給京都學術界的也是貝原元端。[6]他還鼓勵貝原益軒閱讀理學書籍，說服貝原益軒放棄淨土宗，這種反佛的態度是自藤原惺窩與林羅山以來理學家的特點。

一六四七年，藩主黑田忠之（一六〇二—一六五四）在江戶參勤交代期間，招募貝原益軒作為低級別的兼職助手。[7]在接下來的幾年裡，貝原益軒繼續為黑田忠之服務，擔任雜役。他經常被派往長崎，當時的長崎是一個開放的城市，由代表幕府的福岡藩和佐賀藩共同管理。貝原益軒在長崎接觸到了外國書籍與思想：他的職責之一是監督來自中國與荷蘭的官方翻譯。[8]一六五〇年貝原益軒被解僱後，仍然繼續造訪長崎，除了購買書籍，私底下也跟密醫學醫。正式失業以後，他前往江戶投靠父親，開始學習醫學。透過父親，他被引介給黑田氏家臣的內部圈子，並透過他們，首次在日本幕府首都的學術圈露面。《貝原益軒先生年譜》記載，貝原益軒見到了林鵞峰（號春齋，一六一八—一六八〇），即當時理學研究林家學派之首。[9]

貝原益軒於一六五六年回到福岡，進入黑田光之（一六二八－一七〇七）的行政部門。事實證明，黑田光之的支持對貝原益軒極為重要，因為這讓他能以帶薪休假的方式在京都學習。黑田光之對貝原益軒教育的投資，可以從他對貝原益軒學術成就的無數獎勵得到證明。[10] 當時，地方領主贊助有才華的年輕人到京都學習（**遊学**）的情況並不少見。藩政府投資於學習與文化活動的責任在《武家諸法度》有著明確的規範。[11] 這項立法強調了武士的文武訓練，指學習（**文**）和戰爭（**武**）之藝。[12] 德川政權自成立以來，就公開支持將軍事價值轉化為平民道德，用以作為在一個多世紀的內戰後確保和平與穩定的措施。林羅山和他的同代人是第一批利用這些政治措施進行學術活動的人，而這些措施也為社會帶來進步的可能性。半個世紀後，貝原益軒也從這些舉措中受益。[13] 因此最終得以成為專業醫師與學者的貝原益軒，終其一生都為黑田家族和他們的福岡藩服務，在職業生涯高峰還達到每年三百石的可觀薪餉。貝原益軒在京都度過了七年，享受著首都的文化氛圍。更重要的是，他建立了一個令人印象深刻的朋友圈與學術通信網絡，終其一生都與這些人保持聯繫。他師從松永尺五與松永的學生木下順庵（一六二一－一六九九），松永尺五是當時活躍於首都最具影響力的一名理學家。[14] 井上忠（Tadashi Inoue）表示，貝原益軒在京都認識的其他學者還有《訓蒙圖彙》的作者中村惕齋、山崎闇齋（一六一八－一六八二）[15]、伊藤仁齋[16]、松下見林、醫師黑川道祐（卒於一六九一）、本草學者暨醫者稻生若水與向井元升（一六〇九—一六七七），以及百科全書《農業全書》的作者，也是一位農學家的宮崎安貞（一六二三—一六九七）。

貝原益軒與知名農學家宮崎安貞的合作，影響了他的《大和本草》。宮崎安貞是來自廣島藩的武士，於一六四七年受聘於黑田忠之，成為負責藩內農政的官員。僅僅服務五年以後，宮崎安貞退隱到福岡附近一個名叫女原的小村莊，在那裡將餘生奉獻給農業技術的研究。宮崎特別開始實驗改善土壤肥沃度與開發抗蟲害作物的新技術。[17]他的畢生心血《農業全書》出版於一六九七年，共十卷，在整個德川時期及其後一直是最具影響力的農學手冊。[18]正如井上忠所示，宮崎安貞與貝原益軒的合作對於這套百科全書的完成至關重要。貝原益軒向宮崎安貞介紹了中國重要的農業百科全書，並幫助他寫作，而宮崎安貞則反過來向貝原益軒提供了從實地研究中收集的大量數據，而貝原益軒也將這些資料收集起來，於一七〇四年以《菜譜》為名出版。在這本書中，貝原益軒描述了三百一十六種可食用植物，詳細說明每種植物的季節性、最適當的施肥方式、如何烹調，以及在某些情況下如何去除其中的有毒物質。這本小書既是為學者與受過教育的讀者而寫，也是為了給農民提供實用建議。貝原益軒在序言中解釋道，「如果我們不做任何事情來改善我們的生活，我們就會活得像鳥與動物一樣，只會像藥草和樹木一樣枯萎。我之所以寫這本無關緊要的小書，其意圖並非微不足道。我不是像俗諺所云，為了收集石頭而捨棄珠寶。我只是想增加農民的知識，以幫助他們改善生活，哪怕只是一點點。這就是為什麼我既不感到羞恥，也不害怕其他大師的批評。」[19]貝原益軒的一生活躍且多產，與學術界友人的書信往返從未間斷，但也未曾將知識追求置於自己對藩與人民的責任之前。

一六六四年，貝原益軒接獲命令返回福岡藩擔任官員之際，便按照當時武士的風格重新蓄髮。此舉象徵著他在德川社會中重新獲得了正式地位。作為藩地官員與學者的生活是忙碌的。「他開始了嚴謹的講學、輔導、研究與寫作計畫，在接下來的五十年始終如一。」[20]他四處旅行，在福岡、京都與江戶舉辦與參加講座。他的聽眾有宮廷貴族、農村武士、福岡藩的高階官員、同儕學者、農民與平民。[21]他繼續與其他學者進行熱烈的知識交流，並多次在福岡藩推動教育改革。[22]

在一般人的印象中，貝原益軒是學者家臣的完美化身，是一個有學問的人，也是一名公僕。他是一位多產的作家，著作有一百多本，可分成五類：理學哲學與文獻學、神道、倫理學（占大多數）、本草學，以及方志與歷史著作，最後一類也包含遊記，例如《筑前國續風土記》以及一本家譜。貝原益軒優先考慮的是對藩主、對同胞以及更廣泛地對全人類的實際幫助，這種態度也啟發了他的自然史研究。他協助藩主處理行政事務，撰寫關於農業改進與動植物的文章，討論理學，並描述日本各令制國的地形特徵。他在《大和俗訓》（一七〇八年）的序言中寫道：

「儘管我寫的是一部微不足道的作品，我希望它能在人們的日常生活中發揮作用，能教導無知者、孩童以及地位不高的民眾。」[23]類似的觀點處處可見於他的著作中，強調對公眾的用處，希望「不要浪費大自然提供給我們的寶藏。」[24]貝原益軒認為，學者是公僕也是教育家，把封建制度的忠誠和為領主服務的概念，與儒家的忠誠和在領主統治下為人民服務的概念，兩者相互結合起來。對貝原益軒來說，知識的累積本身並不是目的，而是滿足社會需求的一種手段。

貝原益軒思想在《君子訓》中解釋了理論與實踐的不可分割性，這篇短文出自他於一七〇三年自費出版的三本書，藉此澄清他的政治思想。[25]貝原益軒的思想以他對朱熹宇宙論的理解為基礎，知識對他而言涉及理解世界上的原則（**理**），因為它具體展現在所有事物（**氣**）中，因而擯棄先驗的和抽象的知識追求。理與氣是不可分割的，因為沒有物質實現的原則是不存在的；反之，沒有原則的物質將是一團無形的物質。同樣地，沒有具體實踐的知識只是枯燥的學識。由於理透過氣的作用在世界中顯現，貝原益軒認為，思想會透過身體的行動顯現出來。反過來，他對身體和心靈不可分割性（inseperability）的信仰，又為「理和氣在宇宙論上的統合支持知識與行動的不可分割性」此一觀點，提供了形上學的合理性。從邏輯上來說，理與氣的關係就像心靈與身體的關係一樣。唯有透過身體行動，人們才能表現出他們的本性。人性只能在勞動中顯現出來。基於這種哲學信念，貝原益軒很少在他的文章中提到「理」，或是對支配真實世界的先驗法則進行推測。他認為，原則（**理**）的作用只有透過觀察它在真實世界中以物質形式（**氣**）的具體實現才能分辨。學者不應透過抽象推理，而是要藉由勤勉的觀察來推導出支配宇宙的原則。這種經驗主義的態度是貝原益軒對德川思想最原創的貢獻，它構成了其著作《大和本草》的方法論基礎。

貝原益軒認為，一個人若要認識自己真正的本性，就必須以具備有德的行為和不懈的「格物」來培養自己的心靈。學者有責任教育和引導一般人實現這個目標。這種責任感賦予貝原益軒的寫作一種深刻的倫理目的。倫理是所有實踐學習的最終目的。在《大和本草》中，知識論與倫理學之間的聯繫意味著，對自然世界的智識本身並非目的，而是實現更高道德的手段。

作為實踐與道德事業的自然研究

貝原益軒決定將他的日本自然史研究成果出版成《大和本草》，是因為「《本草綱目》劃分物種的方式令人懷疑。」[26] 他解釋道，李時珍的百科全書「紀錄了世界上約一千八百個物種的名稱，」但是「《本草綱目》忽略了許多其他文本曾經提及的物種，」而且「裡面有許多不在日本生活或生長的外來物種。」基於這些原因，「我決定用一本書來紀錄人們實際可以在我國看到的所有物種，」如此一來，「他們只要查閱這本書，就能瞭解有關動植物的完整資訊，不必在不同書籍中尋找額外資訊。」貝原益軒撰寫這本百科全書時，「希望它能對這個國家的人民有具體的幫助。」[27]因此，他排除了所有不存在於日本（指「這個國家」〔**本邦**〕）或是在《本草綱目》中含糊以待的所有物種。他從李時珍的作品中選擇了七百七十二個物種，只擷取他認為必要（**切要**）的資訊。他增加了兩百零三種在其他藥物學百科全書中，曾經出現但未被《本草綱目》列入的物種，並為每個物種確立日文名稱。他還增添了三百五十八種出現在日本但在其他手冊與百科全書中被略過的「藥草、樹木、昆蟲、魚、鳥禽、動物」（**草木蟲魚禽獸**）。

貝原益軒的說明主要以他在旅途中累積的材料和與其他學者的書信往來為基礎。如果一個物種沒有被配上漢字，他就會用拼音來命名。此外，他還試著「給所有指稱同一物種的地區名稱排出順序。」[28]因此，他用發現地區的方言名稱來記錄當地物種。至於出現在其他文本中具有不同漢字名稱的物種，他採用的是在日本經典（**本朝之古籍**）中能找到最古老的書面紀錄，儘管他承認這些名稱在不同地區或在後來的文本中可能有不同的寫法。[29]最後，他也紀錄了由西方人（**南蛮**）近期引入日本的二十九個物種。[30]

《大和本草》於一七〇九年由京都書商永田調兵衛出版，共十六卷。不久之後，又出版了兩卷補遺，隨後又出版了兩卷簡單但精確的圖譜。在每個條目中，他都給出物種的標準名稱與方言變化，重建過去的原始資料對物種的處理方式，並描述它們的形態、生理、棲息地與季節性。他還提供有關如何種植某些植物的額外資訊，以及如何將它們用於食物與藥物的製備。貝原益軒的百科全書涵蓋了一千三百六十二個物種，其分類順序的制定大致上是受到《本草綱目》的啟發。所有物種都進一步被劃分成三十六類，並且為將人類單獨列為一類（表五之一）。[31]

表五之一 《大和本草》完整分類列表

1. 水類：十二種，包含水、蒸氣與溫泉水，也包括油與海鹽。
2. 火類：十種，有篝火、炭火、煙火等。
3. 金玉土石：六十七種，各類礦物與寶石，包含珊瑚。
4. 穀類：二十六種，其中最詳盡的是稻、大豆、麥、蕎麥與黍。
5. 造釀類：貝原益軒以簡化的形式採用了《本草綱目》的酵母菌條目。
6. 菜蔬類：六十七種。
7. 藥類：七十九種，包括人參、桔梗（學名 *Platycodon grandiflorum*）、甘草（學名 *Glycyrrhiza uralensis*）、紫蘇（學名 *Perilla frutescens var. acuta*）等。
8. 民用草類：貝原益軒在此列舉了七種用於製作衣物和其他人類活動的植物，前者如棉花與大麻（學名 *Cannabis sativa*），後者如菸草。

9. 花草類：七十三種野生或馴化的花卉。

10. 園草類：十八種只在花園裡生長的多花藥草，其中許多是在十六世紀下半葉引入日本的，包括仙人掌和菖蒲（學名 *Acorus calamus var. angustatus*）。

11. 蓏類：九種會結果的植物，如草莓、甜瓜、西瓜等。

12. 蔓草：各種藤本植物共三十七種。

13. 芳草：十六種芳香植物。

14. 水草：三十六種生長在海岸線沼澤地帶的植物。

15. 海草：二十八種藻類，不過也包括一些水母。

16. 雜草：一百三十七種無法歸類的草本植物和地衣。

17. 菌類：二十五種菇。

18. 竹類：二十二種竹子。

19. 四木類：七種最有用的樹木，包括桑樹、茶樹與漆樹（學名 *Toxicodendron vernicifluum*）。

20. 果木類：四十四種。

21. 藥木類：三十二種具有藥用價值的樹木，如丁香（可能是葡萄牙人從摩鹿加群島引進，學名 *Syzygium aromaticum*）與肉豆蔻（學名 *Myristica fragrans*）。
22. 園木：三十六種，包括日本柳杉、松樹、樟樹等。
23. 花木：四十種以美麗花朵聞名的樹木，包括櫻桃。
24. 雜木：他在此列入其餘九十二種樹木。
25. 河魚：三十九種。
26. 海魚：八十三種。
27. 水蟲：二十一種，有生活在水裡或水邊的昆蟲，也包括蝦、海參與水蛭。
28. 陸蟲：六十四種，有生活在陸地上的昆蟲，也包括蜘蛛、蛙、蠕蟲和蛇。
29. 介類：五十四種，有雙殼類，也有海膽、蟹與龜。
30. 水鳥：二十五種生活在水邊的鳥。
31. 山鳥：十三種猛禽。
32. 小鳥：三十七種小型燕雀，如麻雀、雲雀等，都是日本的原生物種。
33. 家禽：四種家禽，包括雞、鵝、鴨（**鶩**）與家鴿。
34. 雜禽：十種未列入前幾類的日本鳥類。

35. 異邦禽：十種近年來才被引進的鳥類，如黃鸝、鸚鵡、食火雞、孔雀等。
36. 獸：四十六種哺乳動物，有的是家畜（牛、羊、馬、狗等），有的是野生（鹿、狼、獼猴），也包括河童。
37. 人類：貝原益軒在這裡簡要論及人體的不同部位與分泌物，以及不同的人種；長臂猿也列入此類。

就分類結構而言，貝原益軒擯棄了李時珍的抽象系統秩序，採用一種以他可以直接觀察的可見特徵、用途與棲息地等為基礎的，且更為具體的秩序進行分類。貝原益軒意識到自己的系統是人為的，因此也無意試圖重現自然的秩序。讓李時珍傷透腦筋以致於根據形態與生理來進行分類的樹木與草本植物（隱晦地揭露「理」的基本秩序），貝原益軒反而選擇以人類需求為基礎的人類中心系統。草本植物首先被分成藥用（**藥類**）與有用（**民用草類**），然後再按照它們在野外（**花草**）與花園（**園草**）裡的美學吸引力來分類。貝原益軒根據物種對人類的有用性來進行排序：食物、藥物與工具等優先於美。他先列出本土物種，然後列出外來物種，並增加了野生植物與動物。

在編寫百科全書的時候，貝原益軒以準確與簡潔為目標。這意味著要減少條目數量，省略不在日本生活或生長的物種。這同時也意味著除非出於實際考量，否則就得排除物種分類的理論討論。他省略了一些補充資訊，例如軼聞、傳說和象徵性意義；只有在闡明物種名稱含義時才會插入文學引文。最後，他在按照順序排列條目時，還考慮了瀏覽速度與便利性。分類的目的是為了方便資訊的檢索。

在第十二卷花木類的櫻樹條目，可以明顯看出貝原益軒仔細的經驗描述與名稱的文獻學說明。[32]首先，他將櫻樹歸類為日本本土物種（**和品**）。在引用提及櫻樹的早期原始資料以後，他評論道：

> 上面所有中文原始資料中被稱為「櫻」的花有紅色的花瓣。然而，日本的櫻樹在中國並不存在，我在延寶年間（按：一六七三至一六八一年）在長崎訪問到的中國商人也證實了這一點。如果這種樹在中國真的存在，它必然會出現在中文書籍中，或是在中國詩詞中受到讚美。因此，他們的證詞應該是真的。櫻樹可能生長在朝鮮半島。許多年前，一艘朝鮮船在（按：接近福岡）附近遇難，人們注意到這艘船是用櫻木打造的。我向韓國人詢問這種樹，他們告訴我這種樹名叫「奈木」。奈木的花是淡紅色的，在二月到三月間開花。他們還說，這種樹在朝鮮很受人喜愛。在中國，書籍是用梓樹製成的木版印刷的。[33]在日本，我

們使用櫻木的原因在於這種木材很硬，品質佳。然而，櫻木的品質取決於土壤的狀況：這無疑是宇宙原則的另一個影響。日本櫻樹的壽命超過一百年。在一些地區，人們用劍將樹皮垂直劃開，以延長其壽命。在古代日本，人們用「花」來指稱桃花，但是自中世紀以來，這個詞就被用來指稱櫻花。這是日本人喜愛櫻花的第一個證據。櫻樹有很多種，有些櫻樹在盛開的時候，幾乎無法計算花瓣的數量。但有些則比較容易計算，如花冠有八片花瓣。一般來說，八瓣櫻通常是紅色的：這些被稱為緋櫻。[34] 有些則帶點藍色，被稱為淺黃櫻，氣味刺鼻。[35]《徹書記》將蒲櫻稱為「單花櫻」。[36] 同一種樹在《古今集》被稱為「kanibasakura」（カニバサクラ），被描述為具有單一的淡紅色花朵。在鞍馬山一帶，有一種樹被稱為雲珠櫻，雲珠是一種馬鞍裝飾。雖然它被稱為櫻，但它實際上並非櫻樹。[37]「雲珠」的含義從何而來尚不清楚。

貝原益軒列出了櫻樹在不同地區的變種。生長在吉野地區的櫻樹又稱山櫻，貝原益軒是這麼寫的[38]：「自古以來，吉野的櫻花一直很多。櫻樹覆蓋了該地區的山谷與山坡。它們從山腳開始綻放，然後往山頂蔓延。它們沿著道路兩旁綻放，也在山谷各處開花，花期持續近一個月。櫻花盛開的景象非常引人注目。」一個世紀後，關於山櫻的詞條啟發日本國學學者本居宣長（一七三〇—一八〇一），因為他被貝原益軒說服，認為櫻樹完全是日本本土所生，尤其是他家鄉松阪附近的吉野山櫻，因而在詩歌中採用櫻作為「日本性」的象徵。本居宣長在一七九〇年為紀念六十一歲生日畫了一幅自畫像，畫中題詩尤其聞名於世：

しき嶋のやまとごゝろを人とハゝ朝日にゝほふ山ざくら花

「如果人們問起大和（按：人民）的心，那就是映照著初升太陽的山櫻花。」

直到二十世紀，這首詩一直在日本人民的想像中，歷久不衰。[39] 然而，它是從貝原益軒犯的一個錯誤開始的，因為學名為「*Prunus jamasakura*」的山櫻，同樣也出現在中國與朝鮮。

讀完櫻木條目，可以看出《大和本草》的四個明顯特徵。其一，它包含對地區變種的精確描述（對於像櫻樹這樣的開花植物，在花瓣形態與顏色方面），區分出動植物屬的不同地區的名稱，或地方物種或亞種（以現代術語來說）；其次是有關植物或動物效用的描述；還簡單提及與特定植物或動物相關的文化意義與用途；最後，作品中還瀰漫著一種對地域差異的意識，這些差異將日本物種與中國或朝鮮半島的物種區分開來。

就像大多數中國百科全書作者一樣，貝原益軒也寫了一些我們今日稱之為怪物的生物。在獸類章節中，有一個關於河童的條目，這是一種日本民間知名的「水妖」。貝原益軒在《大和本草》對河童的描述如下：

> 河童生活在河流與湖泊中。這種動物體型相當於五、六歲的小孩。獨自在河邊徘徊的村民經常遇上它們，並因此失去意識。這種動物喜歡與人角力以證明自己的力量。由於體表特別黏滑，所以很難抓住它們，而且其臭味讓人難以忍受。要用刀子刺傷它們並不容易。如果它們贏了比賽，它們可能會把人拖入水中殺死。如果打不過，它們則會潛入水中逃匿。那些打贏河童的人，都會陷入一種恍惚的狀態。他們回到家裡，但仍昏昏欲睡。他們大概會病一個月，症狀如發冷、發燒、頭痛、搔癢、全身疼痛難忍。河童經常在房舍出沒，造成各種不可思議的事件，讓居民感到困擾。在這一點上，它們就像狐狸，可能造成嚴重的損害。《本草綱目》曾提到過「水虎」，是蟲部濕生類的物種，但水虎和河童有很多不同之處，應該被歸入不同的類別。[40]

這種怪物從百科全書中消失，是相當近期才發生的現象，不會超過一個半世紀。在日本，就像在西方一樣，科學史上有許多令人印象深刻的生物，如獨角獸、巨人和吸血鬼，都是用與自然界現象相同的術語去描述的。[41]

《大和本草》對超自然生物的採納，類似於貝原益軒對未開化森林內未知領域的探索，這兩者都是突破人類與神聖空間藩籬的早期範例。事實上，貝原益軒明確聲稱，他的大部分資訊都來自直接觀察：「我曾造訪筑前國的所有村莊，爬上高山，走進深谷，沿著陡峭小路前行，行經危險之地。我被雨淋得渾身濕透，在霧中迷失方向。我忍受著最冷的風與最熱的太陽。但我還是能觀察到八百多個村莊的自然環境。」[42]在同一段文字的後面，他又寫道：「有時，即使我仔細觀察特定植物或藥草，仍然有許多我不明白的地方！當這種情況發生時，我通常會回到原處，更仔細地觀察，並四處打聽。然而，有許多事情我依然不明白。」[43]貝原益軒的經驗主義態度迴盪在整個《大和本草》之中：正如我們在櫻木條目所見，他將文本參考、個人觀察和訪問他人而得的證詞相結合。他還熱衷於將動植物物種與它們生長和生活的地區聯繫起來，展現出一種地方性意識，這在中國和日本的同時期博物學家中是很罕見的。

貝原益軒經常反思方法論的問題：「一個人不應盲目地將自己的所見所聞視為真理，僅僅因為與他人意見不一致就排斥他人的說法，也不應固執己見，拒絕承認自己的錯誤。掌握的資訊不充分、過分相信自己的所見所聞、拘泥於自己的詮釋，或輕率作出決定——這四種思維模式都是錯誤的。」[44]

貝原益軒認為，一個人「應該重視廣泛的學習和廣泛的經驗。」對他來說，這兩種認知方法是不可分割的，因為他認為，從書本上累積的知識始終應該伴隨著直接觀察與探究。「對可疑的狀況應保持懷疑態度，」並且「在判斷上始終要保持公正客觀。」學者最重要的任務，是「在做出任何判斷之前，都要徹底調查並認真思考。」[45] 貝原益軒將這種方法發揮到極致，他的方式與大多數同時代學者並不同：「我在聽完鎮民所言以後會採取進一步行動，從最瘋狂的話語中打撈出我能證明的東西，並向地位最低下的人打聽。我願意探究最平凡的日常事務，考慮所有的意見。我會忘記自我，傾聽他人。」[46] 如果學者最重要的使命是充分理解在宇宙（**天地**）中運行的原則（**理**），那麼世上就不會有太低或太卑微的客體。「沒有不值得研究的庸俗事物，」[47] 他如此寫道，因為「宇宙中充滿尚待調查研究的事物。學者的任務是瞭解推動事物運行的原則，一一釋疑，直到毫無疑問為止。這是一個人所能從事的最高尚的活動。沒有什麼比這更能給人類帶來更多快樂了。」[48]

貝原益軒的知識理論始於一種激進的懷疑：「學則疑，疑則問，問則思，思而能悟。」[49] 學者的任務是瞭解宇宙運作的方式。這是一項具有挑戰性的任務，也是人類活動中最「令人愉快的」。其回報是對人性與萬物內在原則的理解。「天地之道常行而不息焉。」[50]「一切事物的運行都遵循一個原則（**理**）。」[51] 這種邏輯是「天地生物之心，人受之以為心，所謂仁也。」「仁者愛之理。」[52]這個原則要求人類「愛天地生物」，反過來，「愛天地生物就是揭露它們的道。」也就是「理」的運作。[53]正如「理」未曾單獨發揮作用，總是取決於植物、動物、岩石與人類的物質化，知識也只有在幫助人類與宇宙和諧相處的情況下才能充分掌握。換句話說，實踐中的知識總是道德的。

儘管《大和本草》明顯倚賴中國的藥典，特別是《本草綱目》，但還是有一些奇特的地方將它與中國的模式區別出來。最值得注意的，是它對日本生態系特質的強調。《大和本草》始終將焦點放在本土物種（它們在當地的用途與特性），這讓它有別於其他當時在日本製作與流傳的、更具普遍性的百科全書或辭典。我們在接下來的章節中將看到，這種對本土物種、本土環境與本土傳統的關注（所謂「本土」係指在藩與國的層次，到十八世紀下半葉也指更大範圍的「國家」層次）是大多數本草學原著的特點，這與其他學科與思想學派的中華本位主義（sinocentrism）如伊藤仁齋、荻生徂徠（一六六六—一七二八）與皆川淇園（一七三四—一八〇七）等形成鮮明對比。與關注倫理學或形上學等更抽象或理論議題的學者不同的是，自然研究迫使專家意識到其研究對象的物質性。例如在我們前面分析的櫻樹條目中，貝原益軒非常熱衷於將日本的櫻花樹種和中國與朝鮮的櫻花樹種區分開來，這不僅在不同用途上，也在它們的形態層面（即中國原始資料中稱為「櫻」的樹開的是紅花，這與日本櫻的淡粉紅花明顯不同）。《大和本草》的許多其他條目也是如此。

《大和本草》的第二個重要特徵在於它對現象的解釋是關係性的，並非出自本質主義（essentialist）或決定論的觀點。貝原益軒並沒有遵循死板的決定論，這種決定論有時與林氏學派的朱熹理學以及其他追尋山崎闇齋的學者有關，他們認為所有現象在理論上都可以被歸結為理與氣這類形上學原則的特定排列。貝原益軒則倚賴強調過程、流程與關係的解釋，而不是事物的本質。這一點甚至在櫻樹條目的簡短引文中也很明顯，他提到在日本，櫻樹比梓樹更適合用作印刷木版，因為櫻樹的木質堅硬且質優，而「櫻木的品質」並不取決於它內在、固定的特質，而是「與土壤狀況有關」：這是櫻樹種子與土壤化學成分之間的關係，種子在土壤中長成有可能用作木材的植物，他也就此評論道，「這無疑是宇宙原則的另一個效果」。貝原益軒對自然現象的解釋具有辯證的特質，這一點在「天地之道常行而不息」這樣的描述中表露無遺。

這第二個特點可能比較接近傳統對貝原益軒的描述，認為他是一個對「氣」的具體性而非「理」的抽象性更感興趣的學者。有些歷史學家甚至將他的理學風格定義為「氣的一元論」（monism of *ki*）。[54] 然而，在我看來，貝原益軒的哲學更接近於黑格爾的「具體普遍性」（concrete universality）概念，而不是諷刺地將他描述成某種英國懷疑論式的經驗主義者。事實上，貝原益軒絕對不是對「理」不感興趣。他並沒有排斥「宇宙萬物之所以如此是因為理的形上學原則在作用」的理學觀點。貝原益軒非常精準地提出論述，認為「所有事物的運行都在遵循一個原則（理）」，正如前面提及《大和本草》的序言所述，「理」存在於「天地生物之心」。「理」是辯證原則的最高典範，它將一切事物與其他事物聯繫在一起，處於持續不斷的變化之中。它只有在事物「運行」的方式中，從自然物體的物質性來理解。對貝原益軒來說，學者別無選擇，只能從具體情況或特定實例中，就每一事物與其他事物相關連的方式來推斷出「理」的邏輯。這並不是說人類對「理」的抽象性沒有直接的理解，而是「理」本身只能存在於行動中，與「氣」的物質能量結合在一起。[55]

貝原益軒的理學原則也融入了他的倫理觀與政治觀。他並不主張僵化的教條主義，或是與山崎闇齋和佐藤直方等同時代人相關的道德禁慾主義（moral asceticism）。他主張的倫理學是因地制宜的（situational）。正如櫻木的硬度取決於櫻樹生長的土壤類型，人類應該按照自己的身分生活，從事能夠實現自己內在潛能的工作。學者的職責在於澄清這種責任，幫助人們實現自己的本性。他的政治、農業、哲學與本草學著作中充滿著倫理承諾，這不僅反映出他的理學訓練，也是他作為藩政府學者所扮演的社會角色的一種表達。換句話說，知識與實踐倫理的不可分割性，既是他擁護理學形上學的結果，也是對他作為公家機關學者的角色認可。事實上，貝原益軒成功實現了林羅山的期望，成為一名積極為政府服務的理學家，和明清時代中國的士大夫一樣。

在貝原益軒的設想中，他的學術成果是他為藩的服務，不過這並不影響他智性事業的價值。被後代視為科學革命開創者的歐洲學者，往往都是為歐洲王公貴族或教會服務。[56] 伽利略更將他於一六一〇年發現的木星衛星作為禮物獻給柯西莫・梅迪奇（Cosimo de Medici）。事實上，諸如「為知識而知識」或「為藝術而藝術」的概念，雖然經常被認為是永恆的真理，實則是現代的歷史產物。[57]

近世歐洲與日本研究自然的學者都用道德改進與自我修養的語言，來看待他們的智力勞動。貝原益軒在《大和俗訓》中總結了這種知識觀：

> 拓展知識的方法，首先要知道五常之道和五種道德關係。我們應該將這個原則擴大到齊家治國之道。接下來，我們應該尋求瞭解所有事物與事務的原則。由於世界萬物都在我們的理解範圍內，我們就應該學習它們的原理。研究原理的方法首先是優先考慮主要的根本，以及近在咫尺的東西，然後才是次要的分支與更遠的東西。我們不應該忘記順序與優先次序。[58]

調查自然是拓展知識的一種方法，進而能完善個人的道德思想與行為。在《大和本草》出版時，自然研究是理學教育的一部分，學者自願去探索自然，或是探討許多關於自然的書籍。然而，他們的社群仍然很小，專業網絡也不發達。在貝原益軒的大作第一版問世的七年後，即德川吉宗成為幕府將軍的一七一六年，這種情況很快就改變了。

萬物的分類：稻生若水與《庶物類纂》的寫作

稻生若水調查日本所有動植物物種的目標，是有好幾個重要先例的。貝原益軒的《大和本草》有志於完整列出日本的所有自然物種。貝原益軒亦曾參與藩主黑田忠之所委託的筑前國自然資源調查，他在一七〇三年出版的《筑前國續風土記》就是調查的成果。[59] 性情張揚的阿部將翁（卒於一七五三年）有時被認為是勘測計畫的靈感來源。[60] 阿部將翁出生於北方陸奧國的盛岡，可能是在一六五〇年左右。他聲稱自己在搭乘商船從盛岡前往大阪的途中遭遇船難後，在中國某地研習醫學與本草學超過十年的時間。然而，沒有任何證據支持這些說法，大多數科學史學家認為，阿部將翁編了這個故事，以證明自己在該領域的權威性。[61] 無論如何，阿部將翁逐漸累積了作為醫生與藥草師的聲譽，他在內海地區收集藥用植物的專長，最終引起了幕府的注意。

阿部將翁對動植物的興趣僅限於其藥用價值。他更重視實用性，而非理論思辨與詞彙研究。他鼓勵藥草師到鄉下實地考察，而不只是研究手冊與百科全書的解釋。他曾在一封寫給幕府高官的信中寫道，[62]

> 請允我冒昧，我在年輕時就開始習醫，多年來研讀了十多本藥物學百科全書，仍有許多東西是我不知道的。我向居住在長崎地區的各種人尋求幫助，透過他們從國外取得並研究了五十五或五十六種不同的藥草……我至今描述的物種還不到一千。但這些都是我親自從其原棲地採集的植物物種，這與西部各國學者毫無根據的文字遊戲是完全不同的。[63]

阿部將翁的批評針對的是京都的本草學者，如稻生若水與他的學生松岡恕庵（一六六九—一七四七）。在今日被認為是日本德川時代博物學家先驅的稻生若水與松岡恕庵，從來沒有像阿部將翁以及後來的丹羽正伯或植村佐平次（即植村政勝，一六九五—一七七七）那樣進行大規模的藥草考察。師徒兩人堅持傳統的儒者實踐，專注於對李時珍《本草綱目》與其他中國百科全書進行文獻學及語意學分析，同時將其外出活動範圍限制在京都郊區。事實上，理學在總體上從未在思辨與經驗立場、理論與實踐知識之間做出明確區分，日本朱子學特別是如此。不同立場的儒者都認同朱熹的形上學信念，即對宇宙、社會與人心的可理解性是基於「理」的邏輯原則，以及它在物質實在中的可瞭解性。對於像佐藤直方這樣偏好安靜內省的學者，以及對於貝原益軒這種在倫理、衛生與教育實踐的辯證法中重新闡述理學思想的學者來說，這的確是事實。有關世界的知識與理解，無論是推測的、冥想的、百科全書式的還是經驗主義的模式，總是以道德教育或政治引導的形式轉化為實際行動。

稻生宣義（即稻生若水）出生在服膺於淀藩永井氏的醫生暨理學世家。[64] 他的父親是位名醫，與首都學術圈有很好的關係，讓稻生若水得以在當時最優秀學者的門下學習。[65] 稻生若水先後在木下順庵與伊藤仁齋門下學習理學，隨父親習醫，也在福山德潤門下學習本草學（福山德潤是十七世紀下半葉活躍於長崎的中國藥物學者）。根據稻生若水的學生在老師過世後寫的傳記，稻生若水很早就表現出對自然世界的強烈興趣。[66]

一六九三年，二十八歲的稻生若水進入加賀藩主前田綱紀（一六四三—一七二四）的麾下，前田綱紀為他提供一筆津貼，但允許他繼續在京都生活、學習和教學。前田綱紀是位積極的地區統治者，為他廣闊的領地帶來了經濟與文化上的重大發展。前田綱紀自認為是業餘學者，也是非常多學者與藝術家的贊助人。他為藩地圖書館收集了大量文獻，並資助手冊與百科全書的出版。前田綱紀與首都的各個文化圈維持著良好的關係，而且慷慨贊助能劇劇團和文人畫藝術家，這是他在同儕之間的地位標誌，讓他獲得幕府將軍德川綱吉（一六四六—一七〇九）的青睞。在前田綱紀聘請稻生若水一年後，前田綱紀收到稻生若水的來信，這位年輕熱情的學者懇求前田綱紀在書籍與財務上提供支持，此舉讓前田綱紀留下了深刻的印象。作為回報，稻生若水承諾將盡一切努力來改革日本的自然研究。他雄心勃勃的計畫是編纂一部包羅萬象的百科全書，納入世界上所有的礦物、植物與動物物種，這部偉大的作品將迫使中國與朝鮮學者反過來向日本購買。[67]

稻生若水於一七一五年過世。當時他尚未完成他的計畫，不過已經用中文完成了一部三百六十二卷（涉及一千一百八十個物種）巨作的手稿，並將之名為《庶物類纂》。這部百科全書旨在為日本帶來榮耀，成為全亞洲最偉大的學術成就。這無疑是日本有史以來最具野心的百科全書計畫，不過稻生若水從來就是雄心勃勃、相當自負的一個人。在前面提到的那封信中曾有一段話，他表示「中文原始資料中描述的（動植物）物種，約有一千兩百種也出現在日本，除了我自己，我想不出還有誰真正掌握了關於這些物種的知識。」[68]

稻生若水的計畫旨在為他從一百七十四部中文百科全書中收集有關礦物、植物與動物的資訊，提供精準與確定的系統化。他意圖糾正這些百科全書的錯誤，解決因同義詞、地區名稱以及歷史與地理差異而產生的歧異。在最初的計畫中，稻生若水想將世界上所有的生物分成二十六屬。在他的概述中，第一組一千卷是關於曾記錄在中文原始資料的礦物、植物與動物物種名稱，另一組一千卷則是有關日本本土的礦物、植物與動物名稱。他打算按語音順序來記錄日本組，因為根本不可能找到與它們相對應的中國物種。稻生若水拒絕按照他主要取自《本草綱目》的分類法替日本的動植物名稱分類。對他來說，這顯示只有中文才能表達自然界的順序，或者更實際地說，他只能對中文的動植物名稱進行權威性分類，因為他掌握的原始資料可以追溯到神農的時期。

他的作品據說會「詳盡到不再需要查閱其他文本來尋找有關世界上任何事物的資訊。」[69]因此，稻生若水打算改正現存所有百科全書的另一個誤導性傾向：「大多數藥物學百科全書都不會納入沒有任何藥理作用的東西，這是常見的現象。此外，這些百科全書的編寫也只是為了迎合醫療實踐的需求。它們並不包括任何有關物種過去的不同名稱的討論，也不會探討新引進的物種。」[70]換句話說，《庶物類纂》號稱要成為東亞第一部無所不包的自然史百科全書。

稻生若水試圖將世界上所有的事物（**庶物**）分成二十六類（**屬**），這大致是按照李時珍《本草綱目》的理論配置與理學的邏輯依據。這二十六類分別為：⑴藥草類（**草**、一百卷）、⑵花卉類（**花**、八十卷）、⑶魚類（**鱗**、十五卷）、⑷貝類（**介**、十五卷）、⑸有羽毛的動物類（**羽**、二十卷）、(6)有毛的動物類（**毛**、二十五卷）、(7)水類（**水**、四十三卷）、(8)火類（**火**、二十三卷）、(9)土壤類（**土**、十卷）、(10)石頭類（**石**、七十二卷）、(11)金屬類（**金**、三十九卷）、(12)珠寶類（**玉**、二十五卷）、(13)竹類（**竹**，三十六卷）、(14)農作物類（**穀**、三十九卷）、(15)豆類（**菽**、十一卷）、(16)可食用的草類（**蔬**、一百六十六卷）、(17)海藻類（**海菜**、六卷）、(18)淡水水草類（**水菜**、七卷）、(19)菇類（**菌**，十卷）、(20)西瓜類（**蓏**、八卷）、(21)酵母類（**造釀**、二十卷）、(22)昆蟲類（**蟲**、九十五卷）、(23)樹類（**木**、五十卷）、(24)蛇類（**蛇**）、(25)果實類（**果**、五十五卷），以及(26)香料類（**味**、二卷）。

在每個條目中，稻生若水都為物種名稱與該物種在經典資料中的用途，提供了詳盡的文獻學分析。對動植物的形態描述被減少到最低限度，與早期《本草綱目》或《大和本草》中的描述並沒有太大區別。稻生若水關注的是「名稱」而非「事物」，這與他所採用的學術模式的模範有密切關係。在儒家經典的記載中，對活體動植物的觀察與對它們的語言論述並不是分開的。事實上，觀察充其量只能作為辭典研究的補充。因此，稻生若水之所以專注於詞彙分析，並非為了詞彙分析本身，而是因為藉由系統化的詞彙，以及檢索它們在真實世界如何排序的這種原始基礎功能，他可以進而調和人類與自然之間的適當關係，而不需要借助於朱熹抽象的形上學邏輯。

稻生若水的作品之所以將文本分析與文獻學分析放在首要位置，可能是他在伊藤仁齋門下所受訓練的影響。伊藤仁齋對詞語的系統研究很感興趣，其學術活動主要是藉由準確的文獻學分析，重新找到儒家經典中詞語的原始意涵。仔細比較稻生若水的《庶物類纂》和伊藤仁齋的《語孟字義》（一七〇五年出版），就可以發現這些方法學上的相似處。[71] 伊藤仁齋致力解構無數代學者堆砌在《論語》和《孟子》這兩部儒家經典上的層層含義，我們可以將他的操作方式比喻為刮掉層層結構（palimpsest），以重新找到原始的底層文本。[72] 伊藤仁齋相信，時間給這兩部偉大經典的文辭注入了額外的意義與內涵，而這些意義與內涵原先可能會誤導那時期的學者。將數百年來注釋所累積的虛假意義刮除的作法，旨在復原孔子與孟子最初的倫理信息。

同樣地，稻生若水的成就主要是藉由解構疊加的含義，為名稱與事物本身提供更清晰的秩序，以此對中國藥物學經典中的礦物、植物與動物重新進行系統化。乍看之下，伊藤仁齋與稻生若水的作品都可以被歸類為詞典學專著。事實上，這兩部作品在知識論的基礎中，都存在著一種期望詞語和事物之間可建立牢固聯繫的信念。這種信念也是朱熹理學的一個特點，主張「理」的原則在所有現象（自然與語言）中的普遍性。然而，稻生若水所提出的不僅僅是要固守朱熹學說的抽象範疇。就像他的老師伊藤仁齋一樣，稻生若水並不希望像其他的理學學者那樣，將詞語和事物強行納入一套先驗的對應目錄；而且與貝原益軒不同的是，他的方法並非來自於朱熹的形上學論述（儘管是以「氣」的具體普遍性為中心）。相反地，稻生若水尋找的是一種用語言來詮釋自然界的方法，這種方法的表達既不生硬抽象，還能成為人類經驗的有效引導。[73]換句話說，稻生若水想透過具體現象而非形上學概念來理解世界自然順序的意圖，完美闡述了歷史學家所謂部分日本理學學者的「一元論」。[74]

根據這個解釋，日本學者——和中國學者相反——認為「氣」比「理」重要，這是因為原則（**理**）只有在實體中被物質化的狀況下才能被感知。[75]正如我們所見，貝原益軒是這種趨勢的早期代表。伊藤仁齋否定了朱熹以宇宙化約論（cosmological reductionism）為基礎的「規範主義」（normativism），希望建立一種倫理論述，重新找到「從平日的努力所產生的是非對錯之感」。[76]正如他在《牛山之木全章講義》所言，「是非之心只有在接觸事物以後才可見。在一個人與事物接觸之前，如何能瞥見（是非之心）呢？」[77]道德行為不只是死板地固守教條，而是需要在孔子與孟子教誨的基礎上解決生活中的具體困境，如此日復一日建構而來。[78]同樣地，稻生若水希望寫出一本關於自然界的全面指南，藉此讓人類能與事物接觸，並以有益且符合道德的方式利用之。相對於朱熹對詞物同一性的先驗信念（因為「理」的形上學作用構成了詞與物），稻生若水琢磨著為一種專業語言賦予秩序與精確性，憑藉著這種語言，就可以在語言本身的「原始」秩序功能上建構出對自然世界有條不紊的精確理解——在伊藤仁齋與稻生若水眼中，語言是人類與自然世界之間的接合點。正如稻生若水在《採藥獨斷》所言：

> 每當我在典籍工作中有空時，我喜歡研究鳥類、野獸、藥草與樹木的特質，瞭解它們為何在天上飛或為何在地面潛伏，還有它們的行動方式或生長方式。為了這個目的，我攀登陡峭山峰，進入深谷和荒地。我在樹林與山谷中採集（按：標本），觀察它們最細微之處。對於那些我未曾造訪過的偏遠地區，如果我遇到一個曾去過的人，那麼我會採訪他的見聞，以使感受該地樹木與藥草所具有的特質。[79]

「攀登陡峭山峰，進入深谷」是一種隱喻，因為我們從稻生若水的傳記中得知，他一生都在京都、金澤與長崎等城市度過，未曾組織過像是阿部將翁、丹羽正伯或植村佐平次等人那種具規模的藥草考察。稻生若水對於整理來自中國與朝鮮的大量新資訊很感興趣，但他並沒有把自己的工作設想為一項理論性或投機性的事業，也沒打算編寫一部可供大眾使用的百科全書（如貝原益軒的作品與中村惕齋的《訓蒙圖彙》）或實用藥典。稻生若水的研究動機是出於對真實世界的一種不同的、具體的關注：一種對世界現象如何呈現給我們的全新認識，因為對這個世界來說，除非伴隨著系統化這些名稱對物質的指涉，否則名稱的排序並沒有任何意義。然而在稻生若水的作品中，這只能透過回歸到創始的時刻、回歸到對物質實在命名的原始操作來實現，而只有藉著對古籍的文獻學鑽研，學者才能重新找回這種命名操作的意涵。

從十七世紀下半葉一直到十八世紀上半葉，來自不同領域的一些學者都對理學宏觀與微觀世界的先驗化約論（a priori reductionism）提出類似的批判。在醫學研究領域，這種批判所採取的形式，是批評深受朱熹系統所影響的後世派方法；最後這個批評的立場造成執業醫師分成兩個對立的陣線。這場運動被稱為古方派運動，對本草學的發展產生了深遠的影響。後世派是由幕府贊助的主流醫學學派，以朱熹的宇宙觀為基礎。[80] 這個學派的醫生利用一系列非常詳細的圖表來紀錄陰陽五行與食物、器官和疾病的對應關係。此外，他們會以這些圖表為基礎開出藥方。到了十七世紀下半葉，後世派受到另一股新的醫學思想與實踐潮流所批評。追隨這股新醫學思潮的人，刻意採用與後世派醫生不同的服裝和髮型（後世派醫生通常剃光頭）；這些古方派的追隨者穿著如同一般常見的武士，並呼籲回歸到古代醫學經典的精神與方法。[81] 正如杉本正慶與史溫所解釋的，「（按：古方派的）倡導者並沒有完全否定人體和宇宙間廣泛基本的對應假設，甚至也不排斥用陰陽五行的概念來描述身體功能……他們所反對的……是以更著重於形上學對稱性和功能作為基礎來建構——而不是從可觀察（但很少被觀察到）的物理結構和行動著手——的概略，以及以片面的方式從這種精心設計的抽象理論所得出的治療重點。」[82]

古方派是在十七世紀由名古屋玄醫（一六二八—一六九六）在日本發起的。名古屋玄醫強調實際觀察每個病人的症狀、對特定治療的反應，以及疾病感染細節等方面的重要性。他開出的治療方案旨在重新建立人體中的最佳氣循環——在日文中，所謂的「元氣」，直白地說就是「恢復人體的氣」。根據他的說法，每個人因為個人所特有的氣，會以不同的方式感染一種疾病，因此治療方案必須量身訂做，療效也需要分開來評估。

古方派的建立不僅是醫學實踐的一個重要轉折點，也是學術方法論的一個重要轉折點。古方派的探索方式對伊藤仁齋、荻生徂徠等學者的影響是難以忽視的。石田一良（Ichirō Ishida）認為，像伊藤仁齋與本居宣長這樣的學者，他們本身就是認可並採用古醫方的醫生，應該被認為是得益於名古屋玄醫的醫學論文，但是他的說法仍然有待更深入的研究。[83] 伊藤仁齋與荻生徂徠摒棄了朱熹的先驗形上學，主張透過仔細的文獻學研究回歸儒家經典的本義。[84] 本居宣長在為了重新找回日本原始精神的時候，也試圖將類似的文獻學方法運用在日本經典文學的研究上。[85] 醫學方法論成了發展這種新知識論的比喻性工具，伊藤仁齋與本居宣長也經常採用這種方法，舉例來說，他們把理學比喻為一種需要治療的疾病。

在本草學的領域中，這種方法論的轉變意味著，正如每個病人都必須被單獨治療一樣，每個現象與標本也必須被單獨分析。正如每個病人都以獨特的方式染病、對治療有不同的反應一樣，自然現象的發生也是單一的、獨特的。不僅微觀世界與宏觀世界的共生關係被破壞了，本應左右這種共生關係的規則也不再被接受。這與伽利略時代的歐洲發生的情況類似，人們開始認為自然之書擁有自己的語言，不再局限於拉丁文或中文。

稻生若水可能是透過他的老師伊藤仁齋或其他活躍於京都的醫生和本草學者，接觸到名古屋玄醫的醫學實踐經驗主義方法學。其中，後藤艮山（一六五九—一七三三）、香川修庵（一六八三—一七五五）、山脇東洋（一七〇五—一七六二）與吉益東洞（一七〇二—一七七三）等人都是古方派堅定且直言不諱的支持者。[86] 香川修庵在《一本堂藥選》中記錄了他對藥草藥性的觀察，而且這些觀察往往與中文藥物學百科全書的既定假設相矛盾。吉益東洞既是醫師也是本草學者，他最強調觀察與實驗藥草和動物物質的重要性。他認為，「醫學的任務是為人治病。將時間花在無用且不必要的討論上，只會阻礙這簡單的真理。如果連一個病人都治不好，又怎麼稱得上是醫生？正因為如此，行醫者必須實踐並磨練他們的實踐知識。」[87] 吉益東洞在致力「為醫學而藥」的《藥徵》（一七八四年出版）中提出了一些方法陳述，更證實了他的經驗主義態度。他的陳述是這樣的：「我只有在親自試驗一種藥物後，才會使用它。」還有「一種治療方式只成功一次是不夠的：至少要成功三次，才能被定義為成功的治療方法。」[88]

稻生若水的這個重要計畫是以文本權威為基礎，並以理學辭典編纂的風格來組織。然而，理解它的脈絡應該是，人們愈來愈意識到，現象實在再也無法被簡化成朱熹思想的先驗概略。在稻生若水去世時，他已完成計畫一千卷中的三百六十二卷，描述了大約一千一百八十種魚類、貝類、有羽毛和有毛的動物，以及會結果實的樹木。相較於他所使用的中文原始資料，他的主要成就涉及魚類與貝類的分類，在其中增加了大量的本地物種。上野益三（Masuzō Ueno）評論道：「《庶物類纂》在自然史方面的價值與《大和本草》並沒有太大的差別。除了其概念的廣泛性以外，在物種分類與分析處理上很難發現任何新意。然而，它最大的優點在於它成功將大量原始資料系統化並加以排序，形成一個具有內部一致性組織的資料體。」[89]

稻生若水與貝原益軒都在以一種原創的方式發展本草學這門學科。他們都提出能幫助學者管理資訊的類似解決方案，但兩人的想法各有特色。貝原益軒開發了一本手冊，其基礎是選自《本草綱目》的知識體系，並輔以個人的田野調查和他從其他學者、農民、漁民和旅者處收集到的資訊。他的手冊的主要是為了要對其服務族群具有實用性，但它仍然是在「格物致知」的理學知識論框架中被構思的——所謂「格物致知」即對事物的調查，目的在於發現宇宙的規律，也就是「氣」的具體普遍性，這些規律對貝原益軒來說既有認知價值也有道德價值。稻生若水的目的在於透過對整個中國典籍進行詳盡的文獻學分析與詞典編纂分析，將龐大且有時並不一致的資訊理出順序。這樣做是為了建立一個可靠的語言與分類系統，讓未來的博物學家能準確辨識物種，不至於陷入名稱與詞語可能造成的混淆。換句話說，貝原益軒與稻生若水都認為自己的作品可以滿足實際需求，儘管他們在方法、風格與目的上確實存在著差異。

第三部份

盤點登錄資源：

一七一六年至一七三六年

INVENTORYING RESOURCES: 1716-36

每一種知識的累積，尤其是藉由與我們行使統治權的人進行社會交流而獲得的知識……對國家都是有益的。

——黑斯廷斯（Warren Hastings）寫給史密斯（N. Smith）的信

一六九六年，專授朱子學的林家私人學園，其校長林信篤（號鳳岡，一六四四—一七三二）獲得幕府撥款，將私人學園遷至江戶湯島區。能將私人學園搬到更大更好、位於今日御茶之水車站附近一條水道旁的位置，也標誌這個改名為昌平黌的學校，正式成為培訓幕府官僚的官方學院。在林鳳岡的領導下，學校教師與學生被允許摒棄德川家康任內所強加的，穿僧袍剃光頭的習俗，這象徵著儒者已經獲得社會所認可的獨特身分。

如果說京都與大阪（**上方**）的都會區在整個十七世紀到十八世紀初一直是文化生產的重心，那麼學者所形成的網絡，在日本其他城市也應當很活躍。[1] 每個網絡都以一個由學者組成的內部圈子為中心，這些學者具有類似的傾向與興趣。他們之中有很大一部分是開業醫生（**町医者**），由於醫生作為專業在十六世紀初期被確立，這也讓他們有了穩定的收入。在整個德川時期，學者的活動大多以這樣的模式反覆出現，尤其是那些沒有進入藩主麾下服務的學者，例如貝原益軒。其中有些人成功出版的自己的作品，但當他們無法指望外部贊助時，通常也會自己支付印刷費用。他們的活動包括公開演講、參訪其他學校，以及與說書人、算命師、和歌歌者、伶人和街頭藝人等一起表演（圖III・1）。在這個意義上，他們遵循了自一個多世紀前藤原惺窩與林羅山時代就已經存在的傳統。

成功的學者能夠獲得一個或多個贊助人的財務支援，籌到足夠資金來開設自己的私人學園

（私塾），這類贊助大多來自富商或高階武士。這些機構透過一種祕傳系統向學子教授創校大師的思想，這種教學方式與工匠和藝術作坊的情況很類似。[2] 知識專長的專業化在某種意義上將文化轉化為各種工匠手藝，模糊了知識與體力勞動的界線。

在十七世紀，本草學在質與量上都有穩定的成長。光是十七世紀，與本草學有關的新文本就超過四百，甚至有更多文本從中國與朝鮮引進。[3] 這些文本中對動植物的深入調查與仔細描述，讓現代學者認為本草學在當時已經贏得作為一門學科的地位。[4] 然而在十八世紀初，仍然沒有任何本草學者將自己的專業定義為本草學，也沒有人承認本草學是自然研究的一個獨立領域。在十七世紀的日本，自然研究被認為是醫生藥理培訓的一部分，對某些學者來說，是透過「格物」對自我道德修養的經驗補充。詞典與百科全書中有很大一部分是關於藥草、樹木與動物。對花卉與動物的美學描繪，無論是私人收藏的稀有標本或是高階武士與富有平民的華麗花園，在質與量都有所提升。然而，當貝原益軒在一七〇九年出版《大和本草》時，本草學還未被視為一個獨立的研究領域。

這並不是說，自然知識比其他領域更不受重視。情況正好相反，如前幾章所示，百科全書的需求量很大。《本草綱目》與《大和本草》仍然是培訓醫生的兩本基本教科書。像《訓蒙圖彙》與《和漢三才圖會》等極受歡迎的百科全書，都會定期再版與更新。這些書籍和其他套書往往都有豐富的插圖，都屬於中國明、清兩代流行的插圖手冊或圖畫辭典類別，被稱為「日用類書」。雖然無法與學術性更強的《本草綱目》相提並論，它們確實具有一個共同的關注點，即把知識整理成一個有層次的分類體系（中國知識分類體系）。[5]

一七一六年，即貝原益軒過世後兩年，紀伊藩藩主德川吉宗成為第八任德川幕府將軍。他的統治為近世日本的自然研究帶來了十分重要的改變。在他的統治下，幕府資助了一些學者，如阿部將翁、野呂元丈（一六九三—一七六一）、植村佐平次、青木昆陽（一六九八—一七六九）、丹羽正伯與田村藍水等人，作為一個大規模改革計劃的合作者與執行者，這個計畫旨在重組幕府對土地的控制，解決前朝元祿時期（一六八八年至一七〇四年）經濟泡沫後出現的財政與農業困境。德川吉宗的規

圖III · 1　公開講授日本經典《徒然草》的情景，取自靜觀房好阿《當世下手談義》，一七五二年出版於江戶。東京：早稻田大學。

劃讓這些學者參與了三個主要計畫：其一是對日本所有動植物物種進行全面調查，其二是在饑荒時期將農業技術應用於替代性抗蟲作物與蔬菜的種植，其三是建立一個國家贊助的藥園，以滿足國內對藥物的需求並讓日本結束對中國與朝鮮進口的依賴。此外，藉由放鬆幕府對西方書籍進口的控制，德川吉宗也擴大了本草學者對歐洲商品、資訊與文本的接觸。

透過幕府的財務與政治支持，本草學這門學科獲得了足夠的機構權威與財務支援，得以維持一個專家社群。由於自然史與經濟生活和國家繁榮之間的關聯，本草學從事者與動植物研究都獲得了文化價值。政府的支持與贊助讓本草學家成為幕府官員、和藥改會所，或後來醫學館的僱員。到十八世紀末，國家資助的博物學家與業餘博物學家之間的分野已經形成，這進一步促成了一個獨立存在的自然研究領域。

十八世紀中期，幕府對自然研究的贊助，對本草學從事者在社會構成的演變中，扮演了重要的角色；這個角色即是將動植物研究從普通學者和醫生的附屬追求，轉變為一個獨立的專業學科。德川吉宗異常積極地統治，在很大程度上促成了這個演變。這對學者研究、理解、操縱與解釋自然的方式產生了重要的影響。在調查德川吉宗對幕府經濟政治與學術界的影響（第六章）之後，第七章將會討論到，旨在收集、描述與登錄所有在日本群島生長與生活的動植物物種的大型勘測計畫中，幕府對此做了什麼樣的贊助。

6

德川吉宗與十八世紀日本的自然研究

Tokugawa Yoshimune and the Study of Nature in Eighteenth-Century

一位積極的統治者

一七一六年，當年三十六歲的德川吉宗被任命為幕府將軍時，他發現自己雖能號令德川政權，卻與控制著江戶政府的評議官僚（**老中**）派閥毫無聯繫。自一七〇五年成為地方藩主（**大名**）統治紀伊藩的德川吉宗，是個有魄力且有經驗的領導人，他藉著在關鍵職位上安插親信，避開詭計多端的資深官員的干涉，很快就確保了他對江戶政府的控制。[1] 在統治的二十九年間，德川吉宗採取了一種現實政治（realpolitik），即把具體措施置於意識形態考量之上，並透過一群被放在戰略職位的親信所組成的網絡來進行統治。康拉德．托特曼（Conrad Totman）在把德川吉宗的政策與早期幕府將軍的政策進行比較時表示，「德川綱吉堅持的政策好歹都是基於堅定的意識形態，而德川吉宗則會根據情況快速調整。」[2]

德川吉宗強勢的統治方式與前幾任幕府將軍大相徑庭，

在他之前的幕府將軍傾向於將權力分配給合議機構(分別為資深與資淺評議官的**老中**與**若年寄**),也將權力分散到由旗本(日本武士的一種身分)、地方官(**代官**)、監察與管理官吏(**奉行**),以及藩主組成的地方行政機構,而德川吉宗的統治方式則對德川政府系統的複雜結構產生了驚人的影響。在很大程度上維持封建結構的同時,他也專注於各種形式的政法高壓控制,這主要是藉由擴大幕府對自治藩地的影響力與法律管轄,並強化其組織經濟的角色。在德川吉宗統治時期,幕府加強了對藩主的控制。德川吉宗的前任德川家繼因年幼繼位而導致大權旁落至江戶強大的老中派系,為了規避這些權臣,德川吉宗捨棄了前幾任幕府將軍採用的合議制,即幕府將軍與評議官在決策過程中的合作,而是倚賴他從紀伊藩帶來的合作者作為他的特別探員(**御用取次**)。他任命他們作為他的代理人(**奉行**),靠他們來執行他的政策。他還獎勵與他有個人友誼關係的直接家臣(**旗本**)和附屬家臣(**譜代**),經常將重要外交職責託付給他們。[3] 簡言之,德川吉宗建立了一個以能者為支柱的政府,而這些能人則因個人忠誠關係,與德川吉宗緊緊聯繫在一起。

德川吉宗的行政系統與德川綱吉對中國帝制形式禮儀的崇尚完全不同,他必須面對前任遺留的諸多問題:貨幣貶值、通貨膨脹、農糧短缺,以及與中國的貿易逆差。德川吉宗在忠誠家臣的幫助下,積極解決這些難題。他主張嚴格控制金融政策與貨幣主義,並積極對各藩政策下指令，透過直接受命於他的監察員（**目付**）和間諜（**庭番**）所構成的複雜網絡來控制各藩主的行動。[4] 他提高各藩的租稅負擔，以資助農業發展和公共工程，並且透過批發商業組織的系統化，以擴大幕府對商人的控制。這些商業組織被稱為「**株仲間**」，它們以特許貿易協會的形式成為法律許可的寡頭壟斷，授與工匠與商人團體對特定商品的商業壟斷。[5]

與歷代德川幕府將軍相比，德川吉宗政府對教育的重視與資助尤甚。他增加了鄉學校的數量，並授與私人學園在紀律上的自主權。[6] 他提高了國家對林家私塾，即昌平黌的資助，並擴大國家對菅野兼山（一六五二－一七一九）的會輔堂與中井甃庵（一六九三－一七五八）的懷德堂（商人的學園）的贊助。[7] 德川吉宗放寬了對西方書籍的禁令，「以讓人們更容易接觸到有關占星術與日曆製作的書籍，以及有用的知識。」[8]

然而，在農業技術、管理與革新的領域，德川吉宗的改革措施才是真正被證實是最有力的。他頒布了新的鄉村社會規章，提出解決土地糾紛的新方法。他還實施了一連串人口普查與產品調查，推廣技術革新，鼓勵種植甘蔗與地瓜等新作物。這些政策都是為了幫助農村人口預防或處理作物歉收造成的饑荒，尤其是在一七三二年至一七三五年間的農村危機之後。[9] 德川吉宗與本草學專家的合作，正是在農業改革的層面上。[10]

正如托特曼的評論，「德川吉宗是個『事必躬親』的統治者，他將有效的行政管理視為善治的核心。」[11] 歷史學家在描述他的統治時，經常會用到有關政治實在論（political realism）、現實政治與國家對經濟的控制等術語。[12] 他們的描述凸顯出德川吉宗在設計政治措施，並以此因應所面臨突發事件的能力。[13] 這種政治實在論在他的農業與財政政策中非常明顯，而這兩種政策都對近世日本的自然史造成了影響。[14]

德川吉宗的政治經濟

從經濟發展的角度來看，德川吉宗掌權時所爆發的矛盾，為理解近世日本的社會經濟動態提供了一個有趣的視角。德川幕府自建立以來，就表現出封建社會典型的權力分配與「政治與經濟的有機整體」。[15] 統治精英的主要財富來源是對農業生產徵稅，藉由德川國家機器的軍事、法律與政治高壓來執行。為了確保剩餘作物的不斷流動，幕府制定了一個「**本百姓**」制度，將所有可耕地劃分為獨立農民所有者的小塊土地，讓武士（當權者）更容易控制，按平均年產量壓榨稅收。將農民組織成小地主家庭單位的作法可以回溯到十六世紀末豐臣秀吉的農業改革，這種作法在德川時期以一系列修法如禁制土地買賣（**田畑永代売買禁止令**，一六四三年）、禁止土地分割（**分地制限令**，一六七三年）、嚴格規範農民生活方式（**慶安触書**，一六四九年）等方式來進一步鞏固。[16] 由於每個農民地主（**本百姓**）家庭都會獲得一塊足以幫助他們維持生計和繁衍後代的土地，中央與地方政府都組織了大規模的土地開墾運動，以滿足人口穩定成長對肥沃土地的需求。農藝方面的進展（如輪作）與更有效的肥料，都增進了農業生產。地方行政官（**代官**與**郡代**）組織各區稅收剩餘的抽取，但村長（**庄屋**）負責每年收取稅收，這在村裡造成社會分化與階級衝突。此外，開墾土地的工作，需要向已經被壓榨的農民地主課徵額外的密集徭役。由此產生的衝突在德川時期的前半期不時出現（通常以代表訴訟〔**代表越訴**〕的形式出現，而比較少是農民暴動〔**惣百姓一揆**〕），導致「稅收額下降，或至少產生波動。」[17] 這同時也啟動了農民人口在農民地主和前地主之間的社會分化過程，這些前地主被迫祕密出售土地並成為佃農（**水吞百姓**），以履行其財政與徭役義務，同時償還向富裕的放債農民（**豪農**）借貸而累積的債務，或僅僅為了生存，轉變為不斷擴大的佃農與僱傭勞動人口。

德川當局還積極推動商業活動的擴大與貨幣經濟的採用，支持經濟與政體的逐步分離，這最終將「侵蝕整個幕府制度的基礎」。[18] 日本經濟生活的商業化與貨幣化是兩種發展造成的結果，其一是因為中世紀城下町發展成大型都會中心，對農村物資有持續性需求，其二是因為地方當局（**大名**）必須面對的開支，如維護道路、船隻、橋梁與碼頭以促進快速通信的需求（如一六三五年《武家諸法度》增訂條款的要求），也是為了組織每年到江戶的參勤交代。幕府與藩試圖藉由向批發商發放特定經濟作物的貿易壟斷權，以換取「感謝費」（**冥加金**）的作法，也在最大程度上控制了商業。這一部分是因為他們希望擴大對自己領地內某些特定產品的控制，將它們轉變成買方獨占商品，並確保現金源源不斷地流入藩地庫房。然而，考慮到米跟其他經濟作物以及貨幣之間的轉換，是由幕府授權的批發商所控制，不受武士干涉，統治精英發現自己愈來愈窮，因此被迫從農民身上榨取更多稅收，而這種動態反過來又加速了農民人口的分層。

肥料與農業技術（輪作、選種、使用效率更高的機器）的改良維持著經濟成長，限制了武士貧困化的影響，至少在元祿時期（一六八八年至一七〇三年）確實如此。大阪、京都與江戶等大型都會中心不斷擴張，居民對商品的需求持續增加，這個現象導致國內貿易膨脹，其規模和速度甚至讓「武士對商業的控制開始消失」。[19] 一六九七年，堂島米市場的設置加速了市場的自主性，與來自武士菁英政治強制控制下的「經濟因素」。[20] 自一七一〇年開始流通的紙幣，以及針對未來農產收成（**延べ米**）[21]之新興投資形式的發展，對商品價格（包括稅米的交換價值）產生了不穩定的影響，造成價格波動，也導致貨幣突然貶值與通貨膨脹的局面。這些發展對於幕府與藩的財政平衡都造成了災難性的影響，迫使政府提高稅收與感謝費，而且在享保時代（一七一六年至一七三五年）的農業危機以後，政府愈形倚賴從放債商人與豪農的借款，來支付家臣薪餉與籌措藩地開支所需。

就任幕府將軍之後，德川吉宗不得不面對的第一個重大問題是改革他從前任那裡繼承的貨幣制度。四十年前，德川綱吉開始了一項貶值政策，目的在於從金銀貨幣的大量鑄造獲取利潤。長遠來看，這個措施給經濟帶來了災難性的後果。通貨膨脹與貿易體系的突然崩潰（停滯性通貨膨脹的一種早期現代形式）是貨幣貶值的直接結果，但就短期來看，由於擴大與中國藥材與奢侈品的貿易，加上對貨幣的需求不斷增加，導致幕府的貶值政策以及德川綱吉繼任者持續採取不負責任的政策。[22] 商業化與貨幣化讓日本社會對貨幣的需求量愈來愈大，再加上日本金銀礦量突然減少，以及日中與日荷貿易讓貨幣不斷外流，都使金銀的價值無法穩定下來，也因而無法控制通貨膨脹。

理學家暨幕府官員新井白石堅決反對荻原重秀（一六五八—一七一三），即德川綱吉時代負責貶值政策的官員。[23] 新井白石主張穩定貨幣，加強幕府對進口的控制以減少損失。他援用理學信條，強調採取政治措施不應該是為了幕府的利益，而是為了整個國家的福祉。透過他的論證，他說服了幕府將軍德川家宣（一六六二—一七一二）從幕府國庫中撥出十三萬貫目，用來讓貨幣價值恢復到荻原時代之前的水準。對本草學的未來有重大意義的是，新井白石建議，控制進口以及控制貨幣從長崎流失的最佳方法，是提高進口商品的農業生產，例如生絲、人參之類的藥用產品，以及甘蔗等。對這些商品的進口量進行限制的同時，還提出放鬆對中國書籍進口的限制，特別是促進國內生產所必須的實用手冊與百科全書。新井白石的改革計劃被稱為「正德新例」，即正德時代（一七一一年至一七一六年）的新法規，且他遭受到大多數仍致力於荻原貶值計畫的資深評議官強烈反對。然而，他的努力最終引起德川吉宗的注意，儘管德川吉宗對於新井白石作為前幾任幕府顧問的角色感到不滿，而且對於新井白石作為傑出理學家的聲譽並不感興趣。[24]

植物園、人參與地瓜：德川吉宗對本草學的贊助

德川吉宗最終批准了新井白石的提議，開始了大規模的農業改革計畫。[25] 一七一七年，吉宗就任幕府將軍僅一年後，他就下令擴大小石川的幕府藥園，以積極擴張國內人參生產為目的。他的新措施一直到一七一九年才開始，當時對馬地區的藩主宗氏（幕府與朝鮮王朝的官方調解人）繪製了高麗參（學名*Panax ginseng*）的圖，並提供了關於這種植物的詳盡資訊和栽植方法。人參計畫的幕府監督官員是幕府將軍御醫林良喜（一六九五－一七二二）。根據今村鞆（Tomo Imamura）的說法，林良喜祕密與宗氏合作，試圖從朝鮮半島走私人參種苗到日本，而這是被朝鮮當局禁止的，違法者可判處死刑。[26]

德川吉宗對全國藥材生產的推動集中在兩個互相關聯的計畫上：在幕府監督的藥園種植人參與其他藥材，以及對日本群島上動植物產品進行從小到大規模的勘查。業餘本草學者暨專業間諜植村佐平次與其他幾位醫生和藥劑師一起，直接參與調查計畫。該計劃包括前往不同地區收集藥草的長途旅行、研究不同藥材的特性與種植方法，以及將新獲得的知識正式寫入手冊。這些都由幕府贊助，而且往往是由德川吉宗本人密切監督。

德川吉宗贊助的藥草考察與調查導致了藥園的建立。在這些藥園中，幕府醫生以藥草和樹木進行種植與雜交實驗。日本群島各地成立了一座座的植物園與藥園，要嘛是幕府贊助的原官方機構，如駒場和小石川的藥園，要嘛是由渴望獲得吉宗青睞的藩主贊助。藥園與植物園的管理者互相競爭，期盼能成功種出來自中國或日本群島最偏遠地區的稀有藥草。這些藥園當然不是「烏托邦花園」——如巴黎皇家藥用植物園那樣有行為準則與自我表現準則來界定的空間，並旨在維護學者社群與互助會。[27] 然而，它們確實代表了一種空間上的實現，而這種實現則是透過知識論上的秩序，將自然以《本草綱目》的架構進行模式化。這些藥園是本草學理論與描述的實際應用場所，具體重現了一個不甚嚴謹的、理學意義上的「自然秩序」。它們也成了實際檢驗理論知識的地方，但有時也會在種植作物的過程中，否定一些理論知識，例如奮力種植甘蔗、地瓜、人參，或其他珍稀藥材等可能保護國家免受饑荒、作物歉收與銀幣流失的影響。就這個意義而言，藥園與植物園的管理可以用理學的語言來編碼，如此以來，藥園中自然的管理與社會的管理就會交織在一起，藥園也就成為中央或藩管理的一部分。[28]

自十七世紀以來，幕府在江戶城區內批准了兩個小型藥園的設立：一個位於城南，名為麻布御藥園，由池田道隆監督，另一個在北邊，名為大塚御藥園，由山下宗琢監督。北邊的藥園於一六八一年關閉，南邊的則在一六八四年遷到小石川藩主的莊園，改名為小石川御藥園。同樣地，在京都，分設於皇居南側與北側的兩座藥園在一六四〇年設立。一六八〇年，長崎市地方官下令設立一座市立花園。很快地，日本本土島嶼的許多城下町都建造起藥園。私人藥園的數量少得多，而且從未引起人們的注意，不過由本草學者森野藤助（一六九〇—一七六七）在奈良附近松山地區設立的森野藥園則是個例外。森野藤助是來自富裕的農家，於一七二九年被幕府雇用為植村佐平次在大和地區進行藥草考察的工作人員。完成考察以後，他得到一些幼苗與小植物作為補償，這些植物成為他藥園的核心。甘草、烏桕、中國的一個南歐紫荊亞種、桂皮釣樟、山茱萸、人參等都是他擅長的藥草物種。[29]

開藥園是一項與藥草考察關係密切的活動，而且這兩種活動都經常得到幕府的贊助。許多與德川吉宗合作的本草學專家都曾經在藥園中度過一段學習與研究的時間。一七二九年，阿部將翁獲得了位於江戶神田町的一小塊土地，在那裡試驗種植甘蔗、吉貝木棉、黃芩與人參。[30]

丹羽正伯負責江戶東北的一個藥園，圍繞這個藥園的地區很快就形成了一個小城鎮，也就是現在的藥園台。植村佐平次則負責駒場藥園。

東日本最重要的藥園是小石川藥園，它在十八世紀擴展成為主要的園藝試驗暨藥用植物研究區。在這裡，幕府聘雇的各種本草學專家進行了甘蔗（自一七三四年起）、地瓜（自一七三五年起）與許多其他藥草與樹木的實驗。[31] 到十八世紀下半葉，小石川藥園已成為許多本草學學員養成中非常重要的一步，學員在這裡有機會觀察到以往只能在百科全書中研究的活藥草與樹木[32]，也能在此試驗種植與雜交技術。

小石川藥園的歷史從最初的幕府藥園到一八六八年明治維新後轉變為東京大學植物園，再到後來成為東京大學植物研究中心的整個過程，本身就是個值得研究的有趣議題。[33] 在德川吉宗時代，青木昆陽是經常與小石川藥園聯繫在一起的學者。正如他在歷史上曾獲得的別稱「地瓜大師」（**甘藷先生**）所示，他是地瓜在一七三四年後能在日本成功種植的關鍵人物。青木昆陽是一個富有魚商之子，他曾在伊藤仁齋弟子伊藤東涯（一六七〇—一七三六）的門下學習理學，後來在江戶八丁堀町開設私塾。他與業餘詩人暨幕府監察官（**吟味掛**）加藤枝直（一六九三—一七八五）的友誼，讓他能與幕府的有力人士以及當時的主要學者建立起卓有成效的聯繫。透過這樣的關係網，青木昆陽受邀撰寫一篇有關地瓜的短文。地瓜在當時也被稱為薩摩芋，因為它最初是透過薩摩藩從琉球群島進口的。[34]《蕃薯考》並不是原創研究，但它總結了中文藥物學百科全書中關於地瓜的資訊。[35]這些資料旨在解釋這種塊莖在饑荒時期的營養價值。青木昆陽的短文廣受好評，以致於在一七三四年，德川吉宗命令他編輯一個日文版本，並在一七三五年由幕府出資出版，標題為《薩摩芋功能書並作樣之傳》（書名意思為「地瓜的功效及其製備」）。同年，青木昆陽開始在小石川花園進行地瓜實驗。[36]

然而，讓學者投注最多心力研究的焦點其實是人參。[37]在日本從中國與朝鮮進口的產品中，人參是最昂貴的一個品項。人參厚實的根部會以蒸熟與乾燥的方式製備。中醫將粉末狀的人參視為「治百病的萬靈藥」。[38]人參的根部據說能提高人體對創傷、焦慮與身體疲勞等壓力的抵抗力，換句話說，可以「恢復」身體中「氣」的正常運行，而且還是一種興奮劑和催情劑。[39]人參早在十五世紀就已傳入日本，幾乎完全經由對馬藩主宗氏的斡旋來進口，對馬島位於朝鮮半島南緣與日本之間的海上通道，在地理位置上具有戰略意義。直到十八世紀中葉，日本每年進口的人參達到一千兩百公斤之多。為了說明其價值，一劑人參（三到五公克的粉末）批發價約為一兩。[40]一六七四年，幕府成立了一個由松岡伊左衛門領導的商人公會，稱為「**人參座**」，成為唯一獲得授權在日本銷售人參的商人團體。[41]

後世派將人參視為最重要的一種藥物，因為他們相信人參能夠調節人體內氣的流動，因此能加強人體對病原體的抵抗力。人參受歡迎的程度，也讓它成為許多「**川柳**」的主題（「川柳」是一種遵循俳句韻律但側重於諷刺與荒謬主題的詩歌體裁）。人參極其昂貴，以至於「**人参飲んで首縊る**」（直譯「喝了人參就上吊」）這樣的諺語在當時非常流行。這句諺語告誡民眾，不要在不考慮成本的情況下採取行動。[42]

隨著日本國內對人參的需求增長，日本持續對朝鮮與中國流失貨幣，德川吉宗開始鼓勵並贊助有關人參的研究，支持本土種植。他命令宗氏藩主進口有關人參的圖解手冊與百科全書。在一七二一年十月二十三日的一封信中，對馬藩駐江戶代表鈴木左次衛門通知資深評議官水野忠之（一六六九—一七三一），他已成功從朝鮮半島走私三株人參種苗到江戶。[43]隔年，又進口了六株，接著是一七二七年的四株與一七二八年的八株。所有移植這些人參的嘗試全都失敗了。[44]

第一位嘗試種植人參的本草學專家可能是駒場藥園的植村佐平次。一七二八年，在經歷將近八年的失敗以後，植村佐平次得到了對馬藩主宗氏走私到江戶的六十顆人參種子。植村佐平次試著將它們種在不同於先前嘗試過的地形上。人參在陰暗潮濕、富含礦物質且排水良好的地方長得比較好。植村佐平次選擇了日光地區，更確切地說，是在今市村附近特地準備的一塊田地。[45]這些種子最終長成植物，結了果實，因此也長出新的種子。一七三三年，第二代人參種子被種下。本草學者愈來愈接近在本土種植人參的目標，但只有一小部分種子生根發芽。一七三七年，本草學者嘗試了一個新實驗。來自最初今市村植株的二十顆最新的種子，被交到幕府聘請的另一位醫師田村藍水手上。三年後，田村藍水成功生產出足夠數量的新種子，分發至各地的藥園。一七三七年，田村藍水出版了一本小手冊，詳細說明他對人參種子的實驗，提供有關如何種植和施肥的指示。這本名為《人參耕作記》的手冊在全國廣為流傳。到一七八〇年代，日本的人參產量已經大到可以開始向中國（清帝國）出口。而人參貿易則是由幕府透過對馬藩直接控制的。[46]

國家博物學家

所有參與德川吉宗計畫的學者都接受過醫學教育，許多人也都曾是私人執業的町醫師。丹羽正伯在一七二二年被任命為幕府醫官之前，曾在江戶行醫，大多數病人為平民。丹羽正伯和野呂元丈一樣，是伊勢土生土長的醫師，也是京都本草學者稻生若水的弟子。丹羽正伯、野呂元丈和植村佐平次都來自伊勢，更確切地說，來自德川吉宗紀伊藩松阪市附近的一個小鎮。他們在幕府農業政策扮演的重要角色，可能是因為他們都與紀伊藩的德川家族有關係，因而成為德川吉宗可以信任的人。他們和阿部將翁與田村藍水一起，在國家資助的藥草產量提升計畫中發揮了重要作用。

在參與幕府計畫之前，這些人都並非本草學專家。他們透過行醫來獲得藥草知識，或者像植村佐平次那樣，把私人研究當作個人消遣。只有藉由幕府贊助以及對德川吉宗計畫的參與，他們才獲得了醫官或採藥使（藥草植物學家）的頭銜。幕府對這個新興領域的認可，為本草學專家提供了必要的社會與制度資本，讓本草學得以從醫學和理學研究的領域中獨立出來。同時，幕府贊助也藉著對整個國家（**本邦**）的有用性來加以編碼的方式，對本草學的方法學產生影響。在《大和本草》中，貝原益軒已經從公共效用的角度建構了自然研究，但他的信條只在福岡藩內得到實踐。[47] 德川吉宗才是將自然研究變成國家事務的重要推手。[48]

德川吉宗治下植物學研究的發展，說明了他在國家行政管理上親力親為，或透過由親信能人所構成的網絡直接指揮的作法。德川吉宗直接控制了直屬於幕府的令制國（**天領**），至於其他地區，他則採取了四個層次的策略。首先，他開始了一個大型新耕地開發計畫（**新田開発**），這些土地全都被置於幕府的直接管轄之下：到一七二二年，可耕地的總比例增加了一二・二%，令人印象深刻。[49] 他改革稅制，引入一個名為「**定免**」（固定稅制）的新制度，規定每個村莊在三年、五年或十年等固定時期內的稅率，並在固定時期過後對土地生產力進行普查以調整稅率。第二，德川吉宗將經濟生活重新組織成具有自我調節能力的專業團體與行會，稱為「**組合**」，透過幕府統治進行更有效的控制，並對它們施加限制。[50] 第三，德川吉宗增加了藩層面的稅收，並迫使地方藩主將其國庫的大部分資金重新投資於公共工程及農業改良。最後，他建立了一個複雜的間諜與資訊收集系統，幾乎可媲美法蘭西斯・沃辛漢爵士（Sir Francis Walsingham）為英國女王伊莉莎白一世所發展的系統。這個網絡的目的在於控制地方勢力可能對其權威造成的威脅，以及在全國範圍內的資訊傳播。[51] 德川吉宗的政策旨在實現他的目標，以及保持對學者與其產出知識的控制。

在近世的世界，無論是在歐洲或東亞，各國政府愈來愈注重資訊的收集、控制、審查與操控，以此來加強政府在內政與外交事務的實踐，保護國家利益免受內部與外部威脅。間諜活動的歷史，或者更準確地說，致力於為政府收集和操縱資訊網絡的歷史，是隨著早期現代國家的出現而開始的。[52] 在歐洲，教會是網絡建立與資訊搜集的典範。一五六三年的特倫托會議（Council of Trent）決定，每個教區都應該保留出生、婚姻與死亡的登記簿。[53] 在日本，德川幕府將這些事物委託給佛教寺廟。十六世紀下半葉在新教國家出現的「審訊」，以及西班牙和義大利的宗教裁判所，都把那些被宣稱是危險分子的情報建構成檔案，因此也都可以被視為是最早的嘗試。[54] 全世界的耶穌會網絡也是商業與外交情報搜集機構的模範。[55] 威尼斯共和國是第一個在歐洲主要政治中心派駐大使的歐洲國家，這些大使會定期向威尼斯發送公文，提供當地線人網絡蒐集到的資訊。[56]很快地，歐洲主要國家都開始模仿威尼斯的制度，安排類似的組織。英國政府在米蘭與其他歐陸首都設立大使館。西班牙政府藉著駐威尼斯大使迪耶戈．烏爾塔多．德．門多薩（Don Diego Hurtado de Mendoza，一五〇三－一五七五）在鄂圖曼帝國打造了一個最複雜的間諜網絡。在這段期間，資訊搜集是在國內外進行的。這種情報收集系統促成了歐洲對世界其他地區的統治。[57]「近代早期的海洋強權如葡萄牙、西班牙、荷蘭、法國與英國，全都倚賴資訊收集。」[58]在大多數國家，「國內間諜與『線人』是政府的另一種工具。」[59]

德川吉宗治下的日本也差不多。他複雜的間諜與線人網絡（**目付**與**御庭番**）大多是從他在紀伊藩的家臣或同地區的能人中招募而來。他們控制著大量有關藩主其行政決策、其國庫、其土地生產力，以及稅收與公共投資的比例等情報。德川吉宗對資訊的掌控也影響了他對教育與學習的政策；他的幕府很快就因為鼓勵學術活動與解除對外國書籍的禁令而聞名。雖然德川吉宗鼓勵擴大學習，尤其是那些有益與實際應用的領域，但他也主導了私人學園的整頓與改組。他為國家對知識活動的控制奠定了基礎，為特定學校提供特定科目的獨家教學許可。這包括對林氏、菅野、中井等學校的贊助。德川吉宗本身也樹立了一個榜樣，從一七一七年開始前往林家私塾上課。[60]

十八世紀上半葉，知識分子的產出急劇增加。理學家如著名的室鳩巢（一六五八－一七三四)、太宰春台(一六八〇—一七四七)、服部南郭(一六八三—一七五九)、伊藤東涯、新井白石、林鳳岡與菅野間山等人,繼續著他們各自的老師在一代之前開始的傳統。由於德川吉宗的支持,他們得以鞏固自己的學校在知識生產領域的地位。室鳩巢從老師木下順庵的教誨中發展出自己對朱熹哲學的詮釋。他後來被德川吉宗聘請為「**儒官**」,並因此聲名大振。[61] 太宰春台、服部南郭、伊藤東涯與菅野間山繼續傳授著老師的智慧,延續著自身所屬的學派(並相互競爭),特別是有關荻生徂徠(太宰春台與服部南郭)、伊藤仁齋(伊藤東涯)與佐藤直方(菅野兼山)的部分。同時,學者暨神道司祭荷田春滿(一六六九—一七三六)也獲得幕府支持,開始了後來被稱為「**国学**」的學校。[62]

德川吉宗的政治對教育與學習的另一個影響是,愈來愈多非武士學者參與知識生活。德川吉宗支持幕府的林氏私塾向平民開放,平民可以在支付費用後進入昌平校學習。過沒多久,來自不同社會背景的學生與菁英子弟開始輪流在幕府正式贊助的學校(**官学**)上課。自一七二三年開始,幕府資助了大量與昌平黌有直接或間接關聯的私塾,而這些私塾也因此成為準政府機構(**準官学**),如一七二六年大阪的懷德堂就是如此。[63] 德川吉宗還擴大了紅葉山的幕府圖書館(**紅葉山文庫**),命令各地藩主從自己的圖書館中提供珍本的副本。[64] 他下令收購大量來自中國與荷蘭的書籍,並派遣可信的特使及學者在各令制國尋找珍本。[65] 一七四〇年,青木昆陽被派去進行為期三年的任務，從各令制國收集稀有手稿。[66]之後，德川吉宗下令為紅葉山文庫的所有書籍重新編目，整理成更符合邏輯與效率的順序。[67]他還命令出版了詳盡的日本地圖，其中最著名的是建部賢弘（一六六四—一七三九）的《日本總繪圖》，完成於一七二三年。[68]

蘭學

另一個因為德川吉宗的支持而有所進展的領域是「蘭學」，即「荷蘭研究」，其重點在於西學的研究。[69]從幕府初期，德川當局就頒布了一系列法令，限制和控制與西方國家的接觸。[70]到十七世紀中期，荷蘭商人是唯一獲准居住在長崎灣出島貿易站的西方人。隨著時間推移，長崎地區逐漸形成了一個多少稱職的荷蘭文翻譯社群，他們全都在幕府的直接控制之下。貨物與書籍（多為西方書籍的中文譯本）的進口雖然有限，卻是持續不斷的。

一七二〇年，德川吉宗解除了對西方書籍的部分禁令，此後進入日本的書籍數量激增。荷蘭文翻譯社群不斷壯大，他們的一些日文譯本甚至成為暢銷書。正是在這個時期，「蘭學」一詞開始被用來指稱專門研究西方學問的學者與他們所處的學術網路，他們之中大多數人都是理學家出身。有些學荷蘭文的學者與本草學專家進行交流，但直到十八世紀末與十九世紀初，西方自然史才真正開始影響日本博物學家的思想與實踐。

日本本草學與歐洲自然史之間的第一次重要接觸，可以回溯到一六五九年三月。[71]當時荷蘭東印度公司在出島商館的負責人（歐洲在日本設立的商館，負責人被稱作「**甲比丹**」〔kapitan／opperhoofd〕）扎卡里亞・瓦格納（Zacharias Wagenaer），向幕府將軍德川家綱提供了一本藍伯・多東斯（Rembert Dodoens）所撰寫的《植物誌》（*Cruijdeboeck*，一六一八年出版）。記錄顯示，這位年方十八的幕府將軍對荷蘭手冊中看來不甚出色的小插圖印象平平，這可能是視覺表現品味的徵兆，這種品味在後來的日本本草學中變得非常重要。儘管如此，他還是欣然接受了這位外國客人的禮物。他還要求瓦格納在下次造訪時帶來一本更加圖文並茂的書。[72]四年後，即一六六三年，新任的荷蘭負責人亨德里克・因戴克（Hendrik Indijk）給德川家綱帶來了約翰・瓊斯頓（Johann Jonston）於一六六〇年出版的《論四足動物、魚類、無血水生動物、鳥類、昆蟲、蛇類與龍的特質》（*Naukeurige beschryving van de Natuur der vier-voetige dieren, vissen en bloedlooze water-dieren, vogelen, konkel-dieren, slangen en dranken*）。就內容而言，這本書並無特出之處，但裡面有許多非常精彩的珍奇動物木版畫，將近三百幅全都在歐洲製作。幕府隨從中無人能讀懂這兩本書，最後這兩本書被編入目錄，存放在紅葉山文庫。

多東斯是法蘭德斯人（Flemish），曾擔任神聖羅馬帝國皇帝魯道夫二世（Rudolf II）的御醫，後來在一五八二年成為萊頓的醫學教授。多東斯深受老師福克斯所影響，福克斯是一代植物學家的傑出代表，這些植物學家致力於全面研究「他們生活地區的自然與進口動植物物種，並根據古人對動植物的描述加以鑑定。」[73] 多東斯最重要的作品，是以法蘭德斯文撰寫的《植物誌》，最早於一五五四年出版，內有七百一十五幅植物插圖，分為六組。[74] 這個版本後來在一六四四年加以擴充。[75] 多東斯採取的植物研究方法（該方法當時被稱作「res herbaria」），是一個自然研究時期的典型，其特徵在於古代文獻的重新發現，例如迪奧斯科里德斯（Dioscorides）與泰奧弗拉斯托斯（Theophrastus）等作者的著作。[76]

多東斯和同時代歐洲學者面臨的一個主要問題，是因為對新地區的探索，大量關於植物的新資訊讓人應接不暇。[77] 多東斯在《植物誌》的前言即表現出這種資訊過載在十六世紀歐洲學者之間產生的焦慮感：「這門科學的規模或難度是如此之大，以致於如果不儘早仔細研究所有植物，並精確閱讀許多古代作家的著作，就無法理解它——也就是說，必須付出大量心力、長時間旅行與持續奉獻。……因為沒有人讓這門科學臻於完美：每個人都遺漏了許多東西，進而給後人留下機會，在前人的發現與觀察基礎上做更多補充，並增加關於植物的知識。」[78]

至於瓊斯頓「是一位遊歷甚廣、多產的自然史作家，被描述為阿爾德羅萬迪的無能繼承者。」他出生於波蘭，有蘇格蘭血統。[79] 瓊斯頓是萊頓的醫學教授，他一直沿襲著烏利塞·亞德羅萬迪（Ulisse Aldrovandi）的傳統。[80] 瓊斯頓的《四足動物自然史》由席佩里（J. J. Schipperi）於一六五七年在阿姆斯特丹印刷，這本書對於歐洲外來動物的知識並沒有太大貢獻。這本學術上無足輕重的書，如果不是因為含有自十五世紀以來在歐洲流傳的部分精美插圖，那麼注定會被世人所遺忘。其中一些出色的插圖據說出自藝術天才亞伯雷希特・杜勒（Albrecht Dürer）與他的工作室。[81]

多東斯與瓊斯頓的百科全書一直被埋藏在幕府圖書館中，直到一七一七年，新任幕府將軍德川吉宗才下令對這兩本書進行徹底的研究。[82] 正是瓊斯頓的亞洲象插畫啟發了德川吉宗，讓他在一七二八年要求荷蘭東印度公司負責人亞伯拉罕・明尼東克（Abraham Minnedonk）為一頭活的白象作畫。[83] 德川吉宗對這兩本書的興趣，在明尼東克的繼任者揚・奧維爾（Jan Aouwer）的日記裡獲得證實；在奧維爾的紀錄中，德川吉宗向這位新任負責人提出許多有關瓊斯頓著作的問題，其中有許多問題都是奧維爾無法回答的。[84] 同年，德川吉宗命令青木昆陽與野呂元丈學習荷蘭文。野呂元丈就像大多數受命於德川吉宗的學者與行政人員一樣，出生於伊勢國的一個小村莊，曾在伊藤仁齋的弟子並河天民（一六七九－一七一八）門下研習理學，也曾向稻生若水學習本草學。[85] 野呂元丈與幕府的關係在一七二四年正式確立，當時他被授與土地，成為幕府醫生，後於一七三九年被任命為幕府將軍所指定的私人醫生（**御目見医官**）。一七四一年，野呂元丈先開始研究瓊斯頓的《論四足動物、魚類、無血水生動物、鳥類、昆蟲、蛇類與龍的特質》，然後研究多東斯的《植物誌》，並獲得「**阿蘭陀本草御用**」的頭銜（指負責研究荷蘭醫學的官員）。他的研究包括在雅各布・范德韋恩（Jacob van der Waeijen）和菲利普・彼得・穆斯庫魯斯（Philip Pieter Musculus）位於江戶的宅邸進行訪談，兩人分別是荷蘭東印度公司的負責人與外科醫師。野呂元丈得到幕府首席翻譯官（**大通詞**）吉雄藤三郎的協助。[86]他們在一七四一年三月會面，製作了一本薄薄的小冊子《阿蘭陀禽獸蟲魚圖和解》（書名直譯為「荷蘭鳥禽、野獸、昆蟲、魚類的日文圖解」）。這份出版物對日本動物學相關知識並沒有太大貢獻，因為它充其量不過是日本翻譯名詞列表。[87]即使其中添加了較長的「解釋」（**解**），資訊仍相當粗略，例如下列條目「ōrihare」（**オオリハレ**，荷蘭文中「大象」的音譯）被翻譯為「象」：「象的身長，從鼻尖開始測量，可以達到一丈九尺；[88]這些動物在荷蘭人造訪過的國家中數量豐富。然而在這些國家中，沒有人認為牠們的肉是可以食用的。荷蘭人也沒有聽說過牠們的皮、骨頭或糞便被用作藥物。不過，被稱為『ihōruto』（**イホウルト**）的象牙則有醫療用途。」[89]這條紀錄中的藥用說明與《本草綱目》的大象條目有關，根據《本草綱目》，在亞洲部分地區，大象的腸可以入藥。[90]

事實上，野呂元丈個人對這本小冊子並不滿意，這一點可以從書的序言中看出來。他解釋道：「這本書並不是用來鑒別具有藥用特性的植物的藥草指南。因此書中並沒有提供任何有關植物藥用效果的描述，而只有關於形態或外觀的資訊。即使是荷蘭人也表示，由於書中的解釋包含大量拉丁文，所以他們無法正確理解內容。」[91] 然而我們不該忘記，野呂元丈與丹羽正伯、植村佐平次、青木昆陽等人一起受聘於德川吉宗，其目的在於發展日本國內藥材與糧食作物的生產。德川吉宗下令翻譯瓊斯頓的著作，以便從其他來源收集有關藥用物質的資訊，而多東斯與瓊斯頓的百科全書在當時可能是他們唯一能取得的資訊。

白幡洋三郎（Yōsaburō Shirahata）認為，野呂元丈並沒有翻譯瓊斯頓的作品，因為「他肯定對它失去了興趣。」[92] 我的猜測是，野呂元丈並無法做出這樣的決定，這可能是來自德川吉宗或其他隨侍官員的命令。白幡洋三郎正確地紀錄野呂元丈的下一步，即與吉雄藤三郎、翻譯師中山善左衛門、他的助理茂七郎左衛門等人合著了《辛酉阿蘭陀本草》（一七四一年出版）。隔年，幾人還合作編寫了《阿蘭陀本草》，一份關於他們所選擇的十一種植物（玫瑰、葡萄、米與玉米）與荷蘭代表的訪談報告。[93] 然而，白幡洋三郎認為一七四一年後「再也沒有人對瓊斯頓的書表現出興趣」，這其實是錯誤的說法。[94] 最先擄獲德川吉宗想像力的部分，亦即瓊斯頓著作中的精美插圖，事實上啟發了後來的本草學者與藝術家。例如畫家宋紫石（一七一五—一七八六）曾師從長崎畫家沈南蘋[95]，為他的畫冊《古今畫藪後八種》（指「野外的八個新舊物種」，一七七一年出版，參考圖六之二與圖六之四）所繪製的插圖，就是受到瓊斯頓著作的啟發（圖六之一與

圖六之一　獅子，出自約翰·瓊斯頓《論四足動物、魚類、無血水生動物、鳥類、昆蟲、蛇類與龍的特質》（一六六〇年）。江戶東京博物館收藏。

圖六之三）。

對瓊斯頓的插圖產生迷戀的，不僅限於江戶那些與幕府有關聯的本草學者社群。著名的文人畫或南畫藝術家谷文晁（一七六三—一八四一），就從瓊斯頓最著名的一幅圖像中找到了靈感（圖六之七），複製了杜勒的犀牛（圖六之六）。杜勒於一五一五年根據自己所繪製的一張印度犀牛素描雕刻了原版木刻，而這隻犀牛原先是葡萄牙國王曼紐一世（Manuel I）送給教宗良十世（Pope Leo X）的禮物。[96] 由於杜勒未曾看過

圖六之二　宋紫石臨摹的瓊斯頓獅子圖。出自《古今畫藪後八種》（一七七一年）。江戶東京博物館收藏。

這隻犀牛，所以他的素描是根據書面描述所繪製而成的。[97] 杜勒的犀牛圖自出版以來就成了一系列複製畫的來源，這個情形一直持續到十九世紀早期。

多東斯對日本自然史的影響比瓊斯頓更深也更持久。即使在完成有關瓊斯頓著作的訪談以後，野呂元丈與他的隨行翻譯仍繼續訪問長崎屋，即荷蘭使節在江戶的住所。在一七四二年至一七五〇年間，他們總共會面八次，主要翻譯並討論多東斯的《植物誌》，最後的成果是分成八冊出版的《阿蘭陀本草和解》，每一冊分別為一次會議的紀錄。《阿蘭陀本草和解》並非《植物誌》的完整翻譯，而是從這本荷蘭百科全書中揀選一百〇六種植物，並摘錄有關形態、棲息地、栽培與用途的筆記。書中只有將具有藥理用途的資訊詳盡無遺地從荷蘭文翻成日文，這一點證實了野呂元丈首重實用性的考量。[98]

在十九世紀初，無論是私人贊助多東斯藥草著述的完整翻譯，還是國家贊助其他西方書籍的翻譯，都是為了因應日本國內普遍缺乏對歐洲自然史複雜且即時的新知識，不過這些都是無效的嘗試。或者說，科學史家在解釋幕府贊助翻譯兩部當時在歐洲已經過時的作品時，至少是這麼推論的。[99] 到十七世紀末，日本本草學已經和西方自然史有了直接的接觸。居住在出島地區的歐洲外科醫生與日本學者（主要是指翻譯人員與蘭學學者）建立了關係。這些外國的外科醫師中，有許多人也是業餘甚至是專業的博物學家。在英國與荷蘭的海上探險中，外科醫師往往也負責收集動植物標本。[100]

透過這些關係，有關西方自然史的資訊被引入日本。肯普弗是一六九〇年至一六九二年間荷蘭東印度公司的外科醫生，他在出島駐紮期間觀察了日本的自然環境，後來也寫下他的遊記出版成冊，成了暢銷書。肯普弗的作品《異域采風記》在一七一二年由邁耶（H. W. Meyer）出版，其中題為「論日本植物的特有種；包含漢字名稱與詳細描述及圖解」的第五卷複製了中村惕齋《訓蒙圖彙》的插圖，正如我們之前所見，受到歐洲植物學家大加讚揚。這本書擴大了歐洲已知動植物物種的數量，也證實日本確實有一種銀杏存在。這對歐洲人來說是個非常重要的消息。日本銀杏被發現是銀杏門植物中唯一倖存的物種，銀杏門植物曾盛行於二疊紀，當時的歐洲博物學家認為這門植物已經滅絕。肯普弗將銀杏幼苗帶回歐洲，種植在烏特勒支植物園中，並在十八世紀的歐洲引起一股風潮。

雖然肯普弗在日本居住期間並沒有參與和當地學者的自然知識交流，但這種偏見與他大約八十年後的繼任者形成了明顯的對比。卡爾·彼得·滕伯格（Carl Peter Thunberg）是林奈的門徒，這名致力於用二名法（binominal system）為世界上所有現存物種進行分類的瑞典醫生暨博物學家，只在日本待了十六個月。在這短暫的時間裡，他與一群對蘭學及本草學感興趣的日本學者進行了知識交流。這些日本學者包括來自小濱藩的醫生中川淳庵（一七三九—一七八六），以及幕府醫生桂川國瑞（一七五一—一八〇九）。桂川國瑞曾學習荷蘭醫學，並與杉田玄白（一七三

圖六之三　單峰駱駝與駱駝，出自約翰・瓊斯頓《論四足動物、魚類、無血水生動物、鳥類、昆蟲、蛇類與龍的特質》(一六六〇年)。江戶東京博物館收藏。

三—一八一七）合作編輯《解體新書》（一七七四年出版），即約翰・亞當・庫爾穆斯（Johann Adam Kulmus）《解剖學表》（*Ontleedekundige Tafelen*）的日文譯本。[101]

從一七七六年四月開始，中川淳庵與桂川國瑞幾乎每天都會去江戶的荷蘭商人住所（長崎屋）。[102] 中川淳庵對本草學尤其感興趣，他在一七六二年組織的第五次藥學展覽期間與平源賀內的友好交流，以及他在編輯《物類品騭》（一七六三年出版，書名直譯為「物

圖六之四　宋紫石臨摹的瓊斯頓單峰駱駝圖。出自《古今畫藪後八種》。江戶東京博物館收藏。

種選錄」）的過程中所提供的協助，就證實了這一點。他收集並種植珍貴的植物標本，並在江戶以及後來於大阪與京都舉行的本草學活動中展出這些標本。即使在滕伯格返回歐洲以後，中川淳庵與滕伯格之間的學術友誼仍然繼續發展。滕伯格後來在烏普薩拉大學擔任醫學與植物學教授（追隨他老師林奈的腳步）。他的《日本植物誌》（*Flora Japonica*）於一七八四年在萊比錫以拉丁文出版，是第一個按照林奈分類法對日本植物進行的分類，紀錄了超過五百三十種植物，其來源包括滕伯格在藥草採集旅行中收集到的、中川淳庵在他回國後寄給他的，以及對約瑟夫・班克斯爵士（Joseph Banks）手中肯普弗收藏的觀察。[103]

滕伯格與日本學者的學術交流在日本幾乎沒有留下任何痕跡，所以他是否向中川淳庵傳授了林奈分類學的方法也不得而知。人們對兩人學術交流的程度有許多猜測，這是因為中川淳庵和桂川國瑞並沒有留下任何筆記或回憶，可以用來說明關於他們與瑞典博物學家之間討論的性質。[104] 滕伯格也沒有留下任何重要的紀錄。這種缺失可能是有意為之，也可能不是。林奈這個「據稱客觀的系統」被設計得非常容易上手，任何人只要接受基本訓練就可以使用。[105] 然而，該系統的實際應用在發展歐洲列強對世界豐富資源的經濟統治中扮演了非常重要的角色。正如派翠西婭・法拉（Patricia Fara）的評論，「有些經濟學家認為，上帝將祂豐富的資源散布在地球各地，以鼓勵國際貿易，但林奈堅信，上帝在瑞典境內提供了繁榮所需的一切，打算以此讓瑞典繁榮

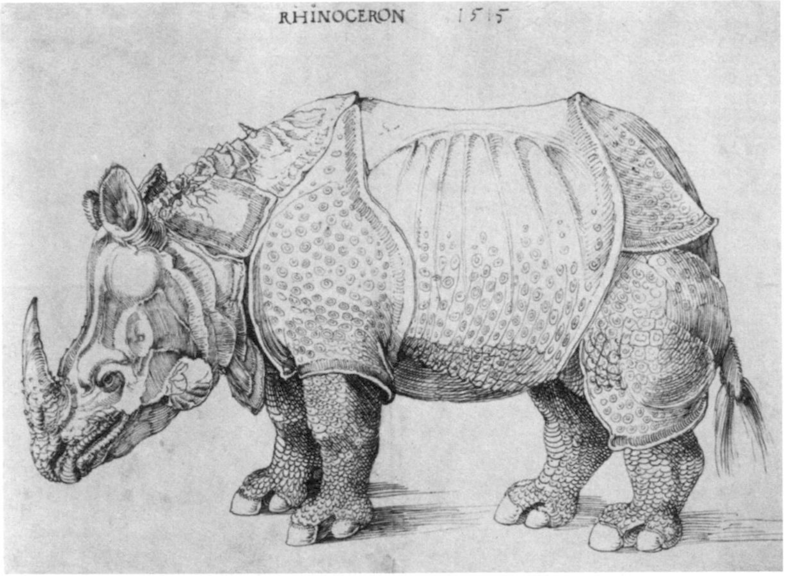

圖六之五　阿爾布雷希特·杜勒《犀牛》(一五一五年)。

圖六之六　出自約翰·瓊斯頓《論四足動物、魚類、無血水生動物、鳥類、昆蟲、蛇類與龍的特質》(一六六〇年)的杜勒犀牛圖複製畫。江戶東京博物館收藏。

起來。他派弟子去外國尋找有用的材料，甚至建議他們在必要時將東西走私回瑞典。」[106] 英國人班克斯在他的航行中利用了林奈的系統，「作為皇家學會的負責人與國王的心腹，班克斯處於一個獨特的地位，能展示科學研究如何使英國不斷擴大的帝國更加有利可圖。」[107] 我們可以合理假設，作為林奈親傳弟子的滕伯格，把自己博物學家的角色視為肩負著為祖國謀福利的使命。[108] 到十八世紀末，科學已經轉變為帝國科學，而科學的「祕密」不會被公開披露，尤其是當它們涉及國家利益的時候。[109]

滕伯格可能提到林奈分類系統，甚至詳細解釋到一定的程度，但日本的博物學家對此並不感興趣。本草學者已經有了一套源自

圖六之七　谷文晁臨摹的杜勒犀牛圖，《犀圖》（一七九〇年）。私人收藏。

《本草綱目》且禁得起時間考驗的完善分類系統。這些日本人可能認為沒有理由採用外國的分類系統。正如哈莉特·里特沃（Harriet Ritvo）所示，分類學不僅以一種假想的自然或人工秩序再現了自然世界，也再現了分類者的認知世界。在維多利亞時期的英國，博物學家「傾向於將自己最喜歡的政治類別刻劃在自然之書中」，這種情況並不罕見，而且往往「在那些有爭議、須小心對待且容易引起分歧的技術論辯中，民族主義的承諾反而增添了更多複雜性。」[110] 換句話說，本草學的分類系統已經被伴隨並有利於其發展的文化環境所塑造。捨棄這樣的系統並非易事。[111]

圖六之八　銀杏葉，出自恩格爾貝特·肯普弗《日本植物》（*Plantarum Japonicarum*，一七一二年）。東京：國立國會圖書館。

7

盤點自然

Inventorying Nature

引導運氣、控制資源

井原西鶴（一六四二—一六九三）是近世日本商人生活的紀錄者，和他同時代的人一樣，他相信機運是商業繁榮最重要的源頭。他在《世間胸算用》（一六九二年，書名直譯為「世界的心算」）的開頭寫道：「給商人帶來好運，買物走運，賣物幸運。」[1] 另一方面，井原西鶴筆下的城市英雄非常符合約翰．斯圖亞特．穆勒（John Stuart Mill）對「經濟人」（*homo economicus*）的定義，在他的商人故事中，他們的表現是「一

＊ 本章的修改版以「盤點自然：德川吉宗與十八世紀日本的本草學贊助」（Inventorying Nature: Tokugawa Yoshimune and the Sponsorship of Honzōgaku in Eighteenth-Century Japan）為題，載於《處於自然邊緣的日本：一個世界強權的環境起源》（*Japan at Nature's Edge: The Environmental Origins of a Global Power*），布萊德．沃克（Brett Walker）、茱莉亞．艾德妮．湯瑪絲（Julia Adeney Thomas）與伊恩．米勒（Ian J. Miller）編輯（檀香山：夏威夷大學出版社，二〇一三年），頁一八九—二〇六。

個渴望擁有財富的人，而且有能力判斷達到這一目的的手段的相對效力。」[2]他故事中的店主、工匠和批發商都很清楚，如果機運是成功的一個基本要素，那麼聰明而勤勞的商人們也可以使用一些方法來催化運氣。井原西鶴解釋道：「我們說，致富是一個運氣問題；但這只是一種說法。事實上，一個人藉由自己的智慧和智謀來創造財富，為他的家庭帶來繁榮。」[3]

井原西鶴筆下的鎮民對經濟繁榮的關注，顯示到十七世紀末，日本社會各階層的生活逐漸適應了市場與利潤的邏輯。我們在前一章已經看到，始於十五世紀的貿易貨幣化，現在幾乎涵蓋了所有的經濟活動。隨著一六九七年堂島米市場的建立，市場邏輯僅僅藉由控制稻米（武士政治菁英衡量財富與權利的正式單位）與貨幣（在更大經濟交易領域中對財富的實際衡量）的兌換率，就能夠對政治事務產生了強大的影響。換句話說，政治與經濟領域的逐步分離（德川家複合型政權的結構性產物，德川吉宗的改革加速了這種分離）造成了這樣的局面：統治精英的財富愈形受制於市場的波動起伏。正如井原西鶴生動的故事所顯示的，將運氣轉化為更多利潤，並透過後備計畫來管理惡運，無疑是富裕農民、工匠與商人的核心關注點。由於國際市場以及（尤其是）國內市場的貿易量不斷增加，讓統治的武士菁英在各藩的經濟生活中積極作為，「管理」運氣的必要性成了一個需要政治關注的問題。

本章重建了一七三四年至一七三六年間在幕府監督下對日本境內生活與生長的所有動植物

物種進行大規模調查活動的組織工作，其結果是在數量與質量上皆為世界歷史上前所未有的統計數據。[4] 丹羽正伯是組織這次資源清查的幕後推手，他在德川吉宗的支持下，動員各藩家臣進行調查，即使是最小的村莊也不放過。就如井原西鶴筆下的店主，丹羽正伯似乎同意，要想引導運氣並確保利潤，一個人必須控制自己的勞動力與資源。井原西鶴表示，新年的頭幾天是「商人裝訂帳簿、盤點、打開金庫檢查銀子的時候。」丹羽正伯所實現的，是建立一個「國家帳簿」，讓人可以在此按順序紀錄國家自然財富的清單。

萬物的分類

稻生若水在一七一五年去世時尚未完成的《庶物類纂》，是初次將所有現存礦物、植物與動物物種進行全面分類的嘗試。正如我們所見，這是一項不朽的博學事業，試圖對中國最權威的自然知識百科全書中所記載的動植物資訊進行終極的系統化。這部作品未曾出版，而且稻生若水過世後，他的弟子也沒有繼續他的工作。一七一九年，前田綱紀將原稿捐贈給幕府圖書館。在十九世紀之交，擔任圖書館員（**書物奉行**）的近藤守重（即近藤正齋，一七七一—一八二九）在回憶錄中寫道：「一七一九年九月十一日，松平加賀守（按：前田綱紀）提供了一本《庶物類纂》，這是同年七月二十九日幕府將軍向加賀藩主直接提出要求的結果。」[5]這筆交易的中間人是昌平黌大學頭林鳳岡。根據上野益三的說法，德川吉宗意識到稻生若水作品的重要性，並對前田綱紀沒有委託任何人完成稻生百科全書一事感到遺憾。[6]直到一七三四年，在幕府正式擔任醫生職務已經十二年的稻生若水弟子丹羽正伯，才開始編纂稻生若水原計畫中剩餘的六百三十八卷。丹羽正伯總共為三千五百九十種動植物與各種金屬、土壤、岩石與珠寶的標本進行了命名、描述與分類。為了完成這個計畫，幕府政府頒發了許可證，讓丹羽正伯能在全國自由行動。他可以自由進入所有領土，而且在需要時也有權獲得地方政府的協助。在丹羽正伯正式著手進行任務之前，資深評議官松平乘邑（一六八六—一七四六）向所有藩主、寺廟與地區知事發出公文：「如果負責修訂和擴充《庶物類纂》的醫生丹羽正伯有需要，幕府直屬領地（**天領**）的所有地方官代表（**代官**）、所有私有地（**私領**）的擁有者（**領主**）與地產管理人（**地頭**），以及由寺廟與神社控制的領土上的所有行政人員（**寺社領**），應按前述丹羽氏任何形式之要求，提供領地內各國自然產品（**產物**）的名稱、形式與類型等資訊。」[7]

丹羽正伯於一六九一年出生在伊勢國松阪市，當時此地為紀伊藩德川吉宗家族控制的藩地。他的父親是武士出身的醫生。丹羽正伯決定追隨父親的腳步，並且執業多年，直到他決定投入稻生若水門下學習本草學。他因為對田野調查與藥草收集的興趣而在稻生若水的學生中脫穎而出，這些活動也成了他與老師的詞典編纂興趣的差異。[8] 一七二〇年至一七二一年間，他在江戶擔任開業醫生（**町医者**）時，幕府首次聯繫他，讓他前往日光與箱根的山區進行藥草考察。一七二二年，他正式受到徵募，成為幕府醫生。[9]

今日，丹羽正伯主要是因為完成《庶物類纂》以及組織了日本第一次全國性自然資源官方調查而聞名。然而值得一提的是，他作為幕府醫生的第一個活動，是設立「和藥改會所」，這個辦公室負責藥材的進口、種植、分銷與指導。丹羽正伯的任務是促成主要藥品業者（**薬問屋**）之間的協議，在該辦公室的控制下組織一個寡頭壟斷的獨占聯盟。一七二九年，和藥改會所贊助出版了一本和丹羽正伯共同撰寫的手冊，旨在向一般民眾介紹一百五十五種藥草在藥物製備的用途，這些主要用於鎮痛劑與解熱藥的製作。

一七三四年，德川吉宗正式命令丹羽正伯完成《庶物類纂》，並對日本的動植物進行全面普查。這些調查是在地區層次上以「產物報告」（**產物帳**）的形式進行，每個藩都需要完成這些調查並將成果送到江戶。一七三五年，丹羽正伯向江戶各藩主府邸發出公函，要求他們編輯藩內各令制國的自然資源調查報告，目前有許多公函已經佚失，但我們可以從一封倖存的公函一窺端倪。這是寄給福岡藩重臣花房伊右衛門的一封信，信中轉載了丹羽正伯對如何編輯產物報告的指示：

——藩——國的產物報告

編輯者——

——穀物：

早稻，標明產量與生產地區

中稻，

晚稻，

糯稻，

粟米，

稗，

黍，

小麥，

大麥，

蕎麥，

大豆，

……

所有種類的作物都必須按下列順序記述：

額外的物種應以同樣的方式加在最後面。

——蔬菜：

葉菜，標明產量與生產地區

蘿蔔，

諸如此類。

從上面的例子可以看出，清單不僅包含藥草與樹木的名稱、形態、產量與生產地區，也包含所有可食用蔬菜。

以下產物也應以同樣的方式處理：

——菇
——西瓜
——水果
——樹木
——藥草
——竹

清單應盡可能詳盡，並按照《庶物類纂》的順序：

——魚：
泥鰍[10]
諸如此類
——貝類
——鳥類
秧雞

諸如此類
——獸類
日本髭羚
——昆蟲
蝸牛
諸如此類
——蛇類
日本蝮蛇
諸如此類

在前述類別中，生活在該地區的所有物種都必須被納入，不必考慮其食用性。

……[11]

信中繼續要求地方政府在農民之間進行調查，瞭解「地上長出來的所有產物」的所有可能用途。[12] 丹羽正伯在另一段中提到，他被授權調查「該地區（生長與生活）的所有物種，沒有例外。」[13] 地方政府在調查時不應受制於地理條件因素，產物報告的問卷應該被分發到藩內的每一個村落，以便彙整與收集。除了向各藩發出調查範本以外，丹羽正伯在一七三五年要求與各藩主位於江戶宅邸的管理人員（**留守居**）會面，就調查的實際執行提供進一步的指示與說明。最早發現並研究產物報告的農學教授安田健（Ken Yasuda）表示，有一位管理人員大久保岡右衛門的日記被找了出來，他在日記中記錄了他在一七三五年四月與丹羽正伯的會面。[14] 會議進行到某個點，大久保岡右衛門向丹羽正伯問道，「既然岡山藩的動植物多少與江戶周圍鄉間的動植物類似，我在想我們是否只需報告岡山地區最奇怪和最罕見的動植物就好。」丹羽正伯回答道，「你的觀察是正確的，藩內不同令制國的動植物物種大多相同。然而，我還是得請你毫無例外地仔細記下你所在地區的所有礦物植物與動物產物。」[15]

自一七三五年四月或五月開始，日本幾乎每個村莊都收到了這份調查問卷。[16] 根據調查結果，普查的實際執行者為農民階層的成員：村長（**庄屋**）或村委會（**百姓惣代**）的成員。這些人的任務是在幾個月內（平均兩到三個月）將調查問卷回收送到專門設立的藩辦公室「產物御用所」。這個辦公室的職責是彙整調查報告，將結果謄抄到一個小冊子裡，並在資料缺失或記錄混亂的情況下解決統計錯誤的問題。各個村莊的數據在不同藩都有不同的彙整方式，有些按照村落與城下町的距離來排列，有些則按照令制國的行政區來劃分。所有調查都必須在一七三五年十二月前送回江戶。[17]

不幸的是，部分地區的調查結果已經部分或完全佚失。我們知道，這些調查報告都有「——藩——國產物報告」的標籤。所有條目都是按照丹羽正伯提供的順序來排列，類似於《庶物類纂》的編排。所有名稱都必須遵循丹羽正伯本人提供的標準。也就是說，每個地區的產物御用所都必須解決不一致的問題，並指出所有記錄物種的地方形式與名稱（通常是方言）。[18]例如我們知道，加賀藩的物產報告記錄了三百八十六種樹、兩百一十種草本植物、兩百二十三種鳥類，以及兩百種魚類。[19]這些統計數據還辨識出特定物種的地區差異，並註記了不同物種在不同地區的分布。例如，本島北部盛岡藩的產物報告辨識了十三種鷸科（學名*Scolopacidae*）與二十四種雁鴨科（學名*Anatidae*），而岡山則辨識出二十種不同的蟹、十二種蜂、九種蜻蜓與八種蒼蠅。[20]

在以前中文百科全書中描述過的物種之外，又添加了數百個新物種。對丹羽正伯來說，全國調查的透徹性比執行的速度更重要，我們從他發出的一些同意延長期限的書信中，便可以看出這一點。延遲、不精確與疏忽肯定只是如此大規模計畫所面臨的少數困難。在收到一個藩的完整報告後，丹羽正伯會檢查其中是否有任何錯誤、矛盾或不可理解的數據。然後，他將報告發回各藩，以獲取更多資訊。他會圈出他希望能有圖解的物種，並在任何他需要更完整資訊的條目上標記三角形。標有三角形的條目通常需要在空白處添加額外說明。所有畫圈的物種則需要儘可能提供精確詳盡的繪圖。[21]

圖七之一左邊是最初送到江戶並由丹羽正伯檢查的《陸奧國產物帳》，右邊是寄回的「花蔥」插圖。[22] 對地方政府來說，繪製動植物的正確圖畫可能是一項吃力的工作。丹羽正伯要求提供插圖的物種往往罕見，不容易找到，如果是動物的話，則很難捕捉。每個藩都必須雇用技術高超的畫家來描繪所要求的動物或植物。然而安田健解釋道，丹羽正伯很少真的要求要繪製一百甚至兩百種物種的插圖。對於植物或樹木，丹羽正伯特別要求畫家重現各個生長階段或季節變化。之後，這些圖像會被裝訂在一起，並被命名為「——藩——國圖解專輯」。至於這些插畫的繪者，我們一無所知。

今日，這些調查為日本的已滅絕物種提供了有用的資訊來源，例如歐亞水獺的日本亞種日本川獺、朱鷺，以及日本狼（圖七之二）。[23]

這些調查提供了重要的動植物物種歷史文獻，但仍然有待全面研究。目前，它們被認為是東亞乃至於全世界有史以來最大也最全面的自然資源調查。然而令人訝異的是，當丹羽正伯上呈稻生若水未完成的六百三十八卷《庶物類纂》時，除了各物種的地區名稱與方言名稱列表以外，他顯然沒有納入任何來自地區產物報告的大量數據。這部百科全書很快就被編入幕府文庫，而丹羽正伯也晉升為幕府的首席醫官。

一七四五年，這部百科全書又增補了五十四卷，但其中仍未直接提及十年前收集的數據。如果丹羽正伯沒有提及過往所收集到的所有資訊，那這份對稻生若水的百科全書進行修訂與擴充的清單，為什麼幕府仍要投入這麼多資源來支持他完成呢？稻生若

圖七之一　《陸奥國産物帳》，出自安田健《江戶諸國産物帳》頁十。東京：國立國會圖書館。

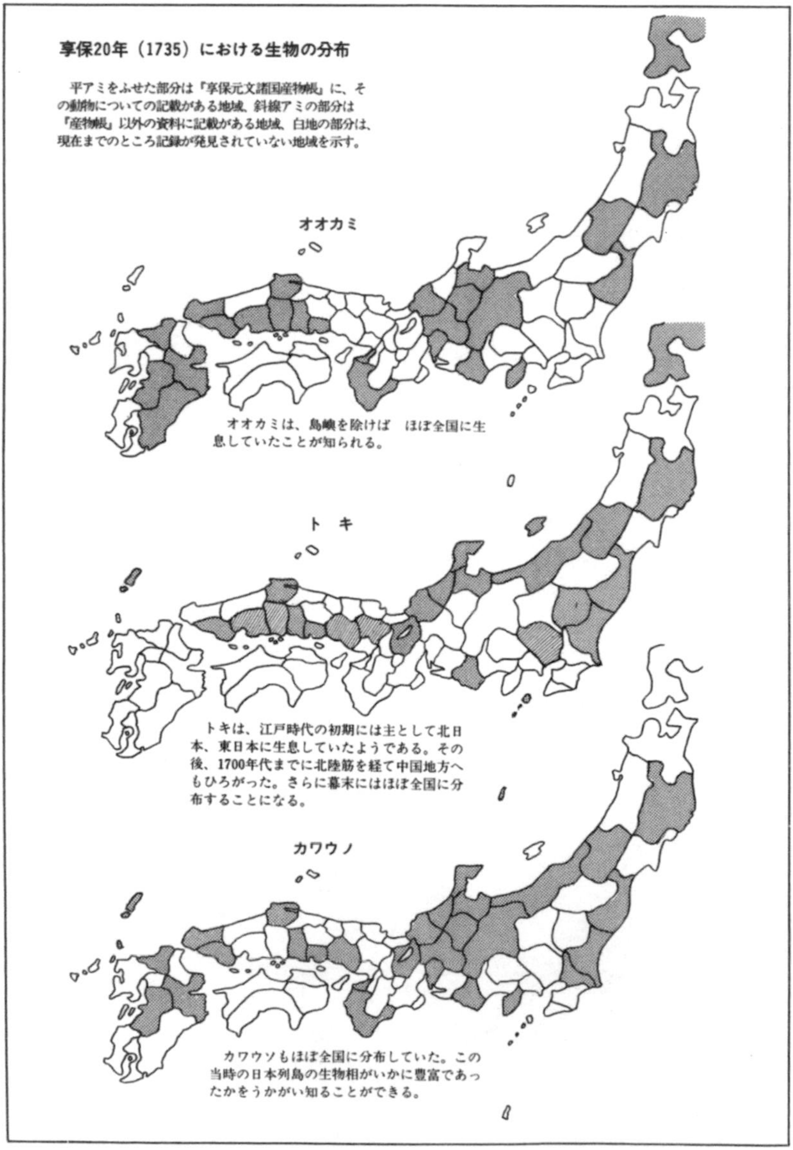
享保20年（1735）における生物の分布
平アミをふせた部分は『享保元文諸国産物帳』に、その動物についての記載がある地域、斜線アミの部分は『産物帳』以外の資料に記載がある地域、白地の部分は、現在までのところ記録が発見されていない地域を示す。
オオカミ
オオカミは、島嶼を除けば　ほぼ全国に生息していたことが知られる。
ト　キ
トキは、江戸時代の初期には主として北日本、東日本に生息していたようである。その後、1700年代までに北陸筋を経て中国地方へもひろがった。さらに幕末にはほぼ全国に分布することになる。
カワウノ
カワウソもほぼ全国に分布していた。この当時の日本列島の生物相がいかに豊富であったかをうかがい知ることができる。

圖七之二　一七三六年的調查顯示出日本狼、朱鷺與日本川獺（按順序）在日本各主要島嶼的分布情形。

水的計畫在結構上刻意採用辭典編纂形式，目的是對所有本草學資料進行全面且合理的安排，同時建立起一個明確的分類系統。在文體與本質上，丹羽正伯忠實遵守了稻生若水的模式。那麼，這些調查的目的又是什麼？如果丹羽正伯的目的只是為了一勞永逸地整理動植物名稱的地區與方言變化，為何還費心要求提供這麼多插圖？又為什麼不在他的《庶物類纂》中加入這些圖片？

安田健的看法是，丹羽正伯利用幕府的資源與權力來滿足自己的科學好奇心。[24] 事實上，這個謎團尚待解答，特別是因為人們對這些調查的法律地位有所臆測，單純的好奇心似乎不是個令人滿意的假設。[25] 除了一七三四年的官方信函，指定由丹羽正伯負責組織自然資源普查的任務，並總結收集數據的最終報告，幕府檔案的官方文件中並沒有原始調查的痕跡。[26]《庶物類纂》在幕府文庫收藏以後，從未被印刷或出版，只有那些能從資深評議官會議獲得授權的人才能查閱。

一個簡單的解釋是，調查的小冊子是非正統的資料，不具備《庶物類纂》編纂時引以為據的，相當於正統百科全書的權威地位。但是，圍繞著百科全書的保密性、一些調查報告的佚失，以及丹羽正伯所掌握的巨大權力與權威（對一名醫生來說是前所未有的），也可能表示政府，特別是德川吉宗對這個計畫有更高的興趣。這些調查可能是德川吉宗為實現領土控制而採取的一個策略，這可能為這些調查的保密性提供了一個解釋。組織全國自然資源調查的另一個動機，可能是一七三二年至一七三五年的農村危機，也就是所謂的「享保大饑荒」。農業產量的普遍惡化的情形在一七三二年達到頂峰，冬季與春季的惡劣天氣以及夏季的蝗蟲侵襲，皆造成糧食匱乏與廣泛的饑荒，在日本西部造成十多萬人死亡。從財政角度來看，這場饑荒導致幕府與各藩的稅收減少。為了因應這場饑荒，德川吉宗下令從東部儲備區運來一批稻米，但這一措施並不足以遏制營養不良的影響。從一七三二年秋季到一七三三年春季，各種突發事件與地方叛亂說服了德川吉宗，增加了分配到該地區的稻米數量。

一七三二年至一七三三年的危機促使德川吉宗採取一項農藥政策，旨在鼓勵替代作物與抗蟲害作物的研究與生產。一七三四年至一七三六年的調查可以說是他農業改革計畫的一個主要部分。饑荒可能是擴大稻生若水研究的動力，否則就很難解釋為什麼德川吉宗並沒有在一七一九年獲得《庶物類纂》手稿或在一七二二年雇用丹羽正伯以後，下令擴充與修訂，而是在一七三〇年代享保大饑荒以後才這麼做。

調查與監視

調查活動是近世新興國家的一個普遍現象。在歐洲，年輕的林奈（一七〇七—一七七八）

在瑞典皇家科學協會的資助下，前往拉普蘭（Lapland）完成該地區植物資源的調查，後來在一七三七年以《拉普蘭植物志》（*Flora lapponica*）為題發表。這次旅行除了具有科學研究的目的外，也受到瑞典政府在該地區的經濟利益所驅使。[27] 林奈分類系統的價值因為他的學生——即所謂的林奈使徒——而大幅度增加，這些人帶著任務前往世界各地，負責記錄、描述與分類儘可能多的新物種。[28] 林奈的分類系統很簡單，可塑性亦強，足以容納新的植物物種。一位林奈使徒佩爾·卡姆（Pehr Kalm）[29] 在一七四九年至一七五一年間，以瑞典皇家科學學會的贊助在北美旅行。丹尼爾·索蘭德（Daniel Solander）[30] 隨著詹姆斯·庫克（James Cook）的奮進號踏上旅程，為英國皇家學會收集植物標本。弗雷德里克·哈塞爾奎斯特（Fredric Hasselquist）[31] 在巴勒斯坦收集標本；滕伯格則隨著荷蘭東印度公司旅行到南亞與東南亞地區。我們不可能將這些科學事業與新興歐洲殖民帝國的經濟和政治利益分開，也不可能將純粹的科學好奇心與有利害關係的承諾進行切割。正如彼得·拉比（Peter Raby）在談到班克斯爵士的非洲探險時所說的，「增加歐洲知識的『純粹』衝動與……效益主義攜手並進：雖然商業這個詞並沒有被提到，但或許也不需要提及。」[32] 科學知識與帝國對世界偏遠地區的占領，根本上是一體兩面。

同樣地，德川吉宗對日本境內所有動植物物種所進行的普查，也可以被解釋成是為了獲得有關土地生產力與可開發資源的精確數據。這一點從德川吉宗對本草學專家的資助中可以看出，他派遣這些專家到各國進行藥草考察，並在幕府或藩政府的直接控制下建立藥園與植物園。人們講到丹羽正伯的時候，會記得他是這些本草學者中獲得最高頭銜的人，但其他學者著實也享受到德川吉宗資助的果實。在這些人中，值得一提的是野呂元丈與植村佐平次；和丹羽正伯一樣，他們都來自伊勢國。

在所有受到國家贊助的本草學者中，植村政勝（亦即植村佐平次）可能是最有趣的一位。[33]植村佐平次出生於松阪郊區的大津杉村，是一位住在鄉間的農村武士（**鄉士**）之子。一七一〇年，他進入當時還是紀伊藩主的德川吉宗麾下，成為其近侍與保鑣（**御庭番**）。當德川吉宗在一七一六年成為幕府將軍時，已為親信的植村佐平次以近侍的身分追隨主公，而且被允許進入德川吉宗的私人房間。雖然御庭番的頭銜在武士地位排名中並不算高，但卻能賦予他與幕府將軍直接接觸的特權。此外，御庭番肩負的職責很多，其中包括間諜與祕密外交任務。植村佐平次在一七四五年退休時寫的一封信是這麼開頭的：

> 關於我作為採藥使的工作，讓我從一七二〇年五月十五日到一七五三年九月之間走遍了各國的山區與山谷。我每年最少花一百四十至一百五十天，最多達一百八十至一百九十天在各國旅行，每天記錄我的觀察。在同一時期，我也擔任間諜（**隱密御用**），中間未曾間斷過。

然而，我在一七五二年春天病了。我請求解除職務，同年七月十七日，我獲准退休。[34]

植村佐平次未曾接受過醫學訓練，我們也不知道他何時與如何學習本草學。他作為採藥使的第一個任務，是在一七二〇年一次前往日光山區的藥草考察中擔任丹羽正伯的助手。然而，現存資料無法說明他該次考察之前接受過什麼樣的訓練，也無法解釋為何德川吉宗會派近侍去陪同丹羽正伯。丹羽正伯在信件或日記中也未曾提到植村佐平次作為學生或培訓員的身分。阿部將翁宣稱植村佐平次是自己唯一的弟子，但植村佐平次從未提及阿部將翁的名字，也不承認他是自己的老師。阿部將翁與植村佐平次之間唯一的聯繫，是植村佐平次於一七一九年六月十七日遷居至江戶淺草地區，而當時阿部將翁也住在江戶。

一七二〇年九月十三日，德川吉宗任命植村佐平次為駒場御藥園的園監。上野益三認為，這個職位反映出植村佐平次在藥用植物學領域的能力見長。[35] 我們可以肯定的是，設立駒場御藥園的目的在於，對植村佐平次在日本各島旅行所採集到的植物，以及德川吉宗捐贈給他的外來藥草與樹木，進行常規性栽培。他的頭銜「**藥草見分**」也證明了他的專業能力；所謂的藥草見分，指的就是藥草學家，或是能分辨藥材的專家。在一七二〇年至一七五三年間，他從本州島北部地區到關西地區進行了八十六次旅行。[36] 一七二二年，植村佐平次再次加入丹羽正伯的行列，在近畿地區進行了一次長時間的藥草考察。植村佐平次的旅行日誌與筆記本（**採薬記**）揭露了這些考察活動的組織方式。這些活動並不是單獨行動，而是有很多人參與。每當植村佐平次和他的工作人員進入一個藩，都有一些當地嚮導（**気遣**）在場協助安排旅行事宜，包括預定旅館、補給、材料的運輸等。每探索完一個地區，所有標本都被迅速送回位於江戶的駒場御藥園。

正如植村佐平次在他的退休信中所披露的，他經常利用藥草考察的機會進行間諜活動。不幸的是，他的這些考察報告大多已佚失。一封倖存的信件報告了一七四二年九月一日至二十日期間關東平原南部拙劣的防洪控制。他的報告詳述了財產損失、地方政府採取的無能對策，以及災民人數。當他以八十三歲高齡去世時，植村佐平次已經收集了大量珍稀植物，並成功移植到駒場御藥園內。這些植物包括根具有利尿作用的白朮（學名 *Atractylodes ovata*），治療結膜炎和口腔炎的日本黃連（學名 *Coptis japonica*），有生熱作用的興奮劑草麻黃（學名 *Ephedra sinica*），有益於肝臟並能促進消化的烏藥（學名 *Lindera strychnifolia*），以及根部被用作祛痰劑與蟲咬解毒劑的薺苨（學名 *Adenophora remotiflora*）。

第四部分

自然的展示：

漫長的十八世紀

（一七三〇年代至一八四〇年代）

NATURE’S SPECTACLES:

THE LONG EIGHTEENTH CENTURY (1730S-1840S)

彷彿存在就是為了被觀察，

彷彿，在可能的目的之中，

在一個人所看到的東西中，首先是目的，

表面，是要被人看見的目的。

——華萊士．史蒂文斯（Wallace Stevens），〈月光上的筆記〉（Note on Moonlight）

十八世紀下半葉，那一個半世紀前開始對自然界的理論研究與實踐調查，已經融合成一門更具整合性也更多樣化的學科。本草學維持了它與醫學研究的最初聯繫，但是也發展成一個日益多面向的領域，對經典文本權威和醫療實踐需要的依賴都愈形減少。在幕府與藩屬機構、私人學園、大眾的好奇心，以及蓬勃發展的教科書、百科全書與專題著作出版業的支持下，本草學這門學科逐漸有了兼容並蓄的特質，採用了從詞彙學和百科全書到農學、美食、美學、娛樂和自然歷史等範圍廣泛的方法與目標。到了這個時期，本草學專家已經有了大量的追隨者，足以讓他們獲得社會的認可與相對於其他研究領域的自主權。幕府對本草學的支持始於德川吉宗，並逐漸傳播到各藩中，藩主無論是真誠感受到使命或是出於同輩勸說，都開始贊助專家學者，或者作為業餘實踐者參與自然史的調查研究。這種贊助有許多種形式，包括設立植物園和藥學研究所，以及武士菁英直接參與致力於觀察、描述、收集與描繪動植物的文化圈中。

日本本草學從中國模式的分歧（中國清代的本草學與明代本草學專家如李時珍活躍的時期相比，並無太大變化）並不是一夕之間發生的。造成如此變化的原因，不僅有學者的論述、物質上的實踐，以及他們在社會專業身分上的改變，也包含幕府與藩政府以組織物產調查、支持藥草或替代作物種植等方式的參與，再加上新機構的設立，如醫學研究院和幕府、藩政府贊助的植物園等等。

德川幕府建立後的長期政治穩定，導致了深刻的社會變革。尤其是，市場經濟的發展對德川時期的社會秩序產生了深遠的影響。其中最明顯的是統治階層武士菁英的貧困化，以及相應地被削弱實際的權力。經濟的貨幣化、國內與國際商品貿易的增長、愈形倚賴市場來獲得社會再生產的手段，以及農業生產的商業化等，這些都是德川時期日本社會經濟生活的轉變，有利於基於財富而非出身的新型式社會統治的出現。

商人與工匠階層的識字率穩定上升，讓這些人成為文化商品的熱情消費者。[1] 這個現象的結果是文化商品市場的多元化，因為這些將時間與資源投資在文化活動中的人，都是來自不同的社會階層。擁有土地的農民（**豪農**）透過放款，以及將農業剩餘物資投資於紡織、清酒釀造與靛藍染料製造等小規模製造業的方式，變得更加富裕，而出現在這個階級的新興文化消費者們，則讓文化離開了上方與關東地區的主要城市中心，向農村蔓延。

歷史學家曾經認為這是一個長時間的社會停滯流動期，但是到了十八世紀下半葉，德川時期發生了徹頭徹尾的社會變革，打破了既有的社會關係階級制度。一方面，武士菁英自十七世紀以來一直在經歷一個「開化過程」（civilizing process），這個過程往往融入了和平時期社交的新規則。這些規則包括池上英子（Eiko Ikegami）所謂的內化「馴服」（taming），提倡自我克制，而不是中世紀的暴力與武力理想。[2] 道德被轉化成一種文雅、禮儀和藝術專長的語言。在這種新的價值體系下，知識博學成為地位的重要標誌。在其他藩主眼中，品味與學識的差異賦予他們地位，增加了他們的政治特權。由於稻米價格持續下跌，有學問的中下階級武士陷入貧困，因而經常藉由在知識與文化領域的就業來改善生活。雖然他們作為學者的成功在很大程度上取決於贊助，但他們在藩政府的就業也有助於改變藩主與家臣之間的關係。文化與知識事務的有償諮詢取代了戰爭中的兵役，這與初代德川幕府將軍開始的武士階層非軍事化與官僚化是一致的。

另一方面，在正式社會階梯的底層，富有的平民將他們新獲得的經濟繁榮投資於教育以及藝術和智識訓練，從而提高他們的社會存在。如此一來，他們既遵循也推動了現在普遍存在的理學道德論述的轉變。理學最初讚揚這種道德修身的活動，同時也譴責對金錢的追求。[3] 平民積極參與文化圈與私塾學習，為他們提供了與武士菁英成員的間接接觸，以及更罕見的直接接觸。不斷擴大的文化交流網絡，儘管只是偶爾將武士和平民聚集在一起，但由於有共同的想法、興趣與實踐，而且往往由同樣的學者教師來監督不同群體的活動，因而形成了智識的交往。在十八世紀下半葉，來自各個社會階層的成員，從武士到富裕的農民與商人，對文化活動的參與有了爆炸性的增長，產生了德川後期日本生氣勃勃的大眾文化。

本草學只是十八世紀蓬勃發展的諸多藝術與知識活動之一。和其他事業不同的是，本草學因為對國家福利的實際效用，而且與理學「格物致知」的思想相關聯，因而具有道德效益，也因此受到德川政府的青睞。參與一個致力於自然研究的文化圈，在社會與智識上都是有益的。就像十九世紀英格蘭富裕的中產階級，或是中國文人的私人追求一樣，武士菁英與富裕平民之所以受到這類活動吸引，是因為它們有趣、令人振奮，而且得到社會認可。充斥於許多本草學文本的藝術插圖，也符合德川時期菁英和大眾文化對視覺表現的審美品味。此外，藉由公開展示從世界偏遠地區進口的防腐標本與活體動植物，本草學的公共展示與娛樂方面在熱鬧的都會脈絡下蓬勃發展，讓它的從業者能夠創造並利用民眾對自然界日益增長的興趣。

即使本草學這門學科保持了它源自藥學的名稱，但它也正在經歷著深刻的轉變，成為一種被認定為「自然史」的東西。主要的變化在於，愈來愈多學者專注於動植物本身的研究、觀察與描述。儘管大多數人繼續從實際效用與用途的角度來構想他們的研究，他們的知識實踐卻愈來愈著重於製作對動植物物種之形態、生態與行為的準確描述。

在這個過程中，本草學於十八世紀下半葉逐漸變成一個相對更自主的專業領域，在國家資助的學校與研究機構中被教授，而且擁有自己的典籍。它的從業者不再是像林羅山和貝原益軒等人，只是附帶參加其活動的博學家而已，而是可以被視為博物學家，並且能在這種專業知識的基礎上占據愈來愈多職業區位的專業學者，例如田村藍水與小野蘭山。許多人繼續在藩主麾下服務，其他人則在幕府的醫學研究院裡找到工作。少數發展成私人教育家，有自己的學校，如松岡玄達（即松岡恕庵，一六六八－一七四六）。還有一些人透過講座、文化圈與會所來尋求公眾支持，或以園丁、插畫家或外來物種經銷商等身分受到雇用。

在這種更廣泛的意義上，對公眾的依賴意味著本草學專家發現自己必須互相競爭，以滿足新消費者的口味，這是前所未有的現象。他們的處境早已不同於一個半世紀前的林羅山，更不必像林羅山那樣，得在佛教僧侶與傳統宮廷機構之外努力爭取社會對學者的認可。現在，儒者是被社會接受的專業人士。一般民眾也發生了變化。到了十八世紀，日本的大型城鎮數量遠超過許多其他城市化的社會，幕府首都江戶（今東京）的人口達到一百萬。江戶是充滿活力的新城市景觀文化的典範，有劇場、娛樂場所、馬戲團、展覽和街頭表演，同時還充斥著大量出版通俗小說、諷刺小說與旅遊景點指南等繁榮的出版業。[4] 隨著富裕地主農民人口的出現，江戶、大阪、名古屋和京都等城市的流行文化，開始共存於日本鄉間城鎮與村莊中一種充滿活力但獨特的文化網絡。本草學實踐在這兩個圈子裡都存在，儘管它的活動在個別脈絡下多少有些不同。

稻生若水的弟子松岡玄達經常在京都公開講課，前去聽課的人很多，光是學生的學費就足以讓他維持生計。[5] 松岡玄達的弟子小野蘭山自詡有來自日本各地的一千多名學生在他於京都開設的私塾學習。[6] 在鄉間，圈子比城市小，活動也不那麼張揚，但是興趣與實踐方式是類似的。[7] 事實上，他們延請的學者教師往往是同一位，教師旅行到各地教授各個團體，並在這樣的過程中，透過思想與文化實踐將不同社會地位的成員連結起來——在當時的社會結構中，不同階級是無法聯繫在一起的。田村藍水與他的弟子平賀源內舉辦了第一次全國性的動植物展覽，將私人收藏的數千件珍稀標本公開向江戶民眾展示，受到民眾前所未有的熱情歡迎，將來自城市中心與鄉村中不同社會地位的業餘愛好者與學者聚集起來。[8]受益於這股本草學風潮的不只有學者。有一小群畫家和插畫家，為藩主、文化圈、出版商和博物學家服務，用極其精緻的動植物圖畫來豐富目錄、文章與論文集的內容。[9]

在德川時期的後半段，自然史享受到一種流行時尚所能得到的所有好處。對動植物專業知識的需求增加，導致專業本草學學者的人數激增。然而，專家人數的增長卻被幕府對知識生產做出更嚴密的控制所抵消，特別是在一七九〇年所謂的異學禁令之後。[10]隨著對學術作品的需求增加，學者聲望也隨之提高，但是如果沒有藩特權階級的贊助與支持，謀生仍然非常困難，平賀源內就是個很好的例子。

在德川統治的最後一個世紀，人們對自然史的狂熱達到頂峰，但這並不足以保證其從業者的經濟穩定。就某種意義而言，本草學這門學科的進展可以說比本草學專家的情況要好。一方面，自然史成了一個在所有社會階層都有足夠多追隨者的領域，與十七世紀的本草學者相形之下，這個時期的學者對他們的知識生產方法有著更大程度的控制。另一方面，專家本身的社會同質性在很大程度上維持不變，直到德川時期結束。也就是說，大多數博物學家仍然是來自低階或中階武士階層的醫生，而且往往受僱於幕府與藩政府的行政機構。雖然本草學日益普及的情況並沒有改變其知識生產者的社會構成，但這確實意味著他們的自然史研究不再只是為了順應統治階級的需求。十九世紀的歐洲也是如此，即使在生物這門學科已經被認定為一個學術領域以後，博物學家往往也不是一個能夠自立謀生的職業。[11] 綽號「達爾文的鬥牛犬」的演化生物學家赫胥黎（Thomas Henry Huxley）曾抱怨道，「要靠科學過活是不可能的。我一直不願相信，但事實就是如此。」[12] 理察・歐文（Richard Owen）可能是他那個時代最著名的比較解剖學家，他的年收入為三百英鎊，「比許多銀行職員的工資還低。」[13] 十九世紀的歐洲與德川後期的日本，自然史儘管大受歡迎，但仍然是一種紳士活動，從業者幾乎完全是來自於能夠負擔得起這類活動花費的階級。

這個部分的四章重新建構了日本本草學全盛時期的部分面向、事件與後果。第八章描述了各種形式的自然如何成為大眾消費的物質商品，從珍稀動植物的搜集與分享，到各種形式的遊戲與消遣。第九章將焦點集中在自然作為各種文化會所和文化圈的知識商品，同時吸引武士與平民或兩者的結合，例如木村蒹葭堂（一七三六－一八〇二）的沙龍就是一個絕佳範例。第十章講的是平賀源內，他卑微的出身與他的天才，他成功組織第一次藥學標本公開展覽的故事，以及他作為一名專業學者的生存奮鬥。第十一章終於對大量動植物插圖的情形進行解讀，這些插圖成為德川時期最後一個世紀本草學作品的主要特徵。

8

自然奇觀：

作為消遣的自然史

Nature's Wonders: Natural History as Pastime

大象遊行

一七二九年四月二十六日，一隻七歲的母象進入京都。人人都非常期待牠的到來，中御門天皇也表示希望能看到幕府將軍德川吉宗購買的這隻巨獸。大象與天皇的相遇被印在書籍與公報上，標誌著這個不可思議的事件。[1]

大約一百年後，繪師尾形探香（約一八一二—一八六八）在他的《象之繪卷物》中重新描繪了這個故事：他提到這隻身形龐大的大象在抵達年輕天皇所在的清涼殿前時，顯然在沒有馴象師直接命令的情況下，突然跪倒在地，鞠了一躬，「以表示對天皇的敬畏」（圖八之一）。[2] 十九世紀上半葉，在筑前國大肆傳播渲染的尊皇思想激進熱情，可能給當時活躍於九州島的《象之繪卷物》的不知名作者帶來啟發。事實是，在謁見天皇以後，這隻大象繼續旅行前往江戶，到牠真正的主人德川吉宗處。這個事件發生的一個世紀以後，尾形探香

圖八之一　尾形探香《象之繪卷物》細部截圖。大阪：關西大學圖書館。

受到愛國主義熱情的影響，將這個事件解釋為天皇超凡力量令人敬畏的徵象，但事實上，當時的評論家可能將大象與天皇的相遇理解為日本真正統治者——即幕府將軍——的慷慨讓步。大象於五月二十五日抵達江戶。德川吉宗自從在荷蘭東印度公司的代表捐贈給幕府政府的瓊斯頓《四足動物的自然史》中看到大象銅版畫以後（圖八之二），就表達出他對大象的渴望。[3]

一七二八年六月，兩頭大象，一公一母，乘坐荷蘭貨船抵達長崎。德川吉宗特別要求了一頭白象，因為在東亞傳統中，白象是公正與和平統治的象徵。藩主宅邸與城堡中常會出現白象的圖片（圖八之三），但德川吉宗能取得最接近白象的，是來自越南的一對年輕的灰色亞洲象（學名 *Elephas maximus*）。一七二八年送到德川吉宗手中的兩頭大象中，雄象在抵達長崎三個月後就死了。雌象在兩名越南馴象師的陪同下前往江戶，他們的護送部隊在經過七十四天的旅行後到達江戶，吸引大批渴望看到這隻巨獸的民眾。[4]

我們有理由推測，德川政府已經預料到遊行會造成轟動，所以才刻意宣傳德川吉宗的大象的行程，以提高幕府將軍的象徵性權力。德川吉宗的勘定奉行[5]稻生正武（一六八二—一七四七）在各處張貼政府公告（**御触書**），安排大象的行進路線，並規範遊行期間的公眾行為。旁觀者必須在不發出任何聲音的情況下觀看大象，而且禁止給牠提供任何食物和水。[6]在大象抵達江戶以後，被交到一個名叫源助的人

圖八之二　約翰．瓊斯頓《對自然的精確描述》（*Naeukeurige beschryving van de Natuur*，阿姆斯特丹，一六六〇年）。東京：國立國會圖書館。

手中，幕府國庫每年撥款兩百兩，用於飼養大象。這頭大象在抵達日本十三年後，以二十一歲之齡死於營養不良，可能是幕府破產的受害者。[7]

對自然的狂熱

德川吉宗的大象只是德川統治的最後一個世紀中，引起民眾熱情的諸多動植物相關公共活動之一。[8] 荷蘭與中國商人進口的珍稀外來動物經常以遊行的方式展示，但民眾對自然奇觀的好奇心（**好き**）卻也表現在各式各樣的實踐與時尚之中。收集貝殼、葉、花、植物、昆蟲與異國鳥類是非常受到各階級民眾所喜愛的嗜好，箇中差異取決於每位愛好者的經濟與社會資本。園藝、景觀美化與鄉間採藥野餐更是大受歡迎的消遣，正如培育杜鵑花與金魚的新品種，以及參與涉及動植物的社交遊戲——例如「貝合」，一種比賽誰能正確辨認出最多貝殼的遊戲。手冊、目錄與專題著述的出版業蓬勃發展，證明了十八與十九世紀的自然史流行熱潮。

在日本與十九世紀的歐洲，特定動植物物種的流行來來去去，而且經常是莫名其妙的。人們的喜好往往隨季節而變化，而且也有地理上的局限性。有些是全國性的熱潮，有些是突然對特定一種對地方社群歷史有特殊意義的花、魚或鳥爆發熱情。在這種趨勢的社會流程圖中，與

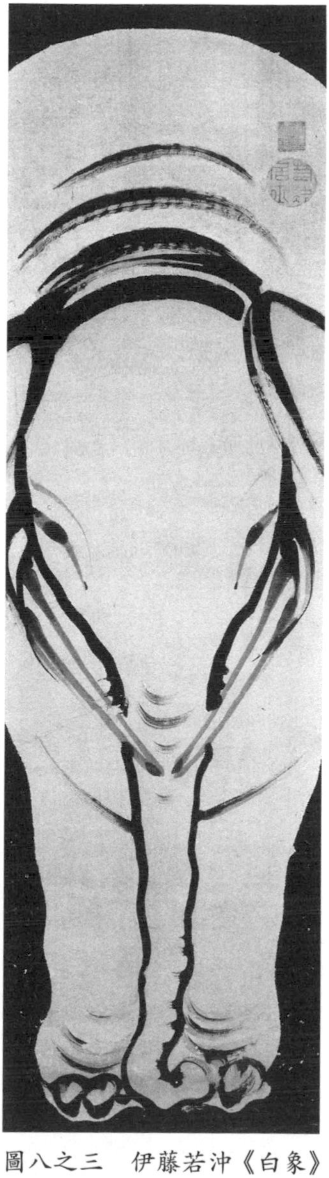
圖八之三　伊藤若沖《白象》（一七六八年）。

自然史有關的時尚在社會結構中似乎是由上往下移動的。這通常圍繞著幕府開始，先在藩主與其家臣中流行，然後才蔓延到平民之間。傳統原始資料顯示，幕府將軍經常表現出對一種花的特別沈迷。《德川實記》與其他高級幕府官員的回憶錄中都曾提到，德川家康特別欣賞櫻樹，他在駿河城與江戶的其他地方都種植了櫻樹。他在一六〇五年將幕府將軍的頭銜傳給兒子德川秀忠，據說秀忠喜歡茶花。[9]第三任幕府將軍德川家光（一六〇四—一六五一）與他的祖父品味相同，為了表示孝心，他擴建了江戶城的吹上御苑，並種植大量櫻樹與一些茶花來豐富景觀。他甚至派了全副武裝的夜間警衛去花園保護這些珍貴植物。德川家光這位果敢的領導人賦予幕府一個更複雜也更有效率的行政與法律結構，他特別沈迷於將松樹做成盆景（**盆栽**）。根據《德川實記》的記載，家光最信任的一位家臣大久保忠教（一五六〇—一六三九），因為對主公就寢時將一顆心愛的松樹盆景放在枕頭下木盒裡的習慣感到困擾，於是把這盆景丟到花園裡，懇求主公要嘛停止這種瘋狂的行為，要嘛讓他當場切腹自殺。[10] 德川家宣短暫的幕府統治時期（一七〇九年至一七一二年），對五顏六色的楓樹十分狂熱。[11] 德川時期的十五位幕府將軍都有各自的愛好。

如果幕府將軍的個人興趣沒有在一個相當於全國狂熱的過程中被其他人熱切追隨的話，他們對植物的熱情將僅僅只是一種歷史趣聞而已，而且出現於《德川實記》這種無可鑑別的原始資料的證詞也將難以得到證實。迫使藩主與其家臣在幕府首都江戶度過一半時間的參勤交代制度，更是促進了這些興趣在社會階梯與全國各地的傳播。[12] 正是在那裡，來自不同地區的群眾掌握了最新的時尚，並把它們帶回家，散播到日本群島各地。一些資料顯示，各種社會地位的人都在追隨幕府的時尚，在寬永時代（一六二四年至一六四三年）迷戀茶花，在元祿時代（一六八八年至一七〇三年）迷戀楓樹，在德川吉宗的享保時代（一七一六年至一七三五年）迷戀菊花，在寬政時代（一七八九年至一八〇〇年）迷戀橘樹。[13]

這種對自然史的迷戀，明顯促成了植物園在各大城市的發展。武士與市民都參與了植物園的維護，促成園藝產業的發展和專業園林設計師身分的確立。園藝（**庭園**）在日本一直扮演著重要的文化與宗教角色，但在德川時期，私人與公共花園的數量與分布大幅度增加，江戶、京都與其他城下町都大規模建造了幕府與藩屬花園。

這種熱情廣泛傳播的主要受益者是專業園藝師（**植木屋**）。他們在大阪（下寺町、天滿、高津）、京都（北野天滿宮附近）與江戶（駒込、巢鴨與青山）等特定區域設立商行以滿足客戶需求。園藝師通常出售各種中小型植物（圖八之四）。規模較大的業者也會為收藏家交易小動物如金魚、寵物鼠與不同種的昆蟲。還有一些較小的業者，通常是專門經營某類植物的街頭商販，往往來自江戶鄉間。這些街頭小販每天往返城市出售他們的產品（圖八之五）。

圖八之四　出自《繪本家賀御伽》的江戶植木屋（一七五二年年）。東京：國立國會圖書館。

圖八之五　出自《四時交加》的街頭植木屋（一七九八年）。東京：國立國會圖書館。

一六五七年，一場大火燒毀了江戶中心的一大片區域，此後，植木屋的數量大幅增加。這場災難造成的破壞需要從其他令制國調來木匠與園丁，以重建藩主的官邸。由於花園經常用作疏散區，在明曆大火之後，[14]花園的數目也增加了。一些半專業的園藝師，通常是級別低的家臣與佛教僧侶，也參與了私人花園的設計與維護。知名的專業園林設計師通常與最好的園藝師合作。他們出版園藝技術手冊和植物目錄，這除了有助於提高他們的聲望，也能讓客戶人數增加。這個時期最有名的手冊也許是伊藤伊兵衛三之丞（卒於一七一九年）在一六九二年出版的《錦繡枕》。這本書提供了有關如何種植與養護一百七十四種矮叢狀杜鵑（躑躅）品種與一百六十三種樹形杜鵑（皐）的完整描述與指示。園藝類暢銷書中排名第二的是出版於一六九五年的《花壇地錦抄》，同樣也是伊藤伊兵衛三之丞的作品。這本書成為所有園藝技術一般教科書中最著名的一本，後來也由伊藤伊兵衛三之丞的後繼者分別在一七一〇年、一七一九年與一七三三年進行修訂與擴充，而且一直到明治時期仍持續再版。[15]

園藝的普及與新園藝技術的發展，也對本草學產生深遠的影響。事實上，許多本草學專家都參與了這些手冊的撰寫。貝原益軒的《花譜》於一六九四年完成手稿，一六九八年出版，提供了關於種植與培育許多種花園植物與樹木的入門指南，書中的每種植物都按照其開花季節來排列。[16] 貝原益軒的手冊與伊藤伊兵衛三之丞的手冊不同之處在於，貝原益軒大量使用中文原始資料，並按孔子的詮釋將園藝視為有助於鍛鍊人類道德能力的活動。[17] 伊藤伊兵衛三之丞的手冊以技術為導向，並以其家族的園藝專長和傳統為基礎。

其他本草學者也出版了有關特定園林植物的專題著述。稻生若水的弟子松岡玄達出版了一系列以蘭花、櫻樹、竹子和梅樹栽培的研究。[18] 松岡玄達的弟子小野蘭山與專業園丁島田充房合著了一本名為《花彙》的圖解園藝百科全書。這套百科全書於一七五九年至一七六五年間分八卷出版，以中文原始資料和島田充房的專業實踐為基礎。[19] 對這些手冊的作者來說，無論他們是專業園丁還是本草學者，出版品通常意味著額外的收入來源。這些書籍的成功，尤其是專注於單一種觀賞植物的專著，完全取決於群眾對不同物種的興趣的變化趨勢。[20]

參觀寺廟與公共花園是那個時代的另一種流行消遣。事實上，今天許多受歡迎的花園都是在德川時期以此為目的而建立的，例如位於現今東京都豐島區駒込站附近的六義園，就是由川越藩主暨幕府將軍德川綱吉的評議官柳澤吉保（一六五九—一七一四）委託建造。六義園建於一六九五年至一七〇二年間，其中包含了詩歌選集《古今和歌集》的空間表現。

圖八之六　大久保的杜鵑花，出自《江戶名所圖會》（一八三四年至一八三六年）。東京：國立國會圖書館。

德川時期日本的城市居民對不同植物一時的興致，也意味著公共花園必須不斷地更新他們的植物收藏，以跟上大眾的品味。圖八之六出自《江戶名所圖會》（一八三四年至一八三六年），描繪的是大久保家族宅邸花園的一個場景，這個地點就在今天的早稻田大學附近，圖中有一群婦女正在欣賞杜鵑花。園藝愛好者的圈子經常組織旅遊，前往寺廟和私人宅邸的庭院賞花。例如，圖八之七取自《東都歲時記》（一八三八年），描繪許多園藝師總部所在的江戶染井町的一個場景。這些大型商店向民眾開放，會根據當前流行趨勢更換展示的植物。[21]

茶花、杜鵑、楓樹、牡丹、菊花、櫻花、鳶尾花、百合與冬青都是非常受歡迎的觀賞花卉，花匠藉由出版其雜交實驗成果的插圖目錄來利用它們的高人氣。在日本，牽牛花（**朝顏**）因為與文學有密切關係而極具吸引力，其市場非常有利可圖，促使栽培者進行雜交實驗，為市場提供許多品種的牽牛花（圖八之八）。[22]花卉在日常生活中非常重要，以至於菲利普·弗蘭茲·馮·西博爾德（Philipp Franz von Siebold）在一八二九年寄回德國家鄉的一份學術報告中評論道，日本是個「花園王國」。[23]

各種休閒活動圍繞著人們對花卉植物的興趣而展開，包括由地方社群團體以植物為題組織的遊戲與競賽。在日文中，這些活動通常被稱為「花合」，是出現於德川後期、從平安時代以來的一種遊戲的變型，玩家在遊戲中競相識別花種，並將辨識出來的花與一首詩或特定季節關聯

圖八之七　江戶染井町的菊花，出自《東都歲時記》（一八三八年）。東京：國立國會圖書館。

起來。其他流行的遊戲還有花相撲、鬪花會以及草合，這些都是從花合衍生而出的變化版（圖八之九）。[24]

和自然物種有關的收集、展覽、購買、出售、交換與遊戲等並不限於植物和花卉，因為也涉及動物。寵物飼養也愈來愈受歡迎。正如花卉的趨勢在社會階梯中由上而下移動，對寵物，特別是小型鳥類的熱情，首先在高階武士之間發展起來，然後才流傳到城鎮居民與富裕農民之間。[25]

寵物時尚也促進了新市場的發展。寵物店、寵物商人、描述不同種類動物的圖畫書、寵物照護手冊，以及文化圈與團體所舉辦的各種相關活

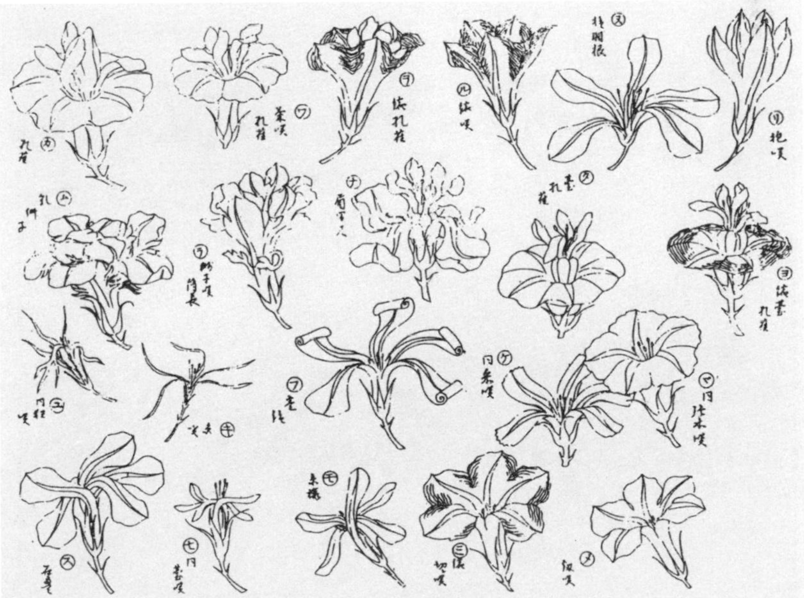

圖八之八　不同品種的日本朝顏，出自《朝顏水鏡》（一八一八年）。東京：國立國會圖書館。

動，都支持著這種對動物的興趣。舉例來說，鳥兒的潛在買主可以去鳥店（**鳥屋**），選擇一隻理想的鳥作為寵物或晚餐。圖八之十出自《攝津名所圖會》（一七九六年至一七九八年），這張圖描繪的是位於大阪附近的攝津市的鳥店。其中一家商店出售各種種類與大小的活鳥作為寵物，而在它的右側，可能與第一間商店有關的另一間商店則出售作為食物的死鳥。

鳥籠的生意也蓬勃發展，竹籠或木籠賣給城鎮居民，而用金銀或象牙製作的鳥籠則以武家的統治階級為對象。[26] 經常可以看到年輕男子，偶爾也有婦女，提著一個小籠子，帶著一隻心愛的小鳥在街上溜達。許多這類活動的愛好者參加了鳥類愛

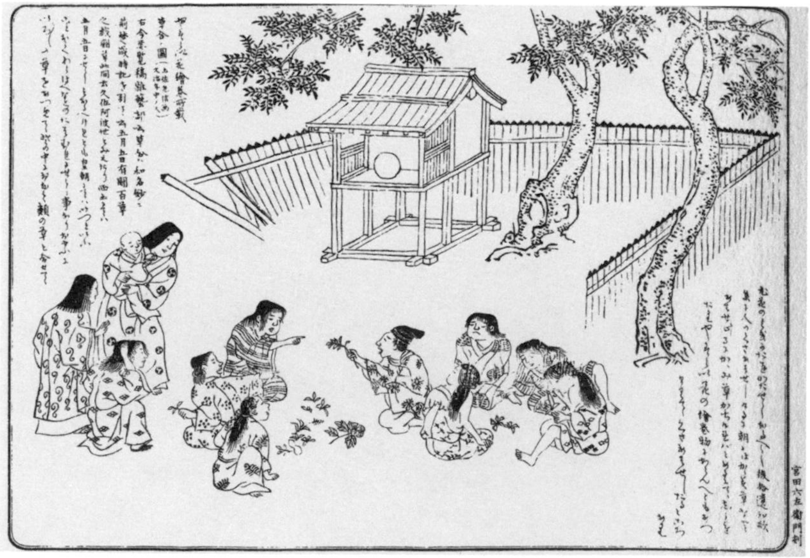

圖八之九　草合的場景，玩家競相撿起同一種植物的兩片葉子，並正確命名。

圖八之十　鳥店，出自《攝津名所圖會》（一七九六年至一七九八年）。東京：國立國會圖書館。

好者的聚會，比賽哪隻鳥的鳴唱最優美（**鳴合**），或組織郊外旅行，比賽聽鳥鳴辨識鳥種的能力（**小鳥合**）。[27]

一些最受歡迎的鳥類包括在日本與中國傳統詩歌中受到讚揚的鳥，如丹頂鶴、鴛鴦、母雞、紅腹錦雞與白鷴。[28] 德川吉宗上位後，隨著與中國和荷蘭商人的商業交流增加，稀有異國鳥類開始從東南亞、摩鹿加群島、新幾內亞、非洲、墨西哥，甚至南美等地通過長崎運抵日本。[29] 當一批異國鳥類抵達時，長崎市的官員會聘請一位畫家將鳥兒繪製下來，並將圖片呈送給幕府將軍，讓他選擇自己想要的鳥。幕府沒挑中的鳥則分配給批發商（**飼鳥屋**），賣給有能力購買的業餘愛好者。[30] 最受歡迎的鳥種如文鳥、紅梅花雀、藍鳳冠鳩、金絲雀、孔雀、斑尾鵑鳩、九官鳥、紅腹角雉、珠雞，以及各種鸚鵡與鷯哥。[31]更為罕見、但卻經常被需要且非常昂貴的，是食火雞（圖八之十一）、鴕鳥與各種犀鳥。[32]至於那些買不起異國鳥類的人，則藉著買鳥的繪畫或版畫來獲得慰藉。動物繪畫的價格仍高，但相較於購買活體動物，仍是比較負擔得起的。

鳥類是這個時期需求最高也最常被當成描繪對象的動物，其次是魚和昆蟲。哺乳動物很罕見，只有一些特殊的例外，如德川吉宗的大象或其他異國野生動物，如麝香貓、鱷魚、猩猩、單峰駱駝、豪豬與澤巨蜥。[33]一八二一年，荷蘭商人向幕府將軍獻上一對單峰駱駝，引發了另一場遊行，其壯觀與受歡迎的程度不亞於一個世紀前德川吉宗大

圖八之十一　一幅繪製於一六五八年的插圖，紀念荷蘭商人在一六三五年捐贈給幕府將軍的一隻食火雞。出自磯野直秀《描繪的動物與植物》。東京：國立國會圖書館。

象的江戶之行（圖八之十二）。

對那些連版畫都買不起的人來說，部分茶館除了供應綠茶或溫清酒外，也有稀奇有趣的動物供人觀賞。孔雀茶屋（圖八之十三）讓顧客有機會觀察陳列在茶屋周圍籠子裡的孔雀、雉雞、鴛鴦與其他稀奇古怪的動物。還有一些珍物茶屋，專門展示奇異物品供顧客娛樂（圖八之十四）。展示動植物的公共空間是現代動物園與植物園的前身，在十九世紀的英格蘭也有類似的地方，如業餘博物學家聚集在一起比較收藏標本的俱樂部與咖啡館。[34]

動物也在日本人的愛好與消遣中扮演重要角色。許多業餘愛好者會花上好幾個小時，跪在海浪裡收集貝殼或海草，這是德川時期城鎮居民與十九世紀英國中產階級的休閒活動（圖八之十五）。

有些愛好者會互相交換貝殼，或是與其他貝類學者一起玩貝合之類的遊戲。其他人則花時間捕捉蝴蝶或蚱蜢，然後仔細在昆蟲箱中分類，例如德川家臣與業餘博物學家武藏吉惠的昆蟲標本，見圖八之十六。

雖然收集昆蟲或貝殼通常是一種獨自進行的嗜好，但這類活動仍然有重要的社會功能。本草學的社交團為人們提供聚會空間，讓愛好者比較標本，並在分類知識、動植物處理技術或描述技巧方面相互競爭。正是在十八世紀，即本草學最受歡迎的時期，讓它像其他知識領域一樣，

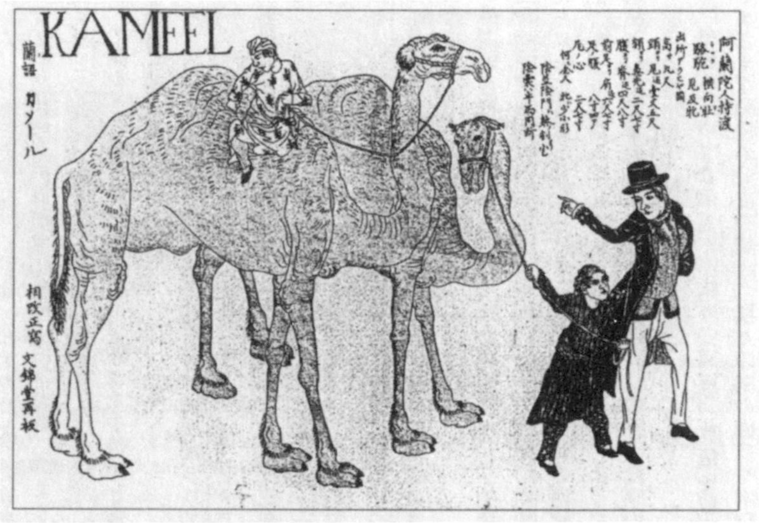

圖八之十二　一八二一年荷蘭商人向幕府將軍獻上一對單峰駱駝的遊行，圖像出自當時的大報。

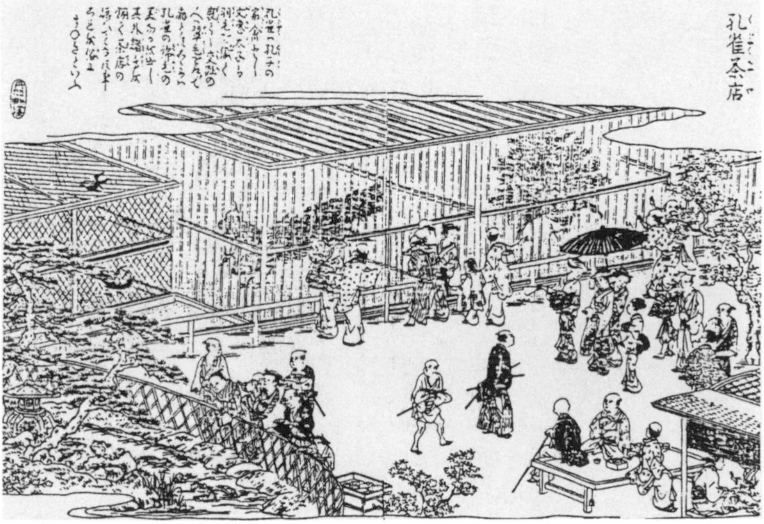

圖八之十三　孔雀茶屋，出自出自《攝津名所圖會》(一七九六年至一七九八年)。江戶東京博物館。

圖八之十四　出自一幅一七八九年繪畫的珍物茶屋。

圖八之十五　約翰・李奇（John Leech）在一八五七年在英國幽默雜誌《膨奇》（*Punch*）上發表的幽默之作，題為「海邊的常見物品」，清楚說明了海濱自然主義的廣泛流行。

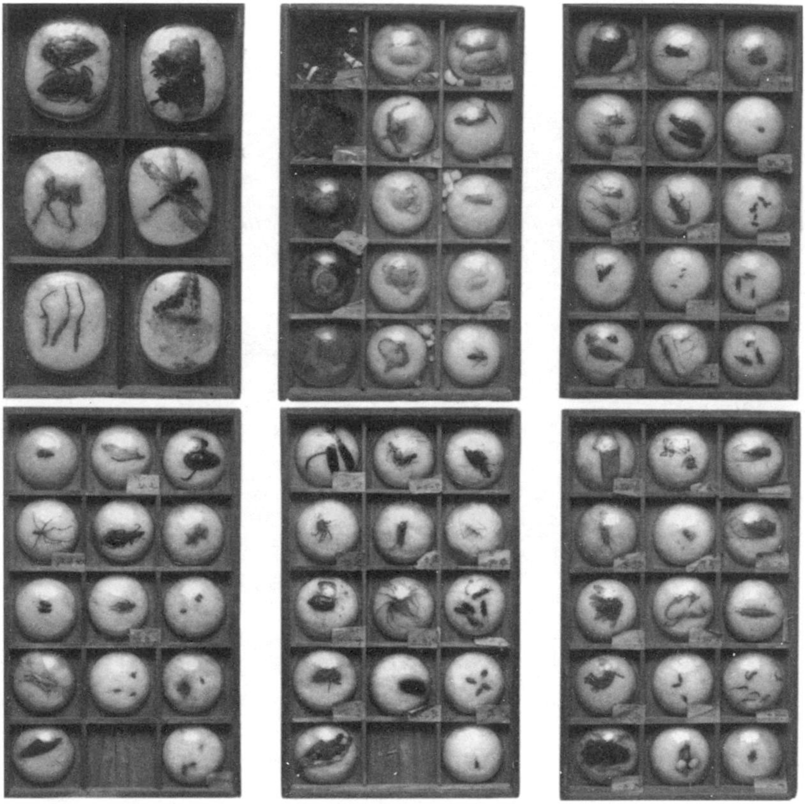

圖八之十六　武藏吉惠的昆蟲標本箱。東京：東京大學。

可以被動員起來作為地位的標誌。在文化社交圈中，知識水準的差異並不直接取決於出生，或政治與經濟資本這類在社會階級制度中，決定所處地位的因素。當然，這種地位競爭是有限的，因為無論是文化社交圈或文化圈，都和日本社會的其他部分截然不同。儘管如此，這些社交圈與圈子仍然是不同階級的成員能夠以知識而非世襲地位為基礎，進行聚會的地方。

在「漫長的十八世紀」中，在書籍、小組討論與為實際目標或理論興趣而設立的專門學校中，或多或少累積出可觀的動植物分類知識；而這些知識隨著各種與自然物種相關的流行消遣中同步發展。正如我們在第三部分所看到的，自十八世紀初以來，愈來愈多學者參與了國家資助的探險活動，前往日本最偏遠的山區與山谷收集藥草與植物，然後將它們移植到藥園或觀賞花園中。此外，根莖類、塊莖類與蔬菜類都有外來的新物種被系統性地引進和栽培。同時，人們對花草樹木的狂熱，滋養出新商業的發展，交易花草植物、鳥類、貝殼、石頭與作為寵物的小型動物。在這兩種情況下，自然物被交換、買賣、培育、展示、收集、描繪、重新整理、雜交、捆綁成美觀的形式（**盆栽**）、被安排在充滿文學聯想的花園裡、被關在籠子裡以裝飾富有武士和商人的房子；以及被用作諷刺、審美，甚至哲學思想的象徵性載體。動植物本身以及和它們相關的資訊被商品化，而這些商品往往在能將其價值貨幣化的消費社會中，受到市場的動態調節。在這種種事情發生的同一段時間之中，幕府與藩政府都組織動員、支持日本群島大部分地區的農業擴張與重新造林計畫。所有這些過程都在質與量上，以前所未有的程度擴大了人類對自然的統治。其結果就是，原本與本草學著作有關的宏觀與微觀世界的形上學關聯，幾乎完全消失。

此外，原先深山老林中由妖怪和野獸統治、屬於未馴服自然的神聖空間開始縮小。在十八世紀，這些過程同時在城市中心與農村地區發生，但它們很少成為當時學者們思考的主題。一直到十九世紀，佐藤信淵（一七六九—一八五〇）才在著作中對有關人類對自然的統治進行徹底的概念化與哲學上的論證。[35]

9

文化圈的自然

Nature in Cultural Circles

十八世紀日本的文化社交圈與知識的流通

在德川時期的前半段，對自然的研究在很大程度上取決於統治階級的支持，統治者雇用專門的學者來監督農業改革、指導藥草種植，或滿足藩主對自然史的好奇心。武士菁英的贊助影響了自然研究的方法與範圍，這種模式在德川時期一直延續了下去。[1] 在這方面，本草學領域的知識追求可以是家臣對領主的一種服務形式，例如貝原益軒的例子。這種知識追求也可能是一種日益官僚化的勞動形式，由幕府或藩政府的雇員來執行，個人忠誠關係的減弱意味著頻繁的就業流動，例如丹羽正伯與田村藍水的情形。此外，本草學專家仍然非常依賴既有的百科全書與典籍的權威與風格，尤其是李時珍的《本草綱目》。正如稻生若水《庶物類纂》的例示，本草學者雖及時遠離了理學形上學與倫理學的影響，但卻也沒有否定《本草綱目》的分類法。儘管小野蘭山抱持折衷主義，對蘭學也採開放態度，但上面的情形在他身上也是有跡可循。[2]

到了十八世紀下半葉，本草學在與醫學維持緊密關係的同時，發展出一種更明顯的折衷主義。本草學在實踐、風格與目標的多元化，得益於文化交流網絡的出現，這種網絡在城市與農村地區不同社會階層成員之間的圈子與社交圈中蓬勃發展。正如田中優子（Yūko Tanaka）所言，「許多與日本文化聯想在一起的藝術形式和成就，都是在一個小團體與網絡系統中形成的，尤其是在江戶時期。」[3] 這些社交圈與團體有許多不同的名稱，有「連」、「會」、「座」，或是比較不常見的「組」與「社」。它們並不專屬於本草學，而是用於廣泛的藝術與知識活動。有些團體致力於創作俳句與狂歌，以及練習茶道。有些專注於能樂吟唱、舞蹈、陶藝與閱讀儒家經典。不同的口語藝術表演圈（**寄席**）則側重不同的體裁，其中最受歡迎的是怪談與色情文學。[4]

許多農村與城市社區都可以找到文化團體，但由於這些聚會的即興與業餘性質，鮮少有痕跡留下，因此對現代歷史學家來說，是個特別困難且模糊的主題。這些團體是許多不同社會與知識活動追求的發生地。團體的成員相互交流資訊、合作進行藝術表演，並參加各種競賽；而在自然研究領域的部分，則有識別礦物、植物或動物物種，並正確為它們命名的遊戲。不管是什麼學科或地點，這些團體可能都有類似的結構。它們的成員通常是社區中有一定地位的人，但社交圈可以向不同社會階層的人開放。性別組成則因文化追求的不同而不同。儘管俳句圈有女性成員的情況並不罕見（圖九之一），但我沒有發現本草學團體有女性成員的例子。就既定的社交圈與書面紀錄而言，本草學似乎仍然是一種「男性」的追求，除了一些傑出的例外，這情況和近世歐洲的自然哲學發展如出一轍。這種以男性為中心的現象可能是本草學源自武士階層的結果，也可能與理學風格揮之不去的影響有關。許多本草學信徒都是業餘從事者，正如業餘博物學家鈴木牧之（一七七〇—一八四二）在其《北越雪譜》（一八三七年至一八四二年）中所言，「對珍奇、奇觀與古代事物感興趣的個人」。[5] 這些團體認可功績與才能，以及真誠且認真的承諾。

專業學者與藝術家經常以大師的身分「拜訪」不同的團體。而透過一位客座大師，圈子裡的成員可以進入他更大的人脈網，儘管圈子裡可能只有一、兩位成員是大師的門生。這種機會又可能讓一個團體與人脈網的其他團體進行隱性競爭，以爭奪製作最佳詩選、畫冊或植物學專著的殊榮，而這些作品後來可能由團體出資出版限量發行版。鄉下的圈子一般來說則較小，通常由當地社區的知名人士組成。村長（**庄屋**、**名主**）與富有的農民（**豪農**）通常是村莊文化活動的組織者。在偏遠地區，致力於本草學的圈子比獻身宗教或藝術活動的圈子少，這可能是因為自然史需要的工具通常只有居住在城下町的政治與經濟精英才能擁有。成員大多是低級別的武士與像鈴木牧之這樣富有的農民商人，這兩個社會群體雖然在法律與地位上有所不同，但在十八世紀的後半段卻有交流的趨勢。[6]

許多有關德川時期文化圈的二手資料都集中在藝術、宗教與文學團體上。[7] 池上英子對她所稱「近世日本的審美網絡」的研究，側重於將不同社會階層的成員聯合起來進行「審美社交」（aesthetic socializing）的作法。她說，這些網絡導致了一種新的「文明」形式，她將之定義為「支配公共空間互動的社會性文化語法」。[8] 這種文明的文化語法「在介於親密與敵對之間的社會關係中間地帶發展得最好」，而且「跨越階級與地位的差異以支配著社會關係」。[9] 她認為，「美學社團」，尤其是像「連」與「組」這樣的「橫向結構社團」，在創造新的社會身分方面發揮了根本的作用，而且在

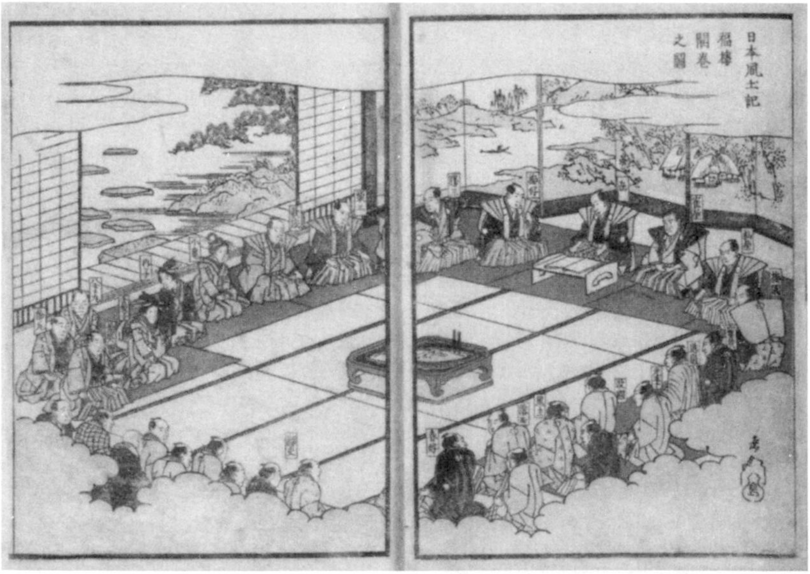

圖九之一　一場狂歌集會，出自八島岳亭《狂歌日本風土記》（一八三一年）。倫敦：大英博物館。

群體公眾的空間與文化領域，促進了一種新政治文化的形成，並在十九世紀下半葉充分展現其潛力。[10]

雖然我不太贊同池上的觀點，即「審美網絡」（aesthetic networks）是新興「公共領域」的徵兆，但文化社團的確提供了沃土，讓文化資本得以萌芽，並透過相識者與合作轉化為社會資本。在這些知識分子群體中，新的社交形式鬆動了維持德川社會階級秩序的僵固社會禮儀。[11] 由於缺乏原始資料，即使其中一位沙龍贊助人木村蒹葭堂仔細記錄了他的社交生活，我們還是很難詳盡重建文化圈聚會的實際程序。[12] 然而，對於所謂社交圈與團體自由交流那種具有開明性與平等主義特性的說法，我則抱持懷疑態度，因為當時的文件並不支持這種說法：藩主松浦靜山（一七六〇—一八四一）是木村蒹葭堂沙龍的賓客，而在松浦靜山的日記中，沙龍的飲宴交際活動有相當正式的禮節。[13] 此外，任何平等主義的跡象都會在後來明治時期的文化生活中留下痕跡——在明治時期，公共領域是民眾運動與西方「自由主義」、「憲政主義」、「個人主義」等概念相互作用的結果。[14]

在我看來，社交圈與文化圈對學者的社會職業身分比對社會秩序的影響更大。文化社交圈的增加，使影響學者社會軌跡與知識軌跡的三種動力開始運轉。首先，業餘愛好者的社交圈與網絡為知識專家提供了不同於封建服務、國家支持與私人學園的其他贊助渠道。在這些社交圈中，知識的流通愈形取代原本知識封閉的狀況，無論是以藩地和幕府利益的名義，還是以私人學園（**私塾**）「祕密傳播」（**秘伝**）的名義。其次，新形式的合法知識生產開始與政治權威分開運作。反過來，學者也不像傳統私人學園的學者一樣受到正統的典籍風格、思想和概念所束縛。這些新的合法化動力反而取決於個別學者能否熟練地以一種睿智、具有美學吸引力與娛樂性的方式來運用概念、資訊與（就本草學而言）標本。主導社交圈聚會的正式宴飲氣氛，促使人們採取一種理智上更放鬆的態度。學者沒有在機構或學術環境中活動，因此對他們所從事之思想與實踐的控制也較少。追求知識是為了好奇、為了樂趣，或是為了美學上的愉悅：收藏家與業餘愛好者之間透過信件，或在飲酒笑談下交換標本與關於新進口外來動植物的資訊，而且往往是在木村蒹葭堂的家中這種家庭脈絡之中。社會經濟研究將此定義為「弱連帶」（weak ties），即知識的「非正式性」（informality）往往能促進新思想形式、新概念與新實驗的嘗試。[15] 第三，新興文化社交圈進行的知識商品化，對於觀察與實驗，特別是對自然的準確視覺表現的新方法產生了巨大的影響，以至於影響到物種（**種**）的概念本身。雖然第十一章將著重於對自然世界認知與描述的轉變，木村蒹葭堂的沙龍與當時最著名的兩個文化圈（赭鞭會與嘗百社），在在說明了更廣泛的知識流通網絡與新的知識參與方式如何形成，並如何影響了學者的專業身分與勞動。

池上英子將活躍於文化圈的學者與在私人學園承擔教學責任的學者並列在一起。她認為，

「會」與「連」是橫向組織，結構可塑性強，但往往卻無法長期存在。相對地，私塾遵循著家元制度的垂直既定結構，可以世世代代延續下去。[16] 池上英子認為，由於結構上的差異，文化社團與私人學園之間存在著互斥的關係。這是「為了因應兩個主要的社會政治形勢而出現的結果——被地位界線分割的政治結構，以及不斷擴大的市場經濟。」[17] 俳句網絡的情況可能就是這樣的，但在自然史領域，情況要複雜得多。作為私人學園的院長，並不妨礙本草學者參與，甚至推廣文化圈的團體活動。德川時代後半期出現的傑出繪畫作品與百科全書，往往是這種集體勞動的成果。

在私人學園任教的學者經常以一種保密協議來保護他們的教學內容，如此以來學生就不能隨意洩露他們所獲得的祕密知識（秘伝授）。這些「祕傳」的作用往往很像學校招生的行銷策略，因為大師經常會出版這些所謂的「祕密」，例如本居宣長（一七三〇—一八〇一）的《古事記傳》。然而，擁有並管理任教機構的學者只是專業儒者中的少數。他們是在不同的文化生產市場中掙扎求生的企業家。例如，小野蘭山經常譴責他以前的老師松岡玄達（即松岡恕庵）採用的廣告策略；但他在寫信給未來的學生，試圖說服他們進入他的學校而非松岡玄達的學校時，又對松岡玄達的管理方法進行了猛烈的抨擊。小野蘭山的批評是在與以前的老師爭奪學生的脈絡下產生的。[18] 松岡玄達是少數能夠完全靠公開講授與自家學園註冊費來維持生計的本草學者。他建立了一套複雜的酬金制度（謝礼），學生必須按他對動植物知識的揭露程度，與對重要藥物學百科全書的「祕密解讀」程度來支付酬金。他的學校按程度漸進分班，只有在支付費用後才能修習特定課程，而費用多寡也是逐步確定的。[19] 另一方面，小野蘭山則採用定額註冊費的方式，能否進入更高級課程取決於是否成功完成前一級課程。他在寫信給來自能登國[20]的學生村松標左衛門（一七六二—一八四一）時曾提及：

有關我學校組織的問題，我的規定（按：家法）是允許所有參加過完整《本草綱目》講座課程的人參加（按：我的進階專題討論會）。對於那些遠道而來的學生，如果他們已經自學了好幾年，我可以讓他們以完成完整講座課程的資格入學。課程組織的原則是訓練年資，並非繳交的費用……我不會像（按：松岡）玄達大師那樣，以金錢為基礎接受任何學生。[21]

按當時大多數私人學園的慣例，學生一旦被學園錄取，就必須發誓不向任何人透露老師的教授內容。此外，在另一封寄給村松標左衛門的信中，小野蘭山特別警告說：「本草學的主要活動是在野外採集藥草。有時將自己的研究與許多已經出版的書籍進行比較是值得的，但必須記住，僅以其他學校的書籍為基礎來進行訓練可謂恥辱。（按：除了聽我講課以外，）沒有必要學習其他東西。」[22]小野蘭山一生中大部分時間都在自己於京都開設的私人學園中擔任研究人員與教師，但他也曾參與由大阪商人木村蒹葭堂組織與支持的植物學圈所舉辦的團體活動。[23]他的同事與許多學生在經營自家學園的同時，也同樣參與了業餘博物學家的圈子。

文化投資：木村蒹葭堂之家

木村孔恭是大阪地區最成功的清酒釀造商之一（蒹葭堂是他與畫家、學者與博物學家進行藝術與知識交易時使用的名字）。[24]他從商時化名為坪井屋吉右衛門，在崛江町投機房地產市場，也是個精明的放債人。在木村蒹葭堂的例子中，改名換姓（在德川時代的日本是很常見的作法）是一個有用的策略，能區分出不同的社會身分。透過放債，他以父親遺產為基礎，累積了相當可觀的財富，他曾在一封寫給平戶藩藩主松浦靜山的書信中大肆吹噓，而這封信也被松浦靜山收錄於回憶錄式的散文集《甲子夜話》之中。[25]

就如其他富商之子，木村蒹葭堂接受了一流的教育。他六歲開始學習狩野畫派的繪畫，十八歲在片山北海（一七二三—一七九〇）門下學習中國詩歌，後來也拜入柳沢淇園（一七〇三—一七五八）與池大雅（一七二三—一七七六）門下學習中國文人思想與繪畫。他在回憶錄《遜齋翁隨筆》中，曾將自己描述為體質孱弱、不健壯的孩子。由於健康狀況不穩定，他的父親允許他在自家庭園培養種植植物與樹木的興趣。他在年老時回憶道，由於經常生病，家庭醫師會定期來問診，也向他介紹了稻生若水與松岡玄達的著作。他寫道，他對園藝的興趣促使他搬到京都，拜於松岡弟子津嶋恒之進的門下，津嶋恒之進也是小野蘭山的老師，而且是一位非常有事業心的組織者，會集結京阪地區私人收藏家的資源舉辦岩石與動植物的小型展覽（**物産会**）。[26]

木村蒹葭堂在本草學領域的活動可以總結如下：他購買且可能閱讀了幾本經典教科書；他收集了大量稀有的外來礦物與動植物標本，其中有許多目前在大阪市立自然史博物館展出；他也非常積極在家庭沙龍中與當時最傑出的學者會晤。雖然他的收藏比不上同時期歐洲許多珍奇屋（*Wunderkammern*）的華麗外表，但至少在稀有物種的多樣性方面卻與歐洲不相伯仲。他與活躍於大阪港的海上貿易商保持良好的關係（大阪港與長崎有直接往來，更可以透過長崎與世界接軌），再加上可支配的大量資金，讓他能滿足自己的好奇心，從長崎町監督官（**町奉行**）所監督編製的珍禽、寶石與其他外來動物目錄中選購標本。

雖然木村蒹葭堂在文人繪畫上的表現並不突出，中文詩歌的創作很平庸，理學文本閱讀也流於表面，而且還是一位手段多於技巧的博物學家，但他在德川文化的史料中卻幾乎無處不在。

他對自然史與其他文化追求的熱忱成了催化劑，促成了一個龐大的知識交流生產網絡，並投注亟需的資金以維持網絡的順利運轉。他在家中定期舉辦不同領域的專家會議。當時最優秀的人才，畫家如與謝蕪村（一七一六－一七八三）、浦上玉堂（一七四五－一八二〇）、圓山應舉（一七三三－一七九五），文學家如上田秋成（一七三四－一八〇九）與本居宣長，思想家如皆川淇園，蘭學家如大槻玄澤（一七五七－一八二七）與司馬江漢（一七四七－一八一八），博物學家如小野蘭山與大高元恭（生於一七五八年）等，都經常在他的沙龍裡參加討論與知識性聚會。木村蒹葭堂堪稱日本小規模「文人共和國」[27]的引擎。

就社會學的觀點來看，文化雖然讓富裕鎮民得到尊重，但我們不該因此認為木村蒹葭堂與其他熱心的贊助者就會精明且刻意地利用這個機制（這些富裕鎮民是德川法律所建立社會階級的主導階級，經濟的商品化與貨幣化讓他們的影響力愈來愈大）。[28]皮耶．布迪厄（Pierre Bourdieu）等人認為，文化資本的存在與作用始終是一種栽培傾向的集合，這些傾向藉由社會化而被個人內化，並構成通常無意識的欣賞與理解標準。[29]此外，對木村蒹葭堂與其他贊助人來說，文化資本的作用體現在具體物品上，例如書籍、藝術品、自然標本與科學儀器，這些都需要專門能力才能使用與正確評價。木村蒹葭堂在日記與回憶錄中列出、描述並展示了岩石、貝殼、鳥類剝製標本等，清楚展現出他對書籍、插圖與稀有標本收藏的癡迷。[30]

木村蒹葭堂將不同的文化活動當成娛樂與消遣的概念與追求方式，讓他更加與眾不同。他不是學者：他從不假裝自己是學者，也不會以模仿理論家或專業學者正式穿著的方式假裝參與本草學研究。岩石、植物與動物激發了他的好奇心。他觀察自然是為了尋找可以體驗、收集與擁有的珍奇事物，並不是為了辨別宇宙的內在秩序。他的傾向代表近世新興中產階級的品味。他的作品展現出趣味性與輕鬆自如，一種幾乎「後現代」的氣質，讓想像力在本草學百科全書的迷宮中徘徊，尋找不可思議的同源性與令人驚訝的珍奇。在他所著的《蒹葭堂雜誌》中，他對本草學和一般學習的玩味特別明顯。木村蒹葭堂會勾畫出激發他想像力的物件與事件。他會津津有味地描述著新布置的書房，或是他幾天前注意到的一個奇特燈籠，他會為在友人家看到的一對鹿角畫下素描，或是粗略勾勒出他在新近獲得的百科全書中讀到的罕見怪魚。有一次，他講到自己曾去江戶麴町平河的一間商店觀看一隻生下來就有兩對翅膀和兩對腳的白色公雞。[31] 他以幻想的口吻描述稀奇古怪或雅緻的自然物或人工物，既沒有選擇性也不講究方法，這些都是他與客人進行詼諧與博學對談的主題。雖然木村蒹葭堂的作品更側重自然史與藝術，但卻與大田南畝（一七四九—一八二三）或根岸鎮衛（一七三七—一八一五）等人的作品並無二致，這兩位都是德川時期日本城市生活中謠言與時尚、醜聞、鬼屋與世俗事件的紀錄者。

木村蒹葭堂對文化的贊助以他的「沙龍」活動為中心。他所舉辦的聚會遠近馳名，以致於在一七九四年四月，荷蘭東印度公司醫生伯恩哈德・凱勒（Bernhard Keller）受邀為貴賓。他孜孜不倦地組織知識聚會，讓他獲得了相當的社會地位，兩位地方藩主（長島藩的增山雪齋〔即增山正賢，一七五四—一八一九〕與平戶藩的松浦靜山）曾參加他的本草學會，就證明了這一點。兩位藩主是一個平民之家的常客，這對十八世紀的日本來說是件了不起的新鮮事。遺憾的是，木村蒹葭堂並沒有詳細描述其本草學聚會的實際過程，但他在《蒹葭堂日記》中記錄了自一七七三年至一八〇一年間曾進入他家的每一位有身分地位的人。[32] 藩主松浦靜山曾在《甲子夜話》中讚美木村蒹葭堂作為主人的慷慨好客，但是除了上茶倒酒的技術與餅乾的美味以外並無贅述。[33]

木村蒹葭堂贊助編輯了他個人收藏的系列目錄，其中最著名的是《奇貝圖譜》、《竹譜》與《魚譜》。《奇貝圖譜》是一本圖文並茂的大型畫冊，內有整頁的彩色貝殼圖片（圖九之二）。然而，他的其他目錄大多只有標準化的小圖，以及物種的「正式」名稱（《本草綱目》或《庶物類纂》中的條目名稱）和少數簡要說明（圖九之三）。這些圖冊看起來像是商店的存貨清單與商品目錄，就如葛飾北齋用裝飾圖案和紡織品設計來繪製的圖畫，或是顧客可以在越後屋或其他老式百貨公司中翻閱的那些。木村蒹葭堂收集與描述動植物是出於好奇或樂趣，是為了拓展他對自然界的知識，或擴大他的社會影響，這些都是知識與物質的商品，它們在書籍、展覽與聚會中的流

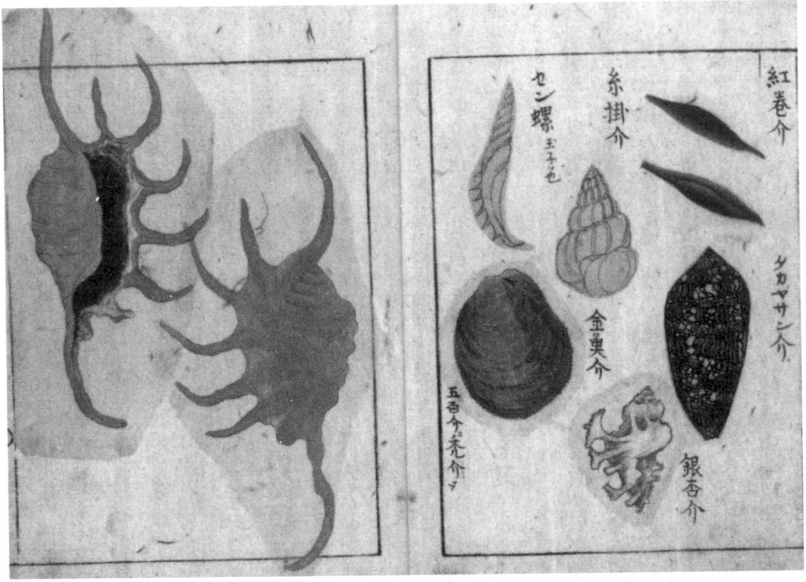

圖九之二 《奇貝圖譜》(一七七五年)。西宮市：辰馬考古資料館。

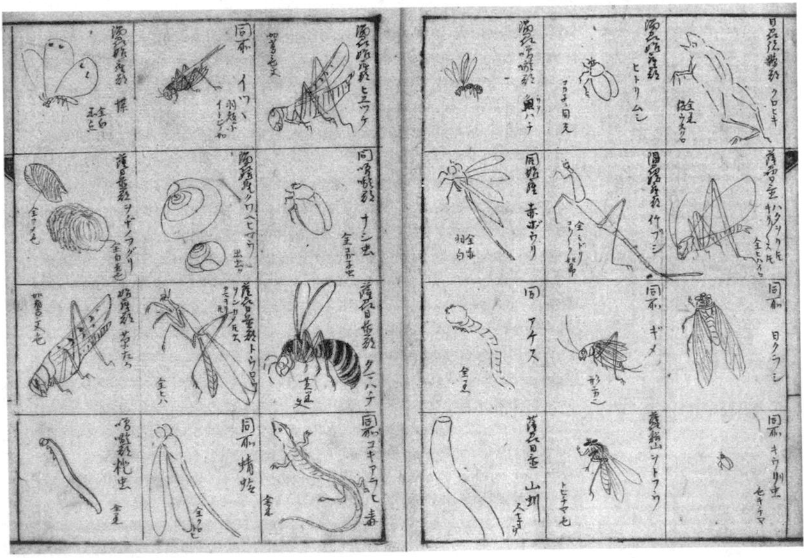

圖九之三 《薩州中品》。西宮市：辰馬考古資料館。

通，共同構成了木村蒹葭堂社會軌跡的資本。

自然之樂：赭鞭會

著名的本草學社團有二，一是以江戶為中心的赭鞭會，另一是以名古屋為中心的嘗百社。[34]赭鞭會的成員多為藩主，以及他們的高級家臣與幕府官員。他們定期聚會討論動植物，並出版描繪其收藏標本的插圖專著與圖冊。赭鞭會的名稱源自一個傳說，據說神農氏曾用紅色的（**赭**）鞭子（**鞭**）抽打那些後來成為早期中國藥典中，被視為是基本藥理物質的藥草。赭鞭會於一八三八年由富山藩主前田利保（一八〇〇—一八五九）在越中國成立，但該會成員從一八一〇年代早期就開始非正式聚會。[35]赭鞭會的成員包括前田利保本人、筑前國福岡藩主黑田齊清（一七九五—一八五一）、德川家臣武藏吉惠（即武藏石壽，一七六六—一八六〇）、西之丸宮侍衛長馬場大助（卒於一八六八年），以及幕府官員設樂貞丈（生於一七八五年）、飯室昌栩（生於一七八九年）、佐橋佳依（活躍於一八三五—一八四〇）、田丸直暢（活躍於一八三五—一八三八）與淺香直光（活躍於一八三五—一八三八）。[36]與赭鞭會有直接關係的主要本草學者是幕府醫生暨田村藍水之子栗本丹洲，以及他的兒子栗本鋤雲（一八二二—一八九七）。[37]除了栗本丹洲與栗本鋤雲以外，大多數成員都來自武士階級的上層，這意味著赭鞭會的成員擁有相當多的閒暇時間與資源。

有些赭鞭會的聚會是為期一週的專門研究會議，利用既有的百科全書以及該會成員個人收藏的標本進行研究。但這些並非分類工作，也不是遵循任何講究方法的研究計畫。他們所製作的大部分專輯與專著，都是出自一時興起的興趣與異想天開的激情，更多是為了喚起成員對自然界奇妙與怪異現象的好奇心，而不是為了效益性、道德性或百科全書之目的來拓展知識。有些是對個人收藏進行詳細嚴謹的編目，如武藏石壽的圖冊（圖九

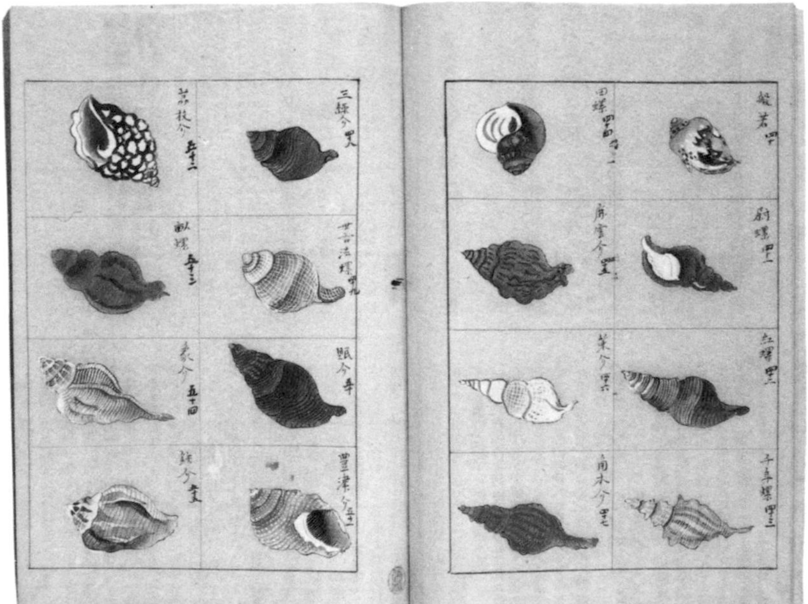

圖九之四　武藏石壽「甲介群分品彙」。東京：國立國會圖書館。

圖九之五　馬場大助《博物館獸譜》。東京：國立科學博物館上野本館。

之四）；還有一些作品更具詩意，如馬場大助的迷人畫像，描繪在自然環境中的野禽、花卉、野狗與獾（圖九之五）。

總的來說，赭鞭會製作了一些最精美的植物、動物、貝殼與岩石圖畫。若有他們所沒有的標本和材料，可以藉由派遣家臣或利用與幕府的關係來取得。他們聘請擅長自然題材的頂尖畫師，並能為他們提供活體生物或標本。我們不知道該社團的會議實際上如何進行，不過就如當時的大多數文化圈一樣，他們可能在江戶最高級別成員宅邸的正式交際場合中，遵循一種儀式化的議程。該社團可能每個月定期聚會一次，有時更頻繁，每次聚會都會有一個預先選定的主題。只要決定研究主題（通常是一組動植物），成員就會非常仔細地閱讀原始資料，對其進行評論，仔細觀察活體標本，往往也會創作以所選動物或植物為主題的俳句。一旦完成詳盡的研究，他們通常會贊助製作一本有插圖和注釋的圖冊。這些圖冊通常會被捐給學校和其他團體，並且很少出售。當然，這些「禮物」需要相應的認可與尊重作為交換。

《赭鞭會品物論定纂》就屬此類目錄，其內容著重於赭鞭會研究過的一些物種。它是一本單頁裝訂的圖冊，每一頁描繪一個物種，可能是植物或動物，且全都來自一位社團成員的私人收藏。圖畫經過藝術構思與構圖，但描寫時也展現出對標本準確描述的認知。[38] 有些是具體物件的詳細素描，例如圖九之六的兩條魚，右側為毒鮋標本，左側為乾製赤魟標本，分別來自兩位社團成員佐橋佳依與設樂貞丈的私人收藏。[39] 這個例子不僅讓人意識到赭鞭會能取得並運用奇特的外來物種（特別因為牠們怪異的外表而獲選），也顯示他們會有意識地用一種優美精緻的方式來描繪，以刺激業餘博物學家的好奇心（**好き**）與驚嘆。

赭鞭會的研究會也針對特定科或群的動植物製作專題著作，這些作品通常由一系列大型圖片和簡要說明構成，如以杜鵑鳥為題的插圖專論《杜鵑圖說》，以升麻為題的《升麻圖說》，與以日本的青鮄為題的《秦皮圖說》。[40] 其中最著名的作品可能是飯室昌栩編輯的《蟲譜圖說》與武藏吉惠編輯的《目八譜》。

本草學為赭鞭會的高級成員提供了非常值得推薦的消遣：它具有很高的知識性，與理學格物致知的理想有關聯，自一個世紀前德川吉宗統治時期就受到幕府的認可與支持，被認為有助於道德修養，與中國高雅的文人文化有關聯，有助於詩歌創作（在當時比較像是一種交際手段而非純粹的美學嘗試），對維持國家與人民的福利具有實際價值，而且是一個保有來自世界各地無窮無盡的奇異寶庫。

專業學者栗本丹洲與其子栗本鋤雲在經濟上、制度上與知識上，都受益於他們與赭鞭會富裕成員的關係。多虧了赭鞭會提供的財務支持，以及可供自由支

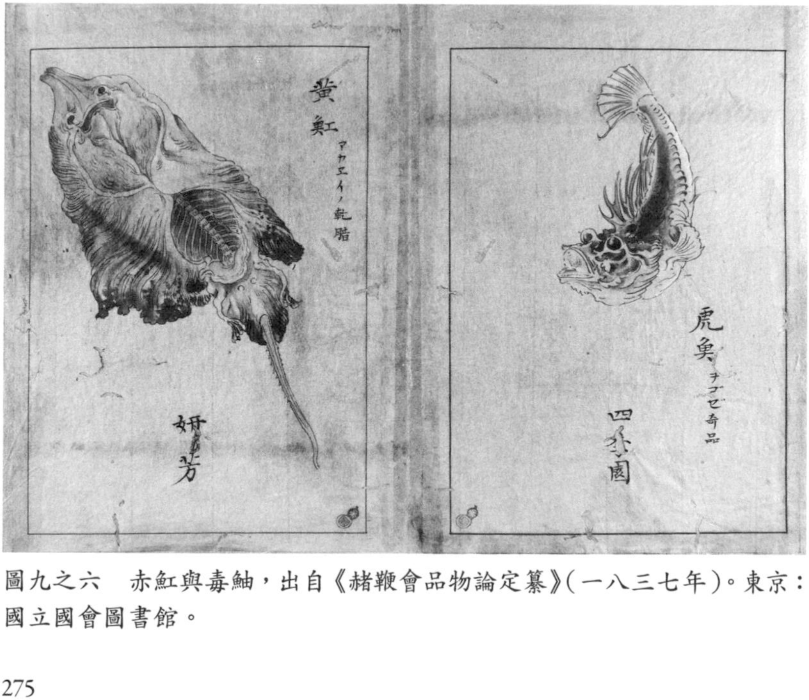

圖九之六　赤魟與毒鮋，出自《赭鞭會品物論定纂》（一八三七年）。東京：國立國會圖書館。

配使用的稀有標本與技藝精湛的畫師，這兩位學者才能用活體動植物的插畫來豐富自己的專題著作。栗本丹洲最著名的著作為《千蟲譜》，這是一本專門介紹六百四十五種昆蟲的專題著述，它一方面忠實地遵循了《本草綱目》的分類（圖九之七與圖九之八），另一方面又以前所未有的精確度，直觀描繪出昆蟲生命週期各階段的形態細節。[41] 參加赭鞭會的聚會，讓他有機會觀察大量的稀有標本。圖九之七是這本專題著作的其中一頁，右邊是雌性與雄性大紫蛺蝶，筆觸細膩，並附有如何分辨雌雄以及其不同行為的說明。[42] 左邊描繪的是一組優雪苔蛾伊豆諸島亞種（上，學名 *Cyana*

圖九之七　栗本丹洲《千蟲譜》（一八一一年）。東京：國立國會圖書館。

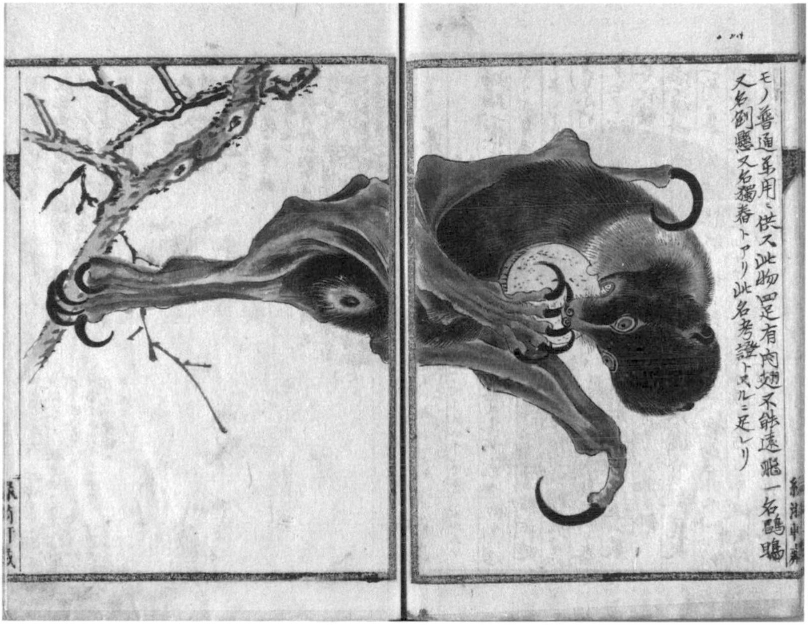

圖九之八　栗本丹洲《千蟲譜》(一八一一年)。東京：國立國會圖書館。

hamata maenamii）以及一組弄蝶（下，學名Hesperiinae），並描述了牠們從「五月上旬」開始的生命週期。

「昆蟲」[43]是動物的一個大類，根據李時珍的說法，包括昆蟲、蛛形類、海洋與陸地無脊椎動物，以及不同種類的兩棲動物與爬行動物。圖九之八描繪一隻在吃地瓜的狐蝠，同樣也被分類為昆蟲。八重山蝙蝠在今天又稱首輪大蝙蝠，牠其實是琉球狐蝠（學名*Pteropus dasymallus*），一種常見於臺灣、菲律賓與琉球群島等地的亞熱帶森林的蝙蝠物種。這種狐蝠早在德川時期就已經在日本有紀錄了，根據《德川實記》，幕府將軍德川家光給了年輕的紀伊藩主德川光貞一件琉球群島獻上的蝙蝠標本，琉球群島自一六〇九年就處於薩摩藩島津氏的治下。[44]

栗本丹洲與栗本鋤雲父子和赭鞭會之間絕非寄生關係。由於栗本丹洲通曉中國經典百科全書，因此能為該社團提供知識上的認可，也對他們的文化活動做出卓越的學術貢獻。栗本丹洲反而受益於社團強大成員的關係與手段，讓他因此有機會觀察到從前不可能接觸到的外來種活體，如狐蝠（圖九之八）、爪哇豪豬與翻車魚。[45]

栗本丹洲在進入赭鞭會之前，一直在其他圈子活動。一八二〇年，他加入了一個由高級學者與官員組成的團隊，對河童這種充斥於民間故事和傳說的神話生物進行全面性的研究。團隊成員包含一位昌平黌的老師古賀侗庵（一七八八—一八四七）、關東與東海地區的代官羽倉用九、幕府官員中神君度，以及栗本丹洲本人。這個名為《水虎考略》的研究，是以數百份目擊報告，加上據稱在各令制國出土的河童屍體和身體部位所進行的觀察報告為基礎而完成的。[46]團隊收集了證詞並仔細加以分析，最後得以根據研究結果繪製出河童的地理分布圖。栗本丹洲與他的同事被所收集而來的真實數據所說服，因為這些報告顯示出與地理變化模式的強烈一致性：在同一地區，不同社會地位的民眾分別遭遇了形態相似的水妖。中國的原始資料也證明了有類似河童的生物存在，其中提到一種名叫水虎的怪物，其特徵與據稱生活在日本河流與湖泊

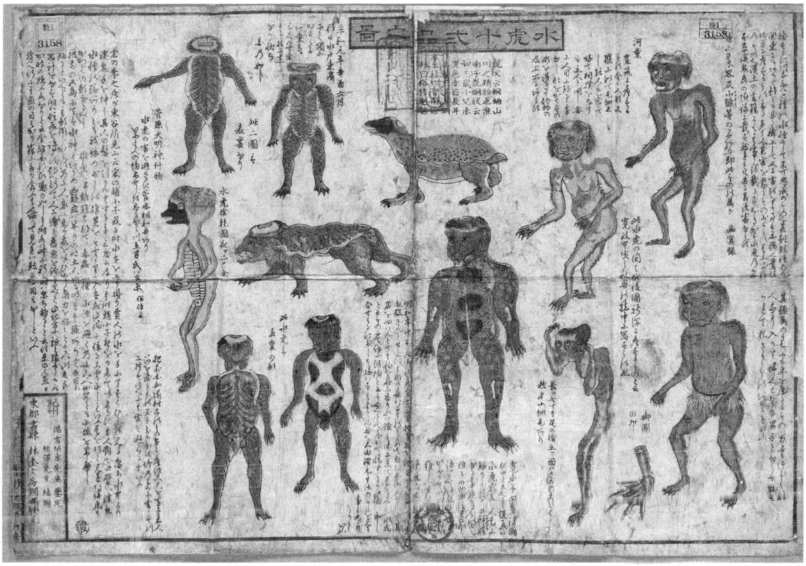

圖九之九　坂本浩然與坂本純澤《水虎十二品之圖》。東京：國立國會圖書館。

中的河童類似。

《水虎考略》是個相當了不起的成就。事實上，研究小組並沒有像其他百科全書一樣，對河童的傳說與文學參考資料進行編目，而是以處理其他動物的方式來對待河童，描述了解剖學特徵、大小與顏色、行為、生態系、習性等等。這些怪物被他們歸化（naturalized）了：牠們成為被調查、理解、分類與研究的對象，就像外來的動植物一樣。怪物的歸化是十九世紀早期本草學者與近世歐洲博物學家的另一個共同點。正如洛琳・達斯頓（Lorraine Daston）與凱瑟琳・帕克（Katharine Park）所言，「怪物最初是預言書的一部分，帶有詭異不祥的宗教色彩，牠們在十六世紀轉變為自然奇觀（樂趣與愉悅的來源），然後成為科學調查的對象。」[47]例如，牠們要接受與其他自然物種相同的分析程序。栗本丹洲就像植物學家烏利塞・阿爾德羅萬迪（Ulisse Aldrovandi）、外科醫生安布魯瓦茲・帕雷（Ambroise Paré）與後來的十八世紀法國博物學家布豐（Compte de Buffon）一樣，[48]努力實現對自然界無數物體的精確認識，並在不排除任何先驗因素的情況下，忠實地以圖像形式再現它們的外觀。

《水虎考略》出版的幾年後，坂本浩然（一八〇〇—一八五五）與其弟坂本純澤這兩位博物學家貢獻了他們親自收集的數據。他們製作了一張大報尺寸的圖表，說明河童的形態與地區變化，題為《水虎十二品之圖》（圖九之九）。忠實取自《水虎考略》的每幅插圖，都附有關於該種河童所出現位置的注釋與資訊。

描述自然：嘗百社

坂本浩然與坂本純澤是另一個著名本草學團體「嘗百社」的成員。嘗百社由尾張藩的中下階級武士與名古屋地區的醫生組成，因此更像是一個鄉下而非都市的本草學社團。[49]該社團的領導人是一位名叫水谷豐文（一七九一—一八三三）的醫生，他曾在小野蘭山弟子淺野春道（卒於一八四〇年）的門下學習醫學與本草學，對植物的藥用特性特別感興趣。[50] 其他成員包括尾張藩家臣大河內存真（一七九六—一八八三）與其弟伊藤圭介、大窪太兵衛（一七六三—一八二四）與其子大窪昌章（一八〇二—一八四一），以及吉田高憲（一八〇五—一八五九）。

與赭鞭會成員一樣，嘗百社定期聚會討論並進行動、植物研究。除了中文與日文百科全書以外，他們還使用西方書籍作為原始資料來源。有些成員熟悉林奈分類法：水谷豐文根據林奈方類法整理他收集的動植物標本與素描；他的弟子伊藤圭介進入西博爾德的門下學習，後來成為第一個在新成立的東京帝國大學獲得科學博士學位的日本人，伊藤圭介的事蹟可參考第十二章。嘗百社的主要活動包括紀錄他們在尾張地區的博物學家探勘調查中收集或捕獲的標本，以及相關個人觀察與集體討論。他們對觀察（**実見**）與對動植物準確真實的圖象描述（**写真**）的倚賴，使科學史家認為嘗百社成員已經形成了一種科學方法。事實上，他們的知識論方法顯示，他們的實踐方式類似於歸納推理，而今日我們將歸納推理歸結為科學方法。

水谷豐文研究工作基礎的知識論議題，仍然在於精確辨識他們所收集的自然物種，以利用其治療特性。對植物的實用性與治療效果的深切關注，成了水谷豐文深入研究的動機，這位研究者是一位受過古醫派和蘭學外科技術訓練的醫師。[51] 然而，雖然他們公開質疑他們所謂的「錯誤學習」（**虚学**）以及對接受性知識的盲從，但卻未曾真正質疑過整個本草學的傳統，反而補充了自己從觀察、實驗與西方書籍中所收集到的資訊。嘗百社的博物學家並沒有把觀察與描述等做法，視為一種旨在取代從中國百科全書中所獲得知識的替代方法，也不認為林奈分類學與《本草綱目》分類法是相對立且無法相容的。[52] 他們並非激進分子或革命者，也沒打算像伊藤圭介的友人宇田川榕庵（一七九八—一八四六）後來那樣抹殺被視為標準的本草學知識。[53] 水谷豐文未曾質疑過傳統藥典的藥用效果，雖然他承認二名法系統的實用性優勢，但他仍然努力讓它與傳統本草學的接受性知識兼容。若真要說有什麼區別的話，水谷豐文和伊藤圭介用二名法來糾正與更新經典資料中的資訊。換句話說，對他們而言，既有的百科全書仍然是他們在自然界觀察到的動植物物種的寶貴藥學資訊來源。[54] 觀察本身並沒有足夠的知識論價值來取代接受性資訊。更確切地說，他們複雜的觀察與描述技巧，能讓他們更精確地將研究的植物與權威百科全書中的物種相匹配，並補充從西方資料來源所收集到的資訊。福岡真紀（Maki Fukuoka）令人信服地將他們的知識論立場定義為一種「三角關係」，即對實際標本的共同觀察、寫實的圖像描述，以及對多語資料（中文、日文與荷蘭文）的參考，因此知識是這些時刻共同協商的結果，而在某種意義上，接受性知識被他們的經驗所「檢驗」。[55]

這種態度並無法讓他們避免犯錯。在一個可以看出這些學者對經典資料的倚賴的例子中，水谷豐文將他在一八〇九年四月於熱田海岸捕獲的一隻體型中等的鳥，描述為簇絨海鸚（**エト**

ヒルカ，又稱花魁鳥），一種生活在北太平洋的遠洋海鳥（圖九之十）。[56]不過實際上，他捕捉到的是後來在日文中被稱為「角目鳥」的角海鸚，這是另一種在西伯利亞與阿拉斯加海岸的岩石島嶼上繁殖的遠洋海鳥，當時這種鳥在東亞自然史傳統中尚未被描述。[57]簇絨海鸚與角海鸚在外形、顏色、特別是體型上都不一樣，但水谷豐文卻讓自己對所捕獲的鳥（角海鸚）的描述，強行符合中文資料來源中對簇絨海鸚的描述。他堅持自己的描述，儘管簇絨海鸚的圖像已在本草學社群中廣為流傳，例如才華洋溢的業餘畫家暨博物學家，同時也是附近長島藩藩主的增山正賢，跟他所領導的社團，都早已掌握這種海鸚的圖像（圖九之十一）。[58]角海鸚甚至也曾經是木村蒹葭堂沙龍裡的一個聚會主題。[59]

在無法確實鑑定的情況下，西方資料來源（不論是書籍或是與西博爾德的對話）就是他們驗證其猜測的消息來源。從西方書籍收集到的資訊與數據並不是為了取代本草學百科全書與教科書的既定知識，而是為了加以完善與補充，最終也加以糾正。這並不表示嘗百社成員對西方自然史的知識是淺薄的，也不表示「科學態度」在仍然封建的日本尚未出現。嘗百社學者對於尋求自然物種忠實再現（**写真**）的重視，並不亞於當時的歐洲博物學家：正如我一再表明的，本草學是一門複雜的自然研究學科，就像近世歐洲的自然史一樣。一八二六年，荷蘭東印度公司的醫生兼博物學家西博爾德在前往江戶的途中，特地在名古屋附近的小鎮宮之宿停留，和水

圖九之十　水谷豐文《水谷氏禽譜》的「簇絨」海鸚（事實上為角海鸚）。東京：國立國會圖書館。

圖九之十一　增山正賢的角海鸚。東京：國立國會圖書館。

谷豐文會面。西博爾德對這些本草學者排列標本的精確性與準確性，以及他們如何按照林奈二名法正確為標本命名，留下了深刻的印象。水谷豐文曾在野村立榮（一七五一—一八二八）門下學習西方醫學（蘭方医），野村立榮從長崎口譯員吉雄俊蔵（一七八七—一八四三）處學會閱讀荷蘭文，因此非常熟悉歐洲的藥學教科書。[60] 在與岡林清達的合作之下，水谷豐文編輯了一個動植物物種名稱的詞彙表，名為《物品識名》（一八〇九年），按字母順序（いろは）排列並附有拉丁文名稱。西博爾德在他的日記中寫到，《物品識名》的正確性令他吃驚。[61] 在會面期間，西博爾德被一張鱗煙管魚的圖片所吸引，鱗煙管魚是一種深海魚，體長超過兩公尺，常見於東亞熱帶海域（圖九之十二）。這張圖出自水谷豐文弟子伊藤圭介之手（伊藤圭介後來把這張圖收錄在他的《錦窠魚譜》中），被命名為「赤矢柄」。西博爾德在圖的左上角用鉛筆寫下「*Fistularia tabacaria*」一詞，並在旁邊簽上「西博爾德博士」。[62] 這次會面，讓水谷豐文與西博爾德有機會交換有關動植物與所採用的研究方法等相關資訊。由於這次會面，水谷豐文的弟子伊藤圭介得以在隔年進入西博爾德在長崎開設的學校就讀。

水谷豐文與後來的伊藤圭介發展出詞彙表，藉由按字母順序列出物種的方式，巧妙避開了處理分類的議題。水谷豐文編輯了一部三十卷的百科全書《本草綱目記聞》，總結了小野蘭山的《本草綱目啟蒙》，並附有個人注釋與典型本草學風格的精美插圖。雖然水谷豐文懂得使用林奈

二名法，也能正確地應用它來為動植物命名，但在這部百科全書中，他只是將拉丁名附在鳥類、昆蟲與開花植物的圖片上，並沒有偏離傳統的日本分類系統。拉丁文名稱美化了動植物的圖像表現，為那些被描繪的特定物種提供日文、中文與拉丁文名稱，賦予了一定程度的百科全書完整性。

伊藤圭介注定要成為日本最後一位本草學者與第一位生物學家，他的許多作品也再現了傳統的風格與方法。他的《錦窠獸譜》與《錦窠魚譜》分別是哺乳動物與魚類的圖冊，其中包括翻車魚、鯊魚和鯛魚，也有人魚和其他超自然生物（圖九之十三）。

我們也可以從大窪昌章對他在一八三三年七月於熱田捕捉到的髯海豹的描述，看出嘗百社成員對西方知識的態度。[63] 他的插圖精確且仔細，但他仍然將海豹歸為魚類。像大窪昌章所描述的海豹，在日文中被稱為「海豹騷」(*azarashi sawagi*)，牠們經常在港口被捕獲，往往能吸引來自鄰近區域的遊客前去觀賞。[64] 儘管大窪昌章知道其他地方使用的其他分類法將海豹歸為哺乳動物，但

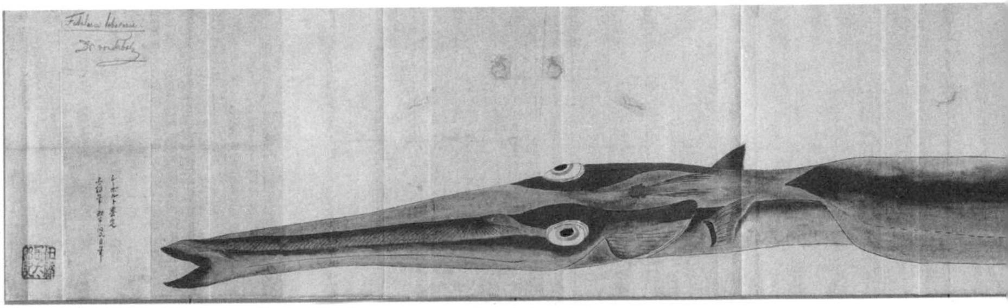

圖九之十二　鱗煙管魚。東京：國立國會圖書館。

他在描述中仍根據《本草綱目》的規範，將海豹歸為魚類。

貴族式的熱情

在德川時代的最後幾十年間，許多令人驚嘆的圖集與專著可能都是赭鞭會與嘗百社製作的。但其他致力於自然研究的會社與圈子，自十八世紀下半葉以來也一直很活躍，這些社團通常是由藩主和幕府高級官員所贊助，仿效德川吉宗對本草學的支持。富山藩主暨赭鞭會早期成員前田利保就是這樣的一

圖九之十三　伊藤圭介《海豹與人魚》，出自《錦窠獸譜》。東京：國立國會圖書館。

個贊助人。除了積極參與他的圈子以外，前田利保還撰寫了百科全書《本草通串》，不過在他去世時這部百科全書尚未完成，只有九十四卷。[65]《本草通串》以中文寫作，旨在補充稻生若水與丹羽正伯的《庶物類纂》。前田利保也贊助了這本百科全書的插圖節選版本，名為《本草通串證圖》（一八五三年）。

學者岡田淳之在《本草通串證圖》的前言中寫道：

我的主公（按：前田利保）剛剛完成了他的巨作《本草通串》，在書中糾正了他在《庶物類纂》中發現的錯誤。然而，由於他的作品以中文寫成，藩內人民很難理解。而且由於沒有插圖，所以也難以使用。因此，他的一些家臣建議他編纂另一本更容易理解且有豐富插圖的版本。起初他回答說，他不可能把自己（按：在本草學領域）豐富經驗的成果寫成簡化版，但當我們繼續堅持時，他改變了主意，決定「與其只讓我的少數家臣在他們的花園裡種植藥草，不如把這些祝福送給更多的人，讓他們知道藥材的名稱與形狀。」正是出於這個原因，他開始了這本書的編纂工作。[66]

這本書由藥草的全頁插圖組成，上面寫著藥草的名稱（圖九之十四）。這本手冊是一個快速且精確的植物辨識工具。前田利保在天保大饑荒（一八三三年至一八三六年）期間成為藩主，對饑荒與疾病造成的恐懼有切身體會。饑荒的經歷促使他出版了這本薄薄的指南，並將之發放到藩內的所有村莊。岡田淳之寫道，決定在手冊中加入精細的動植物插圖，是出自於在困難時期對公眾福利的關心，也是為了讓教育程度較低的讀者更容易辨識特定植物。

插圖的知識論價值在其他由藩主製作的圖集與專著中也很明顯。讚岐國高松藩主松平賴恭（一七一一—一七七一）曾贊助了一些在當

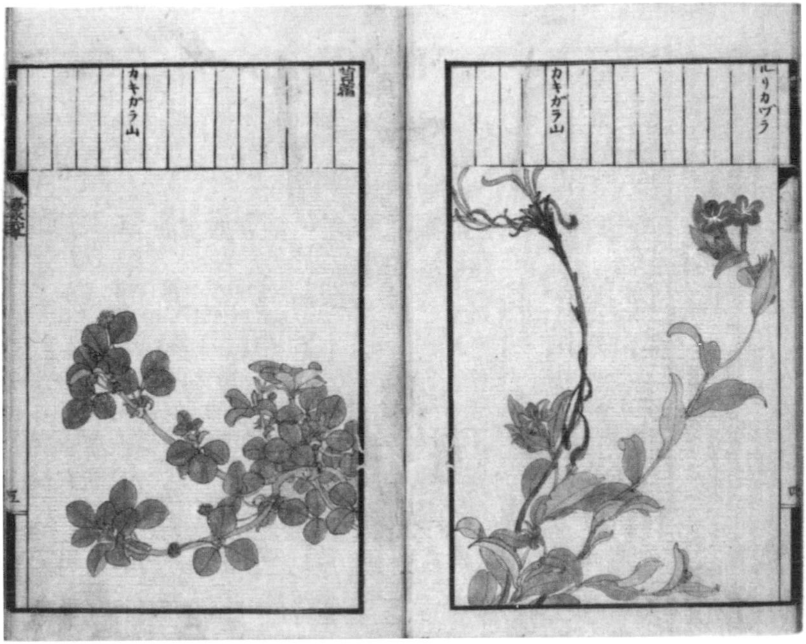

圖九之十四　前田利保《本草通串證圖》（一八三三年）。東京：國立公文書館。

圖九之十五　金黃突額隆頭魚（又稱寒鯛，學名 *Semicossyphus reticulatus* Valenciennes），出自《眾鱗圖》的栗本丹洲原稿。東京：國立國會圖書館。

時技術上最先進的自然插圖。[67] 肥後國熊本藩主細川重賢（一七一八—一七八五）是一位充滿活力且成功的統治者，他親自進行了昆蟲形態與行為的複雜研究，並以精細的圖畫詳細說明。[68] 陸奧國仙台藩主伊達宗村（一七一八—一七五六）因為委託繪製美麗的鳥類插圖而聞名。[69] 伊勢國長島藩主增山正賢以其鳥類與蝴蝶的繪畫而聞名。[70] 薩摩藩主島津重豪（一七四五—一八三三）贊助了一個對琉球群島動植物的全面調查，並在鹿兒島城下町建立了一個活躍的學者網絡。[71] 秋田藩主佐竹義敦（號曙山，一七四八—一七八五）製作了精美的蠕蟲與蜈蚣插圖。[72] 堀田正敦（一七五五—一八三二）是一名年輕的幕府參贊（**若年寄**），也是一名技巧高超的畫家，他繼承了父親伊達宗村的鳥類繪圖計畫。[73] 伊勢國津藩主藤堂高猷（一八一五—一八九五），

圖九之十六 達磨鸚哥（巨嘴鸚鵡，學名 *Tanygnathus megalorynchos*），以《眾鱗圖》的栗本丹洲原稿發展而來。東京：國立國會圖書館

以及前面提過的福岡藩主黑田齊清，都參與了赭鞭會。[74] 這些人只是積極參與本草學研究的藩主中比較有名的少數。[75]

藩主們進行的本草學研究都有一個共同的重點，就是插圖。他們的圈子爭相製作最精美、最準確的動植物圖畫。這一點在松平賴恭的例子中特別值得注意，他贊助了可以說是當時最複雜的圖畫繪製。在松平賴恭家臣平賀源內的指導下，一個畫家團隊製作了一系列的圖冊，讓松平賴恭在同儕中因為出色的本草學成就而獲得認可——這損害了他的直接對手，即熊本藩主暨業餘博物學家細川重賢。[76] 松平賴恭的名字與幾本圖文並茂畫冊的編輯與製作連繫了起來，如《眾芳畫譜》與《寫生畫帖》等側重於開花植物的圖冊。其餘圖冊還包括《眾鱗圖》與《眾禽圖》。

平賀源內的天才技術成就了松平賴恭專著的獨特性，這不僅表現在花瓣、魚鱗和鳥類羽毛的鮮豔色彩上，也表現在觸摸時產生的感覺。這些羽毛、鱗片、葉子與花瓣都是以浮雕的形式來表現，這種效果可能是藉由在動物草圖上黏貼膠或漆來達成（圖九之十五與圖九之十六）。[77] 魚鱗被一片片貼上，上色，然後再漆上半透明的清漆（圖九之十五）。當膠變硬時，再刻上羽毛的圖案（圖九之十六）或是葉脈，最後上色。[78] 最終的結果給眼睛帶來了「逼真的」動植物視覺表現，給手帶來觸感。[79]

無論是為了修身養性抑或娛樂，或是為了效益目的跟拓展人類知識，在文化社交圈的自然研究皆顯示出，愈來愈多對動植物準確真實再現的關注。武士與資產階級贊助者都慷慨投資在學者與畫家身上，以組織稀有奇特動植物標本的公開展覽，並在專著與畫冊中製作最令人驚訝與技術先進的自然物種插圖。但是，在如此關注動植物忠實、準確描述的背後，到底有什麼樣的功能與目的呢？它如何影響自然的研究和對自然物種的設想？第十一章討論了這些問題，而下一章則重建了江戶與京都動植物標本公開展覽的組織。

10

展出的自然：平賀源內

Nature Exhibited: Hiraga Gennai

文化圈的成員可以透過在團體活動中投入時間、資源與專業知識來脫穎而出。對武士菁英、富有的平民，以及專業或業餘的學者來說，擁有自然，無論是以收藏奇特外來植物、活體動物或經防腐處理的動物標本等形式，還是以精確鑑賞力的形式，都代表著一種強大的社會標誌。對自然的支配象徵性地被延伸到社會中。植物與動物，尤其是來自東南亞與非洲的異國珍稀標本，被物化為商品，在日本城鎮中被當作奇觀（**見世物**）與娛樂來欣賞享受。有些茶屋會展示色彩繽紛的熱帶鳥類、鸚鵡與孔雀，作為顧客的娛樂。公共與半私人花園為社交圈成員安排參觀活動，藉由欣賞杜鵑、朝顏（編按：即牽牛花）與茶花為詩歌或書法尋找靈感。街頭有「舶來品」（**舶載物**）的展示。奇特動物的遊行在好奇的群眾間造成轟動，並被記錄在許多公報、時事通訊與日記中。在一七五〇年至一八五〇年的一百年間，曾經遊街的動物包括一隻特別大的翻車魚（一七六二年）、一小群髯羊（一七六九年）[1]、一隻來自非洲的大豪豬（一七七三年在大阪和京都，後來於一七七五年在江戶，見圖十之二）、一群來自歐洲的綿羊（一七七五年）、西方來的黃鼠狼（一七七六年）、一隻狼（一七七七年）、一隻爪哇鼬獾（一七七八年）、兩隻食火雞（一七七八年），以及一隻麝貓（一七八六年）。[2]一七八九年，一條巨大的藍鯨被運到大阪。一七九二年，一條大白鯊在京都、大阪與江戶展出。

後來又來了兩隻紅毛猩猩（一七九二年）、驢（一七九二年）、冠鳩（一七九五年）、一隻豹海豹（一七九五年）、一隻白野豬（一八〇一年）、一隻白色巨蟒（一八〇二年）、一隻體型占據一個三張榻榻米房間的章魚（一八〇三年）[3]、七隻鱧（一八〇四年）、金翅雀（一八〇五年）、長臂猿（一八〇七年）、一隻黑海兔（一八〇八年），松鴉與草原百靈（一八〇八年）、美國大刺蝟（一八〇九年）、一隻雙尾狗（一八一一年）、栗胸文鳥（一八一二年）、食蜜鳥（一八一二年）、野貓（一八一三年）、一隻袋鼠（一八一四年）、巨型蝙蝠（一八一五年）、小葵花鳳頭鸚鵡（一八一六年）、十姊妹（一八一六年）、紅嘴椋鳥（一八一六年）、歌　（一八一八年）、尤卡藍鴉（一八一九年）、花雀（一八一九年）、珠雞（一八一九年）、黑猴（一八一九年）、八色鳥（一八二〇年）、鵲鴝（一八二〇年）、一對單峰駱駝（分別在大阪〔一八二一年〕、名古屋〔一八二三年〕與江戶〔一八二五年〕遊行）、角雉（一八二五年）、鸀（一八二七年）、一匹雙頭馬（一八二七年）、豹（一八二七年）、一隻白化棕熊（一八三二年）、一隻很長的海鰻（一八三三年）、一隻懶猴（一八三三年）、歐洲松鼠（一八三三年）、斑胸草雀（一八三五年）、一隻經過防腐處理的獨角鯨（一八三六年）、一隻巨人的棱皮龜（一八四〇年）、天竺鼠（一八四三年）、畫眉（一八四四年），以及許多色彩繽紛的鸚鵡、孔雀和雉雞。[4] 這份清單還沒有考慮到以狗、猴子和馬為主角的表演，或利用顯微鏡來進行的奇幻表演，這些表演中出現巨大的跳蚤和獅子，在山東京山《梅若松若竹取物語》中年輕人的夢中徘徊縈繞（圖十之二）。[5]

圖十之一　一隻來自非洲的豪豬，出自《四条河原遊樂圖屏風》。

市場與國家之間的小野蘭山

除了觀賞與娛樂活動，社會各階層的民眾都更認真地研究自然，這些圈子的成員有學者、專家與畫家等，能夠製作精美的插圖手冊。至於能賦予這些團體智識體面的本草學專家則非常搶手。在十八世紀的最後幾十年間，小野蘭山可能是活躍於文化圈中最知名的本草學學者，他博學的演講被他的弟子收錄起來，以《本草綱目啟蒙》為題出版（一八〇三年至一八〇六年）。在這份出版品中，小野蘭山沿用了李時珍百科全書的分類順序，但也提供了大量最新的動植物描述，包括來自西方書籍的資訊。相較於追求

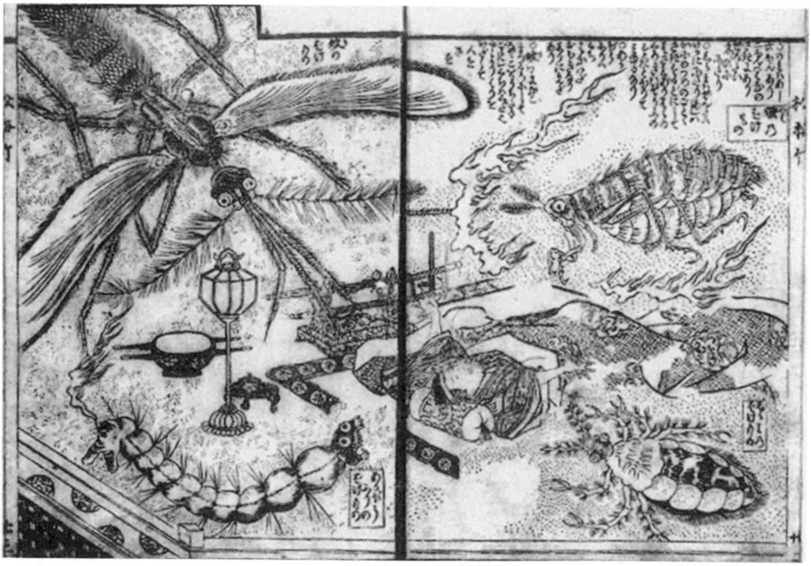

圖十之二　山東京山《梅若松若竹取物語》（一八〇九年）的一個場景。東京：國立國會圖書館。

描述不同物種的形態與生命，自然知識的醫學用途幾乎處於次要地位。6

幕府持續雇用本草學專家作為醫官，而這些醫官後來也成為一七九一年成立的幕府醫學館的成員。一七九九年三月，幕府命令將七十歲的小野蘭山調到江戶，成為醫學館的教學成員（**教官**）。從未離開過京都的小野蘭山無法拒絕這樣的榮譽。自一八〇一年開始，幕府下令讓他在各令制國進行考察。於一八一〇年去世的小野蘭山在醫學館服務了十一年，他在這段時間累積了數量空前的田野調查紀錄，以「採藥記」的形式收集起來。他還出版了李時珍《本草綱目》的修訂版，並從紅葉山文庫手抄了全部九十六卷《庶物類纂》，一邊抄一邊作注釋和更正。小野蘭山的《本草綱目啟蒙》由他的姪子小野職孝（卒於一八五二年）編輯，這本書被他同時代的人視為日本本草學的最高成就，並分別在一八一一年、一八四四年與一八四七年再版。他的方法在很大程度上仍然是語意學的，但對動植物的詳細描述卻因為個人對活體標本的觀察而更加豐富。雖然嚴格遵守《本草綱目》的分類學配置，小野蘭山的「澄清」（**啟蒙**）非關理學原理，而是旨在對動植物與其形態、棲息地、生活史與實際用途（主要是藥用）進行直接的百科全書式處理，並遵循李時珍制定的表述順序。

在這種脈絡下，找到一個贊助人對大多數本草學者來說是非常重要的。多卷的百科全書與專題著作，無論購買或出版都所費不貲。雇用專業畫家與印刷廠也要價不菲。此外，只有負擔得起的人才能接觸到稀有的動植物物種。總之，若背後有一個富裕的贊助人支持，通常比較容易在本草學領域獲致學術成功，這些贊助人通常是高階武士，像木村蒹葭堂這樣的富商比較罕見。反之，缺乏人脈或資源往往意味著職業生涯的結束。儘管這門學科獲得愈來愈多認可，但學者的命運還是難免無常。平賀源內的生平尤其揭露了學者在德川後期地位並不穩定的情形。他的故事就是一個來自最低階武士的年輕人，由於才華洋溢，最初成功地闖出名聲，然而一旦失去富有贊助人的支持，最終仍然無法作為一名獨立學者生存。[7]

平賀源內與人脈網路的藝術

今日，平賀源內主要被認為是一位幽默小說（**戲作**）作家。在日本，他經常作為主角出現在漫畫、電視節目與電影中。在這些現代作品中，他通常被描繪成一個刻板的科學家，「德川時期的達文西」，舉止古怪且直率，有時也被描繪成一個好色之徒。[8]平賀源內是個博學的通才，能製作技術工藝品，也對各種學術課題進行研究，從工程、採礦到自然史，從詩歌、小說到陶瓷和西式繪畫（**洋画**）無不涉略。杉田玄白在他的回憶錄《蘭學事始》（一八一五年出版）中寫道，平賀源內「是博物學家（按：本草學家），天生聰明。他才華洋溢，而且總是很受歡迎。」[9]

儘管平賀源內可能從早年在讚岐國志度浦村生活以來就一直很受歡迎，但由於父親是武士階層最低級別的步兵（**足軽**），他爭取讓自己的學者身分受到認同的過程卻困難重重。當平賀源內在一七四九年繼承父親的職責與津貼時，他的生活與貧困的農民沒有什麼區別。一年三石的收入不足以維持一個家庭所需，平賀源內曾在日記中寫道，所有家庭成員經常不得不在志度浦周圍的農場打零工。[10]

後來的傳記作者在描述少年奇才平賀源內的天賦時，都不吝嗇使用形容詞，他豐富且冒險的一生很難用幾句話來概括。平賀源內在年輕時就因為發明能力而聞名，例如測量距離的萬步計與溫度計都是他的發明。[11] 後來，他更在日本紡織出第一塊石棉布，開發了一種玻璃吹製技術，並進行了靜電實驗（改造名為「erekiteru」〔**エレキテル**〕的摩擦起電器）。[12]「エレキテル」或稱「靜電櫃」，作為一種可以從病人頭部產生火花的機器，自從被引入以後就大受歡迎。它被用於治療濕熱與潮熱，但效用可疑（圖十之三）。[13] 橘南谿（一七五三—一八〇九）曾在他的日記《西遊記》（一七九五年出版）寫到：

> 這個名叫靜電櫃的設備在二十三年前傳入日本。它是一種從人體中吸取火的機器。盒子裡設了幾個輪子；它只有不到一公尺長，以及一條五到六公尺長的鐵鍊，末端是一個環狀把

手。你得讓一個人抓住把手，然後讓輪子轉動，如此一來能量就會沿著鐵鍊傳遞。這在人身上激起反應，放在他們前面的小紙片會自己移動和跳舞；如果有人的手靠近，你可以聽到像油脂噴濺的聲音，並看到火焰飛出。沒看過這種裝置的神奇之處，是很難相信的。[14]

除了在高松藩校接受的基本訓練以外，平賀源內從未能負擔起任何進階教育的費用。然而，在志度浦俳句大師指月堂芳山（卒於一七五一年）的引介下，他與俳句詩人渡邊桃源（一七一五—一七九四）建立起密切的關係，從中獲益良多。這段從相識發展成終生友誼的關係，後來對平賀源內在江戶建立畫家和出版商的人脈網路時，著實是寶貴的。後來，渡邊桃源在平賀源內生活困難時也對他提供了經濟上的援助。[15] 平賀源內的崛起始於一七五〇年左右，當時松平賴恭注意到平賀源內栽種人參的能力——人參種植是松平賴恭積極參與的活動，藉此展示他對幕府政治的忠誠與承諾。[16] 就像當時許多其他藩主一樣，松平賴恭本身也是業餘博物學家。他認識江戶的田村藍水，即最早成功在日本種植人參的醫生。在松平賴恭的斡旋之下，平賀源內開始在高松藩醫久保桑閑（一七一〇—一七八二）的門下習醫，後來在江戶也被田村藍水收為弟子（一七五六年）。[17]

平賀源內以多才多藝聞名，但正如他自己在一七六一年左右寫的一篇短文《紀州產物志》

所透露的，「自我出生以來，本草學一直是我最喜歡的學科，這就是我為什麼四處旅行採集藥草，發現了許多新物種。」[18]本草學是他的愛好，也正是這個領域帶給他早期的成功。在接受訓練期間，平賀源內認識了許多在各領域取得成就的友人，建立起自己的人脈。他前後在菊池黃山（一六九七—一七七六）門下與江戶的昌平黌學習理學，向指月堂芳山向學習俳句，也向渡邊桃源學習工程與本草學。在江戶，他的人脈擴大到幕府官員，如千賀道隆（一七二一—一七九五）、森山孝盛（一七三八—一八一五）、鳥海玄柳等人，最後也認識

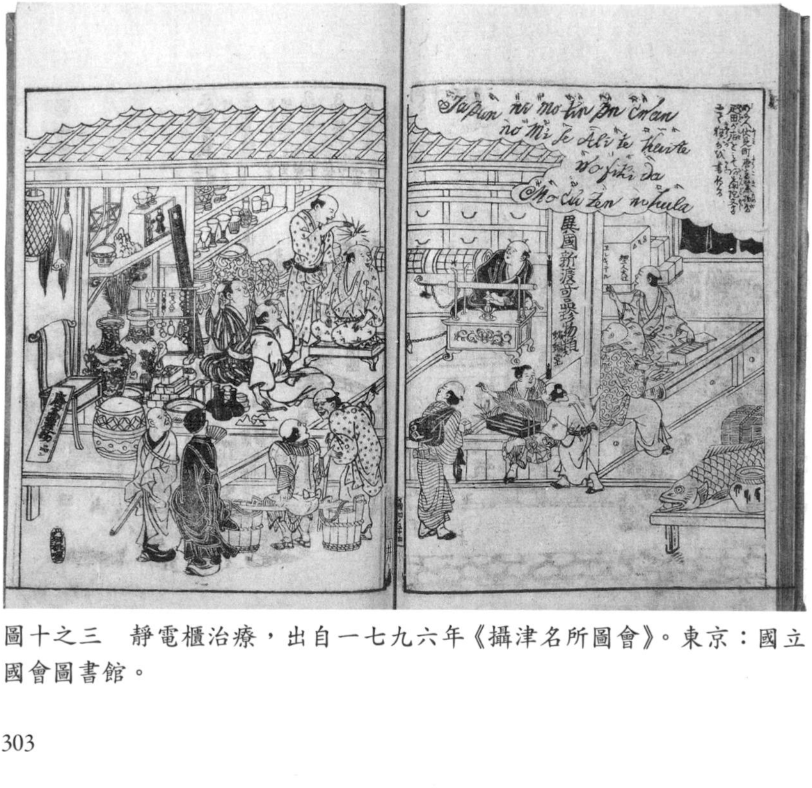

圖十之三　靜電櫃治療，出自一七九六年《攝津名所圖會》。東京：國立國會圖書館。

了可能在當時的日本最位高權重的江戶幕府老中田沼意次（一七一九－一七八八）。他也認識了不少理學學者，如昌平黌大學頭林信言（一七二一－一七七三）、中村文輔（一七〇一－一七六三），以及後來在一七九〇年參與寬政改革的柴野栗山（一七三六－一八〇七）。平賀源內往來的還有詩人與藝術家，如大田南畝、鈴木春信（一七二五－一七七〇）與司馬江漢；日本國學者如賀茂真淵（一六九七－一七六九）與荒木田尚賢（一七三九－一七八八）；以及本草學者如田村藍水、青木昆陽、栗本丹洲、杉田玄白與戶田旭山（一六九六－一七六九），還有業餘博物學家如細川重賢、佐竹義敦、堀田正敦、增山雪齋與伊達重村（一七四二－一七九六）。[19]

推廣自然資源：一七六二年的大型博覽會

在田村藍水門下求學期間，平賀源內開始打出自己的名號。平賀源內的才華很快就讓他成為田村藍水最寵愛的學生，但他的發展卻受到作為松平賴恭家臣的義務所限制。他在高松藩的地位低下，意味著他無法成為一名藩學者。松平賴恭意識到平賀源內所面臨的障礙，試圖提拔之，但卻遭到其他更高級別的高松藩學者家臣反對，最終還是放棄了這個想法。[20]

對平賀源內來說，作為學者，要提高社會地位的最佳策略是以獨立學者的身分積極參與本草學的文化圈，但這次的阻礙來自松平賴恭。在一七六一年九月二十一日的一封信中，平賀源內懇求松平賴恭接受他辭去高松藩家臣的職務。松平賴恭接受了，但也提出約束條件，即平賀源內永遠不能為其他藩主服務，也永遠不能參與其他藩主經常出入的文化圈。[21]這些條件讓平賀源內無法接受其他武家的贊助。事實上，松平賴恭的條件意味著平賀源內的仕途勢必在此劃下句點。平賀源內試圖透過撰寫通俗小說來維生，由於他與江戶出版商建立了私人關係，他的小說才得以出版。[22]但當時版稅的概念尚未確立，他的收入維持不了多久。[23]

平賀源內的名聲在與老師田村藍水合作的那幾年達到頂峰，尤其是在組織了全國性藥品展覽以後。然而，「藥品會」其實是珍稀動植物的展覽——這種展覽也被稱為「物產會」或「本草匯」。這種展覽最早是由田村藍水在一七五七年籌劃的，目的在於「先在江戶湯島舉辦一次大型會議，以建立一個藥物（按：收集者的）協會。」[24]平賀源內在第一次展覽籌劃工作所扮演的角色不明，因為當時他拜入田村藍水門下只有幾個月的時間，但上野益三認為，才華洋溢的平賀源內甚至可能是田村藍水的靈感來源。[25]

在一七五四年的一次京都行中，平賀源內見到了戶田旭山。根據平賀源內的說法，他曾短暫拜在戶田旭山門下習醫，可能因此得知當地本草學者定期會在戶田旭山家中聚會。戶田旭山原為岡山藩家臣，退休後先後在京都與大阪以城鎮醫生（**町医者**）的身分行醫。他以自學的方式開始學習本草學，後來則用自家的「百卉園」種植和研究不同的藥草。後來，有關戶田旭山百卉園卓越之處的傳言開始在關西地區流傳，最後傳到了松岡玄達大弟子暨傳人，即京都的津嶋恒之進的耳裡。當時津嶋恒之進也是木村蒹葭堂與小野蘭山的老師。[26] 一七五一年，津嶋恒之進決定前去鄰近的大阪拜訪戶田旭山與他的百卉園。過沒多久，戶田旭山與津嶋恒之進之間發展出友誼，而後者也在一七五二年開始為當地業餘與專業本草學者組織非正式的年度聚會，稱為「藥品會」。

平賀源內於一七五四年八月造訪大阪時去了百卉園，與戶田旭山與津嶋恒之進會面。平賀源內可能是在當時得知這些聚會的訊息。[27] 這些藥品會包括比較和展示藥用物質，以及各種奇特稀有的動植物與礦物標本。這類聚會在日本德川時期並不罕見，而且對自然有興趣的個人來自不同的社會階層；然而，與後來的社團如赭鞭會和嘗百社等不同的是，這些早期社團大多是以地方為基礎，很少與更廣泛的學術交流網絡有聯繫。田村藍水（與平賀源內合作）在一七五七年所達成的，是實現了收藏家、學者與業餘愛好者的第一次全國性聚會。

田村藍水的東都藥品會於一七五七年舉辦第一次會議，該次聚會導致接下來一七五八年、一七五九年、一七六〇年與一七六二年等的四次展覽，其中以一七六二年的展覽最為盛大。這些展覽都獲得廣泛參與，是十八世紀末日本知識界的重大事件。各令制國的民眾來到江戶，目的是觀察在這些會議上展出的稀有奇特動植物。在這些展覽上，參觀者也可以欣賞到平賀源內的組織性展覽，標本按照《本草綱目》的分類系統排列，並貼上標籤，提供物種名稱、棲息地與持有者的名字。這些展覽在大報（瓦版）、公報、通訊與通俗讀物中受到廣泛讚譽，進一步助長了人們對自然史的狂熱。[28] 大田南畝在他的《奴師勞之》中描述了這次會議。這是一本記錄江戶事件與日常生活的著述，出版於一八一八年：

> 平賀源內來自讚岐國。由於他喜歡自然產品（物產），而拜入田村元雄（按：田村藍水）門下，並組織了一個協會。這個協會的第一次會議由田村元雄於一七五七年在湯島舉行。隔年，他們在神田會面。再隔一年，平賀先生又在湯島籌辦了第三次會議。一七六〇年，松田先生在市谷組織第四次會議。一七六二年，平賀先生再次在湯島組織會議。（按：這次會議）展出的標本是由田村協會的收藏家與成員所提供。他們集結了三十國兩千多件標本，選出最好的標本進行展覽，並在一七六三年出版了一份名為《物類品騭》的精選目錄。[29]

平賀源內是否真的是這些會議的靈感來源，可能令人存疑，但他確實造就了會議的成功。確切地說，藥品會造成轟動的最終受益者是田村藍水。在一七五〇年代，田村藍水是一名城鎮醫生，與本草學研究的世界並沒有特別的聯繫。他曾短暫追隨阿部將翁學習，但從未進入任何專門學校。[30]他的名聲來自他在日本成功栽植人參的經驗，但他與本草學主要學派或其他重要的博物學家都沒有關係。一七四〇年，田村藍水的人參幼苗實驗產生了第一批能在日本生長且具有生殖能力的植株。一七四八年，他發表了他對人參的研究結果，這本著作也成為該類型中的暢銷書。[31]

科學史家通常將田村藍水在種植人參方面的專長視為幕府每年以三百石的可觀年薪聘請他擔任醫官的原因。[32]然而，他一直到一七六三年才被聘為幕府醫官，時年四十六歲。[33]這距離他最早在人參方面的成功經驗已經有二十三年，距離他的專著出版也有十五年。他在本草學者之間的響亮名氣與藥品展覽引起的轟動，可能是說服幕府在該研究所聘用他的決定性因素。他在一七五八年的特別提名（**選拔**），是因為一七五七年第一次展覽開幕之故，而他在一七六三年被任命為幕府醫官，則是因為一七六二年第五次展覽的成功。這些事件的時間表示，這樣的順序並非巧合。

第五屆東都藥品會於一七六二年舉行，這是在第四次也是最不成功的一次會議的兩年後。[34]一七六〇年，戶田旭山在大阪舉辦了一場全國展覽，有互別苗頭的意味。這次活動的規模遠超過平賀源內與田村藍水（和松田長元）迄今在江戶組織的活動，展出來自全國各地私人收藏的兩百四十一種動植物，同年還出版了一本圖文並茂的目錄，題為《文會錄》。[35]這次展覽比江戶會議還更引人注目。戶田旭山吹噓道，京都的一流本草學者，特別是小野蘭山，都參加了這次活動。木村蒹葭堂也帶著自己收藏的標本參加了展覽。

平賀源內花了兩年的時間準備對戶田旭山挑戰的回應，其規模、壯觀程度與引起的轟動都是空前的。來自三十多國的收藏家透過平賀源內開發的複雜運輸系統，將一千三百種稀有奇特的礦物、岩石、植物與動物帶到位於湯島的展場，造就了這個當時世界上規模最龐大的自然史展覽之一。[36]

平賀源內在友人與同事網絡的幫助下，在江戶各地張貼了一系列的告示，也將告示送到各令制國的城下町（圖十之四）。告示的作用不僅僅是宣傳活動和呼籲收藏家送來他們最好的標本，實際上是一個捍衛本草學的有力聲明，強調研究自然對日本人民繁榮的重要性。它提供了日本自然研究的譜系，將稻生若水、貝原益軒和平賀源內的老師田村藍水聯繫起來。此外，它還強調，本草學不應只是擴大對動植物與其潛在藥理作用的認識，或是僅僅成為富有閒人的消遣，也應該成為開發新耕作技術與養殖技術的實用領域，增進日本民族的福祉：

開幕日：寶曆十二年閏四月十日[37]

我們的大日本是被神賜福的土地，有著肥沃壯麗的山川峽谷，還有性情篤厚的人民與美麗的風俗。在這片肥沃土地上生活與生長的所有東西，無論是藥草和樹木、鳥獸魚貝與昆蟲、還是寶石岩石與土壤，都支持著健康強大的人口。若與其他國家相比較，日本是最適合居住的地方。特別是，自古以來，藥草學家（**採藥使**）一直在這片土地上旅行，（按：文字無法辨識）並收集了大量的物質。因此，日本人民自古以來就知道各種物產。

然而，日本人在（按：利用物產開發）藥物方面卻遠遠落後。即使收集了珍貴的物質，他們也不知道如何用來製備藥物。他們繼續執著於古老的傳統，愚蠢地忽略了對事物的進一步研究，反而倚賴進口，只相信外國書籍的內容。他們僅僅透過模仿外國習俗來安慰自己，讓自己安心。在這種情況下，防止疾病惡化全靠好運氣。如果滿載藥品的貨船遭遇風暴，進不了我們的港口呢？我們所擁有的藥品是否足以治癒所有的疾病？如果你認為有些藥草可能有藥理用途，只是因為它們與已知藥物類似，哎呀，這可是個大錯誤，一個非常大的錯誤。我們需要學習本草學，因為如果我們不學，就會欺騙他人並陷入困境。但是，如果有藥用物質，我們卻不知道（按：如何識別與用於治療），那麼我們就會陷入自欺欺人的境地。這是個至關重要的問題。元祿時期，稻生大師在京都首創本草學研究。在他之後，貝原大師與松岡大師繼續了他的研究。他們的研究被證明是有用的，而且產生了至今仍讓我們受益的大量文本。他們的研究讓倚賴外國藥物的人數大大減少。此外，由於這三位大師的偉大成就，我們對本地藥用植物與動物物種的知識大幅度提高。他們的知識遺產現在已經由江戶的田村藍水大師繼承，我有幸拜於田村大師門下。田村藍水大師曾說過：「從文本中掌握各種珍稀、奇怪和奇特動植物物種的祕密並不難，在陡峭山脈與深谷中進行調查甚至也非難事。最困難的其實是栽植。」對於生活在日本的動植物來說，這句話多麼真實啊！儘管現在有很多人在實踐本草學，但真正熱愛的並不多！這就是我們還沒有詳盡調查各國物產的原因。如果我們真的詳盡調查了日本所有的動物與植物，我們就不會需要中國船與荷蘭船上的任何東西；我們將自給自足。正是因為這個緣故，（按：田村藍水大師）一七五七年在江戶組織了一次集會，邀請來自不同令制國的友人展示他們收藏的珍貴標本。（按：文字無法辨識）過去不為人知但現在為人所知，例如來自肥前國的十種茶，或是出羽國的雪花石膏。現在，我們還未達到我們與友人的初衷，但我希望情況會隨著我計劃在明年夏初舉行的集會而改變。因此，我請求日本的所有學者朋友，為了拓展我們的知識，把他們

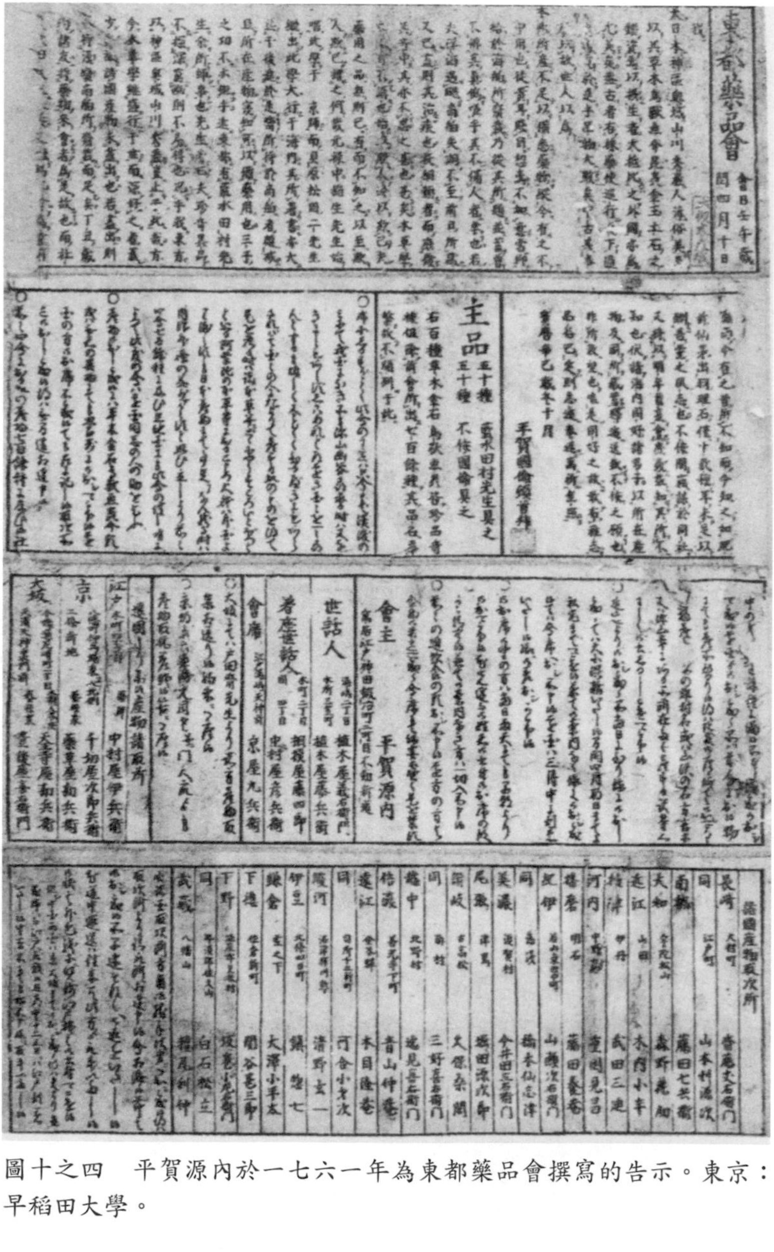

圖十之四　平賀源內於一七六一年為東都藥品會撰寫的告示。東京：早稻田大學。

最珍貴的標本送到最近的交運站（**取次所**）。除了給所有有類似意向的學者提供機會展示他們最棒的標本以外，我沒有其他願望。一旦這些標本被適當地命名和分類，就會物歸原主。

一七六一年十月冬

平賀國倫（源內）

在下一節中，平賀源內告訴讀者，他的老師田村藍水將展出五十種新的動植物，自己也將展出五十種。這一百個物種都是從前未曾展示過的。然後在接下來的章節中，平賀源內用日文提供了進一步的指示：

- 正如前言所示，組織一個新的東都藥品會的原因，是因為我們堅信，一旦對我國最偏遠地區（**深山幽谷**）進行詳盡調查，我們目前從中國進口（**漢渡り**）的物質中，都能在這裡找到。誠然，在（按：日本）最偏遠的道路與國度旅行是非常困難的工作，許多植物和動物確實也很難找到。但是，如果我們請生活在這些國度（按：且有類似意向）的人調查生活在他們所在地區的植物和動物，我相信我們將會發現，所有中國與日本藥物學百科全書以及多東斯《植物誌》(*Cruydeboeck*)書中分析的物質，有一半不需要進口，因為他們在日本就可以找到。[38] 這些發現對於醫學實踐將會帶來非常大的幫助。到目前為止，我們已經組織了四屆東都藥品會，展示超過七百種藥用物質。其他城市也舉辦了類似的展覽。對於下一屆的江戶展覽，我懇請生活在(按：日本)所有地區具有同樣熱情的人給以幫助。

- 我們歡迎任何種類的植物、礦物、鳥類、獸類、貝介類或昆蟲，甚至那些不知道名稱的標本。對於居住在遙遠國度但仍希望寄送標本的人，我們已經設置了運送站，其名單如下，將能毫無困難地將標本運送到江戶。
- 在前四屆展覽中，展出的物種已超過七百。(按：文字無法辨識)如果標本是從遙遠的地區寄來的，即使以前曾展出過類似名稱的植物或動物，也會被展出，因為可以藉此觀察有趣的地區差異。在寄送標本時，(按：文字無法辨識)請寫下標本的標準名稱，以及在採集地點的村莊與地區或山地或沼澤中使用的地區名稱。請同時寫下該地為何特別容易找到該標本的原因。
- 關於從江戶附近寄來的標本，請在閏四月的第一天之前直接寄到我家地址。如果我在沒有任何事先通知的情況下，在最後一刻收到標本，該標本將不會被展出。

- 請所有希望參加展覽的人，即使下雨，也要一大早抵達展覽區。強烈建議任何想要參加展覽會的人，向主辦單位寄一封信，並在信中寫上他的姓氏。無預約者將不准進入。
- 和從前的集會一樣，我們不會提供飲料或食物。所有來自遙遠地區的參加者請自帶食物。展覽區內不可聚會。

以下部分列出在湯島負責的職員姓名，以及各令制國負責在當地收集標本並確保標本能安全送達江戶的三十名運送代理名單。[39] 平賀源內在名單下方解釋道，

所有對展示其收藏標本感興趣的人，可以將標本送到最近的運送代理，由他們負責運送到江戶。一旦集會結束，所有標本都會盡快歸還，費用由我方承擔。寄送標本時，請你附上一封信或一張寫上「貨到付款」的彩紙。所有從中國地區（按：本州島西部）和九州寄送標本的人，請使用大阪的運送代理，他們將以速件（**直飛脚**）將標本送往江戶，只需要十二或十三天。請做好必要的安排，避免活體植物枯萎。

平賀源內的告示讓人瞭解到策劃這個活動所涉及的複雜組織，它利用了日本德川時期先進

的公路與郵遞系統。[40] 此外，有鑒於主辦人願意為參展者支付遞送費用與住宿費，我們可以認為，平賀源內與田村藍水的背後有一個強大的贊助人。若考慮到湯島是靠近幕府總部的一個區，區內有許多幕府機構（最著名的可能是昌平黌），而且幕府稍後也在躋壽館舉辦的展覽中採用了平賀源內的組織方式，我們可以說，這個強大的贊助人可能就是幕府本身。躋壽館是由多紀元孝於一七六五年開設的一所醫學研究學校，後來轉變為幕府的醫學館。[41]

然而，告示最具有說服力的部分，是以中文撰寫的前言，其中平賀源內為全國會議的籌辦提供了正當理由。在平賀源內涉及的眾多主題中，有三個主題清楚說明了本草學學科對國家利益的重要性，以及平賀源內與田村藍水為了在該領域立足而採納的策略。首先是平賀源內堅持認為，本草學的終極目標是發展國內藥用物質的製造。他說，日本擁有豐富的自然資源，這片土地在過去一直支持著「健康強大的人口」。他感到遺憾的是，由於自然研究不發達，許多具有重要藥用價值的動物與植物仍未被發現。其次，平賀源內譴責他眼中日本博物學家的錯誤態度，這些人「只相信外國書籍的記載」，而且「僅僅透過模仿外國習俗來安慰自己，讓自己安心。」對動植物的確切知識將讓日本人能開發他們土地上的自然資源。正是由於稻生若水、貝原益軒、松岡玄達等先驅學者的活動，本土藥用動植物物種的知識大幅提升。但平賀源內認為，這還不夠。當代學者仍然將他們的知識活動局限在對中國文本的文獻學分析上（這顯然是指小野蘭山以降的本草學者，仍然深受名物學方法與範疇的影響，以及那些為了好玩而從事本草學實踐的人），而不像他的老師田村藍水和他自己，積極參與藥草調查與栽植計劃。數十年後，嘗百社博物學家對以觀察來補充文本資料的重視，恰與平賀源內的批評產生共鳴。平賀源內不認同傳統本草學學者，認為他們「繼續執著於古老的傳統，愚蠢地忽略了對事物的進一步研究。」因為「他們倚賴進口，只相信外國書籍的內容，」所以他們對自然物種的知識發展並無貢獻，也沒有去利用藥草、植物與動物的藥理特性。

這導致了平賀源內的第三點：三位先驅學者的知識遺產由平賀源內的老師田村藍水所繼承並繼續，田村藍水不僅掌握了中國藥學百科全書的傳統知識，也藉由在各令制國的調查增添了新的物種。平賀源內表示，田村藍水還更進一步：「從文本中掌握各種珍稀、奇怪和奇特動植物物種的祕密並不難，在陡峭山脈與深谷中進行調查甚至也非難事。最困難的其實是栽植。」平賀源內認為，田村藍水能夠成功將前輩眼中的純學術活動付諸實踐。正是因為田村藍水的才華與天才，日本最終能夠充分利用其豐富資源，而這就是籌辦江戶展覽的原因。平賀源內兩次強調了日本的需要，藉此在農業與醫藥生產方面實現自給自足，減少對大陸進口的依賴——他特別用了「日本國」的字眼，而不是當時經常出現的「幕府」或「界」（**天下**）。我們將在第五部分看到平賀源內對知識所採取的工具主義概念，亦即將知識視為讓人更能利用自然環境以迎合人類需求的實際手段，如何出現在十九世紀的發展過程中。但是這段文字已經明確提出指令，人類應將觸角伸向自然環境，並將之視為一種資源加以利用：「籌辦一個新的東都藥品會的原因，」平賀源內解釋道，「是因為我們堅信，一旦對我國最偏遠地區（**深山幽谷**）進行詳盡調查，我們目前從中國進口（**漢渡り**）的物質中，都能在這裡找到。」平賀源內的這項明確主張，是德川時期最早將人類對自然的統治拓展到「國內最偏遠地區（**深山幽谷**）」的主張之一。它預示著為經濟需求對自然資源進行系統性開發，這個概念將在半個世紀後佐藤信淵的著作中充分發展，但它已經見證了早期那種特有的、關於人與自然領域的分離，正在受到無情地侵蝕。[42]

在個人方面，平賀源內巧妙地利用這些集會的場合以及它們所產生的熱情來提升田村藍水在本草學研究領域的地位，進而提升自己的地位。我們必須記住的是，田村藍水與主要的自然研究網絡或圈子並沒有關係。他沒有在京都跟隨當時的知名學者學習，也並非合乎體統的本草學者，只是一名成功培育出具有生殖能力的人參植株的町醫者。在這個時期，小野蘭山和他的本草學者網絡主導著自然研究的知識領域，他廣受讚譽的私人學園有一千多名學生，而且他也被認為是全日本唯一在藥物學經典中，能夠說出、辨識和論證所有動植物物種相關引用的人。[43] 田村藍水的知識遠遠不足以與京都的本草學界人士競爭。此外，田村藍水缺乏人脈，沒有提出具有競爭力的課程，而且他唯一的成功與文獻學或語義學（semasiological）專業無關，也不是在於大型百科全書的出版，而是與栽植人參的手作任務有關。換句話說，田村藍水缺乏進入本草學領域的所有基本條件。畢竟，想要在這個領域獲得認可與出類拔萃，首先得具備閱讀中文指南的能力。草木植物採集的田野工作經驗是次要的。

平賀源內用來提高老師田村藍水在自然研究領域之可信度的非正統策略，在操控既定社會秩序方面具有顛覆性的效果。他籌辦的展覽非常壯觀，尤其是第五次，而這個展覽也很自然地跟田村藍水的名字連在一起。日本境內業餘與專業本草學者的廣泛參與，可謂其專長的佐證：戶田旭山與他的社團將他們的標本送去展覽，小野蘭山的許多弟子與各本草學社團的成員亦然，其中更有木村蒹葭堂的參與。雖然田村藍水缺乏文化團體的支持，但平賀源內透過舉辦展覽建立起一個支持網絡。這個網絡最後成就的遠遠不只是一個地區性的本草學圈子。他創建了一個**全國性**的網絡，一個連接著所有地方團體的大型網絡。

在成功利用本草學者想透過參與來獲得聲譽的渴望，將本草學者與江戶集會聯繫起來以後，平賀源內又更進一步地推動他的策略。他建立了一個本草學研究譜系，以稻生若水為首，貝原益軒與松岡玄達緊接在後。這個譜系顯然是為了讓平賀源內能宣稱田村藍水為該研究體系最適當的繼承人。田村藍水被描繪成一名不僅在自然史的知識追求方面表現出色，而且能透過種植最抗病與最珍貴的植物（即人參）來成功將其付諸實踐的學者。

江戶展覽不只是稀有外來動植物的公開展示，也是本草學者與收藏家之間的公開知識競爭。平賀源內與田村藍水為學者創造了一個公共舞臺，讓他們能展示令人震驚的動植物新物種，也看誰的知識更豐富。不尋常的標本能為其收藏者帶來名氣。這就是為什麼展示標本目錄不僅包括預期的「藥用物質」（**藥品**），也會列出奇特物種（圖十之五）。[44] 根據平賀源內在一七六三年出版的目錄《物類品騭》，展出的標本不只是藥草（甘草、桔梗、人參），也有特別令人驚嘆且不常見的非藥用動植物：蜥蜴（圖十之六）、鱷魚、各種老鼠、鸚鵡、蛙與許多昆蟲。[45] 在後來的藥品會展出的物種中，稀有奇異的動植物愈來愈多，尤其

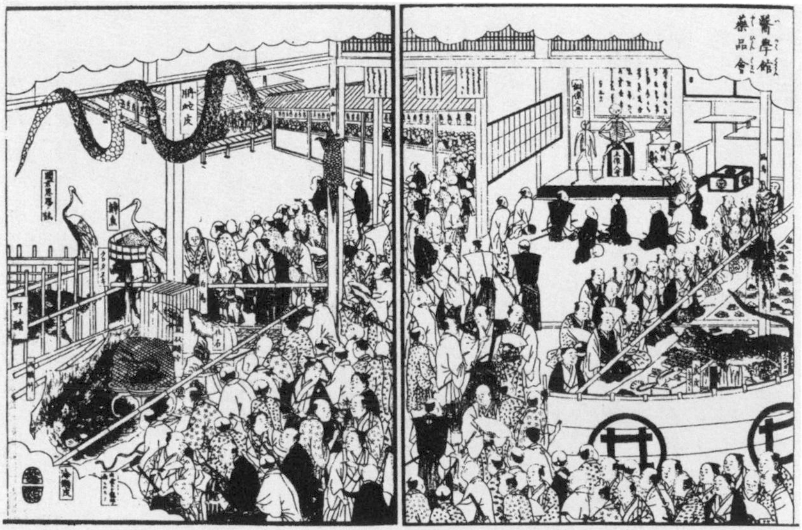

圖十之五　尾張藩醫學校於一八四四年籌辦的藥品會。出自《尾張名所圖會》（一八四四年）。東京：早稻田大學。

是在與西方國家的商業交流更頻繁以後。這些奇異標本包括巨型螃蟹、海獺、雙頭龜、食肉植物、虎皮、巨型蝴蝶、「海妖」的剝製標本（人魚，圖十之七）、水妖（河童）與天狗的爪子。

一七六二年展覽之後的數十年間，不同的本草學者、醫師與業餘愛好者團體在各令制國籌辦了許許多多其他的集會。從田村藍水在江戶第一次籌辦藥品會到德川時期結束，共有超過兩百五十場展覽在各城市舉行。[46] 圖十之五描繪了這樣的一個集會，由尾張藩醫學校於一八四四年舉辦，嘗百社也是隸屬於這個機構。每月七日也會定期舉行小型的集會。[47]「這些展示活動，」福岡真紀認為，「對該團體來說意義重大，因為它是集體解決植物標本命名、可利用性與功效問題的一種方式。」[48] 無論稱之為藥品會、本草滙或物產會，它們同時也是歡樂友好的活動，是具有娛樂性質的場面，是學者們碰面比較調查結果並交換標本與繪圖的機會，是討論辨識、命名與描述問題的話語空間，是透過與其他學者建立關係來提高自身地位與提高自身專業能見度的場所，是確認人類統治自然世界的象徵性手段。「對標本的觀察讓人們可以對展覽物品的名稱與功效進行集體校準，而未知的物品則提醒參加者，從他們的地區和其他地方帶來的新奇獨特之物永遠存在。」[49] 平賀源內的一七六二年展覽將認知、醫藥、農業、經濟、象徵與娛樂議題混合在一起，預見了這些發展。

儘管平賀源內努力透過田村藍水來提升自己的聲譽，他自己卻沒有成功。在第五次江戶集

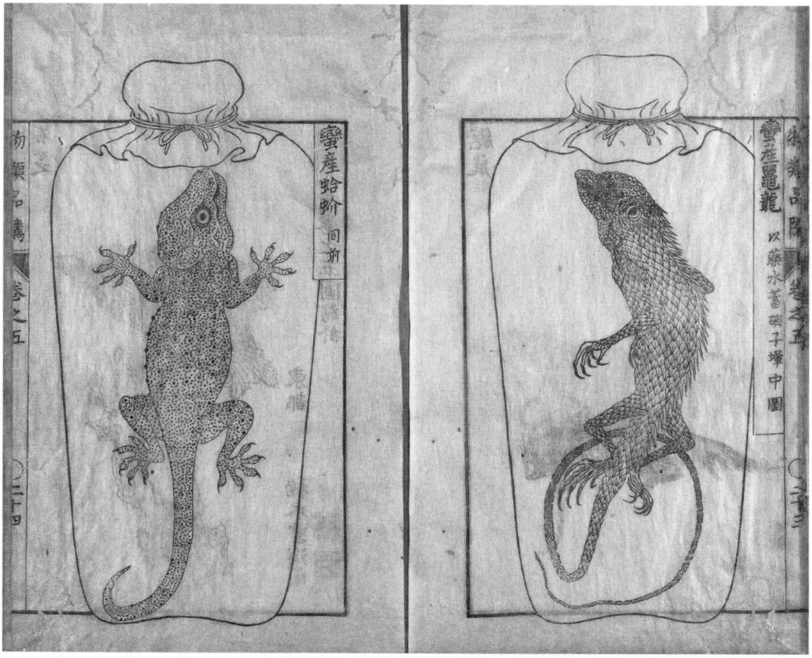

圖十之六　蜥蜴的浸液標本，出自平賀源內《物類品隲》(一七六三年)。江戶東京博物館。

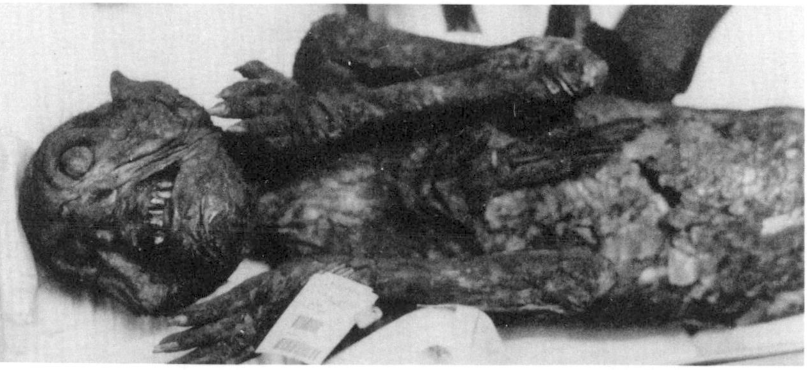

圖十之七　一隻人魚的剝製標本。這個標本（當然是組裝的）在德川晚期被賣給一名荷蘭商人，現為荷蘭萊頓國立民族學博物館的收藏。

會的勝利之後，平賀源內開始與幕府醫官千賀道隆往來，並對採礦產生興趣。由於平賀源內與松平賴恭的協議，履行幕府醫官這個新官方角色的田村藍水，無法繼續幫助平賀源內。透過千賀道隆，平賀源內與當時權力很大的田沼意次建立了聯繫。[50]一七七三年，田沼意次資助平賀源內，請他擔任在秩父與秋田進行的兩個鐵礦開採計畫的外部顧問，這兩個計劃都以失敗告終。

在他生命的最後幾年裡，平賀源內經常去拜訪田沼意次，據說田沼意次對運用靜電櫃的治療方式尤其著迷。然而，由於平賀源內為解除松平賴恭家臣的身分而接受的約束條件，他無法接受其他高階武士的直接贊助，也無力開設自己的學校。最後，他因為在酒醉狀態下誤以為兩名木匠偷了他的建築圖紙，將他們砍死而入獄，然後死於破傷風。

儘管平賀源內的一生並不平順，一七六二年展覽的巨大成功證明了日本德川時期對自然史的廣泛興趣。最重要的是，正如平賀源內的告示所明確指出的那樣，它強調了本草學對經濟繁榮的幫助，這與當時注重「國家利益」（国益）或國家繁榮的手稿類型是一致的。[51]結論性的第五部分將說明在十九世紀，工具理性與對實際效用的關注開始主導本草學的領域，一方面取代了研究與收集動植物的其他美學、知識論、倫理或娛樂目的，另一方面也預示著科學在明治時期日本的現代化與工業化中所扮演的角色。

11

再現自然：

從「真實」到「準確」

Representing Nature: From "Truth" to "Accuracy"

我們可以用一條線將本草學的文本製作分成兩個不同的階段，轉折點大致與德川吉宗政權與他在一七三六年贊助的調查相吻合。將十八世紀晚期與十九世紀早期的大量目錄及專題著作，與貝原益軒和稻生若水的百科全書式著作區分開來的是，前者有大量以岩石、植物、藥草、動物、魚與昆蟲為題的圖像表現。經典的辭典百科全書如畔田翠山（即畔田伴存，一七九二—一八五九）的《古名錄》（於作者身後一八八五年出版）之類，仍繼續製作出版，但到德川時期的最後三分之一，對插圖的著重已經成為本草學學術的一個決定性特徵。

本章認為，準確而詳細的動植物插圖是作為一種新的認知裝置而發展起來的，用於識別物種並解決將中文名稱與實際動植物匹配的老問題。如果說一方面他們確實前所未有地重視形態學描述，那另一方面也可以藉此鞏固，而非拆解《本草綱目》的宏偉分類結構。然而在這個過程中，本草學文本中詳細插圖的普及，加強了學者在觀察、描述與圖像表現實踐的歸納工作，這有助於將植物與動物從其生態系中提取出來，將它們化為可以讓人類為了經濟、政治與認知目的進行商品化與操縱的理想物種。雖然這些知識論上的轉變無疑有助於許多本草學者，在明治時期最早的幾十年間蛻變為現代科學家，但他們的發展卻是來自自然研究領域本身的內部動力，而不是認真採用西方科學原理與實踐的成果。

為自然之書繪製插圖

豐富的視覺產品是整個德川時期文化的共同特徵，從流行文化的浮誇到最具美感的精緻藝術作品皆然。在本草學領域，從一個以詞彙編纂為主的學科過渡到一個以描述性為主的學科，是三個不同但相互關聯的動態因素所造成的結果。首先，如本書第三部分所述，自然資源對國家福利的戰略重要性，如替代性生計與商品作物、織品、藥材等，都有利於發展更精細的視覺表現技術，以準確識別動植物物種。第二，人們以娛樂、觀賞與文化消遣的形式表現出來對自然界的好奇心，以及隨之而來的業餘收藏家之間在學識與鑑賞能力方面的競爭，將自然物種轉化為收集、擁有、展示與交換的文化商品，這種廣泛的風潮有利於圖文目錄與圖冊的製作。第三，隨著幕府與藩政府聘僱的本草學者愈來愈多，以及文化商品市場的擴大，本草學者獲得了藉由專業知識來獲利的新契機，博物學家的人口也膨脹到前所未有的規模；這個趨勢有利於專業化和更複雜分析技能的發展，特別是辨識新物種與罕見物種的能力，以及提出準確視覺描繪與口頭描述的能力。

發展準確真實描述的壓力，主要與確實辨識一個物種的實際需求有關，特別是當全球動植物貿易發展之際，歐洲與日本的已知物種數量也隨之增加。[1] 十七世紀與十八世紀初普遍採用的文獻學與語義學研究方法，可以幫助本草學者在已知物種的同物異名與異物同名的密林中確定方向，但若要整理愈來愈多由荷蘭與中國商人進口的物種，則毫無用處。在第七章中，我們看到丹羽正伯在組織一七三四年至一七三六年全國自然產物調查時，倚賴動植物插圖來應付令人困惑的地區名稱差異。這種作法促進了繪畫技術的發展，讓人能更忠實地再現從生活中採集到的標本（**生写**）。因此，專精於精確複製動植物的畫家學派，無論是規模或影響力都在增長。

這種向視覺準確性的轉變也發生在近世歐洲，在那裡，「十六世紀出現了一個明顯的趨勢，即植物描述幾乎完全專注在形態學上——也就是集中在視覺元素上，而這種趨勢也因為插圖而加強了。」[2] 正如博物學家法比奧．科羅納（Fabio Colonna）於一六一六年所言，「除了學習各種學科與語言之外，自然界的研究者要想自我提升，就應該掌握繪畫技巧，或者至少要有繪畫方面的知識。一個完全不懂繪畫藝術的人，即使他能在腦海中清楚描述和區別，也無法製作出事物的真實圖像。」[3]在歐洲，專業畫家在工作室也找得到一份有利可圖的工作，協助自然史學家與藥劑師為手冊與百科全書繪製插圖，其中不乏知名畫家如阿爾布雷希特·杜勒、愛德華·托普塞爾（Edward Topsell）與喬里斯·霍伊納格爾（Georg Hoefnagel）等人的畫室。[4]儘管林奈二名法在十八世紀的發展無疑讓歐洲博物學家的工作更容易進行，但是由於對新的審美理想和比較解剖學領域的要求，對畫家高超技術的需求仍然持續穩定增長。[5]動植物「寫實」繪畫的發展不能被簡化歸結為實用需要：一方面，杜勒的犀牛、野兔或簡單藥草的插圖回應了新中產階級客戶的審美品味；[6]另一方面，在十六世紀與十七世紀，因作為自然哲學家解釋的新典範而出現的自然機械論概念，提倡以定量和描述性的分析方法，而不是傳統的終極原因的調查。[7]

在日本，林奈的二名法可能在十八世紀末就已為人所知，但幾乎沒有人使用，「寫實」繪畫技術的發展是在十八世紀「靜默的知識革命」（quiet revolution in knowledge）的脈絡下找到扎根的肥沃土壤。[8]旅行的大規模擴展，無論是出自政治目的（**參勤交代**）或是為了商業、宗教朝聖、性旅遊、追尋早期詩歌遊記的美學描摹，或是學者從一個圈子到另一個圈子的遊學，都支持了插圖指南、地圖、地名詞典、旅行日記、冒險小說、紀念品與熱門地點「明信片」的發展。[9]以印刷畫冊形式忠實呈現風景名勝者稱為「名所圖會」，名聲與所謂的「真景圖」不相上下，這是一場與池大雅和與謝蕪村等藝術家有關的美學運動，徹底改變了中國文人繪畫（文人畫或南畫）那種更偏向表現主義的風格。[10] 大量出現的各類圖冊是這一時期的另一個特點。[11] 對鳥類與花卉的精確描繪絕不只出現在本草學的圈子：各門各派藝術家如圓山應舉、松村吳春（一七五二－一八一一）、伊藤若沖（一七一六－一八〇〇）與葛飾北齋（一七六〇－一八四九）等，都以一種對真實再現的全新關注來描繪動植物。[12]

在這個豐富且複雜的文化環境中，審美、認知、道德與休閒的成分經常交織在一起，因此在回顧時也很難分開處理。觀察與描述稀有動植物的文化圈成員，既是在收集有關主題的自然事實，也是在為相關的意義網絡做出貢獻。在這個意義上，一個自然事實同時也是一個認知的、倫理的與美學的材料。在贊助平賀源內與栗本丹洲的大量插圖製作時，松平賴恭不僅對它們的認知功能感興趣，也對它們的審美意義感興趣。在認知、審美、實用與道德目標等複雜組合的推動下，這些新的觀察與再現形式和風格，開始主導了本草學的方法論，並對自然與自然物種的構想方式產生了巨大的影響。

自然插圖的演化

儘管這些方法上的變化，像《本草綱目》這類經典文本的權威性卻從未受到威脅，本草學藥學效用的首要地位也未曾受到質疑。插圖通常用來補充非常傳統的動植物處理方式。例如在一八一〇年，岩崎常正出版了一本名為《本草圖說》的百科全書，其中有許多動植物的全頁插圖，排列順序大致與《本草綱目》相同。一直到一八五三年，前田利保還贊助出版了《本草通串證圖》，這是一本欲分發給其藩內所有村長的基本藥材插圖指南。[13] 然而，儘管十八世紀百科全書與專題論文附帶的詳細精確插圖，目的可能只是伴隨著傳統的內容，如格斯納的《動物史》（*Historia animalium*），但它們的準確性確實傳達出一種自給自足的知識論意義。[14] 對實際物體的忠實再現（以寫生、寫實、寫真等詞語來表達）具有精確的認知功能，補充了每個條目的言語內容，而且影響了物種（**種**）概念化的新模式。

即使是在德川日本這樣一個視覺表現豐富的文化脈絡下，對十七世紀到十九世紀早期這段時間的百科全書與手冊中的圖片進行比較，也會發現品質上的重大改變，這並不能單純用繪畫技術的進步來解釋。大多數在十八世紀中期編纂或印刷的手冊與百科全書都配有插圖，如貝原益軒的《大和本草》與寺島良安的《和漢三才圖會》，但它們的圖片往往是簡單的小圖，而且與言詞解釋相形之下微不足道。它們伴隨且豐富了文本，但並沒有對各種動植物的文字處理增加任何內容，也不是為了用圖片來取代言詞描述。

早在十七世紀的日本，就有許多跡象顯示，自然之書迫切需要加入插圖。例如，日本重印的《本草綱目》在文本中加入了原創插圖。李時珍的《本草綱目》原本不打算放進插圖，而且事實上，圖片在早期中國藥物學百科全書中的角色本來就無足輕重。[15] 然而，當《本草綱目》初版於一五九六年在金陵（今南京）出版時，該百科全書的編輯，即李時珍之子李建元建議附上圖片來提高文字的價值。[16] 後來又製作了兩卷畫冊，但其作者不詳。其中許多插圖充其量只是示意圖，而一五九六年中文版插圖與一六七二年日文版插圖的對比是非常明顯的。

如圖十一之一與圖十一之二所示，兩個版本都描繪了同樣的動物：從左上角按順時鐘方向，分別是豹、獅、虎與象。中文版圖像僅僅比日文版早了七十五年，但是與更加精心設計且具有藝術構思的日本版相較之下卻顯得遜色許多。在一五九六年的圖畫中，只能從軀幹辨識出大象，但一六七二年的圖像則包括象牙、軀幹、腿和耳朵等細節。即使如此，這些圖像仍然只是文本的裝飾，並不被認為具有認知或解釋的功能：它們甚至沒有在任何日文版的前言中被提及，而是作為單獨的附錄卷隨附在百科全書的主體中。

同樣的論點也適用於中村惕齋的《訓蒙圖彙》：這裡的插圖肯定比其他百科全書來得大，所

圖十一之一　一五九六年《本草綱目》金陵版。東京：國立國會圖書館。

圖十一之二　一六七二年《本草綱目》日文版。東京：國立國會圖書館。

圖十一之三　松鴉（學名 *Garrulus glandarius*），出自《大和本草》（一七〇九年）。

扮演的角色也更重要。[17] 它們具有明顯的認知價值，但這與百科全書的教育目的有關，而不是刻意去傳達關於所描繪物種在形態學上任何的補充資訊。同樣地，《大和本草》的圖像很難獨立存在，對賞鳥人士識別鳥類毫無用處（見圖十一之三）。與此形成鮮明對比的是一七三六年寄給丹羽正伯的調查報告所附的圖片，如圖十一之四所示，出自《備前國備中國內領產物繪圖帳》；這些插圖即使在今天也可以用來識別鳥類。

換言之，遵循中文教科書風格與慣例的手冊與百科全書，其內的插圖並沒有為言詞描繪增添任何東西。它們的目的並不在於傳達關於動植物形態與解剖

圖十一之四　大杓鷸（學名 *Numenius arquata*），出自《備前國備中國內領產物繪圖帳》（約一七三五年）。東京：國立東京博物館。

的進一步資訊，也不是為了幫助讀者識別所描繪物種為何。它們的作用在於伴隨、補充與點綴一個自足的文本，而不是完成它。

在一七三四年至一七三六年的調查之後，插圖才開始具備精確的認知功能，當時丹羽正伯明確要求在動植物清單中加入圖片，以幫助他精確識別出每個地區的本土物種，並消除因為異物同名而可能產生的混淆。這些圖像還為他提供了有關同一物種在區域差異的進一步細節。[18] 因此，有關動植物精確的視覺再現之所以會出現，與自然資源的調查目錄編制有直接的關係。

稀有鳥類與植物的銷售目錄以及私人收藏目錄中的插圖，都具有類似的功能，旨在傳達有關特定動植物的精確資訊，要嘛幫助識別物種，要嘛只是向見識較少的顧客展示一種植物或動物的外觀。收藏家委託著名畫家繪製他們收藏的花草植物、鳥類或貝殼等標本，並不是罕見的情形。此類作品中，最早的是《草木寫生》，它由四幅卷軸組成，作者署名為狩野重賢。每幅卷軸展現一個季節的花卉集合。所有盛開的植物一個接著一個排列，一旁也附上了它們的名稱與簡短的解釋。《草木寫生》繪製於一六五七年至一六九九年間，描繪了兩百八十四種花卉，其中大部分集中在春季與秋季的兩個畫卷中。卷軸的原主、委託的目的與它所代表的收藏種類至今仍不為人知。[19] 卷軸上的許多物種都是在室町時代（編按：一三三六年至一五七三年）晚期到德川時期早期之間引進日本的外來植物。由於它們最早是在美濃國（今岐阜縣）加納地區栽培，

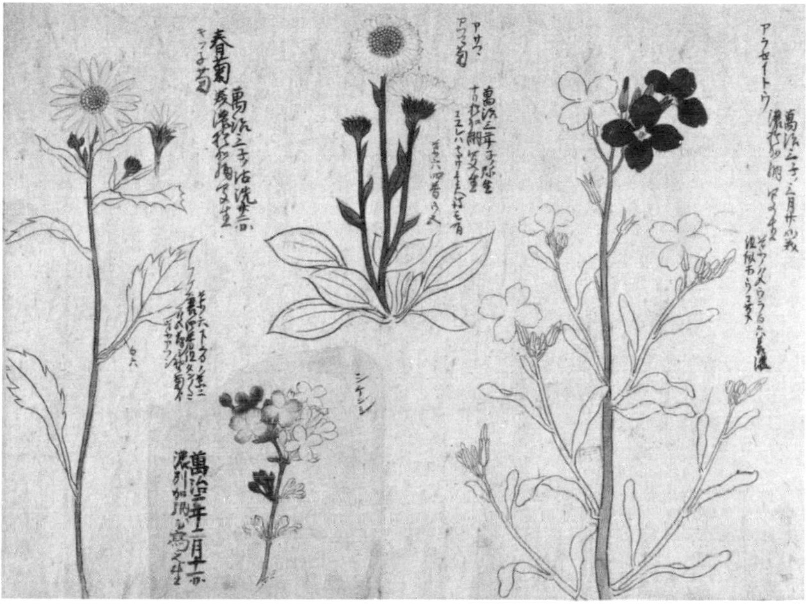

圖十一之五　狩野重賢《草木寫生》「春之卷」。東京：國立國會圖書館。

磯野直秀（Naohide Isono）認為該卷軸可能代表的是加納藩的收藏。[20] 圖十一之五顯示了「春天」卷軸的一部分。左邊有有春菊（茼蒿）的素描；右邊有一株細長的紫羅蘭素描，這種植物原本只生長在地中海盆地。[21] 目前還不清楚這種植物是在何時引進日本的。旁邊的注釋表示，一六六〇年三月它首次被種植在加納地區。[22]

正如我們在前兩章所見，活躍於本草學會所的業餘愛好者與學者投注精力製作圖文並茂的畫冊，將私人收藏的標本進行編目，或報告對野生動植物物種的觀察。在這些狀況下，動植物的視覺再現具有特定的功能，旨在描述所觀察物種的最細微細節。它們的作用不僅在於補充或豐富了自足的文本，恰恰相反的是，它們本身也傳達出精確的認知價值，而且文本往往扮演的是補充的角色：文字描述現在出現的頻率較低，主要是為了釐清物種的各個名稱、記述獲得標本的情況，以及說明觀察者的身分與觀察的方法。以栗本丹洲筆下那隻美麗的翻車魚（圖十一之六）為例，一旁的文字說明這條魚被捕獲的時間與方式，以及曾經展出的地點，同時也提供精確測量的尺寸和重量，但是有關魚本身的描述（不同身體部位的比例、顏色深淺、魚鰭形狀等）則留給圖片表現，此時，圖片的功能是雙重的，一方面說明觀察的結果，另一方面也將觀

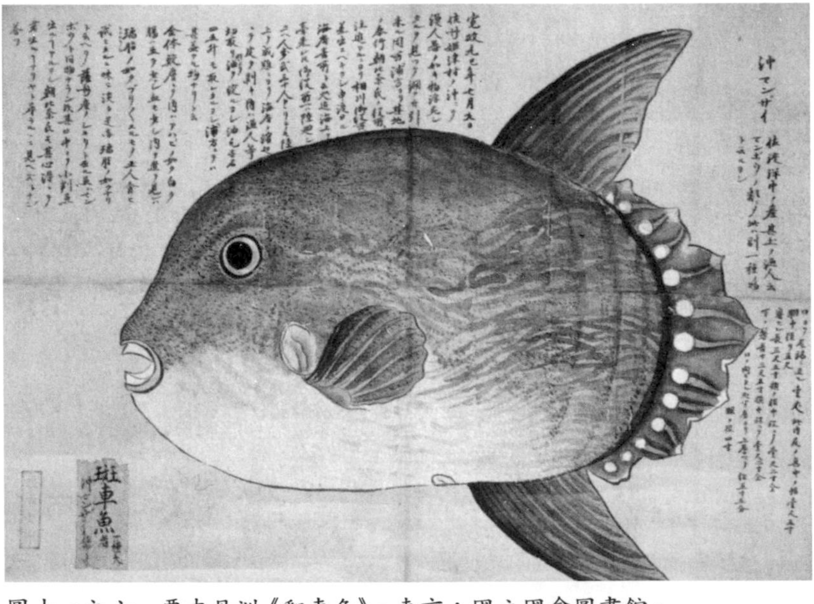

圖十一之六　栗本丹洲《翻車魚》。東京：國立國會圖書館。

察經驗延伸到觀賞者，使之在視覺上參與「翻車魚」物種的認知建構。栗本丹洲與平賀源內發展的各種圖像再現技術，將觀察者的經驗延伸到其他感官上，用膠來增強魚鱗的半透明性與觸覺感受。[23]

十八世紀中葉，熊本藩主細川重賢與他的一群業餘本草學家也採用插圖的方式來說明他們對蝴蝶與蛾生命週期的長期觀察結果（圖十一之七）。在這些研究中，細川重賢展示而非描述毛蟲（幼蟲）變成繭（蛹），然後再變成有翅膀的蛾或蝴蝶的變態過程。文字只限於紀錄觀察時間。

另一個例子是岩崎常正（即岩崎灌園，一七八六—一八四二）的作品，他將植物學插圖的技術提升到至臻完美的程度。[24] 岩崎常正是位低階的幕府官員（徒士），十多歲開始學習本草學，師從山岡守全，一名接受田村藍水訓練的尾張家臣。後來他被幕府的醫學館所聘用，因而有機會在小野蘭山在世的最後幾年拜入他門下學習。《本草圖說》（一八一〇年出版）是岩崎常正最重要的作品，包含以李時珍《本草綱目》為基礎的六十卷插圖（圖十一之八）。在他的園藝手冊《草木育種》獲得成功以後，岩崎常正以園藝師的身分打出名聲，最後成為小石川藥園的副園長。[25]

作為真理程序的自然插圖

正如這幾個例子所示，愈來愈多人關注動植物插圖的描繪準確性，這不僅僅是視覺豐富的德川文化中所附帶的現象，也不僅僅只是描繪技術提升的結果，而是與視覺再現重於言語描述的新認知價值直接相關。我認為，在不把「科學」去歷史化而歸入一個普遍範疇的情況下，德川時代晚期對觀察標本進行忠實圖像再現的努力，顯示出近世歐洲與日本在自然史研究中，特別在知識論的方法學上有驚人趨同發展。這種趨同發展是獨特與自主變革的產物，並非直接影響的結果。事實上在大多數情況下，本草學文本中使用視覺再現來傳達動植物的資訊，仍然是為了解決像是貝原益軒、稻生若水、小野蘭山等人的傳統作品中的語義學問題。換句話說，插圖是一種能解決傳統困境的新技術，可精確識別物種，並將典籍中的動植物中文名稱與實際生活生長在日本，或由外國商人帶到日本的實體動植物進行相互比對。正如我們所見，水谷豐文、伊藤圭介等學者與其他嘗百社成員廣泛運用了精練的視覺再現技巧，補足他們取自多語言原始資料，以及和同事討論、實驗所收集到的資訊，從而精準識別出藥草與植物的種類，以供藥用。

無論讓插圖忠於自然的原因是什麼，自然視覺再現中「寫實主義」（realism）[26]的問題，確實鬆動了原先深刻的存有學與知識論議題。一方面，它顯示了對於學者紀錄實際標本觀察結果的新承諾，強調認知的**程序**（procedures），以及他們以這些程序為基礎而共同發展出的推論，而不是將觀察到的標本歸併到先驗的（a priori）類別。[27] 換句話說，一種植物或藥草的特性並不是單純由一般原理中推導出來的，而是透過分析的共享協定（shared protocols），從對標本本身的分析歸納而得。另一方面，正如傅柯在歐洲自然史案例中所主張的，採用新的描述與分類系統遠遠超過了對動植物經驗數據的實用重組；相反，它激起了一種論述，對於將專家觀察眼光的訓練視為系統本身所需的前提。圖像符合新的自然史典範語言，因此是「系統性觀看」這項新技術的結果：「在相當混亂的豐富表現形式中，看到了什麼才可以被分析、可以被所有人認識並進而獲得一個每個人都能理解的名稱：『所有晦澀的相似之處，』林奈表示，『都是為了羞辱藝術。』展現本身的特徵、去掉一切相似性，甚至去掉它們的顏色，視覺再現現在終於能夠為自然史提供構成其正確對象的東西，以及它意圖建構的精巧語言所傳達的確切內容。」[28]

為了更清楚說明這一點，我們可以更仔細地觀察與這些插圖相關的概念網絡，特別是「寫生」、「寫實」、「寫真」的概念，以及它們所產生的「凝視訓練」（training of the gaze）。「寫」（**写し**）的字面意思是「複製」、「抄寫」，就像傳統抄寫佛經（**写経**）的儀式。「生」的意思是「生命」、「生活」、或「活著」；「實」指「真理」、「事實」、「現實性」；「真」指「真實」、「原創性」、「確實性」等抽象的範疇。「寫生」按字面意義可以被譯為「抄寫生命」或「從生活中複製」，這是德川時

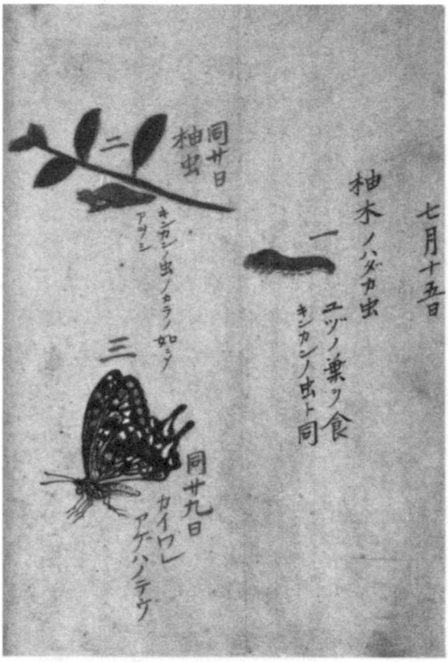
七月十五日
柚木ノハダカ虫
一
ユヅノ葉ヲ食
キシカンノ虫ト同
同廿日
柚虫
二
三
同廿九日

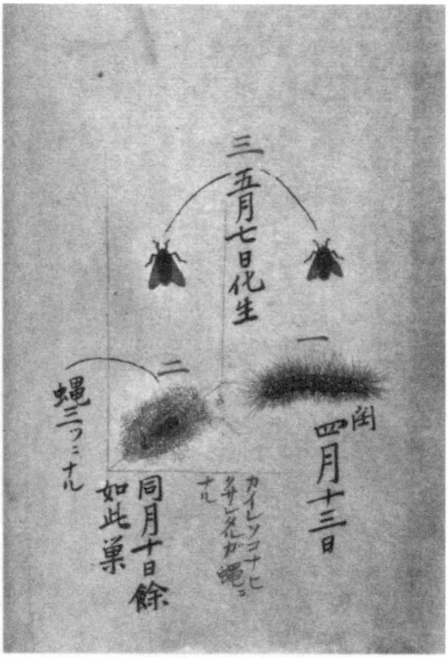
三
五月七日化生
一
閏四月十三日
二
同月十日餘
如此巣

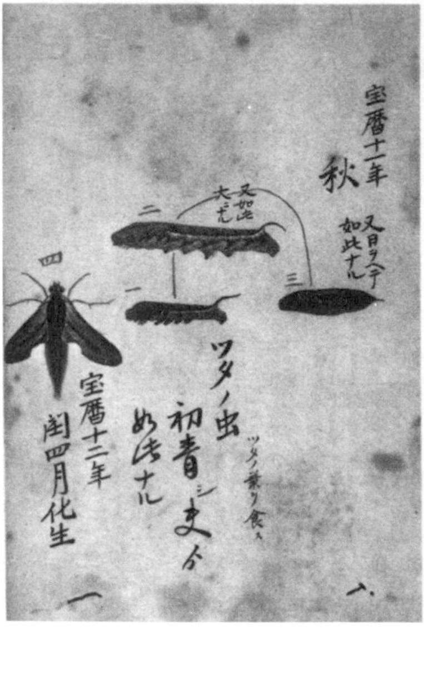
宝暦十一年
秋
又日ヲヘテ如此ナル
二
一
三
四
ワタノ虫
宝暦十二年
閏四月化生

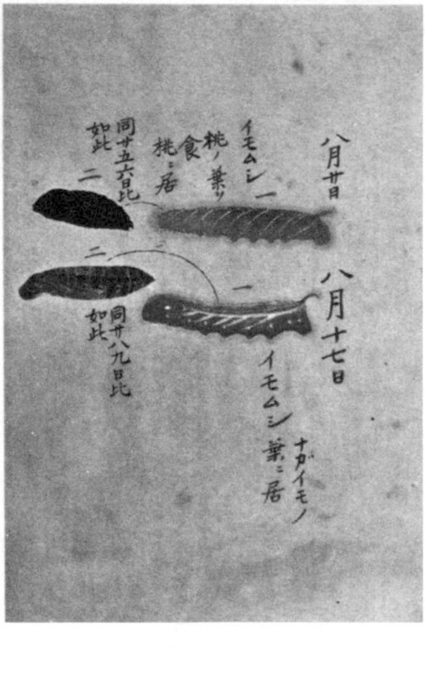
八月廿日
イモムシ
桃ノ葉ヲ
食
桃ニ居
一
同廿五六日比
如此
二
八月十七日
イモムシ
一
ナガイモノ
葉ニ居
同廿八九日比
如此
二

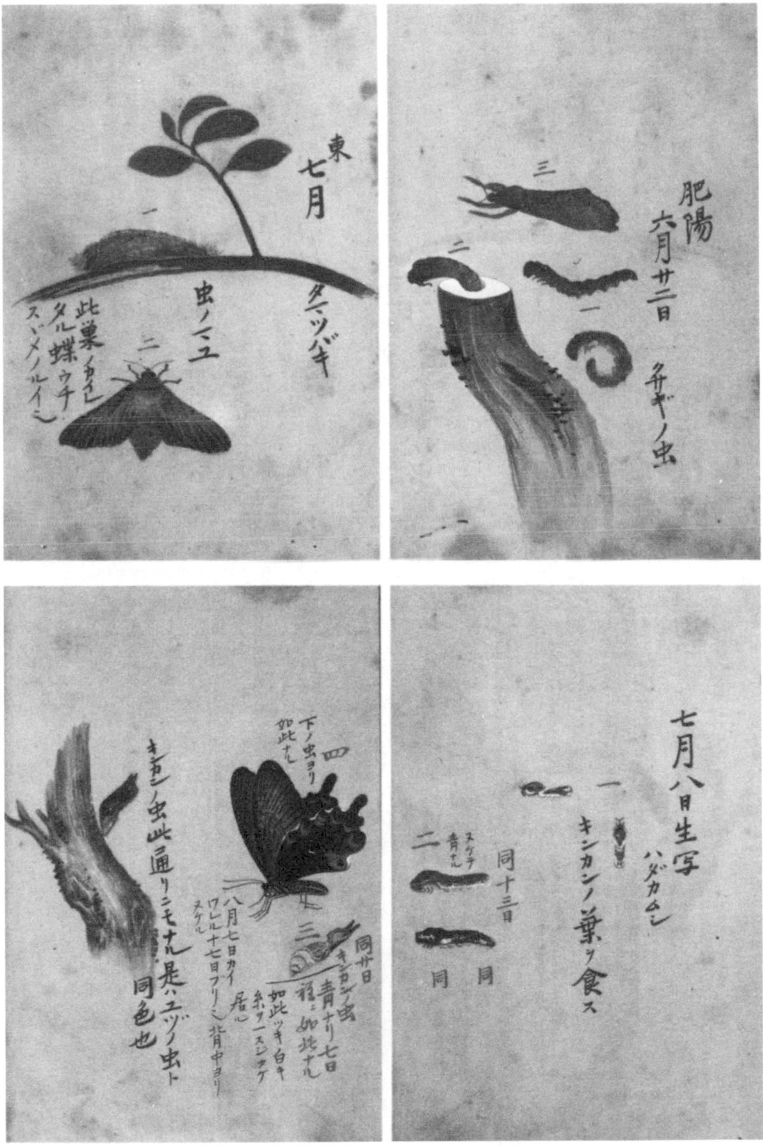

圖十一之七　蛾與蝴蝶的生命週期，出自細川重賢《蟲類生寫》(一七六六年)。東京：永青文庫。

期藝術史上的一個重要概念，與原本中文的「寫生」有很大的區別。藝術史學家河野元昭（Motoaki Kōno）認為，日文的「**写生**」比中文的「寫生」在用法上更為模糊，指的是更廣泛的繪畫，無論藝術家是否確實在觀察時進行描繪，它一般強調描繪對象再現的準確性與忠實性。[29] 在本草學領域，「寫生」通常與獨立的插圖有關，或出現在像是《草木寫生》之類的圖冊標題中。「寫真」這個詞的相關性可能比較高，即現代用來指稱「攝影」的術語。

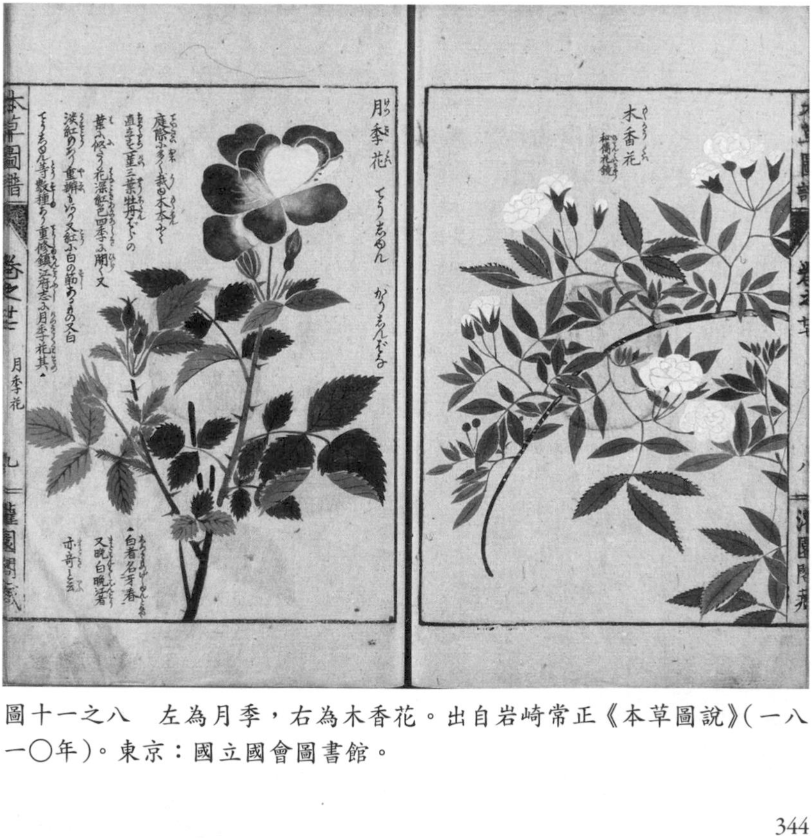

圖十一之八　左為月季，右為木香花。出自岩崎常正《本草圖說》（一八一〇年）。東京：國立國會圖書館。

在早期具有詞典編纂傾向的本草學文本中，「真」的概念經常被用來指稱一個物種的基本屬性，或是指將一個特定名稱歸屬給一種實際植物的正確性。在十九世紀早期，嘗百社在文本製作中廣泛使用了「寫真」一詞，指在仔細觀察並精確辨識動植物物種後，對其進行忠實的圖像再現。事實上，「真」的概念似乎是指一個物種範例的存有學地位（「本質」或「內在本性」），而「寫真」則是指正確且忠實地再現此一本質的知識論實踐。佐藤道信（Dōshin Satō）認為，雖然「寫生」、「寫實」、「寫真」的概念在德川時期多少被當成同義詞，而且全都圍繞著「感知寫實主義」（perceptual realism）的概念，但這三種表達方式確實有不同的內涵，因為「生」強調「生命實體的生計」，「實」強調其特定的客觀性（即它所處的時間與地點的位置），而「真」則強調其存有學地位的普遍性。[30]

一般來說，「真」與「實」這兩個字會以各種複合形式出現在各個學術領域的術語中。兩者都是指「真實」或「真理」的概念，但「真」是指事物不變的存有學本質，「實」則強調它們的客觀性、事實性，尤其與認知實踐有關。換句話說，「真」是事物或現象本身的真理，「實」指與人類認知實踐相關的對象或現象的真理。「真」與「實」都可以用來與「假冒」（**虛**）、「錯誤」（**偽**），甚至「空洞」（**空**）或「虛無」（**無**）等概念相對立，但「實」與「真」的區別在於，前者明確強調學者為了辨識一物體或現象的性質而進行的具體操作：就如種子（**実**，另一個「實」字的含義）只有在將自身轉化為植物時，才能顯露內在本質；「實」字所表示的「真理」必須要能「發芽」，透過具體的物體和實踐來表達、實現與作用。以複合形式的使用，「實」實際上獲得了「實現真理」的含義，或者更確切地說，一種被客觀化的真理，在具體的對象或行動中實現。這種語意功能的例子包括「實德」（在行動中實現的美德）、「實理」（作用於具體現象的理學原則）、「實心」（在具體社會實踐中體現的真實意圖）、「實學」與「實知」（兩者都指應用學習，知識在人類生活與環境中的實用具體效果），以及「實見」（指實際觀察或看見真相，這個術語經常出現在本草學文本中）。[31]「實」的語意範圍（「真理」作為對物質實在進行特定操作的結果，與人類觀察者相關）還包括「實證」的重要概念，即「檢證」（verification）這種主動使真理出現的程序。

透過對中國與日本文本的仔細文獻學分析，不同的思想家如伊藤仁齋、荻生徂徠與本居宣長等人在「實證」的概念上建構出他們的整個思想體系。他們聲稱，文字會隨著時間的推移而改變，而文字的改變也意味著人類所居住世界的改變。出於不同目的，他們全都堅持發掘詞語原始意義的重要性。例如在《語孟字義》中，伊藤仁齋認為「意義來自哲學譜系（血脈）。因此，學者在遇到新思想時，應先辨識出它們的譜系。如果無法正確評價它們的譜系，對其語意的揣摩就會顯得隨意，就像一艘沒有舵的船在黑暗中漫無目的地漂流。」[32]同樣地，許多本草學學者對伊藤仁齋與荻生徂徠等儒家學派的檢證方法並不陌生，他們可以透過積極研究來正確辨識出一種植物（即找出其真正的本質或「真」），所謂積極研究包括觀察（**実見**）植物或動物標本、驗證它在典籍中的名稱（**実証**），以及最終做出能揭露其真實性質（**写真**）的真實再現（**写実**）。

伊藤仁齋的弟子稻生若水認為，獲得正確動植物知識（**実知**）的最佳方式，是重新找到它們在經典文本中真實名稱（**真**）的原始含義。在撰寫《大和本草》時，貝原益軒的目的在於，把那些《本草綱目》中與不同令制國內的人量動植物名稱有出入的條目，藉由更正來鑑定一種植物或動物。[33] 而小野蘭山則運用新的觀察技巧與他對荷蘭文本的知識，來糾正貝原益軒的錯誤，找回日本自然物種的「真」。[34]

在嘗百社成員的作品中，我們發現了對「真」最原創的重新詮釋。水谷豐文、伊藤圭介等人製作了圖冊與目錄，提供他們所研究動植物的忠實再現（**写真**）。正如福岡真紀所言：「寫真的概念出現在視覺性與知識的交匯處。對水谷豐文與其他成員來說，在綜合他們基於文本的理解，與所觀察物理條件的過程中，直接觀察愈來愈受到信任，價值愈形提高。在他們製作與研究的各類型圖像再現中，這群人分析的不只是描繪的內容，也探究描繪的**方式**與**地點**。」[35] 出於這個原因，她將「寫真」的概念解釋為「真實（**真**）的移置（**写**）」，以強調觀察到的標本在嘗百社博物學家的認知實踐中所扮演的核心角色。他們儘量在插圖中忠實呈現描繪對象的努力（利用各種技術，包括將乾燥標本黏貼在紙上、植物拓印〔**印葉図法**〕、繪製畫像〔**真影**〕等）[36]，說明了「寫真在證明特定標本的存在與直接觀察標本的經驗等方面的功效。」[37] 為了強調實際物體作為其認知主張之物質檢證的重要性，福岡真紀將「真」表述為「真實」（the real），從而在她自己的分析中再現了嘗百社博物學家的知識勞動。[38] 事實上，從前的學者如貝原益軒或稻生若水，從未質疑過他們探究對象是否為實際的、物質的存在。然而，水谷豐文與伊藤圭介並不像早期本草學者那樣從被承認的文本推導出對象的屬性，而是從對象本身來加以演繹推論。因此，在尾張藩博物學家的作品中，「真」的概念相當於從存有學（ontological，闡明事物的基本屬性，及它們的真實本質）到存有（ontic，它們實際存在的證據）的語意轉變。對他們來說，對象是最先要考慮到的，而且和文本與觀察一起，在建構有關其屬性的真實知識時扮演著不可或缺的角色。在他們的作品中，「真」因此經歷了一種語意上的轉變，從「真理」的領域（即「真」作為事物的基本屬性）到「確定」（certainty）的領域（即「真」作為藉由測量、觀察、實驗等進行識別的結果）。對他們來說，動植物知識的真理價值在於其分析**程序**的確定性，而不在於一種多少是明確的形上學關係體系中。

因此，一般來說，本草學文本中插圖的認知價值是兩種「真理」概念即「實」與「真」經辯證後的產物，前者是知識論與程序性的，後者是存有學與普遍性的。一幅動植物的圖片，只有在它能呈現（**写**）所描繪物種（**種**）的內在本質、「真理」（**真**）的時候，實際上才是寫實的（**写**

真）。嘗百社成員也是這麼認為，對他們而言，標本的真正本質體現在其具體的物質性，而非形上學的意義上。此外，插圖作為本草學文本中知識載體的相關性與日俱增，這一點清楚顯示，文字與事物之間的精確對應關係已經無法確定：換句話說，它挑戰了本草學研究中詞典編纂（**名物学**）的中心地位。稻生若水、貝原益軒，甚至於小野蘭山，他們在某種程度上都相信，藉由對詞語進行排序，人們有希望獲得對物種內在本質（**真**）真正且正確的理解（**実知**），因為人們認為，一事物的名稱內化並反映了所有這些固有特徵（形狀、顏色、大小、氣味、行為、屬性等），這些都是個別的植物與動物所共有的，使它們成為一個獨特物種的個體成員。[39]自一七三四年至一七三六年的調查開始，一直到十九世紀上半葉嘗百社和赭鞭會等團體的活動，插圖愈形成為語言的補充，有時甚至取代語言，成為表達一物種之「真」的特許載體。

然而，在嚴格的知識論意義上，人們仍然堅信思想與事物之間的對應關係，因為「真理」仍然被認為是思想（以語言或圖像表現的形式）與事物的對等形式。因此，要將「寫真—寫生」的插圖理解為「寫實逼真」，只有在教條意義上成為相似或（在詞源學意義上）**等同**於對象存在於「自身」的再現形式中，而非現代意義上植物或動物之個別標本的再現，以及它們因為在特定時間和地點，與觀察者互動所呈現的特定顏色與形狀之中。換句話說，這些圖片的功能是表達一個物種的一般特徵——例如圖十一之八左側的月季花，是什麼讓所有月季花個體都成為相同物種的成員。寫真插圖不僅要忠於所觀察到的個別標本，還要忠於讓這個標本成為特定物種代表的特徵（它的「真」）。這些圖片再現的是物種，而不是動植物的個別標本。換言之，個別標本的特異性外觀因此就被犧牲掉，以將它轉化為具有物種特定特徵的代表性載體，就像近世歐洲自然哲學家在知識論與道德上要求「忠於自然」（true to nature），讓他們針對自然物種與現象制定出標準化的描述。[40] 正如達斯頓與皮特・蓋里森（Peter Galison）所言，「這些圖像有助於實現真理的理想，而且往往是伴隨著真理的美。」[41] 約翰・詹姆斯・奧杜邦（John James Audubon）筆下的鳥兒與恩斯特・海克爾（Ernst Haeckel）筆下的偽足與軟體動物，就像栗本丹洲的蝙蝠與平賀源內的魚一樣，不只是具體標本的再現，也是特定物種應有樣貌在精煉過後的呈現。

在過去的權威百科全書中，同一物種的不同圖像與言詞描述之間可能存在差異，但在伊藤圭介採用和改編林奈分類法之前，《本草綱目》將動植物劃分為獨立物種的作法，從未受到實質上的懷疑。儘管如此，西方的「物種」概念與傳統的「種」的概念還是融合在一起，因為兩者都認為物種並非知識論的範疇，而是作為真實的實體本身，也就是作為「自然類」。[42]

達斯頓與蓋里森令人信服地證明了「客觀性」（一個在自然史脈絡下接近於「寫實」概念的歐洲概念）會隨著學者「知態德性」（epistemic virtues）的變化而變化，這些規範為一個學術團體所共享，「透過對倫理價值與對確保知識之實用功效的訴求而被內化與強制執行。」[43] 在近世，無論對歐洲自然哲學家或日本本草學專家而言，在建構他們的研究並使之合法化的過程中，無論倫理或美學，都和認知規範同樣重要。因此，他們製作的插圖是一系列對認知、審美與倫理操作的客體化。但正是因為它們被賦予典範的知識論價值，這些自然物種的圖像表現有助於創造物種，即把知識論範疇轉化為具體的物質對象，以觀察、操縱、收集和複製。換句話說，「寫真」插圖的主要功能是展示，是使一物種的所有基本本體特徵清晰易見；它們將不可見的屬性轉化為可見的表象。

當然，除了出現在一七三六年調查報告中的自然物種圖畫以外，還有其他類型的自然插圖，每個類型都是為了滿足不同的功能，即使是在本草學實踐的狹小範圍內，像《本草圖說》或是水谷豐文《本草寫真》之類的圖冊，都是很好的例子。精心製作的圖片豐富了各式各樣的圖冊與私人收藏目錄，這些圖片往往是精確且富有美感的標本圖像，展現富有的業餘收藏家與博物學家所擁有的稀有異國動植物標本。還有一些圖片是用來報導和紀錄特定事件，如捕獲前所未見且令人印象深刻的魚或鳥（例如圖十一之六的翻車魚）、罕見水獺物種擱淺，或稀有動物沿著東海道遊行等。儘管如此，這些圖片忠於自然的原因，恰恰在於它們概括了動植物物種的真正特徵，從視覺上表現出是什麼讓一個物種成為一個明確的單位，而不是捕捉特定標本的特點和不完美。即使在描繪一隻鳥或一條魚的活動，或以自然景觀為背景的情況下，如奧杜邦或栗本丹洲的畫作，或是描繪植物被強風吹彎或被朝露打濕的情景，它們標準化的形式甚至更適合用作典範與教學模型。寫實主義並不是要描繪現實，而是藉著教導如何看和看什麼來建構現實。

寫真插圖與物種的客觀化

事實上，圖冊與目錄中寫真圖片的功能並不只是表現出動植物的多樣性，同時也要訓練學者與業餘愛好者的觀察眼光，這點尤其重要，因為要讓他們在觀察實際標本中辨識物種，並區分出每個物種特有的特徵。這些圖片是精煉過後的物種本質，它們的角色在於讓人發現物種的決定性部分，而不是標本的特殊性。正如安伯托．艾可（Umberto Eco）所言，世上沒有純粹的經驗，但我們的語言、文化、教育、專業訓練等已經預設了我們的思維模式，讓我們看到自己已知的東西，尋找熟悉的認知模式。[44] 因此，正如馬可波羅看到犀牛時無法承認牠是一個新物種，寧願糾正自己以前對獨角獸的看法一樣，我們在第十章也看到，水谷豐文毫不猶豫地將他捕獲的角海鸚認定為簇絨海鸚，儘管他所熟悉的簇絨海鸚描述與圖像再現，與他所描繪的鳥完全不同。因此，近世歐洲與日本地圖冊中的插圖，作用在於約束與限制經驗性觀察，而不僅僅是記錄其結果。

植物與動物物種的客觀性（即它們作為研究對象的存在）是由專業學者群體藉由權威語言與視覺技術的協議所進行一系列認知實踐的結果，這些實踐往往在接受國家支持與合法化的機構中進行。即使在今天，這樣的物種概念也經常在我們的共同語言中發揮作用。當我看到一條蝰蛇，我不僅觀察到一條具有特定特徵的蛇，而且還會認為牠是一個確切物種的成員，所以難以與同一物種的其他成員區別。有人可能會模仿馬克思說，自然物種乍看之下似乎是個極其明顯但微不足道的東西，然而他們的分析顯示，它們是非常奇怪的東西，充滿了形上學的微妙與神學的美好。[45]

這樣一個「戀物」（fetishized）的物種概念，暗示著一個明顯的悖論，即植物與動物物種同時是具體和抽象的。的確，它們是物質：我們可以觸摸它們、聞到它們、品嚐它們、觀察它們並描繪它們。但與此同時，它們也是純粹的抽象：首先，因為我們真正體驗到的是**個別的**標本，我們經過認知訓練的目光將它們轉化為整個分類群的代表，是被剝奪了任何獨特特性的一般模型的奇異表現；其次，出於在作為具體物體時，它們是一系列社會實踐（收集、種植、繁殖、交換、乾燥、儲存、編目、繪製、描繪等）的最終產物，也因此而被內化為社會實踐，這些實踐都是專門為塑造個別標本以使其符合理想標準而設計的。一旦這些標本成為圖冊上的範例、成為百科全書的描述性條目，或是成為公共展覽的展示物件以後，這些實踐就會消失：它們不再是標本，而是物種的典範。[46]

以物質與知識資源的形式讓自然商品化，使自然物種成為靈活的實體。就像商品一旦被扔進市場，就會失去其物質形式與功能的異質性，成為交換等價物的表現形式一樣，植物與動物可以從它們的環境中分離出來，從它們的從原先生活的世界中隔離出來，從它們的具體存在中抽離出來，成為典範圖像。在一七三四年至一七三六年調查的產物繪圖帳中，或是在栗本丹洲的圖冊裡，花卉、根菜、魚和鳥作為它們所代表物種的抽象模型漂浮在空白背景中，或者，它們可以被分成奇妙的組合體，讓來自不同生態系的鳥類或昆蟲不自然地依附在同一根樹枝上或擠在同一個空間裡，就像瑪麗亞．西碧拉．梅里安（Maria Sibylla Merian）[47]的雕刻、伊藤若沖的超現實繪畫，或是商品目錄或私人收藏目錄，以及第九章提及的許多孔雀茶屋或珍物茶屋籠子裡所展示的那樣。

再次套用馬克思的話，人們可以大膽地說，物種的神祕特性在於，它們把人類自身勞動的社會特徵反映成勞動產品本身的客觀特徵，反映為這些東西的社會自然屬性。[48]正如我們在前幾章中所看到的，這種被「作為物種代表的標本」的客觀物質性內化和掩蓋的智力勞動，總是以知識分子與體力勞動者的社會網絡為形式。就本草學而言，這將包括園丁、農民、畫家、業餘愛好者與學者，以及工具、語言與圖像技術、機構和國家贊助。這種勞動必然取決於其實現的條件：支撐它的機構、使它合法化的世界觀，以及激勵它的特定目標。

總而言之，自然物種是知識論的範疇，本身並非實體——至少在分支演化脈絡出現之前確實如此。它們按照視覺上可識別的特徵進行標準化，是由知識分子與體力勞動者組成的網絡進行各種概念與實際操作的結果。然而，圖冊與手冊中「寫實」插圖作為物種本質（真）典範或原型的功能，在其建構過程中隱藏了人類的干預，模糊了具體標本與抽象物種之間的區別，並且也同時訓練專業與業餘博物學家探究的目光，讓他們在觀察真實的鳥類、藥草或魚類個體時，能看到抽象和普遍的鳥類、藥草或魚類物種。因此，《本草綱目》物種的組成與順序可能不會受到影響，但其形上學基礎卻再也不會有任何相關性。自然物種多少有些可塑性：它們可以脫離其自然環境，擺脫任何形上學的必然性，並根據不同的人類需求而重新概念化。植物和動物成了一種特殊的物質與知識商品：它們可以被累積與收集，被訂購與交換，被轉化與解構，被展示和實驗。自然物種成了可以被調動的資源，用於人們的求知欲與審美愉悅，用於工具理性與效益目標，用於道德教化與娛樂消遣，用於經濟成長和意識形態灌輸。

第五部份

日本自然的形成：

幕末時期

THE MAKING OF JAPANESE NATURE: THE BAKUMATSU PERIOD

自然史是所有經濟學、商業、製造業的基礎……因為如果對自然沒有成熟或充分的洞察力，卻想在經濟學方面取得長足的進展，就等於妄想用一條腿來扮演一位舞蹈大師。

——林奈，《林奈書信集》（*Bref och skrifvelser*）

* 「幕末」為歷史學名詞，指德川幕府統治時代最後的三十至四十年，其特點為內部的社會、政治、知識與經濟危機，以及一八五四年培里准將（Commodore Perry）強迫幕府簽訂第一部不平等條約以後，西方帝國列強的威脅。

為了滿足不同的知識、文化、審美、醫學、農學、娛樂和經濟需求，人類的實踐活動讓自然成為一堆離散的、可交換的物品，而在十九世紀晚期之前，中文與日文都沒有自然這個概念，因此，自然失去了任何與宗教信仰或理學形上學秩序相關的意義，變得更容易理解。這種自然的具現化（它「除魅」的根源）可以從無數自然物體（**万物**）的分類名稱中得到證明。這些名稱調動了自然物體來滿足人類的不同需求：認知的（**名物**）、醫藥的（**薬物**）、經濟的（**產物**）與娛樂的（**見世物**）。

自然物體的建構，從動植物的乾燥標本或防腐標本、圖像再現（**写真**）、百科全書條目、收藏品、目錄樣本（**標本**）到商品（**薬品**）等形式，是不同社會地位的業餘愛好者與專業人士在不同機構環境（私人學園、文化圈、醫學機構、藥店等）中為滿足不同目標而進行的知識與手工實踐。知識的工具性（**実学**）是這些實踐背後的假設，由經濟生活的日益商品化與貨幣化維持。

這就是我到目前為止所介紹的本草學發展歷史。它從十六世紀末和十七世紀的藥學與理學圈對中國本草學傳統的挪用開始，並藉由追蹤與醫藥實踐失去關聯性的各種自然研究學術領域對該傳統的一些擴展適應過程而持續下去。[1] 我討論了對經濟需求、求知欲與知識性娛樂的關注是如何主導這個轉變，並促成了一系列學科與實踐的產生，累積大量關於動植物的數據，以及觀察、描述、複製與處理標本的複雜技術。

本書最後幾章的任務，在於重建德川時期本草學的多種風格、方法、形式與目標，說明它們在十九世紀的進程中如何為一門更具整合性、更少變化的學科提供空間。我認為有三個因素促成了這個標準化過程：完全貨幣化的市場經濟刺激了封建社會秩序的崩潰；一八三〇年代的經濟危機需要藉由政治領域與生產系統的全面改革來因應；以及由於荷蘭東印度公司外科醫生西博爾德的活動，讓許多學者與博物學家接受了新的西方科學。

12

幕末本草學：

折衷主義的結束？

Bakumatsu Honzōgaku: The End of Electicism?

十九世紀日本本草學的多樣性

這項研究有一個反覆出現的主題，即本草學的實踐與目標在整個德川時期都具備了折衷主義的特質。中國藥典與後來日本藥典的在閱讀與使用上，有許多不同的方式，從而產生了各種不同的實踐與學科，這些都是狹隘的本草學概念很難公正地加以評判的。這個趨勢一直持續到十九世紀初，當時更多傳統藥學著作伴隨著農學、美食、自然史、美學與藝術作品。在這個領域範圍的一個極端例子，是紀伊藩醫生畔田翠山將本草學的字典編纂與百科全書傳統發展到極致。畔田翠山在小野蘭山的弟子小原桃洞（一七四六－一八二五）門下學習自然史，也在本居大平（一七五六－一八三三）門下學習國學。[1] 畔田翠山獲得紀伊藩主德川治寶（一七七一－一八五三）的贊助，德川治寶也讓他負責管理藩醫學館的本草局與植物園。[2] 雖然畔田翠山幾乎沒有離開過他的家鄉，但他對紀伊半島的植物相與動物相進行了詳盡的田野調查，這些調查後來也成為農業生產改革計畫的基礎。他將大量工作成果記錄下來，寫成德川歷史上最包羅萬象的兩部本草學百科全書。《水族誌》共十卷，主要介紹半島河流與海岸的水生生物。《古名錄》有八十五卷，根據中文與日文資料，綜合他個人的實地觀察，描述兩千五百八十五種動植物。

在他的一生中，畔田翠山與主要的本草學者網絡保持著距離。他定期與一位專精於自然題材的大阪插畫家堀田龍之助（一八一九－一八八八）通信。堀田龍之助最終與山本亡羊（一七七八－一八五九）之子山本沈三郎（一八〇九－一八六四）一同拜入畔田翠山門下。[3] 畔田翠山沒有出版任何作品，因此他幾乎一直沒沒無聞，一直到一八七七年，大藏省官員宍戸昌（一八四一－一九〇〇，編按：「宍」音同「肉」）在東京麴町的一家書店發現了一本《水族誌》的手稿。宍戸昌向堀田龍之助進一步瞭解畔田翠山以後，便將文本交給田中芳男（一八三八－一九一六），一位日本明治時期在新興科學界中極有影響力的學者官僚。接著，田中芳男取得了畔田翠山所有作品的出版權，並贊助它們的出版。[4] 對田中芳男來說，畔田翠山堅持理學《本草綱目》「不合時宜的典範」並不重要，因為田中芳男認為，這種對細節的關注具有恆久的科學價值。[5]

在方法論領域的另一個極端是宇田川榕庵，一名原為荷蘭文翻譯的博物學家。他堅信，日本需要完全拋開本草學的傳統，以西方自然科學取而代之。宇田川榕庵是宇田川家族的第三代成員，該家族曾培養出幾位最頂尖的荷蘭文翻譯家，而且在德川時代後期也與其他學者進行了長時間的知識交流。宇田川家族第一個打響名號的是宇田川玄隨（一七五五—一七九七），他是津山藩的藩醫，曾在江戶學習古醫方，後來在前野良澤（一七二三—一八〇三）、桂川國瑞與石井常右衛門（即石井庄助，生於一七四三年）的引導下學習荷蘭文。宇田川玄隨在翻譯了揚・范・戈特（Jan van Gorter）的《內科撰要》（*Gezuiverde geneeskonst of kort onderwyks der meeste inwendige ziekten; ten nutte van chirugyns*，一七四四年出版於阿姆斯特丹）與十八卷西方外科技術調查後獲得了一定程度的名氣，後來也以《西說內科撰要》（一七九三年至一八一〇年）為題完成這部作品。[6]

然而，宇田川玄隨主要的興趣在植物學。他首先翻譯了一本晦澀難懂的荷蘭藥草手冊《荷蘭草藥》（*Petrus Nylandt's Der Nederlandsche herbarius, of Kruydt-boeck, beschryvende de geslachten, plaetse, tijt, oeffening, aert, krachten en medicinael gebruyck*，一六七〇年出版於阿姆斯特丹），並以《遠西藥經》為題，但是這本書的譯本卻未曾出版。這些文本大多沒有出版，並不意味著它們不成功或是沒有引起學術界注意。恰恰相反，德川時期的學術成果大部分都從未出版，而是以手稿的形式透過專業借書（**貸本屋**）來流通。[7] 學者通常讓弟子抄寫他們的論文，再將論文寄給他個人網絡中的各個圈子或學校。從這個意義上來說，十六世紀末印刷術的傳入在日本造成的革命也許遠不及歐洲，尤其是對專業文本而言。[8]

宇田川玄隨接著進行了一項針對西方藥草傳統的調查，寫成《遠西名物考》，這部作品亦以手稿形式流傳。最重要的是，宇田川玄隨與鳥取藩的蘭學學者暨醫生稻村三伯（一七五八—一八一一）以及他的養子宇田川玄真（一七六九—一八三四）合作，開始編纂第一部荷日字典《波留麻和解》，於一七九六年出版。在這本字典中，「自然」一詞首次被用來翻譯荷蘭語的「natuur」。[9]

宇田川玄真繼承了宇田川玄隨對外科技術醫學手冊的翻譯計畫[10]，後來被譽為最有成就的荷蘭文—日文翻譯大師之一。這讓幕府聘請他翻譯努埃爾・肖梅勒（Noël Chomel）的《經濟辭典》（*Dictionnaire œconomique, contenant divers moyens d'augmenter son bien, et de conserver sa santé*，一七六七年出版），松平定信（一七五八—一八二九）也委託他完整翻譯多東斯的《植物誌》。[11]宇田川玄真還出版了兩本基於西方資料來源的本草學手冊，即《和蘭藥鏡》（一八一九年出版）與《遠西醫方名物考補遺》（一八三四年出版）。

宇田川玄真的養子宇田川榕庵為宇田川家的第三代，他成功確立了自己作為荷蘭植物學百科全書翻譯家與自然史學者的地位。他的第一部原創作品是一篇短文，出版於一八二二年，題為《菩多尼訶經》。令人驚訝的是，這篇文章是以佛經風格寫成，也是日本第一部使用拉丁文術語「botanica」（植物學）的作品。《菩多尼訶經》不只是一部學術著作，也可以說是一份宣言，宣稱有必要用德國外科醫生西博爾德在他於長崎開設的私人學園中教授的西方科學取代傳統的日本自然史。宇田川榕庵主張用「botanika」一詞取代本草學。[12]

《菩多尼訶經》以佛經開頭的經頭序「如是我聞」開篇，可能是為了強調西方知識的外來性，或者該說是西方知識接受性質。之後他解釋道，在西方的偏遠地區，「偉大的聖人」（他再次使用了佛學術語「大聖」）「對自然世界發展出比本草學更深入的實用知識。」宇田川榕庵所謂的聖人包括格斯納、蘇格蘭植物學家羅伯特・莫里森（Robert Morison）、英國植物學家約翰・雷（John Ray）、法國博物學家約瑟夫・德・杜爾科那（Joseph de Tournefort）、荷蘭植物學家保羅・赫爾曼（Paul Hermann）、瑞士植物學家加斯帕爾・博安（Kaspar Bauhin，一五九六年《植物描述繪圖》的作者）、荷蘭醫生赫爾曼・布爾哈夫（Hermann Boerhaave）與林奈。這篇短文與其說是一本自然史手冊，還不如說是對另一種研究自然方式的宣傳。宇田川榕庵介紹並解釋了林奈將植物分為二十四類的分類方法，並將這個類別稱為「經」。西村三郎解釋道，選擇用佛學術語和風格在日本介紹西方植物學的動機，是因為宇田川榕庵將新典範視為來自西方的禮物，是一種接受的教導。因此，他以佛陀弟子寫經時為表達對佛陀教誨的感激之情所使用的方式來起頭。[13] 宇田川榕庵並非唯一採用這種策略的人。在《菩多尼訶經》出版的同一年，荷蘭文翻譯暨蘭學學者吉雄南皐（一七八七－一八四三）發表了一篇關於西方天文學的調查專論，題為《西說觀象經》，同樣也使用了佛學術語。

這種策略令人費解。宇田川榕庵不但以佛學風格出版了他的第一部作品，還剃了光頭，穿上類似佛教僧侶袈裟的衣服，儘管他實際上從未發過誓或聲稱自己是佛教徒。出於對新知識庫的尊重與感激，可能是促使宇田川榕庵與吉雄南皐選擇這種表達方式的原因。然而，這也可能是一種將自己與主流學者區分開來的策略，是一種視覺與修辭上的態度，藉此強調他們與自明代以來就採用理學術語的本草學既定傳統之間的距離。從某種意義上來說，他的策略與兩個世紀前林羅山的經歷剛好相反。當時，林羅山的贊助人德川家康強迫他穿成和尚的樣子，以在一個「學者」職業還不存在的社會中獲得對「學者」的認可。[14] 相形之下，宇田川榕庵的選擇表明了他對現在已經確立的「儒者」的社會專業身分的反抗。儘管他努力在本草學領域建立自己的地位，但作為一名翻譯家，其他學者並沒有把他視為同行。在嘗試失敗後，也許他試圖藉由採用佛學修辭的方式，為自己發明一個新的社會職業地位。

在《菩多尼訶經》之後，宇田川榕庵花了十年的時間修改與擴充養父宇田川玄真的作品。正是在這些年裡，宇田川榕庵將安東萬－羅倫・德・拉瓦節（Antoine-Laurent de Lavoisier）其革命性著作的荷蘭文版翻譯成日文，因而也將最早的現代化學概念引入日本。在宇田川玄真作品增訂版《遠西醫方名物考補遺》中，宇田川榕庵為化學元素（**元素**）、卡路里（**温素**）、光（**光**

素）、氣體（瓦斯）、氧（酸素）、氮（窒素）、氫（水素）、碳（炭素）與碳酸（炭酸）等概念提出翻譯，從而創造出許多今天仍然在日本化學中使用的詞彙。[15]《遠西醫方名物考補遺》的修訂版於一八三四年出版。同年，宇田川榕庵開始推廣植物學這門新學科。一八三四年同時出版中文版的《植學啟原》，是日本第一部綜合論述西方植物學的著作。植物器官學、形態學、生理學與植物化學取代了本草學及其傳統的分類與描述模組。宇田川榕庵打算摒棄《本草綱目》的傳統，徹底改變自然研究。為此，他開發了一種新的技術語言和新的術語來為動植物命名。他捨棄了傳統分類學類別（綱、目等），用不同術語取而代之，而且往往選擇具有強烈佛學意涵的詞彙。他先捨棄「本草學」這個詞彙而採用「菩多尼訶」，後來又用「植學」代替，植學是植物學的前身，植物學是現代日文的用詞。正如宇田川榕庵在《植學啟原》前言所述，「我決定將西方人稱為『botanika』的東西翻譯成『植學』。」[16]

對同時代的學者來說，宇田川榕庵的手冊非常不容易讀，更遑論對業餘博物學家來說其巨大的挑戰性。儘管如此，他引入了描述自然界的新詞，對學術界確實造成了影響，其中有許多名詞至今仍在使用。宇田川榕庵不再將動植物物種稱為「產物」、「藥草」、「本草」或「名物」，也不再用「萬物」來泛稱大量自然物體，或是使用一連串不相關物體的集合名詞如「草木鳥獸蟲魚金玉土石」。由於宇田川榕庵引進的新詞彙，開始有了「植物」與「動物」這兩個不同的

「界」，它們與「菌」一起構成所有生物的三個領域：動物界、植物界與真菌界，而這些名詞也一直沿用至今。[17] 在德川時期後半段，本草學實踐中將自然具現化為帶有「客觀」屬性的離散標本的過程，現在也受到一個排除人類干預的術語所支持，就如「產物」、「藥品」或「名物」那樣。

對宇田川榕庵來說，知識的革命需要語言的革命。在這方面，宇田川榕庵的知識論幾乎完全遵循孔恩（Thomas Kuhn）的概念，即兩種科學典範在競爭自然現象的最佳解釋時，很少會有語言上的共通點。[18] 宇田川榕庵的自然史有意識地與本草學的既定實踐與概念對立，因此他發明了一種完全不同的語言，可以客觀地表達自然。同時，正如瑪里歐・畢亞喬利（Mario Biagioli）在研究伽利略時所指出的，用一種新的語言提出新的知識論，往往是在文化生產領域留下印記的一種策略：「不同世界觀的適應與表達，與社會專業身分的發展與維持息息相關。」[19] 事實上，宇田川榕庵正努力讓人們認識到他不僅僅是一名翻譯——就像伽利略作為一名純粹的數學家，也在努力爭取以自然哲學家的身分受到認同。[20] 正如杉本正慶所言，作為一名翻譯，並不一定能提供作為學者的可信度，因為譯者在文化生產領域處於從屬地位。[21]

《舍密開宗》這本著作進一步證明宇田川榕庵正在尋求對自然研究的改革，並以此在特定學科領域中獲得作為學者的認可。[22] 出版於一八三七年至一八四七年間的《舍密開宗》，野心勃勃地提出了一種組織自然界知識的新方法。在該書中，宇田川榕庵將所有學科分成三組：「**弁物**」

（事物的劃分）、「**究理**」（原理的研究）與「**舍密**」（化學；他因為標出發音所選用的這兩個漢字，可以直譯為「祕密住所」）。「弁物」研究自然物種的形態，以及它們根據其形狀在分類順序中的位置。宇田川榕庵解釋道，在西方，這個研究領域被稱為「**斐斯多里**」（自然史）。「究理」研究支配自然現象的一般法則，因此是比「弁物」更基礎的學科。在西方，這個研究領域被稱為「**費西加**」（物理學）。宇田川榕庵認為，「弁物」與「究理」是如此不同，以至於很難看到它們之間的關聯性。基於這個原因，他將第三門學科「舍密」（荷蘭文「chemie」化學一字的音譯）提到最高位置，因為它提供了物理定律與我們所感知的自然世界之間的聯繫。宇田川榕庵試圖先藉由研究元素如何在「究理」（即物理學）的定律基礎上形成分子，並透過這個過程來理解自然界，然後研究這些分子如何構成作為「弁物」（即自然史）研究對象的植物與動物。正如宇田川榕庵在《植學啟原》中的解釋，「弁物（按：自然史）闡明了究理（按：物理學）的目的，究理構成了舍密（按：化學）的基礎。弁物是學習的門檻，舍密是自然法則的內部聖殿。」[23] 宇田川榕庵提議摒棄自然世界在傳統知識的類別與研究的範疇，並主張採用他的取徑與翻譯中所介紹到的西方科學方法，以取而代之。

如果宇田川榕庵沒有在《舍密開宗》出版後不久即以四十八歲之齡離世，他肯定會繼續宣揚西方科學的優點。他從不認為自己是這種新科學的創造者，他反而認為自己只是它的「先知」。

也許宇田川榕庵之所以採用佛學風格與術語，是因為他認為西方科學有潛力改變日本文化，就像佛學在一千多年前被引入時一樣。在他眼中，西方科學就像佛學一樣，代表著一個知識與技術的寶庫，一旦被採用，將勢必在日本的生活中產生一場革命——這會是個令人敬畏的事件，也許正因如此，才促使他用宗教的口吻來表達它。

在本草學研究的兩個極端之間，存在著許多不同的實踐與風格組合，往往融合了西方與東方的技術與知識。我們在第四部分曾簡單介紹過的小野蘭山，他在為幕府醫學館進行藥草考察的同時，維持了總體而言為詞典編纂的方法。他也熱切地吸收來自西方的資訊。正如我們所見，在方法與範圍上的折衷主義也是不同文化圈中本草學實踐的特點。即使在本草學一直作為輔助的醫學領域，醫生也開始以更多非正統的方式運用傳統藥典。華岡青洲（一七六〇－一八三五）就是一個很突出的例子，這位醫生成功地將西方外科技術與傳統本草學知識結合起來。

一八〇四年十月十六日，華岡青洲進行了世界上第一個使用全身麻醉的外科手術，這比美國的克勞福德．威廉森．朗格（Crawford Williamson Long）早了三十八年，朗格一般被認為是第一個在手術中使用某種麻醉形式的醫生。[24] 華岡青洲的手術是從一名婦女的乳房中移除一個惡性腫瘤，手術只用了他配製的一種藥草混合物作為強效麻醉劑。華岡青洲的一名學生在一八二九年的《奇患圖》一書中，曾對這場手術進行說明。這名婦女在手術後三小時後甦醒，疼痛尚可控制。她恢復得很好，在短期觀察後出院。在接下來的三十年間，華岡青洲在一百五十四名病人的手術中使用了全身麻醉，其中大多數都很成功。在他去世的時候，他可能是日本最有名的醫生，號稱曾在他位於紀伊藩平山村的私人學園春林軒中，親自培訓過一千八百多名學生。

華岡青洲是紀伊藩聘請的藩醫。他在一七八二年開始學習古醫派，同時也接受西式外科技術與本草學的訓練。華岡青洲一開始用狗來實驗他的藥方，不過後來是在他母親與妻子身上進行試驗，才發現了精確的配方與劑量。他在妻子加惠身上試驗得最多，每隔一天就用藥方讓她入睡，供村民取樂。她的犧牲與他的決心獲得了回報，華岡青洲出了名，前來找他看病治療的患者來自六十多個令制國。華岡青洲詳細描述了自己如何獲得麻醉藥配方的過程，這配方以曼陀羅華（又名洋金花，學名*Datura alba*）為基礎，這種植物與有毒的曼陀羅花（學名*Datura stramonium*）有關，後者為美洲原住民在宗教儀式中經常使用的致幻劑。該配方的功效主要取決於阿托品（一種莨菪生物鹼）與莨菪鹼（另一種具有強大麻醉與鎮靜作用的生物鹼），它們是曼陀羅華的主要化學成分。

菲利普・弗蘭茲・馮・西博爾德的到來與其後續影響

宇田川榕庵與華岡青洲之類的故事，顯示在德川時期的最後三分之一，日本學者對西方學問愈來愈感興趣。一八二三年八月十二日，一位年輕的德國醫生來到出島，這是日本與西方自然史接觸時間最長、受益最豐的一次。年二十七歲的西博爾德精力充沛，剛從烏茲堡醫學院畢業，帶著滕伯格的《日本植物誌》與洪堡（Alexander von Humboldt）的《一七九九年至一八〇四年美洲赤道地區遊記》（*Personal Narrative of Travels to the Equinoctial Regions of America, during the Year 1799–1804*）抵達長崎。他追求冒險，希望以博物學家的身分打出名號。在那些年裡，出島與東南亞和東亞的其他荷蘭人駐地一樣，正經歷著一個新的動盪時期。荷蘭在一八一五年維也納會議後重新獲得民族自治權，現已是新的荷蘭王國。在一七九九年至一八一五年間，出島是荷蘭以外世界上唯一懸掛荷蘭國旗的地方，而在荷蘭王國成立以後，除了出島以外的所有殖民地，都從英國與法國的統治歸還到荷蘭手中。荷蘭東印度公司於一八〇〇年解散以後，出島歸於荷蘭王國的直接控制之下。這意味著，荷蘭的負責人（**甲必丹**）在法律與事實上都是荷蘭王國在日本的代表。

西博爾德被委託的第一個任務之一，是編寫一份關於日本自然資源、產物、人口與地理的情資報告。這是在他的助手海因里希．比格爾（Heinrich Bürger）的協助下進行，報告後來被送到巴達維亞，於一八二四年以《日本自然史》（*De historiae naturalis in Japonia statu*）為題出版。正如標題所示，這份報告旨在確立日本在自然資源開發方面的發展條件。他的早期評估認為，日本的植被極其豐富，但由於人民的自然史知識落後，有待充分開發。[25] 西博爾德的建議是，讓日本學者更加理解西方科學技術與自然知識，是符合荷蘭貿易利益的。

西博爾德立即著手指導他的日本學生。起初，他利用出島貿易站的手術室，向翻譯官吉雄權之助（一七八五—一八三一）、長崎醫生楢林榮建（一八〇〇—一八七五）與其弟楢林宗建（一八〇二—一八五二）展示醫療技術。隨著對西博爾德教授西醫、外科技術、自然史、藥學與地理學（由海因里希．比格爾講授）感興趣的學者愈來愈多，西博爾德開始在楢林家講課，一直到一八二四年六月，西博爾德終於在長崎郊區建立起自己的私人學園。西博爾德按學校所在地的名稱，將之稱為鳴瀧塾。

這所學校的聲譽吸引了來自日本各地的學生，因為它給日本學者提供了接受完整西方知識第一手培訓的機會。[26] 根據李察．魯賓格（Richard Rubinger）的說法，「鳴瀧塾是第一所由歐洲人向日本主要學者提供最新、最具系統性的科學知識與醫療技術，且持續教學的學校。」[27] 西博爾德的大部分學生都是醫生與蘭學學者，包括湊長安（卒於一八三八年）、美馬順三（一八〇七—

一八三七）、岡研介（一七九九－一八三九）、伊東玄朴（一八〇〇－一八七一）、二宮敬作（一八〇四－一八六二）與高良齋（一七九九－一八四六）。所有學生除了參加講座以外，還被要求用荷蘭文撰寫一份報告並直接交給西博爾德。在這份報告中，他們被要求評估自己在不同學科的專業知識水平，包括動物學、植物學、藥學、經濟學、政治學、地理學，以及有關宗教、節日等民族學資訊。[28] 對日本學者來說，這些報告是練習荷蘭文技能的機會。對西博爾德來說，這些報告建立起一個有關日本事務的資料庫，一旦他回到歐洲就會派上用場。事實上，正是藉由學生提供的這些資訊，西博爾德得以發表許多著作，包括一八三二年出版的民族學論文《日本》（*Nippon*），一八三五年與德國植物學家約瑟夫．格哈德．楚卡里尼（Joseph Gerhard Zuccarini）合作的《日本植物誌》（*Flora Japonica*），以及他在一八三三年至一八五〇年間與動物學家康拉德．特明克（Coenraad Temminck）、赫曼．施萊格爾（Hermann Schlegel）與威廉．德．哈恩（Wilhem de Haan）共同撰寫的《日本動物誌》（*Fauna Japonica*）。事實上，西博爾德本人是相當平庸的博物學家，經常倚賴其他學者的技能。他利用了甫成立的荷蘭王國所創造的有利形勢，以及荷蘭王國急於在亞洲部分地區重建其控制權。日本有許多學者渴求來自西方的資訊，對西博爾德來說是發展其權威的理想環境。[29]

西博爾德用熱情、外交創業精神與建立情報提供者暨學者網絡的能力，彌補了他在學術天賦方面的不足。[30]這些社交技巧在他於一八二六年一月唯一一次的江戶之行中，被證明是有益的，當時的他得以和日本學者與對本草學感興趣的藩主們建立起關係，例如薩摩藩的島津重豪。[31]他還兩次會見了尾張藩嘗百社的主要學者水谷豐文，並說服該團體的一名年輕成員到長崎加入他的行列。[32]這名年輕學者就是後來成為現代生物學先驅的伊藤圭介。

西博爾德在日本居住的時間比他的任何一位前任都來得長，總共待了六年五個月。[33]他並不是像滕伯格那樣有地位的學者，特別是考慮到在這之後的五十年間歐洲植物學與動物學的科學進展。儘管如此，他在日本的長期逗留，加上日本學者對西方知識接受度的提升，讓他在日本自然研究的發展上有著非常重要的地位。在滕伯格與西博爾德分別逗留日本的時期中，相隔了五十年，這中間到底發生了什麼事情，以證明他們對日本學者確實產生了不同的影響？為什麼像滕伯格這樣的一流知識分子無法讓日本學者對林奈的植物學思想感興趣，而像西博爾德這樣聰明卻天賦一般的外科醫生卻能影響日本自然史的未來？這些問題的答案，在於十九世紀上半葉日本社會所發生的變化。

伊藤圭介與日本科學的誕生

本草學在整個歷史上一直都保持著明顯的折衷主義，但在德川時代末期，尤其是在一八三〇年代天保大饑荒以後，本草學對經濟成長的工具價值成了本草學實踐的主要推動力。這種範圍與方法的轉變，引發了兩種截然不同但相互關聯的動態。一方面，本草學變得更類似於西方自然史，特別是林奈與他的「使徒們」所倡導的自然主義研究形象，將自然知識置於國家經濟增長的需求之下，特別是農業生產的需求。[34] 七十年後，平賀源內在一七六二年江戶展覽的告示中終於為此提出辯護。另一方面，本草學與新興「經濟學」領域的融合（經濟學為儒家概念，可譯為「治國救民」，很快就會轉變成類似於歐洲「政治經濟學」的學科），促使德川後期學者在明治時代最早的幾十年間轉化為現代科學家。薩摩藩與伊藤圭介的例子，就是這些變動的典型例子。

伊藤圭介是名古屋町醫者之子，他跟隨父親習醫，並在業餘博物學家社團嘗百社的領導人水谷豐文門下學習本草學。[35] 在專攻醫學與藥學之後，十八歲的伊藤圭介離家前往日本中部各國進行了一次漫長的藥草採集之旅。他在京都認識了山本亡羊與藤林泰助（即藤林普山，一七八一——一八三六）；後者是一名醫生，他向伊藤圭介傳授了西方醫學的基本知識。同年稍後，伊藤圭介有機會與宇田川榕庵一起進行了為期一個多月、從日光到木曾的田野調查，這也是他們終身友誼的起點。[36]然而，徹底改變伊藤圭介思想軌跡的一次會面，發生在一八二八年三月二十九日的熱田。正是在那裡，西博爾德在前往江戶的途中遇見了水谷豐文、大河內存真和他的弟弟伊藤圭介。

當時，西博爾德已經和嘗百社的成員進行了幾年的書信交流，但與這位德國醫師的會面必然深深鼓舞了伊藤圭介，因為隔年他就離開名古屋，進入西博爾德在長崎的鳴瀧塾。他隨身帶著的唯一一本書，是老師水谷豐文的《物品識名》（一八〇九年出版），這是一本小字典，其中列出了植物、動物、礦物的日文名稱與其中文翻譯。伊藤圭介與西博爾德決定為水谷豐文的文本進行補遺，為每個物種添加拉丁文學名。伊藤圭介依序將動植物物種的日文發音音譯成羅馬字母，西博爾德因而能夠正確發音。[37]

伊藤圭介在鳴瀧塾度過了六個多月。一八二九年，他帶著西博爾德送他的滕伯格《日本植物誌》，還有《滕伯格的日本、好望角與巽他群島遊記》（*Voyages de C. P. Thunberg au Japon, par le cap de Bonne-Espérance, les îles de la Sonde, etc.*，一七九六年出版於巴黎）法文版封面與一名瑞典博物學家的畫像離開長崎。伊藤圭介將這兩本出版物帶回尾張藩，並將之添加到嘗百社的圖書館。同年，他完成了《泰西本草名疏》的手稿，在其中追隨著滕伯格《日本植物誌》的典範，將林奈的分類法應用在一些本地物種上。宇田川榕庵已經在他非傳統的植物學經典中向日本學者介紹了林奈分類法。然而，在日本史上首次將林奈分類法付諸實踐的卻是伊藤圭介。在《泰西本草名疏》中，本文包括了一份拉丁文的植物名稱列表，按羅馬字母順序排列，伊藤圭介也在引言中說明了這種「a—b—c」（**亜別泄**）的語音排列順序。這篇引言也闡明了林奈分類法的原則與它對日本自然史的益處，他的說明比宇田川榕庵在《菩多尼訶經》的解釋更簡單也更容易理解（圖十二之一）。

伊藤圭介以西博爾德在長崎送

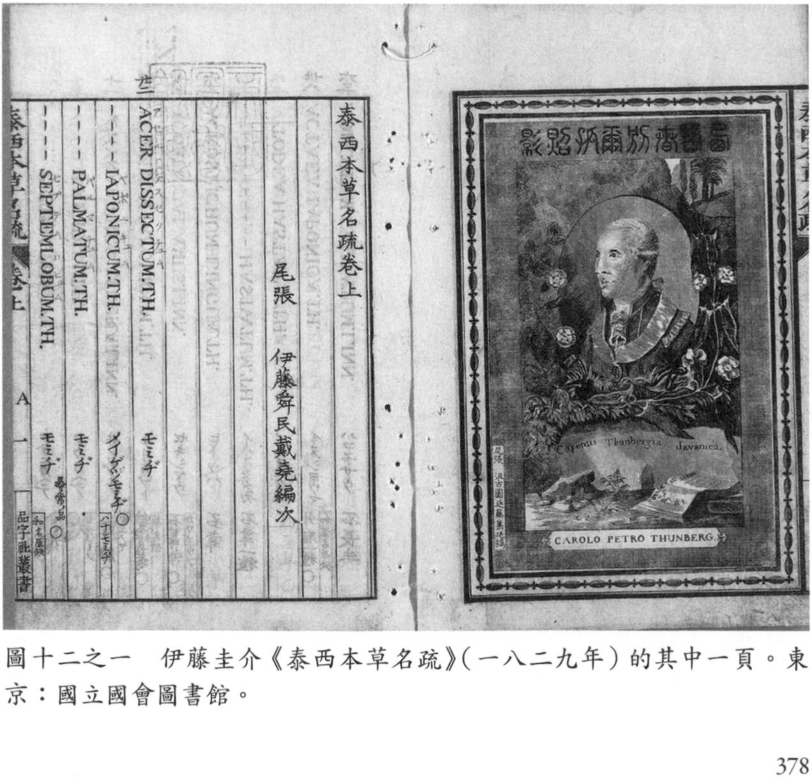

圖十二之一　伊藤圭介《泰西本草名疏》（一八二九年）的其中一頁。東京：國立國會圖書館。

給他的滕伯格遊記封面的副本起頭。伊藤圭介一八二九年版《泰西本草名疏》的結構與流傳了將近兩百年的林羅山《多識編》類似。現在被認為是日本第一部本草學著作的林羅山《多識編》，實際上是中文《本草綱目》的詞彙表。然而，儘管結構類似，這兩本書在十七世紀初與十九世紀初的文化景觀中產生了不同的影響。《多識編》的使用者不只有對藥學感興趣的學者，還特別被詩人、畫家與理學家當成閱讀中文文本時使用的字典。相形之下，伊藤圭介的《泰西本草名疏》幾乎只有博物學家會欣賞與使用。它只有在格式上類似林羅山的詞彙表，而不是在意圖或內容上，而且這部作品直到一八八〇年代，都是日本科學家閱讀西方植物學手冊的重要參考。[38] 一方面，這種差異顯示出學術生產在長達兩個世紀的發展中所達到的專業化程度。另一方面，它揭露了一種介於兩個涉及文化生產領域，並在其深刻變化的文本之間，所具有的奇妙平行關係：林羅山以朱熹對儒家傳統解讀的語言與形式，為學術活動爭取社會認同；伊藤圭介致力於自然研究專家的職業化，以西方科學的語言和形式來構思——從國外引進的兩個領域經歷了類似的同化過程。

伊藤圭介在《泰西本草名疏》印刷版的引言中解釋了正確翻譯對自然史實際應用的重要性：

對於我們這些學習西方科學的人來說，當務之急是收集日本各地的產品，並在西方理論的脈絡下進行討論，以改正它們的名稱，調查它們的真實性質（真），以便我們利用這些知識來治療病人。然而，只有少數人能做到這一點，而且我還沒有看到什麼著作能闡明我們在執行這項任務時的必要進程。原因是，那些譯者並不熟悉本草學，而對本草學感興趣的人則過於專注在爭執正確的中文名稱，對西方理論不感興趣。由於這兩類人沒有交集，本草學就未能得到闡釋。[39]

彙編詞彙表背後的動機並不只是詞典編纂。林羅山《多識編》旨在將礦物、植物與動物的中文名稱翻譯成日文，以方便人們運用儲存在《本草綱目》中的資訊：其分類方法、物種名稱、獲得藥用物質的處理方法等等。相形之下，《泰西本草名疏》並不僅僅是為了做到這一點，還打算引入林奈的分類體系。事實上，藉由林奈開發的二名法，只要看一眼每個物種名稱的第一部分，就能確定它的屬。因此，雖然是按照羅馬字母順序排列，人們已經可以認識到共用同一屬名的物種之間其分類的關係，而在像水谷豐文《物品識名》那樣按照日本伊呂波的假名順序所排列種名的詞彙表中，就無法立即獲得這樣的資訊。換言之，對伊藤圭介來說，物種的拉丁文名稱具有表達植物分類鑑定的優勢。

福岡真紀表示，伊藤圭介認為自己的工作在實踐治療中具有實際應用價值：對他來說，本草學的目的最終「在於調和植物世界的名稱與功效。」[40] 相形之下，宇田川榕庵的目的在於瞭解西方植物學的知識論原則，以便用它來取代傳統的本草學。然而，按照拉丁文名稱排列物種順序的選擇，已經表明伊藤圭介打算採用林奈分類法來糾正與改進傳統本草學文本中的藥理資訊。他在《泰西本草名疏》印刷版的最後一節選擇介紹二名法系統的術語，進一步證明了他想改革而非革命的意圖。[41]

《泰西本草名疏》的最後一節以「二十四綱解」為題（圖十二之二），伊藤圭介描述了林奈分類系統的二

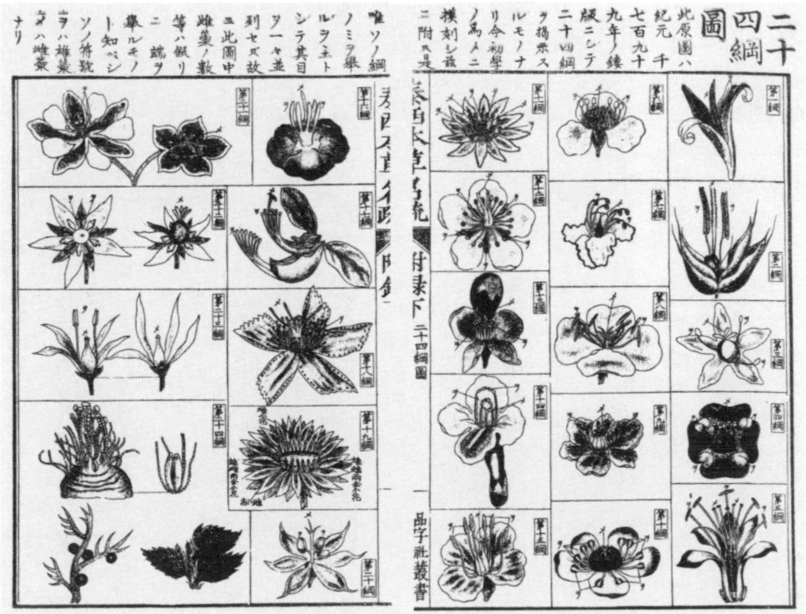

圖十二之二　林奈的二十四綱，出自伊藤圭介《泰西本草名疏》（一八二九年）。東京：國立國會圖書館。

十四綱，並用它將以前列出的所有植物物種按順序分入各綱。他的圖表沒有林奈的原圖（圖十二之三）那麼概略，這可能是伊藤圭介的原創做法。[42] 這個圖表可能是以約翰・繆勒（Johann Mueller）的《林奈性體系圖解》（*An Illustration of the Sexual System of Linnaeus*）為基礎，西博爾德幾乎必然帶著這本繆勒著作來到日本。[43]

伊藤圭介分別用「me」（**メ**）與「wo」（**ヲ**）來標記花卉中的雌性與雄性生殖器官（**蘂**），以釐清性別原則。最重要的是，他摒棄了宇田川榕庵對林奈分類類別具有強烈佛學意涵的翻譯，而以人們更熟悉的「綱目」取而代之，這樣的翻譯方式取自《本草綱目》，至今仍為分類學術語。[44] 伊藤圭介在引言中解釋了物種分類的原則：

> 一旦建立了綱與目的區分，物種應進一步劃分為屬（**類**）。屬是將類似物種組織在一起的群，在物種的學名中，屬名是第一個出現的名稱[45]……一旦區分出綱目，就應該根據對物種形態進行徹底調查後得出的物種間相互接近的程度來命名與建立屬名。此外，在查閱所有現存植物百科全書與手冊之後，如果發現被調查物種未曾被研究過，而且不可能（與其他已知物種）建立關係，則應建立一個新的屬並給予相應的屬名……此外，即使以適當的方式進行了新屬的鑑定，仍應仔細調查該物種是否從未被分析過，如果真的沒有，則應發表新

種並進行相應的命名。[46]

伊藤圭介的《泰西本草名疏》是一部開創性的著作，主要是因為它為日本開啟了一種實踐與構想自然研究的新方式。在該書出版後的幾年間，伊藤圭介仍然積極組織在名古屋舉行的專業與業餘本草學者年度集會，並在日本中部各國進行藥草採集旅行。一八五九年，他被提名為尾張藩的藩醫，並奉命組織和與翻譯技術課程。然而在此後不久，他就搬到江戶，並在一八六一年被幕府聘為蕃書調所的教學成員（**教官**），蕃書調所是一個致力於西學研究和教學的

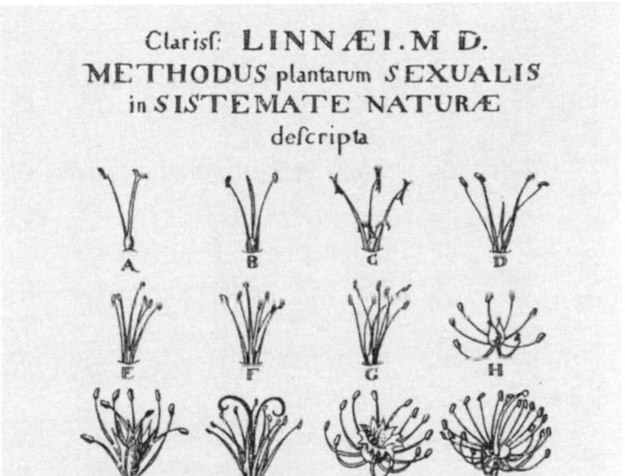

圖十二之三　《林奈自然系統描述的植物性器官》（萊頓，一七三六年），格奧爾格・狄奧尼西烏斯・埃雷特（Georg Dionysius Ehret）的原創插圖。

幕府機構。在那裡，他被分配到新成立的物產局，也就是在蕃書調所中負責自然研究的部門。一八六〇年代中期，江戶的政治局勢變得不穩定，伊藤圭介回到名古屋，並在戊辰戰爭期間一直留在那裡。

一八六八年後，年邁的伊藤圭介可能期待著退休後在名古屋鄉間進行私人研究與藥草考察的平靜生活。[47]然而在一八七〇年，新成立的明治政府請他在曾經的蕃書調所講授植物學，當時的蕃書調所已經改名為開成學校，為東京大學的前身。一八七七年東京大學成立時，他首先被任命為部員外教授（編按：相當於兼任教授），爾後在一八八一年被任命為理學部教授。一八八七年，伊藤圭介被授與帝國大學（大學在一八八六年改名為帝國大學）的博士頭銜，這在當時是大學教職員工的最高級別。[48]他一直擔任這個職位，直到一九〇一年以九十八歲高齡去世。

伊藤圭介成功在日本史上的關鍵時期，確立了自己作為一位博物學先驅的地位。在德川時期的最後幾十年間，本草學網絡將伊藤圭介視為他們的主要學者之一。他在為幕府蕃書調所服務之際，便已在專業與業餘博物學家中享有盛名。在幕府政府垮臺、新中央政府成立以後，他受到明治政府的招募，和西方科學家一起在新成立的東京大學建立自然科學課程。作為一名學者，伊藤圭介在兩個不同的典範中獲得了成功：傳統本草學與現代自然科學。他受到林奈分類法的啟發，對來自西方的思想與技術持開放態度，他之所以能成為成功的本草學實踐者，正是因為他將新方法編碼成為人熟悉且可理解的語言與目標。正如他在《泰西本草名疏》的標題中使用「本草」一詞所示，伊藤圭介與宇田川榕庵不同，他相信林奈分類法與西方科學與傳統本草學知識是相容的。對他來說，西方植物學與本草學有共同的關注點，都是要創建出一個自然知識庫，為國家的藥物學、農業與經濟福祉做出貢獻。換句話說，這門新的生物科學是一種「西方本草學」，正如「泰西本草」幾字所示，而且也應該被採納，因為它在形式上比傳統《本草綱目》所提出的更有效用。

伊藤圭介是位橫跨兩種典範的學者。這解釋了科學史家在理解其學術成果時遇到的困難。例如，西村三郎聲稱，伊藤圭介的研究對日本科學的發展毫無意義，而上野益三甚至懷疑伊藤圭介對西方科學理論含義到底有什麼程度的理解。[49] 西村三郎與上野益三在成為科學史家之前都先是科學家，而事實上他們兩位似乎感到困惑的是，正如孔恩所言，伊藤圭介在兩種他們認定為互不相容的自然知識典範之間遊走與調解。伊藤圭介理解本草學與西方科學的語言與方法。他的「雙語能力」（無論從字面上看，還是根據畢亞喬利的說法[50]，都是指他在兩種明顯不相容的解釋典範之間遊走的能力）讓他能將自己的社會職業身分從本草學者調整成現代科學家。就這個意義而言，他將傳統自然知識概念，從能增進藩的福祉的形式轉化為有益於現代民族國家的形式。因此，這位理學士大夫成了科學家，致力為國家確保技術、工業與農業的進步。科學作為國家進步的工具的想法在十九世紀的西方很普遍，也符合日本想要成為現代民族國家與「富國強兵」的願望。在十九世紀的世界裡，科學不僅僅是一種學問的追求，也是關係國家利益的最緊迫事宜。換言之，伊藤圭介成功將本草學「轉譯」（translation）成科學，正是因為十九世紀的本草學已經和西方科學一樣，都是經濟活動中的一種投資。事實上，在一八三〇年代天保大饑荒過後，大多數藩地都已招募本草學專家，協助進行農業改革。[51]

對於一個受到一八三〇年代農業危機影響的地區而言，在這樣的一個地區長大的伊藤圭介認為，自然研究一直是公共福利事務。他早期從事本草學研究的動機正是為了防止饑荒，從而藉由加強身體抵抗力來防止瘟疫與流行病，這也是後世派與古醫派這兩個醫學流派所信奉的信條。[52]伊藤圭介在一八五八年的專題論文《遠西硝石篇》中明確闡述了這個目的，他認為，為了「國利民福」，研究日本自然資源是迫切必要的。

伊藤圭介的實踐遵循了老師水谷豐文與小野蘭山的傳統。他主張認真研究手冊與百科全書，並將從實地考察中獲得的知識應用於醫學與農業。對活體標本的觀察與在野外採集藥草，總是伴隨著多語言文本的研究作為補充。當伊藤圭介介紹他向西博爾德習得的墨拓技術時，他將它放在傳統畫冊的副文本中。[53]這種技術的操作，是將紙放在葉片表面上，用硯摩擦，藉此再現葉面紋理，這種方法有快速、精確且經濟的優點，因為它不需要繪畫技巧，也不需要雇用專業畫家（圖十二之四）。與伊藤圭介同時代的一些人，有許多也被夾在兩種截然不同的自然知識典範之間，他們選擇不再完全倚賴文本和接受性知識，而是將工作限制在對活體標本的觀察與描述上。[54] 伊藤圭介之所以成功，是因為他一直嘗試在這兩種典範之下進行研究工作。他既是武士出身的醫生，也是活躍於業餘與半專業圈子的學者。正是因為他與當時的主要學者有往來關係，才能以一種可理解的語言介紹林奈分類學。伊藤圭介充當了「雙語轉譯」的角色，避免了兩種在知識論上不可共量的典範間的衝突。

在文藝復興時期的歐洲，所謂的科學革命（在謝平眼中嚴格來說既非「科學」亦非「革命」）是兩種迥異世界觀（簡單來說即亞里斯多德物理學與數學物理學的定量方法）的產物，它們以不同的「語言」提出不同的問題，並得到具有不同社會職業身分的不同學者群所支持。[55] 然而在德川後期的日本，西方科學的新典範並非透過衝突或革命，而是透過有目的的翻譯與改寫所引進的。換句話說，伊藤圭介盡可能用熟悉的語言與適合且調解的方式推出林奈的植物學，部分原因是在於他不需要創造一種不同或顛覆性的社會職業身分。他之所以能做到這一點（正如我迄今所論證的），是因為本草學已經在許多方面如專業學者的專業化，透過能表現物種特有特徵的真實自然標本所發展出相似的物種概念與物種表述，以及以工具主義術語構想自然知識的類似傾向等，轉變成一個類似於西方生物學的領域。

圖十二之四　伊藤圭介於一八二六年六月與宇多田榕庵前往日光進行藥草採集時收集到的日本刺參（日文名稱針蕗，學名 *Oplopanax japonicus*）葉片。東京：國立國會圖書館

作為瑞典皇家科學院代表的林奈，將自己的角色設想為一名學者，其研究直接且實際涉及其祖國瑞典之福利的改善。[56] 伊藤圭介繼承了對學術活動的類似理解，認為這是一種為幕府或藩政府利益服務的形式的形式。一八六八年明治維新與現代民族國家的建立，繼續並實際上加強了招募學者協助建立民族國家的作法。福澤諭吉（一八三五－一九〇一）之類的知識分子將他們的思想編碼為文明與啟蒙（**文明開化**）的語言。儘管前本草學者開始自稱為科學者、生物學者、植物學者、動物學者等，但是當他們被要求用他們的專業知識建立一個富國強兵的現代化富有國家時，他們都發現自己扮演著為國家服務的「士大夫」這個熟悉的角色。一八六八年明治維新後，本草學這個名稱幾乎消失了。它再也不是一個公認的學術研究領域，其運用也只局限於少數業餘愛好者與古物研究者。然而，它在整個德川時期累積的大量資訊被完整地傳遞給了新一代的科學家，它的許多作法與世界觀都被保存在現在所謂的「自然史」（**博物学**）之中。事實上，現在的自然研究包括數個專門的學科，如生物學、地質學與有機化學等，但也包括與本草學實踐完全兼容的實地觀察、調查與分類。因此，本草學並沒有滅亡；只是它的名稱消失了，不過這個名稱也早已不合時宜，因為十七世紀的許多藥物學概念與實踐早就已經轉變成了所謂的「自然史」。

13

作為累積戰略的自然：佐藤信淵與本草學和經濟學的綜合

Nature as Accumulation Strategy: Satō Nobuhiro and the Synthesis of Honzōgaku and Keizaigaku

用人類對自然的統治來描述現代性，已經是公認的陳詞濫調。正如霍克海默與阿多諾在《啟蒙辯證法》（*Dialectic of Enlightenment*）中所言：「一個對世界史的哲學詮釋必須說明，何以今日在種種偏差與阻力下，對自然的理性支配仍慢慢占了上風，並整合了所有的人類特徵。」[1] 人類支配自然的概念最早可以回溯到培根（Francis Bacon）。他在《新工具論》（*Novum organon*）中寫到：「讓人類重拾上天所賜予對自然的權利吧。」[2] 而他的《大復興》（*Instauratio magna*）則直接了當地將一般的學習，特別是自然知識的學習設想為引導人類行動的實用手段。正是在那幾十年間，人類開始透過實驗科學認識自然，這本身並不是一個目標或一個自給自足的事業，

* 本章的修訂版以〈佐藤信淵與十九世紀日本自然史的政治經濟〉為題刊載於《日本研究期刊》。Federico Marcon, "Satō Nobuhiro and the Political Economy of Natural History in Nineteenth-Century Japan," Japanese Studies 34, no. 3 (2014), 265–287.

而是作為一種實際的勞動，被賦予了人類救贖的社會效用。笛卡兒將「廣延物」（res extensa，被認為是可以透過幾何學解釋的動態機制）與「思維」（res cogitans）分開，只是強化了這種態度。一個多世紀後，林奈明確將自己的植物科學研究與經濟成長連結起來。他在一七四一年烏普薩拉大學的一次演講中表示：「我們自己的經濟，不過是關乎為人類需求而調整的自然知識。」[3]正如迪爾所言，純理論科學與應用實踐科學的分離是源自十九世紀下半葉的一種學術區分。[4]即使在今天，這種純知識與應用知識的分離仍然是有爭議的。[5]

在現代歐洲的歷史上，關於自然與自然知識的概念似乎與工業資本主義的發展密不可分。正如尼爾．史密斯（Neil Smith）所言，「對辯解者與詆毀者來說，工業資本主義所帶來的全球自然轉型，同時主導著對自然的物質與知識消費。」[6]資本主義對自然的包容將本已複雜的「自然」概念，疊加在一種動態且矛盾的意義結構二元論上，這種二元論至今仍然存在：作為外部的自然，無數「存在於社會之外的物體與過程……等著在社會生產過程中被內化」（阿多諾所謂「具現化的自然」[7]），以及作為**普遍的**自然，指一套設想上與歷史無關的人性特徵，這些特徵將人類物種置於「自然整體中的其中一個。」[8]

本書的最後一章主張，認為將自然當作經濟發展資源的類似概念也出現在德川後期的日本，這是由於藩政府與幕府都為了農業改革政策而招募本草學者之故。薩摩藩的例子在實踐與知識概念方面都特別具有啟發性：一方面，在天保時代的經濟危機結束後，島津氏領導人進行了一系列改革，促進經濟作物生產集約化與農業商業化；另一方面，參與這些改革的其中一位學者佐藤信淵將傳統的「開物」概念（字面意思是「揭露事物的本質」[9]）轉化為類似經濟發展的概念，支撐著導致自然資源的開發、商品化與累積的作法。這些概念與實踐一直延續到明治時期，並在這個時期中被證實、轉譯並重新配置為西方科學的語言。在日本邁向工業化民族國家的轉變過程中，幕末本草學的轉變可謂核心。

薩摩的「經濟奇蹟」

一八二九年，薩摩藩的幕後決策者，即已退位的藩主島津重豪聘請學者佐藤信淵協助薩摩藩的財務官（**勘定奉行**）調所廣鄉（一七七六—一八四九）實施經濟與行政改革計畫，該地區處於日本群島經濟生活的邊緣。約翰．薩格爾斯（John H. Sagers）認為，「在一八〇〇年，薩摩處於日本經濟的邊緣。該地區有幾種出口商品，包括米、糖和加工漁產。然而，該藩一直無法解決與德川幕府主導的京都、大阪與江戶等市場中心的長期貿易赤字。」[10] 到了一八四〇年，佐藤信淵與島津重豪合作僅十年後，薩摩藩的預算出現了兩百五十萬兩的盈餘——與不到十年前的五百萬兩虧損狀態相形之下，這無疑是個不可思議的成功。[11]到一八五〇年代之際，該藩已經在磯（Iso）建立了日本最早的工業區（即集成館）。[12]

薩摩的經濟復甦確實令人印象深刻，但它並不是唯一一個在十九世紀期間大刀闊斧改革行政與經濟結構的藩，也不是唯一或最成功的一個。誠然，我們之所以應該關注薩摩的成功，是因為它過沒多久就在德川家族的垮臺中扮演了重要的角色，也因為它的藩地菁英們在明治時期經歷激進現代化過程的革命年代中所享有的政治霸權。然而，這也展現出驚人的趨同發展歷史。佐藤信淵改革計畫的背後，是對自然資源、農業生產、勞動關係與國家對生產的干預等一致的重新概念化，這種概念與同一時期在歐洲流傳的類似概念有相似之處，但卻沒有受到歐洲的直接影響。這個改革計畫的哲學基礎建立在人類對自然所採取的系統性統治上；也讓人想起在歐洲發展出的，並在一個開發自然資源、勞動力重組、經濟生活完全貨幣化與市場導向的生產活動所構成的類似框架內，所展開的類似概念。佐藤信淵發明了日本的「政治經濟學」形式，在整個現代化過程中直接或間接對明治時期的寡頭政治執政者、經濟學家與知識分子產生了相當大的影響，幫助重新定義人類與物質環境的關係，並將自然之事工具化，以作為經濟增長所用。他的所作所為很大程度上也是歐洲發展的寫照。

自然史的政治：薩摩藩與本草學

天保年間的經濟危機在一八三三年到一八三七年間對日本群島的人口造成了毀滅性的影響。由於其影響甚鉅，歷史學家往往將之視為日本現代化歷史的一個重要分水嶺，對德川政權的最終垮臺發揮了關鍵作用。人們常說，正是在這次危機期間，富裕平民中的經濟精英與受過教育且懷抱理想主義的低階武士（**志士**）之間發展出緊密的聯繫，而在一八五三年美國海軍准將馬修．培里（Matthew Perry）的黑船到來、迫使日本與西方強權建立不平等貿易關係以後，這些聯繫激發了反對德川幕府的抗爭。[13] 然而，如果我們看看像薩摩這樣的藩地所成功採取的策略（薩摩藩在一八六八年推翻德川政府及明治寡頭政府的建立中扮演了主導的角色），那麼天保危機就是推動新形式經濟政策的事件，這些新政策有利於**高階**武士與經濟精英之間橫向關係的出現。[14] 這些讓武士領導的薩摩藩政府直接參與到該藩經濟生活中的改革，源自於對理學政治術語的重新編碼，改革工作涉及低階武士與藩地菁英和地區經濟力量之間的協同工作。

一八三三年天氣異常寒冷之後的農作物歉收（尤其是稻米），以及一八三四年大阪掮客對米價的投機操作和幕府的不當管理，造成了日本史上一場最致命的饑荒，也是日本第一次的現代經濟危機。儘管蘇珊．漢萊（Susan Hanley）與山村耕造（Kozo Yamamura）在估計傷亡人數時很謹慎，但到一八三六年為止，這個數字輕易就超過了十萬人。[15] 隨之而來的是各種形式的暴動與內亂，但幕府與藩政府應對社會與經濟危機的嘗試往往是猶疑不決的。[16]

在薩摩、肥前、長州與佐賀等藩，應對危機後果的政治改革包括擴大藩對農業生產的控制，以及對農業商品與工業製成品在全國範圍內商業化的控制。島津氏領導階層致力於鞏固與加強藩對糖業的壟斷，以確保國庫的利潤大幅增加。它也計劃擴大農業生產與家庭手工業，引進「絲、紙張、靛藍、番紅花、硫磺與藥材的生產。」[17] 時間跨度橫跨島津齊宣（一七八七年至一八〇九年在任）、島津齊興（一八〇九年至一八五一年在任）與島津齊彬（一八五一年至一八五八年在任）等多位藩主的改革計劃，包括藉由確保藩地農業自給自足來強化國家繁榮（**国益**），即「國家」的繁榮（這裡的國家指薩摩藩），削減進口費用，從當地放債人處取得還款期兩百五十年的零利率貸款，資助新產品的開發，以及透過加強日本國內貨物出口貿易，並取道沖繩與大清帝國的非法貿易來開發商業契機。[18] 在天保危機之後，薩摩不僅以群島中最富有也最具進取心的藩地度過了經濟低迷期，而且到一八四〇年代，它還「累積了令人羨慕的財富盈餘。」[19] 薩摩藩成功的背後，是手段極有魄力的島津重豪，他既是本草學者，也是位熱衷的蘭學學生。[20]

島津重豪早在一七八七年就從地方藩主的位置上退了下來，但直到一八三三年去世，他一直是薩摩政治的幕後策劃者。他的長期領導為未來的農業改革奠定了基礎，這要歸功於他自己的本草學專長，以及他對該地區經濟發展重要性的信念。在他的建議下，薩摩「在一八二〇年代晚期邀請了一位管理顧問，提供經濟發展建議。」（這裡指的是佐藤信淵）[21] 正是因為這位顧問的建議，薩摩藩領導階層從西方引進了新的技術與知識。[22] 藉由將自然知識、行政重組與農業改革結合在一起的作法，島津重豪的薩摩重新改造了它的封建政治機構（比其他藩更早也更深入），企圖控制在當時幾乎在系統上被市場強制力支配的經濟。因此，薩摩成了最早實踐佐藤信淵在那些年發展出的「政治經濟學」這個全新理念的藩地。此外，薩摩也成為折衷的自然研究領域更徹底被生產成長的需要所馴化的地方。

然而，薩摩在一八三〇年代與一八四〇年代崛起成為經濟強權，並不僅僅是島津重豪開明的管理技能在長期運用下的成果。事實上，從十八世紀末到十九世紀的頭幾十年，藩地經濟政策發生了深刻的轉變。島津重豪本人儒管興趣廣泛，從日本詩歌到蘭學與本草學都有所涉略，但在他空有藩主之名卻無實權的時期（一七五五年至一七八七年），所實施的是相當傳統的行政措施。[23] 與儒家正統思想相當一致的是，他資助土地開墾計畫，試圖提高對貿易許可證和壟斷權的徵稅（**礼金**），強行取消藩地對放債人的債務，並透過限制性的禁奢令對藩地居民實施緊縮措施；例如，他在一七六八年禁止食用以一種以上的蔬菜製作的湯。勤奮與節儉這兩個儒家道德的關鍵詞，主導了薩摩藩立法者的政治語言。在實踐上，藩政府在一個生產力低落的時期，不斷地試圖從農業剩餘物質中榨取更多利潤。在薩摩，儘管來自上層的壓力要求增加甘蔗等商品作物的生產與貿易，但農業產出自十八世紀初以來就一直保持不變，在天明時代的饑荒期間（一七八二年至一七八七年）甚至開始下降。甘蔗在琉球王國與奄美群島的亞熱帶氣候中生長，這兩個地方在一六〇九年軍事遠征後都在薩摩的控制之下。自十八世紀中葉以來，島津氏直接或間接地對這些南部島嶼的居民施加壓力，要求他們發展單作栽培農業，以至於到一七四五年，大島的農民「幾乎完全從種植水稻改成種植甘蔗。」[24] 甘蔗種植要嘛是強行脅迫當地農民進行的，要嘛是薩摩向琉球王國提供貨幣貸款的條件。[25] 在島津家族所控制的地區中（特別是比沖繩距離薩摩更近因而更受本土武士當局控制的奄美群島），甘蔗生產的提升也體現在當地技術革新的發展，增加了甘蔗中糖分的提取。例如在一六七一年，人們開始使用三滾筒研磨機，「這是一個在強烈受中國影響的地區內獨立創新的特殊案例。」[26]

甘蔗進入日本農業是相當近期的事，時間上可以回溯到十七世紀。宮崎安貞與他的友人貝原益軒都曾提及糖的有益特性。宮崎安貞甚至在他的《農業全書》中主張大規模製糖，以加強日本農民的飲食。[27] 然而，一直到十八世紀上半葉，本草學者才在德川吉宗的直接命令下，開始在藥園裡研究和試驗甘蔗。島津重豪之所以對種植這種有甜味的禾本科植物產生興趣，來自於他對本草學文本的瞭解。自十八世紀下半葉始，薩摩官員開始用藩地本土生產的稻米為價來購買甘蔗。每個村莊都會被分配到甘蔗配額，以每斤（六百公克）甘蔗，相當於〇・六三公升（〇・三五升）稻米的價格購買。超過配額的部分則以每斤甘蔗〇・七二公升稻米的價格收購，藉此鼓勵農民從事單作栽培。[28]

薩摩藩在十八世紀最後幾十年進行的農業生產商業化，是該地在一八三〇年代與一八四〇年代獲得經濟成功的必要條件，但光憑這一點還不足以解釋。事實上，在十九世紀的前二十年間，薩摩的經濟一直萎靡不振，藩領導人欠給當地放債人的債務愈來愈多。讓薩摩成為全國最富有藩地的兩個事件，分別是一八三〇年代的天保危機，以及武士階層當權者直接參與生產管理與農業資源的商業化。

正如我們所看到的，天保危機的爆發不僅嚴重打擊了東北地方的人口，也擾亂了大部分令制國的生活，從一八三四年到一八三六年間，共有四百六十五起農村糾紛、四百四十五次農民起義，以及一百零一起城市暴動。[29]在某種意義上，這次危機對薩摩來說是一種幸運，它在這場動盪中得以倖存，狀況也好得多，部分原因在於它的地理位置使它在一八三三年的惡劣天氣中倖免於難，部分原因則是在過去幾十年間，島津重豪領導的藩政府推行了有效的農業自給政策。因此，到了一八三〇年代末，薩摩藩的經濟狀況比大多數藩地要好得多。此外，它有機會將糖業貿易的利潤最大化，因為它第一次能避開幕府許可的大阪商人的控制，這是由於在一八三七年大鹽平八郎（一七九三－一八三七）領導起義後的開支緊縮與教化改革，導致大阪商人對藩際貿易的控制被削弱了。

從某種意義上來說，薩摩藩掌握了正確的時機，也具備允許它利用情勢的國家機器：這是島津重豪改革計畫的結果，經濟循環的各個階段被嚴格置於薩摩武士管理人的控制之下，這些人開始監督這個過程的每一個步驟，從生產到交換與分配，再到藩地的特許批發商。自從德川當局頒布《武家諸法度》之後，武士直接參與生產管理就不被允許，但是自十八世紀中葉以來，這在許多藩地已經變得不那麼罕見了。[30] 農業的商業化加上後元祿時代（編按：元祿時代為一六八八年至一七〇七年）的金融衰退與享保時代的作物短缺（一七三二年），使武士當局相信每個藩都需要實現經濟自給自足。盧克．羅伯斯（Luke Roberts）描述了土佐藩武士菁英中重商主義實踐的興起。[31] 長州藩、肥前藩、紀伊藩與其他藩地都採取了類似的策略，概念上類似於所謂的「**国益**」（國家繁榮）。[32]

在這種經濟脈絡下，始於島津重豪的自然知識與重商主義政策的結合有兩個淵源。一是島津重豪本人，他終生熱衷於本草學，在他的老師、友人、知己與宰相曾槃（一七五八－一八三四）的幫助下鑽研這門學問。另一是政治經濟學（後來被稱為經濟學）的先驅佐藤信淵，他是島津重豪在十九世紀上半葉為薩摩藩財政官（**勘定奉行**）調所廣鄉聘請的顧問。[33] 到一八四八年，也就是調所廣鄉去世的那一年，薩摩藩送到幕府特許的大阪商人手中的糖，是每年在日本的糖流通量的一半以上，因此，「薩摩藩國庫得以累積約六萬兩千四百貫的盈餘。」[34]

一八三〇年左右，當佐藤信淵擔任薩摩藩經濟事務顧問之際，他在一份名為《經濟要錄》的手稿中提出自己對「經濟」的定義：「『經濟』意味著管理國家、開發其產品、讓國家富強並將人民從痛苦中解救出來。因此，統治國家的人必須要能執行他的重要任務，連一天都不能放鬆警惕。如果忽略了這種經濟管理，國家將不可避免地被削弱，統治者與人民將缺乏生活必需品。」[35]

根據佐藤信淵的說法，武士領袖有責任為其臣民的生產生活進行安排。在另一份手稿《垂統秘錄》的開頭，佐藤信淵敦促藩政府精英與幕府直接透過設立六個政府辦公室（**府**）或泰莎．莫里斯鈴木（Tessa Morris-Suzuki）所謂的「部」來直接控制經濟：基本事務部（指農業，**本事府**）、發展部（**開物府**）、製造部（**製造府**）、流通部（**融通府**）、陸軍部（**陸軍府**）與海軍部（**水軍府**）。[36] 莫里斯鈴木解釋道，「每個部都有實質性的經濟功能（例如海軍部負責造船業與漁業），但從經濟角度來看，前四個部才是特別值得關注的。」[37] 基本事務部的工作重點是組織農業生產，包括技術改進、勞動力協調與開墾新土地。製造部對基本事務部有協助之職，其主要任務在於開發工具、裝備與運載工具等，以幫助農業產出的最大化，而發展部則負責監督農田、森林與礦場，其基本任務在於組織調查、試驗肥料與新的替代作物、探勘土地上新的礦物資源，以及改進開採技術。最後，流通部的職責是「統一個地區生產商品的價格，與外國進行貿易，並將貿易利潤用於國內，讓後代子孫得以繁衍。」[38]

佐藤信淵的六府制從未在薩摩藩或其他地方獲得制度上的實踐，只是一個純粹的理論建構。然而，當薩摩藩領導人直接讓他們的武士家臣參與各個生產部門時，佐藤信淵計畫的核心事實上已付諸實踐。它涉及對武士行政官員與平民勞動者進行新生產技術的培訓與教育，這些技術旨在改善農業種植、增進礦場的開採技術，以及開發更有效率的製造工具。曾槃與佐藤信淵共同編輯的農業百科全書《成形圖說》的第一卷為農業生活的面面觀，從農村生活的組織和田間勞動的協調，到有關穀物與作物產品的植物學資訊，以及可以用做肥料或驅蟲劑的植物都有所涉略。

在《薩藩經緯記》一書中，佐藤信淵為薩摩藩量身訂做了一個策略計劃。他在引言中強調，「農業研究與產品開發是富國的根本，也是拯救人民的重要職責。」[39]之後，他提出一個詳盡的計畫，其中包括對薩摩藩自然資源進行一次新的調查，並發展研究設施（**薬園**）以研究大規模生產戰略性農業商品與醫藥商品的條件。他讓藩政府在研究階段到產品最終行銷的整個過程中扮演中心角色。一個由武士與平民組成的研究小組專注於開發技術，以提高從甘蔗萃取糖的品質。武士督察員被派往各個產糖的村莊，監管糖的加工過程，三島地方官（代官）肥後八之進與大島地方官肥後八右衛門的例子，就很清楚地說明了這一點。[40] 本質上來說，佐藤信淵設想了一個生產體系，將生產自給自足與薩摩藩內部的國家規劃和外部的市場關係結合起來。

在調所廣鄉嚴格監督下的管理集中化，證明對鞏固薩摩財政是有效的。自一七八〇年代晚期以來一直為島津重豪服務的調所廣鄉，是佐藤信淵所制定改革計畫的執行者。[41] 當然，這些行政與技術改革在薩摩經濟復甦中扮演著重要的角色，但它們只是調所廣鄉所設計一系列戰略中的一個。與當地放債人進行長期貸款的新形式，特別是透過琉球群島加強與大清帝國與法國商人的非法貿易（這對調所廣鄉是攸關命運的，島津齊彬在一八四八年還曾向幕府老中阿部正弘〔一八一九—一八五七〕告發之），也是薩摩藩成功不可或缺的因素。[42]

島津重豪統治下的薩摩經濟史，為我們對日本現代化的理解提供了新的線索。正是在那裡，而且是由於確切的力量，武士菁英與本草學者、主要商人和農業企業家的密切合作變得系統化。植物學家被雇用來監督農業生產與藥材種植，以提高產量、選擇抗病蟲害的物種並開發新的加工技術。商人從國家獲得了特定產品商業化的壟斷權。島津重豪積極支持武士家臣與工匠、農業與商人階層的菁英成員之間發展密切的合作關係，邀請外部商人遷入鹿兒島並組織文化活動以促進階層間的交流。[43]十九世紀的薩摩藩發展成了一個極權的重商主義國家，它精心安排著高級菁英、中低階武士行政人員與技術官僚和平民的活動。這些合作創造了一種經濟動態：薩摩藩本土農業自給自足，它所控制的南方島嶼的原始殖民單作栽培生產，以及藩際與國際貿易，這三者最終被結合起來。因此，它在許多方面預示了明治政府在十九世紀末資助與引導日本工業化、與北海道和琉球群島等周邊地區建立半殖民關係，以及後來在東亞殖民地進行全面殖民開發的積極作為。

島津重豪、佐藤信淵與知識的工具性

在佐藤信淵於一八二三年完成的手稿《混同秘策》中，有一段讚美日本自然財富的文字[44]：「（按：日本）氣候溫和，土壤肥沃，有許多自然產品大量生長。我們的國家四面臨海，與鄰國的海上交通便利，是其他國家比不上的。它的人民比其他國家的人民還更有勇氣，其自然條件遠超過其他國家，因此這個國家完全有能力控制與推進（**鞭撻**）自然與世界的發展（**展延宇宙**）。」[45]這段話簡練地揭露了佐藤信淵有關綜合經濟政策（按：經濟）與自然研究（按：本草學）的提議，他認為這一點對發展國家社會經濟潛能至關重要：「一個國家的經濟管理必須從土地調查開始。」[46]調查自然與累積有關自然資源的資訊是征服自然的第一步，即控制與推進自然與世界的第一步。

一個世紀前，幕府將軍德川吉宗贊助了第一次自然資源調查，為這種觀點的發展奠定了基礎。[47]從那時起，本草學對國家（即藩或幕府）的價值一直是該領域的一個固定因素。就這個層面，島津重豪對本草學的熱愛並非奇事。他寫下了在該領域歷史上占有重要地位的手冊與專題論文，還贊助薩摩地區與琉球群島的藥草調查。島津重豪與其他地方藩主的不同之處，在於他認為自然研究與經濟問題密不可分。島津重豪確實會同意林奈的觀點，對他來說，「自然史是所有經濟學、商業、製造業的基礎……因為如果想在經濟學方面取得長足的進步，卻對自然史沒有成熟或足夠的洞察力，就像是想要用一條腿當舞蹈大師。」[48]他聘用佐藤信淵的決定，就是在實踐與理論而言，都從制度上把本草學當作國家經濟政策的一個基本要素。

島津重豪出生於一七四五年，其父島津重年（一七二九—一七五五）於一七五五年去世，重豪以十歲之齡繼位成為藩主。他享有長壽（於八十八歲去世），退位後在幕後操控薩摩藩的政治與文化生活。他在一七八七年提前退位，並於一八〇四年剃度出家，但一直到他在天保危機爆發前去世，都間接地繼續影響薩摩藩的政治。島津重豪精通中文，與當時各領域的學者都有所往來。但正是本草學引發了他的求知欲。一七六八年，他組織的琉球群島的動植物目錄，是繼三十年前丹羽正伯的全國性目錄之後日本最大規模的調查。一七七二年，他贊助出版了調查成果《琉球產物誌》。在他的統治下，薩摩藩擁有最活躍的醫學院[49]（醫學講座），還有一個著名的藥園，即島津重豪在鹿兒島城北側建造的吉野藥園。[50]在這個藥園裡，他委託專業本草學者佐藤中岡以他在一七八一年組織的另一次薩摩地區調查中所收集到的植物進行種植與實驗。在《成形圖說》這本三十卷的百科全書中，島津重豪以一種特別實用的方式記錄了他畢生對動植物的研究成果。這部作品由學者曾槃負責編輯。島津重豪也因為一八三〇年出版的《鳥名便覽》而聞名，這是一本關於鳥名的實用指南，他另外還著有《南山俗語考》[51]，這是一本用簡單漢語編寫的作品，集結了有關魚類、貝類、鳥類、昆蟲、藥草、動物與食譜的趣聞與資訊，於一八一二年出版。退休以後，島津重豪待在江戶的時間比在鹿兒島的時間多。在幕府首都，他可以在位於江戶郊區荏原的退休別墅中舉辦沙龍，享受學者、博物學家與藝術家的陪伴。他在別墅旁一座占地一千六百平方公尺的花園裡直接從事藥草與植物的種植。在一八二六年三月前往江戶的一次旅行中，島津重豪遇上了西博爾德。

文政九年一月九日（西曆一八二六年二月十五日），西博爾德離開長崎，前往江戶參加荷蘭使團的定期訪問。西博爾德表示，他在抵達江戶以後，於三月四日與島津重豪會面，同行的還有重豪之子島津齊興（一七九一－一八五九）與姪子島津齊彬（一八〇九－一八五八），這些人似乎都對蘭學很感興趣。[52] 他們討論了動植物、天文學，以及昆蟲與鳥類的荷蘭文名稱。[53] 幾天後，西博爾德與島津重豪又在同為業餘本草學者的中津藩主奧平昌高（一七八一——一八五五）家中見了一面。一個月後，在荷蘭使節返回出島的途中，兩個人於四月十二日在品川碰了第三次面。

島津重豪曾在一本雜記《仰望節錄》中承認了自己畢生對自然史的熱愛：「我從小就在全國各地搜集珍奇異寶，從國外尋找珍稀之物。我種植藥草與樹木，飼養鳥類和動物。我一直希望研究這些東西的真實本質（**真**）。這就是我決定把自身經驗記錄下來的原因。我把這些筆記帶在身邊，連同我的書和詩作一起，作為享受寧靜的樂趣。」[54] 他提到的部分「筆記」，在他身後被追記在《仰望節錄》中；其他則被附在島津重豪私人收藏（**聚珍倉庫**）的許多物件上，其中包括藝術品與陶器、防腐處理的動物標本、罕見昆蟲，以及乾燥植物標本；另外還有一些則成被收錄於曾槃編輯並於一八〇七年出版的插圖百科全書《成形圖說》之中。

上野益三認為，島津重豪在《仰望節錄》中對本草學的讚揚，與我們在其他博物學家藩主的著作中所看到的那種習慣性讚揚（將自然史當作消遣的道德提升價值）是相當不一樣的——島津重豪也贊同這種觀點，將之定義為「我的寧靜之樂」。[55] 島津重豪並不像許多私人出版的畫冊與專題論文中所使用的傳統修辭，只是單純因為本草學培養了格物致知的態度或擴大了對宇宙（**博物**）的知識而表達致敬之意。他毫不諱言地強調，本草學之所以會吸引他，是因為他想瞭解事物的本質。藉由使用「真」這樣的字眼，他明確提到了一種精確的認知典範，其中包括百科全書式的精確性與逼真的表現手法（**写真**）。島津重豪對蘭學的熟悉程度進一步顯示，他與平賀源內、小野蘭山與伊藤圭介等學者都相信，西學可以和傳統本草學一起，幫助揭示動植物的內在祕密。這種態度與意圖貫穿了他所贊助的主要作品《成形圖說》，這本書以大量篇幅論述了勞動組織的合理化、農業技術的革新，以及對農產品基本屬性（**真**）之正確知識的深化。[56]然而實際上不只如此。在《成形圖說》前面的一段文字中，島津重豪明確指出，「農業與農產品的研究，以及對藥草的瞭解，對人民福祉（**民之利益**）是不可或缺的。」[57]對島津重豪來說，自然知識無論多麼值得讚揚和振奮人心，都不單純是一項私人事業，還是與政府和人民福祉密切相關的公共利益學科。

《成形圖說》是島津重豪在自然史領域最值得一提的成就。這本書擁抱且表達了島津重豪賦予本草學領域的三個意涵：它是一種能提升道德的消遣，也是一種能提供有關自然物的權威性知識，並因而成為國家計畫農業生產的基本元素。島津重豪的這本書，原本是從《成形實錄》（書名直譯為「事物形成的真實紀錄」，一七七三年）的基礎上而來的。《成形實錄》集結了三十多年的岩石與動植物筆記，這些都是他從百科全書或實地觀察中記錄下來的。一七九三年，他命令曾槃、本土主義學者白尾國柱（一七六二—一八六一）、儒者向井友章（畢業於昌平黌，當時是吉野藥園的管理者）重新編輯這些田野筆記，準備在一八〇四年由鹿兒島城的出版社出版。[58] 計畫原預計出版一百卷，最後印製了三十卷，對各種作物、蔬菜、藥草與樹木做了百科全書式的解釋；包括它們的屬性和特徵、它們對人類的用途，以及栽培它們的最佳系統。正如曾槃在《成形圖說》第一冊前言略述所言：

> 我們的主公先向他的人民傳授了農業與養蠶技術，然後建立了一個藥園，生產許多有用的藥用物質。他調查了不同地區（按：物種）的差異與相似處，並從季節變化來反思它們的生命週期。他所做的這一切，是為了從每一代人身上獲得最大的利益。他不是為了滿足自己的好奇心，而是為了確保人們迅速遵循大自然的意志（**天意**）。對於他在藥園種植的藥草與樹木、他所飼養的鳥類與動物，以及從國外帶回來的那些，他都製作了真實的描繪（按：字面上來說就是複製了它們的本質），並將它們儲存起來以便將來使用。[59]

《成形圖說》中概念、資訊、圖片、技術與實踐的組合，以及其「對所有物種的系統化安排（**類聚**）與正確描述[60]，都圍繞著尋求動植物的真實知識（**真**），以及對這種知識之應用以改善藩地經濟與居民生活的關注。知識的準確性與其用處從來都不是分開的，兩者相輔相成：唯有準確的知識才能達到「救人於危難」的目的；[61]反之，只有有用的知識才能實現事物的真諦。

前言略述接著解釋文本資料來源並控訴地區名稱所造成的歧義，之後，《成形圖說》第一卷內容以農業事務（**農事**）為主，並從神明創造世界的強烈本土主義色彩論點開始。它強調「我國（**御国**）」給日本人民的祝福，根據天照大神的神諭，日本人民被教導正確種植藥草的方式，這些藥草滋養著一代又一代的日本人民。[62]正如神明為日本人民提供了和平治國的正確方法一樣，祂們也幫助他們為世界萬物正確命名，並以正確的方式耕種土地，以實現其生產潛能。[63]這段話儘管帶有神話色彩，卻堅稱有一條正確的農業（與養蠶）之路，唯有遵循這條道路，土地才能發揮其生產潛能：神明交給人們農業之路（**田造之道**），給他們牛與馬等有用的動物來協助他們，以免他們餓死。

這一論點存在著一種緊張關係，幾乎是一種矛盾。一方面，神靈賜予日本土地比其他國家都要多的龐大自然財富。另一方面，自然界在分配這些財富時是很吝嗇的，這需要人類的干預。換句話說，在《成形圖說》中，大自然是慷慨的施捨者，但條件就如佐藤信淵所言，是經過「控制與推進」（**鞭撻**）才實現其潛能，而這正是關於自然物種的真實知識的真正內容。

在《混同秘策》一書的開頭，佐藤信淵也曾說過，日本這個帝國國家（**皇大御国**）的自然財富是眾神（**産霊神**）所創造的。[64] 但祂們的創造之舉並不是隨機的：相反，它遵循著精確的法則。瞭解這些法則（**法教**）是必須的，因為對佐藤信淵來說，無數種自然產品（**万殊之產物**）的豐富或稀缺，完全取決於人類是否發展出能利用與提升（**鞭撻**）的技術與制度。[65] 佐藤信淵選擇用「鞭撻」一詞來表達從自然界提取財富的概念，莫里斯鈴木將這個詞翻譯為「控制與推進」，字面意思就是「用藤條抽打」，一個帶有暴力色彩的隱喻，與培根的觀念相呼應，即人對自然的主權讓他有權使用暴力，洗劫自然的財富。對培根和佐藤信淵來說，「自然接受人類的命令，在人類的權威下運轉。」[66]

島津重豪與佐藤信淵思想的核心在於相信生產的合理化建立在神話的基礎之上：佐藤信淵的計畫是發展國家機器，直接以系統化的方式監督、組織與協調對自然資源的研究、觀察、實驗、栽植、技術發展與商業化，這讓人類能享受和累積大自然取之不盡的資源儲備。將神話與工具理性、神力，以及勞動和生產的務實合理化融合在一起，島津重豪的薩摩藩為自然知識與經濟生產的結合鋪平了道路，這在之後日本邁向阿多諾所謂結合經濟成長與物質環境開發的「完全管理社會」的現代化進程中，扮演了根本的角色。

天明年間與天保年間的兩次大饑荒無疑迫使日本人民面臨了前所未有的廣泛短缺，至少在德川時期確實如此。一八三〇年代的情形還進一步顯示，農產品的商品化與商業化能夠強化而非減少危機本身的持續時間與程度。因此，無論是一八三〇年代的各藩，或是水野忠邦（一七九四—一八五一）在同時期的幕府改革中，曾試圖或多或少成功地控制了農產品的收產與分配系統，也就不足為奇了。[67] 在這樣的脈絡下，佐藤信淵對傳統「開物」概念的改造，恰好在理論上證明了人類干預對知識與生產合理化的必要性。

開物：從知識的拓展到經濟的發展

佐藤信淵是第一位將人類對自然的統治體系理論化，並部分付諸實踐的日本學者。這個體系包括國家對農產品生產與商業化的控制、工具主義的知識概念、將物質環境視為可開發以滿足人類需求的潛在資源寶庫等種種概念，以及招募學者參與經濟活動。佐藤信淵在《經濟要錄》「總論」一開始就解釋了他的計畫目標：「我將『經濟』定義為國家土地（**国土**）的管理（**経営**）、其產品的開發（**物產開發**）、各地區的致富，以及其人民的拯救。」[68] 組織並控制生產以創造財富並將臣民從饑餓中解救出來，是統治者的責任。佐藤信淵這裡所謂的「統治者」指的是「主要人物」，他並非從人格主義的角度來設想權利，例如領主、幕府或天皇，而是作為一種抽象角色，一種非個人關係系統中的社會功能。在一個危機不斷的時期，統治者職責的緊迫性尤其明顯：事實上，佐藤信淵明確表示，「如果經濟政策不夠充分，國家將無可避免地陷入衰敗與消亡，所有人無論階級高低都會被剝奪生存的手段。」[69]

他適切地承認，「所有日本與中國的古典文獻都已經討論過國家管理的原則，」但他也強調，「這些文獻以一種混亂且模糊的方式處理這些問題，沒有注意到細節。」[70]正因為如此，日本學者（**居士**）「無法富國救民」[71]。他在該章繼續表示，當下需要的是一種新的生產組織（對他來說是經濟的主要考量），能將自然界的知識與產靈神深留在自然界的法則，與一種能夠活化事物固有的生成能力，並迫使（**鞭撻**）自然充分發展其生產潛能的技術相結合。佐藤信淵將人類的開發性干預稱為「開物」，是為《經濟要錄》第二章通篇論述的主題。「開物」是一個與《易經》有關的中國古代術語，字面意思是「事物的開闢」，而且正如三枝博音（Saigusa Hiroto）與莫里斯鈴木所指出的，這個詞可以指「揭露事物的本質」，或是「開發事物的潛能」（就「利用」的意義而言）。[72]在日本，不同學者在整個德川時期折衷地使用「開物」的概念，要嘛用來強調研究在「格物」脈絡下揭露原理（**理**）的內部運作，如貝原益軒的著作[73]，要嘛就如十八世紀儒家學者皆川淇園的深奧著作中所言，為了重新建構中文詞語的原始音質，以重新活化文字與事物之間的形上學聯繫（有鑒於它們共享著同樣的宇宙力量，即「天地之氣」）。[74]在明清兩代的中國，開物在近世被朱熹與王陽明的主流哲學系統所實踐的其他概念所邊緣化。《天工開物》是為例外，這是一部由學者，同時是省級官僚宋應星所編纂的百科全書作品。儘管李約瑟將王陽明描述為「中國的狄德羅」[75]，《天工開物》在一六三七年出版後，在清代並不廣為人知。[76]然而，它在日本卻取得了更大的成功，在十七世紀末被引進後，分別在一七七一年與一八三〇年兩次重印配有豐富插圖的版本，並對平賀源內、司馬江漢與佐藤信淵等學者造成影響。[77]《天工開物》側重於技術發展，涵蓋了農業（從灌溉到水力與製粉工程）、養蠶、製鹽、製糖、陶瓷、青銅與鐵的冶金、運輸（船、車）、煤、硫與砷的開採、軍事技術、製墨、發酵、珍珠玉石等方面開發的工具與技術。該作品的總體論點強調出人類的創造性與工具性干預在提高自然生產力方面的角色。

《天工開物》對佐藤信淵思想的影響是難以忽視的。《經濟要錄》中關於「開物」的長篇章節，語言上與宋應星使用的方法與術語相呼應。正如其寫作習慣，佐藤信淵從定義破題：

> 「開物」旨在藉由開發海洋與陸地的各種自然產品，以穀物和水果為主，來讓這個國家（**教內**）[78]更富裕。它意味著開山闢谷、開江拓海以供栽植，翻開平原與山谷的土地，培育穀物與水果至成熟，促進財富的累積，並維持國家人口的擴張：這是土地上的人民遵循天命的基本活動。雖然這個原則已經在有關自然知識的文本中獲得解釋，我還是想在這裡寫一篇

短文來闡明大自然的神聖意志。[79]

佐藤信淵將「開物」概念化為藉由策略性的人類干預來開發土地（與河流和海洋）的生產能力。因此，「開物」意味著將自然環境重新配置成一個等待人類開發的寶藏。就像十八世紀的法國重農主義者與傳統儒家觀點，佐藤信淵認為一個國家的財富主要來自農業，因此統治者應對農業生產的擴大、多樣化與最大化進行干預（就他的「經濟」概念而言）。但是與重農主義者不同的是，佐藤信淵認為個人私利以及隨之而來政府的自由放任態度並非經濟增長的主要動力。相反，正如我之前所示，他堅持認為必須有一個中央協調機構來管理國家經濟生活的各種任務，以確保全體人民的福祉。重農主義者與佐藤信淵的平均地權概念在他們的共同信念中趨於一致，即財富的來源最終在於土地，但這位日本學者仍然忠於他的儒家根源，強調一個井然有序的社會中社會主義的福利。[80]

此外，他還在自己的著作中注入了宗教與神話的色彩。佐藤信淵有一個不言自明的信念：「起初，八月神高御產巢創造了宇宙（天地），孕育萬物，讓世界成為一個富庶之地。」[81] 因此，統治者有責任遵循神靈的方式，熟練運用自然界的財富來維持他的人民。雖然佐藤信淵文本的宗教含義，與基督教中地球是上帝賜給人類以滿足其需求的伊甸園的類似概念相呼應，但他將自然視為取之不盡的財富資源（這來自於兩個產靈神的創造力量的不斷干預），這樣的信念進一步將佐藤信淵與重農主義者區分開來。

在佐藤信淵的理解中，遵循正確「經濟」方式是對生產活動進行控制以確保社會的富裕與秩序。統治者在遵循正確「經濟」方式時，其主要任務在於實現勞動力的合理化，以實現對自然資源的更有效開發。對佐藤信淵來說，危機與饑荒並不是因為自然繁殖力有限造成的短缺，而是由於農產品生產與分配的不當管理，以及未能充分實現土壤潛能之故。[82]他不認為自然的生產潛能或集約化農業的永續性是有限的，因為「高皇產靈尊熱愛人類」。[83]

就像李嘉圖（David Ricardo）與馬爾薩斯一樣，他認為土壤的潛在繁殖力是自然賦予的，但與他們不同的是，他相信土壤的繁殖力是無限的，這個概念來自於他對神道教神靈創造力源源不絕的信仰——儘管他很清楚肥料讓土壤肥沃的作用，也鼓勵使用肥料。與馬克思相反（馬克思認為自然界的生產力具有可能被密集耕作耗盡的精確「生物」極限[84]），佐藤信淵認為，加強人類對自然的剝削並擴大對自然資源的累積，是提升自然生產力的主要策略。在佐藤信淵的信仰中，大自然有創造的神聖力量，也有無限的生產能力，這種信念的內在意涵是，你愈是壓榨自然，就能從那裡獲得愈多的東西——這種觀念是明治時期以來日本現代化意識形態的特徵。[85]

佐藤信淵讓「開物」的含義從理解事物的本質，轉變成為人類需求而利用它們的權利。正如他在《經濟要錄》所言，「對自然產品的開發利用（**開物**）是君主的首要職責。」[86] 然而，如果沒有對自然的初步研究，這個任務是不可能實現的。在佐藤信淵的體系中，知識仍然扮演著基本的角色，但它不再局限於對「格物」傳統中物種本質的抽象理解。知識要有任何價值，就必須對國家的富強做出具體貢獻——「富國」是佐藤信淵提出的另一個重要概念，後來被明治的寡頭政治執政者採用，經常與「強兵」相結合，以維持現代化的努力。[87] 瞭解動植物的生命週期、習性與生態是很重要的，如此以來才能認識到種子的生長會隨著氣候變化與土地組成而有所不同。[88] 這就是為什麼，佐藤信淵寫道，「我的『開物』方法會從土壤性質分析開始，包括天文計算[89]、國土測量與地理調查。」[90] 由此可見，在開始種植一種穀物之前，人們應該確定「它是否適合種植地點的氣候條件與土壤組成。」[91] 對領土與個別物種的綜合瞭解是成功收穫的必要條件。就單一物種而言，佐藤信淵解釋道，「各路神仙花大力氣創造的產品數量非常龐大，但是它們都可以被分成三類：礦物、植物與動物。」[92] 在他看來，為了獲得對自然的全面瞭解，僅僅像本草學文本那樣累積每個物種的百科全書資訊是不夠的，而是應該瞭解每個物種與其他物種和環境之間的互動關係。對佐藤信淵來說，生態知識顯然是統治自然的關鍵。在「開物篇」的剩餘章節中，他制定了一個調查各種礦物與動植物特性的計畫——從稀有石頭、珠寶、顏料、金屬、黏土、鹽和沙子到各種蔬菜、藥草、穀物、水果、地衣等，以及陸地與海洋的各種野獸等都包括在內。他列出了五十二個基本物種（**屬**），並將之分成三組（**類**），對這些物種的調查是其發展（**開物**）的前提。[93] 如果統治者想要拯救他的人民，這就是他的主要任務。[94]

佐藤信淵賦予「開物」的語意轉換（相關於經濟與富國的思想）因此讓他能用這個概念證明他對自然的理解，即自然是可為國家與人民的繁榮而開發的財富儲存，證明他對知識的工具性概念是實現農業生產最大化的手段，以及為他將中央經濟規劃置於國家政治生活核心的計畫提出辯護。

結論

薩摩藩是最早開始僱用本草學專家進行一系列經濟改革的藩地之一，這些改革促使該地區轉變為德川後期日本最富裕的一個地區。這樣的作為源自島津重豪作為藩主與博物學家的活動，後來的薩摩藩領導人採用了佐藤信淵的政治管理思想，它與被認為標準的儒家智慧相反，強調統治者必須積極控制經濟，從生產到勞動組織到經濟作物的分配與商品化的所有面向都必須顧及。這種制度有利於發展一種新形式的有機融合社會。相對於被認為標準的儒家原則，即不同社會階層的成員有責任履行屬於特定階層的社會職能，也就是說，武士壟斷政治權利，平民則負責生產與分配食物，並提供社會所需的服務，佐藤信淵發展出一種社會模式，雖然它並不質疑社會階級制度，但它協調地讓所有階層參與了富國的共同任務。換句話說，佐藤信淵挑戰了理學將政治與經濟分離的觀點，並發展出一種「政治經濟學」，設想出一個中央極權的行政機構來協調所有生產活動，以確保人民繁榮。

雖然他的六府制計畫並沒有真正實現，但他發展的概念與語言影響了現代日本政治經濟的演變。他對中央組織權力的設想預示了明治政府的發展模式。將知識歸入生產，將學者歸入引導這些生產活動的國家機器，是佐藤信淵視為確保國家財富的兩個基本步驟。它們在明治時期以日本科學家和政府持續合作的形式存續了下來，以維持工業與農業的增長。但是，一八六八年以後資本累積對自然隨之而來的包容，才充分實現了他的「開物」典範。這三個過程在天保危機之後變得密切相關，但一直到明治維新以後才充分發揮作用。因此，明治時期農業學家江渡狄嶺（一八八〇—一九四四）將佐藤信淵視為與安藤昌益（一七〇三—一七六二）、二宮尊德（一七八七—一八五六）、田中正造（一八四一—一九一三）等人並駕齊驅的日本現代經濟思想先驅，也就不足為奇。[95]

佐藤信淵在「開物」概念中涵蓋對自然的統治（**鞭撻**）和對其財富的系統性累積，規定了「目標與目的以及爭取實現它們的手段」，這與之前所設想的自然固有原則（**天地自然の理**）的自發實現有所不同。[96] 這種統治是透過生產勞動的官僚化與合理化，以及農業商品的的商業化來實現的。按韋伯（Max Weber）的觀點，很容易就能理解佐藤信淵的概念，即「我們時代的命運以合理化與知識化為特徵，而且最重要的是，以『世界的除魅』（disenchantment of the world）為特徵。」[97] 在兩個半世紀的本草學學術成就中（佐藤信淵的著作應被視為進一步的貢獻），自然被轉化成一組可以分析、表現、操縱、控制與生產的對象，這無疑有利於放棄理學的原則——即自然由一個固有的有意義秩序組成——轉而實行一種知識論的立場，將構成自然的萬物視為可理解的對象，沒有任何形上學或神聖的光環。[98] 我認為，這種轉變與近世歐洲自然史的類似發展形成了一種驚人的趨同現象。然而，相對於歐洲機械論的自然概念，佐藤信淵的工具主義除魅是由他對神的創造能力的信仰所支持的，這種創造能力維持著對自然資源一種不斷擴大的利用。我相信，這相當於對自然的一種自相矛盾的「返魅」（re-enchantment），這種「返魅」後來在意識形態上支持著明治日本的工業擴張，並使那些抗議汙染與環境破壞的人閉嘴。[99] 此外，在一八八〇年代，這種「返魅」助長了一種新的自然概念，一方面旨在轉譯西方的「自然」概念，另一方面又賦予它一種不容置疑的日本獨特性，使日本與自然的關係，以及日本社會的生產關係，最終都被神話化。[100]

後記

Epilogue

一個世紀前，民族學家柳田國男在《塚與森之話》（一九一二年出版）這篇短文中，與生物學家暨民俗學家南方熊楠（一八六七—一九四一）聯合起來，嚴詞批評明治政府，當時的明治政府為了加強日本的農業與工業基礎設施，正在摧毀村莊、森林與古老的神社。柳田國男聲稱，幾個世紀以來，日本農村居民一直圍繞著與周遭環境的精確共生關係，發展著他們的集體身分，而這些關係在構成他們原始宗教基礎的神話與民間故事中，以象徵性的方式被表達了出來。在柳田國男看來，環境的破壞加速了日本集體精神的消解。河童、天狗、狸與其他來自森林的超自然生物，和鹿、熊與野豬一起消失，這不僅意味著環境的破壞與自然界淪為可開發資源，也特別意味著這些社區與他們自己原始精神的疏離。「如果沒有神社周圍的深林，」他寫道，「就不會誘發出我們的崇拜感，」因為「當地方本身適合於崇敬神靈，我們對神靈的崇拜並非源自某些聖體或神社，而是源自土地本身與在土地上茂密生長的森林。」[1]

柳田國男認為日本人的認同源自與環境的原始代謝關係，這種關係和諧地包含了一個由房屋、村莊、神社、耕地等組成的人類領域，以及一個由神靈和超自然生物居住和保護的森林，這些森林是無法進入的、如神話般的神聖空間。這兩種空間儘管相鄰，卻被幾乎不可滲透的屏障隔開。打破此一屏障而導致不幸後果的故事支撐著日本村民的宇宙觀，而日本的現代化正威脅著讓此一宇宙觀慢慢消失。[2]

柳田國男在一定程度上創造了一種傳統，促成了一種異質的論述多樣性，這些不同的論述共同創造出日本現代化過程中的國家意識，反過來也構成民族主義意義上的自然重構。[3]事實上，自八世紀以來，日本群島上的自然環境在歷史中不斷地被破壞，這與他對人與自然共生關係的浪漫理想化是相悖的。[4]本書開篇時曾提及箭括氏以激烈手段驅逐從前夜刀神所居住土地的故事，它象徵著整個日本歷史上人類社會與自然環境之間的辯證關係，而且這往往也是暴力的關係。本書的一個目標，是證明自十七世紀以來，對自然各種形式的自然統治已經被徹底制度化且被常規地執行；到十九世紀早期，自然環境被明確地概念化，成為國家繁榮（**富国**）的無限資源庫，自然研究也被納入政治經濟學與國家管理之中。

柳田國男畢生收集的神話與傳說，實際上是為了掌握並馴化荒野的另一面：它們並不是像柳田國男所設想的那樣確保人類與神聖（自然）空間的和諧分離，而是贊同透過安撫儀式來擴大人類的領域。然而正如哈利・哈若圖寧（Harry Harootunian）所示，對柳田國男而言，他正努力抵消並克服日本快速現代化造成的異化影響，日本社區與自然和諧生存的發明是「完整、不受分裂影響且和諧的民族生活」的必要組成成分。[5]也就是說，日本和諧民族共同體的創造必然與自然環境的創造聯繫在一起，自然環境也被認為是完整且和諧的。因此，柳田國男對國家施行的日本激進現代化與其產生之異化效應的批判，既涉及日本森林的破壞，也涉及日本社區基本習俗的抹殺。

柳田計畫的核心預設是相信科學與技術為明治政府自一八六八年以來就不加批判地接受的西方進口產品。詹姆斯・巴塞洛繆（James Bartholomew）總結了這種觀點，認為「德川時期有效的典範……都被西方的典範所取代，而且對特定領域造成限制的政府政策……也隨著幕府一同消亡。」[6]然而，這個觀念是以兩個半世紀的記憶缺失與本草學歷史的記憶缺失為前提的，正如我所示，本草學已經發展成一門類似歐洲自然史的學科，而且有組織地疊加在幕府與藩地的政治經濟之上。

對本草學的忘卻並非例外。德川家族與其盟友在戊辰戰爭（一八六八年至一八六九年）中戰敗後，日本建立起將權力交還給天皇的新政治秩序，此後，日本的政治家與學者參與了至少在明治時期前三十年一直持續的現代化努力。對不久前的德川歷史的遺忘與抹去，是讓日本與日本人嘗試發展文明與啟蒙（**文明開化**）的一個重要前提。[7] 這在當時是對現代科學從西方引進日本的主要敘事，至今仍然如此。事實上，如果我們注意一下本草學在德川過渡到明治時期的命運，就會發現一個更加複雜且微妙的情況。一方面，本草學失去了它的名稱，卻把兩世紀以來的知識、研究、資料、圖像、技術、態度、風格、設備、專業知識、學校、社會關係、書籍與標本轉移給了新科學領域的實踐者。活躍於一八五〇年代至一八八〇年代過渡時期的學者，能將西方的分類學與觀察程序翻譯成人們熟悉的本草學語彙，因此，德川時期發展的術語被用來表達西方的概念。另一方面，本草學成了一個失落的傳統、被遺忘的智慧、替代性的實踐，以及亞洲認同的象徵——它與漢方藥被關聯在一起，現在指與西方醫學對立的**傳統**（中國）醫學。

瀏覽一下活躍於明治時期前半期幾位知名科學家的名字和傳記就會發現，至少在自然科學領域，一八六八年的明治維新帶來了更多的延續性而非破裂。福山藩醫師森立之（一八〇八—一八八五）是正統中國本草學復興的堅定倡議者，他先在大藏省（一八六九年）擔任高級官僚，後來在文部省（一八七一年）任職，負責科學教育。[8] 小野蘭山直系弟子山本亡羊之子山本溪愚（一八二七—一九〇三），在大阪的私立學校中繼承了父親的職志，定期組織集會，常有本草學業餘愛好者與日本生物學家參加。[9] 小野蘭山的姪子小野蕙畝之子小野職愨（一八四三—一八九〇，編按：「慤」音同「確」），是文部省的另一位高級官員。[10] 小野職慤和田中芳男一起負責自然史辦公室（**博物局**）的管理與活動。博物局成立於一八七一年九月，取代了幕府的物產局，是連接文部省、農商務省與內務省的部際機構，協調自然科學家與政府的合作。它的第一個行動是建立東京國立自然史博物館，伊藤圭介門生田中芳男也是博物館的創辦人之一。田代安定（一八五六－一九二八）是東亞熱帶植物的研究先驅，他先在薩摩藩接受了本草學正規教育，後來在一八六八年明治維新後成為博物局的一員。[11] 當東京大學於一八七七年成立時，新的理學部聘請了十五位終身教授，其中有十二名外國人，其餘三名為植物學教授矢田部良吉（一八五一－一八九九）、應用數學教授菊池大麓（一八五五－一九一七）與冶金學教授今井巖，他們都是在藩校接受本草學與理學教育，後於一八六八年以後專門研究西學，並曾在海外從事研究。

東京大學理學部的早期教員組成，在風格與方法上都反映出西方研究與教授科學的方式。然而在東京大學成立後不久，伊藤圭介被聘為兼職教授，之後才為日本第一代自然科學家帶來啟發。這第一代的科學工作者包括濱松藩家臣之子飯島魁（一八六一－一九二一），他在伊藤圭介的指導下從東京大學畢業，成為動物學家先驅。[12] 出生於能登藩武士家庭的植物學家三好學（一八六一－一九三九）也是如此。[13] 另一個值得注意的人物是植物學家白井光太郎（一八六三—一九三二），他的畢業論文獲得導師伊藤圭介的高度讚揚，他同時也是最早的現代本草學史家。[14]

與傳統的史話相較，明治時期自然科學家的社會淵源與世界觀都更接近於一八六八年以前本草學者的世界觀。德川時期的研究實踐並沒有被放棄。事實上，現代自然科學在日本明治時期的興起，比較像是本草學的實踐與理論朝著西方科學的語言、方法與目標的轉變與適應。林奈的科學方類法取代了李時珍《本草綱目》確立的分類法，而動植物的分類也隨之發生變化。然而，這種破壞的嚴重程度，也因為使用本草學術語來表達來自西方的生物概念而有所緩解。例如，《本草綱目》中分類學名稱被沿用到生物系統分類學的種、屬（原為類）、科、目與綱。化學與細胞生物學與博物學並存，博物學仍然關乎分類與田野調查活動，類似於本草學家的藥草採集。

這種態度上的一致性，在一定程度上是因為第一批日本科學家的社會背景相同。就如他們的本草學前輩，這些科學家將自然研究理解為提升國家福祉的一種形式。他們大多與博物局合作，要嘛是新的國家教育系統中科學課程的編制者，要嘛是農業改革與工業規劃發展的顧問。[15] 一八六八年明治維新前後，伊藤圭介門生田中芳男的活動體現了自然史與政府之間的聯繫。田中芳男協同創辦的包括部際機構的博物局（一八七〇年）、上野動物園（一八八二年）、日本第一座自然史博物館（一八七三年），以及大日本農會（一八八一年）。[16]

田中芳男是一位身涉諸多公共活動的學者，但即使像白井光太郎這樣以研究為主的科學家，也無法避免與政府機構的接觸。白井光太郎於一八八六年從帝國大學畢業以後，在田中芳男的推薦下進入農商務省管理的東京農林學校擔任講師。一八九三年，該校被併入帝國大學，成為帝國大學農學部，白井光太郎也成了那裡的副教授。在剩餘的職業生涯中，他參與了由農商務省在全國各地組織的調查計畫。他是第一位研究日本傳統自然史的歷史學家，同時也撰寫了許多關於日本森林的作品，其中他最喜歡的是一本名為《樹木和名考》的日本樹木調查（一九三三年於白井光太郎身後出版）。正如書名所示，這本書完全以本草學的風格來構思與撰寫。[17] 白井光太郎總結了他幾十年來由農商務省贊助的田野調查，提供了每一種樹在不同地區的名稱清單、在德川時期的使用情況，以及如何能促進現代民族國家經濟增長的資訊。該文本以整個德川時期用於翻譯中文的古典日文風格（**訓讀書下**）撰寫，除了附上每個物種的拉丁文學名以外，難以與近世本草學文本區分。

因此，作為自然研究名稱的本草學在明治時期消失了，但它部分的形式與內容卻得以在新的「博物學」或「自然史」保留下來。稱為「儒者」的德川學者也消失了。然而，他們的繼任者與他們有許多相同的傾向，尤其是在受召參與公共服務方面，儘管他們現在的專業頭銜為「學者」或「識者」（這樣的稱呼在德川時代末期才開始流傳），或是被稱為「博士」（一個採自七世紀日本大學寮舊皇室學校的名稱）。正如本草學精神在現代博物學中得以延續一樣，德川時期儒者的士大夫社會角色也繼續成為現代日本許多知識分子生活的特徵。就如安德魯・巴沙伊（Andrew Barshay）所言，「國家服務的載體是非常強大的；被內部疏遠的思想家往往可以藉此重返國家社會之中。」[18] 明治政府招募了許多科學家為國家的現代化服務，並讓科學家的研究活動用於此一目的。這些科學家現在被稱為生物學家、植物學家與動物學家，但他們的學術活動與德川時期的前輩類似。這個在明治時期從本草學到博物學的經過（就如從儒者到學者與博士的經過）顯示，雖然學科的名稱與實踐者的名稱改變了，德川時期的遺產仍然繼續存在，也為現代的自然名稱提供了參考。

在這些發展的同時，本草學的名稱也被保留了下來，明確地站到了醫學和藥學現代化的對立面。這意味著反對讓西方醫學享有特權並使傳統醫學邊緣化的快速制度變革，同時也反對迅速否定本草學創立之德川時期的知識遺產。例如，筆名枳園（編按：「枳」音同「擠」）的森立之，就在大多數日本植物學家用西方生物學的語言翻譯他們的傳統知識時，推動了古老本草學的復興。他摒棄了李時珍的《本草綱目》，致力恢復古代本草傳統的形式與意義。森立之指控《本草綱目》放棄了藥用物質同時具有潛在治療作用與毒害作用的傳統概念，並賦予自然物種分類比物質藥效更高的價值——也就是對象與主觀效果的相對關係。在尋求重建失傳的《神農本草經》（一份可能編纂於西元前二世紀至西元前一世紀間的失傳文本）的過程中，森立之畢生致力於陶弘景《本草經集注》、《新修本草》與日本平安時期經典著作如深根輔仁《本草和名》、源順《和名類聚抄》、丹波康賴《醫心方》等作品的文獻學研究。森立之的倡議並非只是文獻學上的，也不是出於對過去的緬懷：他不但想恢復傳統藥師與漢方藥醫師在實際操作中將藥物使用的「君」、「臣」與「佐使」的三分法，也將自己的研究認定為，對日本明治初期亟於否定過去的現代化狂熱的公開論戰。

森立之的努力恰在明治初期現代化推動力讓路給以天皇、國家本質（**国体**）與在東亞建立日本帝國的身分認同論述時獲得了極大的迴響，也進一步強化了這些思想。然而，這種惡名是獨立於他捍衛漢方醫及舊式本草學的行為的。事實上，我認為森立之的古物研究，與身分認同建構或民族主義觀點毫無關係。恰好相反，他捍衛的是一種典型的近世東亞世界主義（一種以中華為本位的文化與知識領域信仰，是近世思想的特點，尤其是在日本）。這種世界主義完全相悖於國家本質（**国体**）、脫亞等概念，它對近世東亞黑暗、封建落後的看法，是「文明開化」運動思想家的著作中所意圖擺脫的。對他來說，回到最初的本草學，就如保留傳統中醫（**漢方薬**）的古老技術一樣，意味著捍衛與保存一種文化統一性，以抵制文化主義與民族的本質主義這種現代的語法。森立之可以說是一位尼采式的古文物學家，的確是已遠去時代的遺物。[19] 但正是因為如此，他後來才能作為過去的象徵受到動員，為了恢復另一種現代性的可能性，一種不同於西方且與西方對立的現代性，這種過去需要被重新喚醒。

然而，本草學在現代生命科學中的延續，證明了這種想法是不可能達成的。正如我所示，本草學實際上在德川時期已經發展成一門將動植物知識與簡化成人類需求的自然結合在一起的學科。事實上，本草學的歷史不得不被遺忘，或者說，在森立之的例子中，不得不被否認，如此才能保持日本人對自然的某種特殊情感以及對傳統人與自然和諧共處的妄想，就如柳田國男、折口信夫（一八八七－一九五三）、和辻哲郎（一八八九－一九六〇）等學者的著作在日本工業快速擴張導致日本生態系逐漸受到破壞的同時所傳播的概念。

致謝

Acknowledgments

《博物日本》的重點之一是，沒有思想是完全獨立於它所發展的社會環境。同樣地，這本書不僅源自作者的研究與對哲學的癡迷，也源於偶然的發現、制度機會，以及與導師、朋友和同事的交談。我很難記住每一個為我的計畫作出貢獻的人，只能藉此向所有人致以最誠摯的感謝。

我要感謝維澤赫德東亞研究所（Weatherhead East Asian Institute）將我的這本著作納入「維澤赫德東亞研究所研究系列」，特別感念卡羅爾・格盧克（Carol Gluck）與與丹尼爾・里維洛（Daniel Rivero）耐心十足的協助。特別感謝芝加哥大學出版社的凱倫・梅里坎加斯・達林（Karen Merikangas Darling）、安妮塔・薩門（Anita Samen）與蘇菲・韋雷利（Sophie Wereley），以及Scribe Inc. 出版社的丹尼・康斯坦蒂諾（Danny Constantino）：與你們合作非常愉快。我還要向兩位匿名審稿人表達最誠摯的謝意，沒有他們，這本書會更加不完美。日本的獨立行政法人國際交流基金慷慨贊助了在早稻田大學和東京大學東洋文化研究所的兩項研究工作，這對收集本書引以為據的原始材料至關重要。我還要感謝維澤赫德東亞研究所與普林斯頓大學人文社會科學研究委員會的贊助。

我的計畫是在不同的學術機構中構思和培養的。在哥倫比亞大學，格盧克是我能找到最好的導師。我也深深感謝馬修・瓊斯（Mathew Jones）與伊莉莎白・李（Elizabeth H. Lee）在知識、人力與編輯層面的支持。非常感謝大衛・盧瑞爾（David Lurie）、亨利・史密斯二世（Henry D. Smith II）、葛雷格・普夫魯格夫爾德（Greg Pflugfelder）、白根治夫、潘蜜拉・史密斯（Pamela Smith）、唐納・基恩（Donald Keene）、大衛・莫爾曼（David Moerman）與其他許多幫助我知識增長的老師，以及馬修・湯普森（Mathew Thompson）、亞當・克拉洛（Adam Clulow）、丹尼斯・弗羅斯特（Dennis Frost）、柯林・賈德瑞爾（Colin Jaundrill）、雀爾雪・福克斯韋爾（Chelsea Foxwell）、艾瑞克・韓（Eric Han）與麥特・奧古斯丁（Matt Augustine）等人，能長時間與我對話。我想感謝早稻田大學的深谷克己教授，讓我加入他的古文書小組，並協助我破譯德川時期博物學家繁複的書法。我還要特別感謝哈佛大學賴肖爾日本研究所（Reischauer Institute for Japanese Studies）的朋友：栗山茂久、安德魯・戈登（Andrew Gordon）、史黛西・松本（Stacie Matsumoto）、蘇珊・普爾（Susan J. Pharr）、泰德・吉爾曼（Ted Gilman）、包弼德（Peter Bol）、史蒂文・謝平（Stephen Shapin）、彼得・蓋里森（Peter Galison），以及二〇〇七至二〇〇八年度的研究員山姆・佩里（Sam Perry）、Hwansoo Kim、蓋文・懷特勞（Gavin Whitelaw）與馬修・馬爾（Matthew Marr），忍受了我無止境的咆哮。非常感謝我在維吉尼亞大學的前同事：艾倫・梅吉爾（Allan Megill），我將永遠珍惜我倆之間的長談；布萊恩・奧文斯比（Brian Owensby）；布拉德利・里德（Bradley Reed）；杜安・奧斯海姆（Duane Osheim）；羅納德・丁伯格（Ronald Dimberg）；張聰；凱倫・帕歇爾（Karen Parshall）；約翰・布朗（John K. Brown）；貝納爾・卡爾森（W. Bernard Carlson）等人。

如果沒有我在普林斯頓大學的諸多同事所提供的支持與建議，這本書就不可能做到這麼好。我要感謝他們每一個人，並在此特別提及班哲明・艾爾曼（Benjamin Elman），感謝他取之不盡的思想與寶貴資訊來源；我也要向謝爾登・蓋倫（Sheldon Garon）、柯馬丁（Martin Kern）、安東尼・格拉夫頓（Anthony Grafton）、邁克爾・戈爾丁（Michael Gordin）、韓書瑞（Sue Naquin）、威拉德・彼得森（Willard Peterson）、馬丁・科爾卡特（Martin Collcutt）、喬伊・金（Joy Kim）、艾米・博羅沃伊（Amy Borovoy）、安吉拉・克萊格（Angela Creager）、艾莉卡・米拉姆（Erika Milam）、葛蘭姆・柏奈特（Graham Burnett）、基斯・威路（Keith Wailoo）、丹尼爾・賈博（Daniel Garber）、比爾・喬丹（Bill Jordan）、麥可・拉芬（Michael Laffan）、菲利普・諾德（Philip Nord）、以及許多其他我無法在此一一提及的人。

這個計畫伴隨著我跨越不同的大陸與大學。在此，我想感謝眾多學者之中直接或間接幫助我將計畫做得更好的一小部分人：我的友人與導師馬西莫・拉維里（Massimo Raveri），他教會我從不同的角度思考問題；阿德里安娜・博斯卡羅（Adriana Boscaro）；以及我在威尼斯大學（Ca' Foscari）的所有老師。我也要感謝我在高中時期的哲學與歷史老師伯納爾多・迪彭蒂納（Bernardo Dipentina），我永遠感謝他讓我瞭解到哲學首先是嚴謹的思考，也讓我明白，正如赫拉克利亞的戴歐尼修斯（Dionysius of Heraclea）所言，「歷史是透過實例來進行哲學教育。」非常感謝大衛・豪威爾（David Howell），他是我的榜樣。還要感謝凱倫・威根（Kären Wigen）、那葭（Carla Nappi）、埃茲拉・拉什科（Ezra Rashkow）、馬蒂亞斯・維古魯（Mathias Vigouroux）、特倫特・麥克謝（Trent Maxey）、布雷特・沃克（Brett Walker）、摩根・彼得卡（Morgan Pitelka）、寶拉・芬德倫（Paula Findlen）、蘇珊・伯恩斯（Susan Burns）、詹姆斯・巴托羅繆（James Bartholomew）、我在東京大學東洋文化研究所的所有朋友、早稻田大學圖書館與東京國立國會圖書館珍稀書籍收藏的工作人員、以及所有慷慨讓我不斷提問的人。

最後但也同樣重要的是，要由衷感謝我的知識戰友伊恩・米勒（Ian J. Miller）、羅伯特・史托茲（Robert Stolz）與茱莉亞・艾德妮・湯瑪絲（Julia Adeney Thomas），在他們的陪伴下，我一直覺得自己像夏目漱石《三四郎》裡的「流浪羊」：這也是寫給你們的，我的朋友。

我想把這本書獻給我的家人：獻給我的父母與我的岳母，感謝他們的支持；獻給我的妻子艾莉莎，感謝她誠實的批評、智慧的刺激、不懈的鼓勵與耐心；也獻給我的孩子蘇菲亞與里奧，如果沒有他們，我本來可以更早完成這本書，不過那必然是一本不完整的書，因為那就沒有作為它們父親的經歷所帶給我對自然、物質生命的深刻理解。

3 Thomas, *Reconfiguring Modernity*; Harootunian, *Overcome by Modernity*. 亦可參考 Gerald A. Figal, *Civilization and Monsters: Spirits of Modernity in Meiji Japan* (Durham: Duke University Press, 1999).

4 Conrad Totman, *A History of Japan* (Malden, MA: Blackwell, 2000).

5 Harootunian, *Overcome by Modernity*, 18.

6 James R. Bartholomew, *The Formation of Science in Japan: Building a Research Tradition* (New Haven: Yale University Press, 1989), 9.

7 參考 Carol Gluck, "The Invention of Edo," in *Mirror of Modernity: Invented Traditions of Modern Japan*, ed. Stephen Vlastos (Berkeley: University of California Press, 1998), 262–84; Carol Gluck, *Japan's Modern Myths: Ideology in the Late Meiji Period* (Princeton, NJ: Princeton University Press, 1985).

8 In Japanese, *kohonzō fukko*. Ueno, *Hakubutsugakusha retsuden*, 138–44.

9 Ibid., 145–48.

10 Ibid., 148–51. 小野職孝是幕府醫學館的成員。

11 Ibid., 169–76.

12 Ibid., 180–89.

13 Ibid., 190–96.

14 Ibid., 197.

15 西村三郎，《文明の中博物学》，vol. 2, 520– 27, 544–56.

16 Miller, *The Nature of the Beast*.

17 白井光太郎，《樹木和名考》(Tokyo: Uchida Rōkakuho, 1933).

18 Andrew E. Barshay, *The Social Sciences in Modern Japan: The Marxian and Modernist Traditions* (Los Angeles: University of California Press, 2004), 241.

19 尼采寫道，一個古董商「擁有一個極其有限的視野。……缺乏對價值的辨別與比例感，而這種辨別與比例感會以一種真正公平的方式來區分過去的事物；它們的尺度與比例總是根據古代國家或個人的回顧而賦予的。」Friedrich Nietzsche, "On the Uses and Disadvantages of History for Life," in *Untimely Meditations*, ed. Daniel Breazeale (Cambridge: Cambridge University Press, 1997), 74.

Politics in Japan, 1870–1950 (Durham: Duke University Press, 2014).

87 Satō, *Keizai yōryaku*, 536.

88 《經濟要錄》與《存華挫狄論》是佐藤信淵發展「富國」概念的兩個文本。《經濟要錄》的第三章正是以「富國」為題，開頭就表示「想讓國家繁榮，必先整頓財富流通，確保其運作不受干擾。」Satō, *Keizai yōryaku*, 549. 也就是說，統治者必須藉由再分配以及國內與國際貿易中，維持貨幣與商品的流動來進行干預。

89 Satō, *Keizai yōryaku*, 537.

90 這包括季節、星星的位置、溫度等等。

91 Satō, *Keizai yōryaku*, 537.

92 Ibid.

93 Ibid., 536.

94 Ibid., 547.

95 Ibid., 548.

96 江渡狄嶺，《地涌のすがた》(Tokyo: Seinen Shobō, 1939).

97 Herbert Marcuse, *Five Lectures* (Boston: Beacon, 1970), 1.

98 Max Weber, "Science as a Vocation," in *From Max Weber*, ed. H. H. Gerth and C. Wright Mills (Oxford: Oxford University Press, 1946), 155.

99 繼韋伯與馬克思之後，霍克海默與阿多諾將這兩個要素歸於現代化進程。參考 Alison Stone, "Adorno and the Disenchantment of Nature," *Philosophy and Social Criticism* 32, no. 2 (2006): 231–53.

100 儘管應該注意的是，在明治時期，它與相反的觀點並存，即日本是一個特別缺乏自然資源的國家，這一論點被用來支持日本的帝國擴張。參考 Satō, *"Motazaru kuni" no shigenron*.

101 Thomas, *Reconfiguring Modernity*.

後記

1 柳田國男，「塚と森の話」，收錄於《柳田國男全集》，vol. 15 (Tokyo: Chikuma Bunko, 1990). 英文翻譯參考 Hamashita Masahiro, "Forests as Seen by Yanagita Kunio: His Contribution to a Contemporary Ecological Idea," *Diogenes* 207 (2005): 14。

2 Yanagita Kunio, *The Legends of Tono*, trans. Ronald A. Morse (Lanham: Lexington Books, 2008).

是，在古代中國，人們與宇宙生命力「氣」處於一種共鳴調和的狀態，因此能夠用他們的聲音表達他們所接觸事物的本質，並據此為之命名。對皆川淇園來說，名稱與事物的實質是一樣的，都受到同樣的自發活動（**自然之理**）所推動。書寫系統的發展透過嵌入文字的含義將物體與它們的名稱分開，從而讓這種對事物的共情理解變得模糊，產生了有害的影響。皆川淇園的觀點與本居宣長的語言哲學有著驚人的相似性。

75 Joseph Needham, Ho Ping-Yü, Lu Gwei- djen, and Wang Ling, *Science and Civilisation in China*, vol. 5, bk. 7, *Military Technology: The Gunpowder Epic* (Cambridge: Cambridge University Press, 1987), 102.

76 Song Yingxing, *T'ien-Kung K'ai-Wu: Chinese Technology in the Seventeenth Century* (University Park: Pennsylvania State University Press, 1966), xiv. 也可參考Dagmar Schäfer, *The Crafting of the 10,000 Things: Knowledge and Technology in Seventeenth-Century China* (Chicago: University of Chicago Press, 2011), 20–21.

77 菊地俊彥，《図譜江戸時代の技術》vol. 1 (Tokyo: Kōwa Shuppan, 1988),

78 也可參考Morris- Suzuki, *Reimagining Japan*, 43–44.

79 同樣的字在讀作「keidai」(**境內**)的時候，指的是神社或寺廟的封閉區域；值得一提的是，這個被邊界包圍的區域有著神聖的內涵。

80 Satō, *Keizai yōryaku*, 535.

81 儘管有些重農主義者，尤其是法蘭索瓦・魁奈（François Quesnay），受到十七世紀與十八世紀在歐洲流傳的中國儒家農業思想所啟發，發展出他們的理論，但個人創業與私有財產對他們來說仍然是公理假設。參考Arnold H. Rowbotham, "The Impact of Confucianism on Seventeenth Century Europe," *Far Eastern Quarterly* 4 (1945): 224–42; Lewis A. Maverick, *China, a Model for Europe* (San Antonio, TX: Paul Anderson, 1946).

82 Satō, *Keizai yōryaku*, 535.

83 Satō, *Keizai yōryaku*, 536.

84 Ibid.

85 Karl Marx, *Capital*, 637–38. 雖然馬克思並沒有將「自然」與環境徹底概念化，他的思想仍然影響了許多環境思想家。參考Alfred Schmidt, *The Concept of Nature in Marx* (London: Verso, 1971); Foster, *Marx's Ecology*.

86 正如羅伯特・史托茲（Robert Stolz）近期所言，自然無限生產力的概念為明治時期日本的農業與工業擴張奠定了基礎，這往往對自然環境與人民的健康造成災難性的後果。Robert Stolz, *Bad Water: Nature, Pollution, and*

58 現已為鹿兒島「縣寶」的《成形圖說》，有著相當有趣的歷史，因為最初的木版多次被火燒毀，不得不重鑄。

59 Sō and Shirao, *Seikei zusetsu*, vol. 1, "Outline" (*Teiyō*), 1- left and 2- right. 照片重製，參考http://archive.wul.waseda.ac.jp/kosho/ni01/ni01_02442/ni01_02442_0001/ni01_02442_0001.html.

60 Ibid., page 2- left.

61 Ibid., page 3- right.

62 *Seikei zusetsu,* vol. 1, "Agricultural Matters", 1- left.

63 Ibid., 3- right.

64 在佐藤信淵的文本中，產靈神指「神皇產靈尊」與「高皇產靈尊」，是《古事記》前三個神的兩個。

65 Ibid.

66 "Natura jugum recipit ab imperium hominis." Aphorism 1 in Francis Bacon, *Parasceve ad historiam naturalem et experimentalem*, in *The Works of Francis Bacon*, vol. 2, ed. James Spedding, Robert Leslie Ellis, and Douglas Denon Heath (Boston: Houghton, Mifflin, n.d.), 47.

67 老中水野忠邦試圖透過新的節約法來呼籲人民節儉與適度，以此穩定經濟，但偏偏失敗。參考E. Sydney Crawcour, "Economic Change in the Nineteenth Century," in *The Cambridge History of Japan*, vol. 5, *The Nineteenth Century*, ed. Marius Jansen and John Whitney Hall (Cambridge: Cambridge University Press, 1989), 587–600.

68 佐藤信淵，《経済要録》，522. 值得一提的是，佐藤信淵在這句話中使用的許多術語如經濟、經營、開發等，後來都成了現代日本政治經濟術語。

69 佐藤信淵，《経済要録》，522.

70 Ibid.

71 Ibid.

72 參考三枝博音，《日本の知性と技術》，371– 74; Morris-Suzuki, *Reinventing Japan*, 41.

73 然而，貝原益軒從未將「格物」與它在農業生產中的應用分開。見第五章。

74 參考肱岡泰典，「皆川淇園の開物学」，《中国研究集刊》18 (Winter 1996); Hamada Shigeru, "Minakawa Kien no kaibutsugaku no hōhō ni tsuite," *Kokubungaku kenkyū nōto* 27 (1993); 浜田秀，「開物学の発想について：『均繇三十六則』を中心に」，《国文論叢》20 (1993). 簡言之，皆川淇園的論點

39 佐藤信淵，《薩藩経緯記》，收錄於《佐藤信淵家學全集》第3冊，671.另一種翻譯，參考Sagers, *Origins of Japanese Wealth and Power*, 49.

40 芳即正，《調所広郷》(Tokyo: Yoshikawa Kōbunkan, 1987), 99–119.

41 芳即正，《調所広郷》144–70.

42 Ibid., 197– 209. 也可參考芳即正，《薩摩人とヨーロッパ》(Kagoshima: Chosakusha, 1985), 75–89.

43 參考Kanbashi, *Shimazu Shigehide*, 73–81.

44 這種說法最早可以追溯到十七世紀儒家學者山鹿素行（一六二二—一六八五）的著作，在德川時期持續被不同學者採用，如貝原益軒、本居宣長、平賀源內、安藤昌益與會澤正志齋。在二十世紀，它成為《國體之本義》民族主義論述的一部分，《國體之本義》是一個意識形態宣言，在一九三〇年代與一九四〇年代早期支持日本的帝國主義擴張。參考Thomas, "The Cage of Nature," 21–22.

45 佐藤信淵，《混同秘策》，收錄於「日本思想大系」第45冊，426.譯自Tessa Morris-Suzuki in *A History of Japanese Economic Thought*, 37–38.

46 Satō Nobuhiro, *Satsuma keii ki*, 679.

47 見第七章。

48 *Bref och skrifvelser* (I:7, 27), 引自Koerner, *Linnaeus*, 104.

49 審定注：為避免誤導，此處應注意到，當時各個藩所設立的醫學校中，只有薩摩稱之為「醫學院」，而其意義與現代的醫學院（medical school）有極大差別。

50 Kanbashi, *Shimazu Shigehide*, 98–101.

51 南山是島津重豪的一個筆名。

52 Philipp Franz von Siebold, *Edo sanpu kikō*, trans. Saitō Makoto (Tokyo: Heibonsha, 1967), 186.

53 上野益三，《博物学者列伝》69；也可參考上野益三，「シーボルトの江戸参府の動物学史的意義」，《人文》6 (Kyoto: Kyōdai Kyōyō Bukan, 1959), 309–25.

54 島津重豪，《仰望節錄》(Tokyo: Kokushi Kenkyūkai, 1917), 40.

55 Ueno, *Hakubutsugakusha retsuden*, 68.

56 曽占春、白尾国柱編，《成形図説》(Kagoshima: Satsumafugaku, 1804), especially vols. (*kan*) 1–12.

57 Shimazu, *Gyōbō setsuroku*, 22.

Shimazu Shigehide.

21 Sagers, *Origins of Japanese Wealth and Power*, 5.

22 德川日本後期的薩摩藩，參考 Robert K. Sakai, "Feudal Society and Modern Leadership in Satsuma- han," *Journal of Asian Studies* 16, no. 3 (May 1957): 365–76; Robert K. Sakai, "The Satsuma- Ryukyu Trade and the Tokugawa Seclusion Policy," *Journal of Asian Studies* 23, no. 3 (May 1964): 391–403; 秀村選三編，《薩摩藩の構造と展開》(Tokyo: Ochanomizu Shobō, 1970).

23 松井正人，《薩摩藩主島津重豪：近代日本形成の基礎過程》(Tokyo: Honpō shoseki, 1985), 127–31.

24 Sagers, *Origins of Japanese Wealth and Power*, 42.

25 Albert M. Craig, *Chōshu in the Meiji Restoration* (Cambridge, MA: Harvard University Press, 1961), 71.

26 Joseph Needham, Christian Daniels, and Nicholas K. Menzies, *Science and Civilisation in China*, vol. 6, bk. 3, *Biology and Biological Technology Agro-Industries and Forestry* (Cambridge: Cambridge University Press, 1996), 450.

27 宮崎安貞，《農業全書》(Tokyo: Iwanami Shoten, 1936), 391–92.

28 Matsui, *Satsuma hanshū Shimazu Shigehide*, 134–36.

29 Bolitho, "The Tempō Crisis," 6.

30 Mark Ravina, *Land and Lordship in Early Modern Japan*.

31 Luke Roberts, *Mercantilism in a Japanese Domain* (Cambridge: Cambridge University Press, 1998).

32 藤田貞一郎，《国益思想の系譜と展開》(Osaka: Seibundō Shuppan, 1998).

33 在一八三八年後擔任家老，即家臣之首。

34 Craig, *Chōshū in the Meiji Restoration*, 70.

35 佐藤信淵，《経済要録》，收錄於《日本思想大系》第45冊，《安藤昌益・佐藤信淵》，尾藤正英、島崎隆夫校注 (Tokyo: Iwanami Shoten, 1977), 522. 英文譯自 Tessa Morris-Suzuki, *A History of Japanese Economic Thought* (London: Routledge, 1989), 35.

36 佐藤信淵，《垂統秘錄》，收錄於《佐藤信淵家學全集》第3冊，瀧本誠一編 (Tokyo: Iwanami Shoten, 1927), 412.

37 Morris-Suzuki, *A History of Japanese Economic Thought*, 36.

38 Satō, *Suitō hiroku*, 503. 更多細節，參考 Morris-Suzuki, *A History of Japanese Economic Thought*, 36.

dotatione divina competit." Francis Bacon, *Novum organum scientiarum*, in *The Works of Francis Bacon*, vol. 8 (London: C. & J. Rivington, 1826), 77.

3 出自 Linnaeus, "Tva svenska akademiprogram" (1750), 引自 Koerner, *Linnaeus*, 104.

4 Peter Dear, "What Is the History of Science the History Of? Early Modern Roots of the Ideology of Modern Science," *Isis* 96, no. 3 (September 2005): 390–406.

5 Latour, *We Have Never Been Modern*; Latour, *Politics of Nature*.

6 Neil Smith, *Uneven Development: Nature, Capital, and the Production of Space*, 3rd ed. (Athens: University of Georgia Press, 2008), 10.

7 Vogel, *Against Nature*, 78–79.

8 Smith, *Uneven Development*, 11–12.

9 Tessa Morris-Suzuki, *Re-inventing Japan: Time, Space, Nation* (Armonk, NY: M. E. Sharpe, 1988), 35–59; Saigusa Hiroto, "Nihon no chisei to gijutsu," in *Saigusa Hiroto chosakushu*, vol. 10 (Tokyo: Chūōkōronsha, 1973), 371–74.

10 John H. Sagers, *Origins of Japanese Wealth and Power: Reconciling Confucianism and Capitalism, 1830–1885* (New York: Palgrave Macmillan, 2006), 5.

11 芳即正，《島津重豪》(Tokyo: Yoshikawa Kōbunkan, 1980), 171–75.

12 Sagers, *Origins of Japanese Wealth and Power*, 6, 53–72.

13 例如參考石井孝，《学説批判：明治維新論》(Tokyo: Ishikawa Kōbunkan, 1968).

14 Harold Bolitho, "The Tempō Crisis," in *The Cambridge History of Japan*, vol. 5, *The Nineteenth Century*, ed. Marius Jansen and John Whitney Hall (Cambridge: Cambridge University Press, 1989), 116–67.

15 Susan B. Hanley and Kozo Yamamura, *Economic and Demographic Change in Preindustrial Japan, 1600–1868* (Princeton, NJ: Princeton University Press, 1971), 147.

16 大口勇次郎，「天保期の性格」，收錄於《岩波講座日本歷史》第12冊，近世第4冊，ed. Asao Naojiro and Naoki Kōjirō (Tokyo: Iwanami Shoten, 1976).

17 Bolitho, "The Tempō Crisis," 22.

18 關於區域民族主義和「**国益**」概念，參考 Ochiai, "The Shift to Domestic Sugar and the Ideology of 'National Interest,'" 89–110.

19 Sagers, *Origins of Japanese Wealth and Power*, 6.

20 關於島津重豪，參考 Ueno, *Hakubutsugakusha retsuden*, 62– 72; Kanbashi,

民英國以後改名為約翰・米勒（John Miller）。

44 事實上，現代日本自然科學是利用《本草綱目》的原始分類來翻譯西方分類法的類別，只有「界」維持了宇田川榕庵的解釋，分類階元分別是「界」、「門」（林奈之後引入的類別）、「綱」、「目」、「屬」與「種」。

45 原文是「類屬」，但附上的振假名讀作「gesuraguto」，即荷蘭文「屬（geslacht）」的翻譯。

46 Itō, *Taisei honzō meiso*, slide 12, http://dl.ndl.go.jp/info:ndljp/pid/2537377.

47 杉本勲，《伊藤圭介》225.

48 東京大學於一八八六年改名為帝國大學，又於一八九七年更名為東京帝國大學。一九四七年，它恢復了最早的名稱，即東京大學。（編按：正文的原文中提到「大學在一八八七年改名為帝國大學」，係作者誤植，正確改名年應為注文中所示之一八八六年，中文版在此更正。）

49 Nishimura, *Bunmei no naka no hakubutsugaku*, vol. 2, 503; Ueno, *Hakubutsugakusha retsuden*, 134–37.

50 Biagioli, *Galileo Courtier*, 232–42.

51 見下一章薩摩藩的例子。

52 伊藤圭介特別提到在日本肆虐的天花這種流行病，在十九世紀中期特別嚴重。如安・詹內塔（Ann Bowman Jannetta）於《近世日本的流行病與死亡率》（*Epidemics and Mortality in Early Modern Japan*. Princeton, NJ: Princeton University Press, 1987.）所示，隨著德川時期後期日本人與西方人的接觸增加，流行病的頻率也上升了（尤其是麻疹、天花與霍亂，這些疾病都不是日本本土的，而是經由長崎的大門從外部輸入的）。

53 參考 Fukuoka, *The Premise of Fidelity*, 107–29.

54 在這些人中，最知名的是飯沼慾齋（一七八二—一八六五）。Ueno, *Hakubutsugakusha retsuden*, 104–6.

55 Shapin, *The Scientific Revolution*. 謝平論證道，「根本不存在所謂的『科學革命』，而這本關於它的書。……相反，有各式各樣的文化實踐，旨在理解、解釋與控制自然世界。」Shapin, *The Scientific Revolution*, 1.

56 Koerner, *Linnaeus*.

第十三章

1 Horkheimer and Adorno, *Dialectic of Enlightenment*, 233.

2 拉丁原文為："Recuperet modo genus humanum jus suum in naturam quod ei ex

1997).

30 Ōba, *Edo no shokubutsugaku*, 160–63.

31 最廣為人知的是他與高橋景保(一七八五——八二九)的關係。用唐納·基恩(Donald Keene)的話來說,高橋景保是「一個特殊的悲劇人物」;Donald Keene, *The Japanese Discovery of Europe, 1720–1830* (Stanford: Stanford University Press, 1969), 147. 作為幕府行政部門的高級學者(**書物奉行**)與宮廷天文學家(**天文方**),高橋景保將本州島東北部、蝦夷地(今北海道)與庫頁島等一系列機密地圖交給西博爾德以換取書籍。這個事件(所謂的西博爾德事件)最後導致西博爾德在一八二九年十月被驅逐出日本。

32 參考Nishimura, *Bunmei no naka no hakubutsugaku*, vol. 2, 499.

33 以前,外科醫師每隔一兩年就會換人。

34 Koerner, *Linnaeus*.

35 正文以下有關伊藤圭介的生平,係基於杉本勲,《伊藤圭介》(Tokyo: Yoshikawa Kōbunkan, 1960). 亦可參考Fukuoka, *The Premise of Fidelity*; Miller, *The Nature of the Beast*.

36 杉本勲,《伊藤圭介》19–68.

37 Nishimura, *Bunmei no naka no hakubutsugaku*, vol. 2, 500.

38 Ibid., 502.

39 伊藤圭介,《泰西本草名疏》,收錄於《名古屋叢書三編》, ed. Nagoyashi Hōsa Bunko (Nagoya: Nagoya Kyōiku Iinkai, 1982), 312. 英文翻譯(稍做修改)參考自Fukuoka, *The Premise of Fidelity*, 66. 這段文字並沒有出現於一八二八年原先的手稿中——手稿檔案可參考自http://dl.ndl.go.jp/info:ndljp/pid/1286741/6——但後來卻在一八二九年的中文版引論中被加入,影印版本可參考http://dl.ndl.go.jp/info:ndljp/pid/2537377.

40 Fukuoka, *The Premise of Fidelity*, 67.

41 Slides 114–17 at http://dl.ndl.go.jp/info:ndljp/pid/2537377.

42 木村陽二郎,「日本に於けるリンネの雌雄蕊分類体系の導入」,《植物研究雜誌》, 59, no. 3 (1984): 78–90; Nishimura, *Bunmei no naka no hakubutsugaku*, vol. 2, 505.

43 於一七七九年至一七八九年間在倫敦出版,共兩卷。參考Kimura, "Nihon ni okeru Rinne no shiyūzui bunrui taikei no dōnyū"; Miyazaki, *Shiiboruto to sakoku-kaikoku Nihon*; and Arlette Kouwenhoven and Matthi Forrer, *Siebold and Japan: His Life and Work* (Leiden: Hotei Publishing, 2000). 繆勒為瑞士植物學家,他在移

14 見第三章。
15 Nishimura, *Bunmei no naka no hakubutsugaku*, vol. 2, 507.
16 引自上野益三，《博物学者列伝》，132.
17 參考宇田川榕菴，《植学啓原》，收錄於《植物学》，上野益三、矢部一郎編 (Tokyo: Kōwa Shuppan, 1980), 11–170. 中國數學家李善蘭在亞歷山大・威廉森（Alexander Williamson）的協助下出版了約翰・林德利（John Lindley）「Elements of Botany」的中譯本，書名為《植物學》（一八五八年）。李善蘭譯本引進日本的時間不明，但傳統上認為現代對「植物學」這個術語的採用自此確定了下來。該文本於一八六七年於日本印刷，書名為《翻刻植物學》。有關李善蘭和《植物學》的方面，參考 Ueno and Yabe, *Shokugaku keigen, Shokubutsugaku*, 175–382.
18 Kuhn, *The Structure of Scientific Revolution*.
19 Biagioli, *Galileo, Courtier*, 234.
20 宇田川榕庵有翻譯官的頭銜，並擔任外交信函的官方翻譯而向幕府支薪。
21 杉本つとむ，《江戸の翻訳家たち》，80–90.
22 宇田川榕菴，《舎密開宗：復刻と現代語訳》中冊，田中実編 (Tokyo: Kodansha, 1975).
23 引自 Nishimura, *Bunmei no naka no hakubutsugaku*, vol. 2, 509.
24 參考 Roy Porter, *Flesh in the Age of Reason* (New York: W. W. Norton, 2004), 123–26. 華岡青洲的生平，參考 Sugimoto and Swain, *Science & Culture in Traditional Japan*, 387–90; 金子務，《ジパング江戸科学史散歩》(Tokyo: Kawade Shobō Shinsha, 2002), 92–97; 服部敏良，《江戸時代医学史の研究》，448–49. 也可參考 Ellen Gardner Nakamura, *Practical Pursuits: Takano Chōei, Takahashi Keisaku, and Western Medicine in Nineteenth-Century Japan* (Cambridge, MA: Harvard University Press, 2005). 關於當代的醫學觀點，參考 Masaru Izuo, "Seishu Hanaoka and His Success in Breast Cancer Surgery under General Anesthesia, Two Hundred Years Ago," *Breast Cancer* 11, no. 4 (2004): 319–24.
25 Nishimura, *Bunmei no naka no hakubutsugaku*, vol. 2, 496.
26 關於西爾博德的日本學生其出身的地理位置的分布，參考 Rubinger, *Private Academies of Tokugawa Japan*, 115.
27 Ibid., 117.
28 Nishimura, *Bunmei no naka no hakubutsugaku*, vol. 2, 497.
29 宮崎道生，《シーボルトと鎖国・開国日本》(Tokyo: Shibunkaku Shuppan,

4 Ueno, *Hakubutsugakusha retsuden*, 118.

5 Ibid.

6 一八二二年，他的養子宇田川玄真重新出版了修訂擴充版。

7 今田洋三，《江戸の本屋さん：近世文化史の側面》(Tokyo: Heibonsha, 2009).

8 Kornicki, *The Book in Japan*; Nagatomo Chiyoji, *Edo jidai no tosho ryūtsū* (Tokyo: Shibunkaku Shuppan, 2002). 印刷術對歐洲知識史的影響，參考 Elizabeth Eisenstein, *The Printing Press as an Agent of Change: Communications and Cultural Transformations in Early-Modern Europe* (Cambridge: Cambridge University Press, 1979); Adrian Johns, *The Nature of the Book: Printand Knowledge in the Making* (Chicago: University of Chicago Press, 1998). 有關手稿在近世歐洲的持續影響，參考 Harold Love, *The Culture and Commerce of Texts: Scribal Publication in Seventeenth-Century England* (Amherst: University of Massachusetts Press, 1998). 關於中國部分，參考 Susan Cherniack, "Book Culture and Textual Transmission in Sung China," *Harvard Journal of Asiatic Studies* 54, no. 1 (June 1994): 5–125.

9 參考寺尾五郎，「自然」，《自然概念の形成史》233–37. 這部字典係基於以下的荷法字典：François Halma, *Woordenboek der Nederdeitsche en Fransche Taalen* (Amsterdam: Rudolf en Gerard Wetstein, 1717). 這本荷法字典曾經在烏特勒支（Utrecht）和阿姆斯特丹出版過四次：彼得・莫提爾（Pieter Mortier）出版商於一七一〇年出版；烏特勒支的雅各本・范・普爾桑（Jacobum van Poolsum）出版商分別於一七一七和一七一九年出版；以及阿姆斯特丹的威斯坦史密斯（R. & G. Wetstein & Smith）出版商在一七二九年出版，同年於烏特勒支的雅各・范・普爾桑出版商也出版了一次。參考 Elly van Brakel, "'Van een gantsch Nieuwe Wyze . . .' Over *De Schat der Nederfuitsche Wortelwoorden* (Corleva 1741)," *Trefwoord, tijdschrift voor lexicografie,* no. 15 (2010), 1–16, at http://www.fryske- akademy.nl/fileadmin/Afbeeldingen/Hoofdpagina/pdf_files/pdf-corleva.pdf.

10 他還在一八二九年編輯了杉田玄白《解體新書》的修訂版。

11 關於他翻譯的完整清單，參考 Nishimura, *Bunmei no naka no hakubutsugaku*, vol. 2, 481–82.

12 Ian J. Miller, *The Nature of the Beast: Empire and Exhibition at the Tokyo Imperial Zoo* (Berkeley: University of California Press, 2013), 25–30.

13 Nishimura, *Bunmei no naka no hakubutsugaku*, vol. 2, 486.

44 Eco, *Kant and the Platypus*, ch. 3.

45 這個雙關的用法，係借自以下來源的開頭："The Fetishism of the Commodity and Its Secret," in Karl Marx's *Capital Volume I* (London: Penguin Classics, 1990), 163.

46 自然，在它驚人的多義性中，維持著許多（但不是無限）不同的解釋，我們可以藉此套用栗山茂久（Shigehisa Kuriyama）有關自然表現力（expressiveness of nature）的說法。區分各種觀點的能力不能直接且立即地從它的物質形式中獲得，但它與對自然進行的操縱、隔離、描述、概念化等複雜勞動直接相關，而這又取決於一群學者的主體間（intersubjective）共識。

47 編按：瑪麗亞．西碧拉．梅里安（一六四七－一七一七），瑞士博物學家、標本插畫家。她科學生涯也包含研究植物與昆蟲，特別詳細觀察並記錄昆蟲蛻變的過程，對昆蟲研究有重大貢獻。著有《蘇利南昆蟲之變態》一書。

48 Marx, *Capital Volume I*, 164–65.

第五部分

1 「擴展適應」是我從演化生物學借用的術語。它是史蒂芬．古爾德（Stephen Jay Gould）在一九八二年用來指稱一個性狀或特徵在功能上的轉變，這個性狀或特徵最初演化出來的功能並非其目前的用途。這個特徵也許是在自然選擇下為了另一種功能而產生，與它目前執行的功能不同，後來才增加了目前的功能。例如，羽毛最初可能是為了保溫，後來才被用於飛行。在這種情況下，羽毛的一般形式是對保溫的適應，對飛行則屬於擴展適應。

第十二章

1 關於畔田翠山，參考銭谷武平，《畔田翠山伝：もう一人の熊楠》(Osaka: Tōhō Shuppan, 1998); 杉本つとむ，《江戸の翻訳家たち》，263–369; 上野益三，《博物学者列伝》117–30.

2 德川治寶也提名畔田翠山擔任他的私人醫生。

3 畔田翠山與堀田龍之助、山本沈三郎等人的通信集，參考上田穰，《幕末本草家交信録：畔田翠山・山本沈三郎文書》(Osaka: Seibundō Shuppan, 1996).

25 Kimura, *Edoki no Nachurarisuto*, 222.

26 編按：此處原文的「realism」係指視覺文化中的「寫實主義」，與本書第一部分作者所談論的，存有學意義上的「實在論」雖為相同英文單詞，但所指的概念與主張不盡相同，由於脈絡不同，故以不同專有名詞的中文翻譯作為區隔。

27 正如福岡真紀所言，逼真的自然插圖能有效「證明特定標本的存在，並允人直接觀察該標本的經驗。」Fukuoka, *The Premise of Fidelity*, 106.

28 Foucault, *The Order of Things*, 134.

29 河野元昭，「江戸時代写生考」，收錄於《日本絵画史の研究》388–427.

30 佐藤道信，《明治国家と近代美術》(Tokyo: Yoshikawa Kōbunkan), 218–22; 亦可參考福岡真紀對佐藤道信的解讀，*The Premise of Fidelity*, 47–48. 對「感知寫實主義」更理論且更精緻的定義，參考Margaret Archer, Roy Bhaskar, Andrew Collier, Tony Lawson, and Alan Norrie, ed., *Critical Realism: Essential Readings* (London: Routledge, 1998).

31 參考子安宣邦，《伊藤仁斎：人倫的世界の思想》, 28–59; 菅野覚明，《本居宣長：言葉と雅び》(Tokyo: Perikansha, 1991), 12.

32 *Gomō jigi*, XX, 4, English translation by John A. Tucker in *Itō Jinsai's* Gomō jigi, 188.

33 貝原益軒，《大和本草》，「凡例」，2.

34 遠藤正治，《本草学と洋学：小野蘭山学統の研究》，特別參考73–155.

35 Fukuoka, *The Premise of Fidelity*, 7– 8.

36 Ibid., 105–54.

37 Ibid., 106.

38 參考Federico Marcon, "Review of The Premise of Fidelity," *Journal of Asian Studies* 73, no. 1 (2014): 249–51.

39 對稻生若水來說，這是一個為那些在日本以不同名稱出現的物種指定正確名稱的問題（對他而言所謂的正確名稱指《本草綱目》的條目名稱），並且展現出可簡化為中文百科全書所描述物種名稱的特徵與屬性。對貝原益軒和小野蘭山來說，這是指以一種符合《本草綱目》系統的方式將日本本土動植物的知識（包括其特徵與名稱）格式化。

40 Daston and Galison, *Objectivity* (New York: Zone Books, 2007), 55–113.

41 Ibid., 104.

42 有關本草學「物種」概念的分析，見第二章。

43 Ibid., 40.

版印刷、繪畫、手稿與大報的形式出現。

9 參考Berry, *Japan in Print*; Vaporis, *Breaking Barriers*; Vaporis, *Tour of Duty*. 亦可參考 Laura Nenzi, *Excursions in Identity: Travel and the Intersection of Place, Gender, and Status in Edo Japan* (Honolulu: University of Hawaii Press, 2008).

10 Melinda Takeuchi, *Taiga's True Views: The Language of Landscape Painting in Eighteenth-Century Japan* (Stanford: Stanford University Press, 1992).

11 Yonemoto, *Mapping Early Modern Japan*.

12 河野元昭，「江戸時代写生考」，收錄於《日本絵画史の研究》(Tokyo: Yoshikawa Kōbunkan, 1989).

13 見第九章。

14 Conrad Gessner, *Historia animalium*, 4 vols. (Zurich: Christoph Froshauer, 1551–58).

15 參考Nappi, *The Monkey and the Inkpot*, 50ss.

16 磯野直秀，《描かれた動物植物》18.

17 見第四章。

18 見第七章。

19 這四個未完成的卷軸，在現代由植物學家白井光太郎取得，並捐贈給國立國會圖書館，至今仍為該館收藏。

20 磯野直秀，「狩野重賢が草木写生」，《慶応義塾大学日吉紀要》，36 (2004): 2.

21 紫羅蘭（學名*Matthiola incana*）在古希臘稱為「barakos」，是一種藥用植物，泰奧弗拉斯托斯與迪奧斯科里德斯都曾進行詳盡的描述。在文藝復興時期，在義大利被稱為「violacciocca」的紫羅蘭被廣泛種植在許多私人植物園裡。參考Margherita Azzi Visentini, *Il giardino botanico di Padova e il giardino del Rinascimento* (Milano: Edizioni il Polifilo, 1984). 關於文藝復興義大利的植物園，亦可參考Giuseppe Olmi, *L'inventario del mondo: Catalogazione della natura e luoghi del sapere nella prima eta moderna* (Bologna: Il Mulino, 1992) .

22 最早提到「紫羅蘭花」（アラセイトウ／紫羅欄花）的資料是園藝家水野元勝於一六八一年出版的三卷《花壇綱目》。

23 見第九章。

24 木村陽二郎，《江戸期のナチュラリスト》，222– 25; 上野益三，《博物学者列伝》，107–15; 矢部一郎，「岩崎灌園」，收錄於《彩色江戸博物学集成》，下中宏主編，280–92; and 大場秀章，《植物学と植物画》220–30.

4 參考 David Freedberg, *The Eye of the Lynx: Galileo, His Friends, and the Beginnings of Modern Natural History* (Chicago: University of Chicago Press, 2003); David Attenborough, Susan Owens, Martin Clayton, and Rea Alexandratos, *Amazing Rare Things: The Art of Natural History in the Age of Discovery* (New Haven: Yale University Press, 2007).（編按：阿爾布雷希特．杜勒〔一四七一——一五二八〕，中世紀末期、文藝復興時期著名的畫家、藝術理論家，提出許多有關藝術與數學的理論，例如透視及頭身比例等。愛德華．托普塞爾〔活躍於一五七二——一六二五〕，英國神職人員與動物寓言作家，他以出版《四足獸史》〔*The History of Four-footed Beasts*，一六〇七年出版〕和《蛇史》〔*The History of Serpents*，一六〇八年出版〕這兩本有關動物圖鑑的書籍而聞名。喬里斯．霍伊納格爾〔一五四二——一六〇一〕，法蘭德斯畫家、工匠，以自然史中物種繪畫的透視技法而聞名。）

5 參考 Dance, *The Art of Natural History*; Paul Lawrence Farber, *Finding Order in Nature: The Naturalist Tradition from Linnaeus to E. O. Wilson* (Baltimore: Johns Hopkins University Press, 2000).

6 如錯視畫（*trompe- l'oeil*）的微型畫。參考 Thomas DaCosta Kaufmann and Virginia Roehrig Kaufmann, "The Sanctification of Nature: Observations on the Origins of Trompe l'Oeil in Netherlandish Book Painting of the Fifteenth and Sixteenth Centuries," in *The Mastery of Nature: Aspects of Art, Science, and Humanism in the Renaissance*, ed. Thomas Da Costa Kaufmann (Princeton, NJ: Princeton University Press, 1993). 亦可參考 Martin Kempt, *Visualizations: The Nature Book of Art and Science* (Berkeley: University of California Press, 2001); Alpers, *The Art of Describing*. 一個跟中國的比較觀點，也可參考 Francesca Bray, Vera Dorofeeva-Lichtmann, and Georges Métailié, ed., *Graphics and Text in the Production of Technical Knowledge in China: The Warp and the Weft* (Leiden: Brill, 2007).

7 特別參考 Stephen Gaukroger, *The Emergence of a Scientific Culture: Science and the Shaping of Modernity, 1210–1685* (Oxford: Oxford University Press, 2006).（編按：此處作者指的是近代的機械論視角下的自然觀，已與傳統亞里斯多德到漫長的中世紀之間，那種主要以終極原因或目的論式的自然觀分道揚鑣。）

8 「靜默的知識革命」的概念來自瑪麗．伊莉莎白．貝瑞（Mary Elizabeth Berry）《印刷品中的日本》（*Japan in Print*），指的是有關地方、人物、習俗、事件、奇蹟、動植物相等資訊的爆炸性增長，這些資訊以印刷書籍、木

Attendance and Japanese Culture in the Early Modern Period," *Journal of Japanese Studies* 23, no. 1 (Winter 1997): 25–67; Ichimura, *Edo no jōhōryoku*.

41 梶島孝雄，《資料日本動物史》，100. 亦可參考小曽戸洋，《漢方の歴史：中国、日本の伝統医学》(Tokyo: Taishūkan Shoten, 1998); 海原亮，《近世医療の社会史 : 知識・技術・情報》(Tokyo: Yoshikawa Kōbunkan, 2007).

42 見第十三章。

43 Endō, *Honzōgaku to yōgaku*.

44 入田整三編，《平賀源内全集》，vol. 1, 595. 亦可參考《物類品騭》中物種的索引部分，入田整三編，《平賀源内全集》，vol. 1, 1–13.

45 入田整三編，《平賀源内全集》，vol. 1, 1–184.

46 Isono, *Nihon hakubutsushi nenpyō*, 761–70. 亦可參考 Fukuoka, *The Premise of Fidelity*, 84.

47 伊藤圭介，「尾張博物学嘗百社創始沿革並諸先哲履歴雑記」，收錄於《医学・洋学・本草学の研究》，吉川芳秋編 (Tokyo: Yasaka Shobō, 1993), 30–33.

48 Fukuoka, *The Premise of Fidelity*, 82.

49 Ibid., 103.

50 遠江國相良藩主，幕府將軍德川家重的私人顧問，後來在德川家治執政時期擔任老中。

51 參考 Ochiai Kō, "The Shift to Domestic Sugar and the Ideology of 'National Interest,'" in *Economic Thought in Early Modern Japan: Monies, Markets, and Finance in East Asia, 1600–1900*, ed. Bettina Gramlich-Oka and Gregory Smits (Leiden: Brill, 2010), 89–110.

第十一章

1 Fukuoka, *The Premise of Fidelity*, 90–94. 亦可參考 Harold J. Cook, *Matters of Exchange: Commerce, Medicine, and Science in the Dutch Golden Age* (New Haven: Yale University Press, 2008); Fara, *Sex, Botany, & Empire*; Ogilvie, *The Science of Describing*.

2 Ogilvie, *The Science of Describing*, 203. 亦可參考 Ōba, *Shokubutsugaku to shokubutsuga*; Aramata Hiroshi, *Zukan no hakubutsushi* (Tokyo: Riburopōto, 1988); Wilfrid Blunt, *The Art of Botanical Illustration: An Illustrated History* (New York: Dover, 1994); S. Peter Dance, *The Art of Natural History* (New York: Arch Cape, 1978).

3 Fabio Colonna, *Ecphrasis I.*, 17, 引自 Ogilvie, *The Science of Describing*, 198.

賀源内を步く：江戸の科学を訪ねて》，12.

24 如同平賀源內在他的《物類品騭》的「前言」（**凡例**）中所述，As Gennai narrated it in the Preface (*hanrei*) of his *Butsurui hinshitsu* (A Selection of Species), in *Hiraga Gennai zenshū*, vol. 1, 9.

25 Ueno, *Hakubutsugakusha retsuden*, 52–53.

26 更多關於津嶋恒之進的介紹，參考 ibid., 38–42.

27 Ibid., 53. 上野益三大膽假設，平賀源內可能曾考慮加入津嶋恒之進的學校，但在同年十二月十三日津嶋恒之進去世以後改變了主意。

28 梶島孝雄，《資料日本動物史》，99–100.

29 引自 ibid, 100.

30 Nishimura, *Bunmei no naka no hakubutsugaku*, vol. 1, 130.

31 源於田村藍水實驗的日本人參變種，在今日的分類系統中被仍認為獨立的物種，名為竹節參（學名*Panax japonicus*）。參考川島祐次，《朝鮮人参秘史》。亦可參考上野益三，《博物学者列伝》，43.

32 例如參考Ueno, *Hakubutsugakusha retsuden*, 43; Nishimura, *Bunmei no naka no hakubutsugaku*, vol. 1, 130–32.

33 在此之前的一七五八年，官方曾提到他的知識成就（**選拔**）。

34 奥村正二，《平賀源内を步く：江戸の科学を訪ねて》，42. 第四次展覽是在市谷區舉行，由田村藍水的另一名弟子松田長元負責組織。平賀源內當時被召回高松，並藉機請求主公接受他的辭呈。

35 Nishimura, *Bunmei no naka no hakubutsugaku*, vol. 1, 136–38.

36 Ibid., 140. 與倫敦在一六〇〇年和一八六二年的展覽會相比的論點，參考Richard D. Altick, *The Shows of London: A Panoramic History of Exhibitions* (Cambridge, MA: Harvard University Press, 1978).

37 一七六二年二月六日。

38 有關多東斯與其《植物誌》（一五五四年初版）在日本的歷史，見第六章。亦可參考W. F. Vande Walle, *Dodonaus in Japan*.

39 依序為江戶、京都、大阪、長崎、奈良、大和、近江、攝津、河內、播磨、美濃、尾張、讚岐、越中、信濃、遠江、駿河、伊豆、鎌倉、下總、下野與武藏。

40 Moriya Katsuhisa, "Urban Networks and Information Networks," in *Tokugawa Japan*, ed. Nakane Chie and Ōishi Shinzaburō (Tokyo: University of Tokyo Press, 1990), 97–123; Vaporis, *Breaking Barriers*; Vaporis, "To Edo and Back: Alternate

て》；稲垣武，《平賀源內》(Tokyo: Shinchōsha, 1989); 上野益三，《博物学者列伝》，47–55; 芳賀徹，《平賀源內》(Tokyo: Asahi Shinbunsha, 2004); 芳賀徹，《平賀源內展》；城福勇，《平賀源內》(Tokyo: Yoshikawa Kōbunkan, 1971).

8 稲垣武，《平賀源內》；奥村正二，《平賀源内を歩く：江戸の科学を訪ねて》。

9 引自杉本つとむ，《知の冒険者たち. サブタイトル, —『蘭学事始』を読む—》(Tokyo: Yasaka Shobō, 1994).

10 城福勇，《平賀源內》，5; 奥村正二，《平賀源内を歩く：江戸の科学を訪ねて》，4.

11 城福勇，《平賀源內》，21–24; 奥村正二，《平賀源内を歩く：江戸の科学を訪ねて》，147–66.

12 關於平賀源內的石棉實驗，參考平賀源內，《平賀源内全集》，入田整三編 (Tokyo: Hiraga Gennai Sensei Kenshōkai, 1932– 34), 1:199–217; 城福勇，《平賀源內》，67–68; 奥村正二，《平賀源内を歩く：江戸の科学を訪ねて》，189–96.關於「エレキテル」這個裝置，參考城福勇，《平賀源內》，138–41; 奥村正二，《平賀源内を歩く：江戸の科学を訪ねて》，167–88.

13 Screech, *The Lens within the Heart*, 44–47.

14 翻譯自 ibid., 45.

15 芳賀徹，《平賀源內展》，45.

16 奥村正二，《平賀源内を歩く：江戸の科学を訪ねて》，4.

17 城福勇，《平賀源內》，15–20.

18 入田整三編，《平賀源内全集》，vol. 1, 193.

19 關於平賀源內職涯網絡的完整交待，參考Haga, *Hiraga Gennai ten*, 42–45 關於他在智識上與其他本草學者的交往，參考*Hiraga Gennai zenshū*, vol. 1, 599–653.

20 奥村正二，《平賀源内を歩く：江戸の科学を訪ねて》，4.

21 Ueno, *Hakubutsugakusha retsuden*, 51; Okumura, *Hiraga Gennai wo aruku*, 14.

22 特別是，岡本利兵衛出版了他的戲作：《根南志具佐》(一七六三年，《平賀源內全集》卷一)、《風流志道軒傳》(一七六三年，《平賀源內全集》卷一)；須原屋市兵衛（卒於一八一一年）出版了他的「科學」與技術專著；植村善六與山崎金兵衛出版了他的淨瑠璃劇作。

23 山東京山是第一個為固定版權收入討價還價的通俗作家。奥村正二，《平

69 陸奧是本州島東北部一個令制國的名稱。

70 Higuchi, "Masuyama Sessai."(編按：伊勢國為古代日本令制國，其領域大約為現在日本本島三重縣的中央地區。)

71 見第十三章。Ueno Masuzō, *Satsuma hakubutsugaku shi* (Tokyo: Shimazu Shuppankai, 1982); Murano Moriji, "Shimazu Shigehide," in Shimonaka, *Saishiki Edo hakubutsugaku shūsei*, 134–44; Ueno, *Hakubutsugakusha retsuden*, 62–73. 薩摩位置約於今日鹿兒島。

72 内藤高，「佐竹曙山」，《彩色江戸博物学集成》，下中宏主編，145–60.

73 他先是近江國堅田藩(位於現在的滋賀郡)的藩主，後來又調任到下野國佐野藩(現在的栃木縣)。參考鈴木道雄，「堀田正敦」，《彩色江戸博物学集成》，下中宏主編，173–88.

74 一八六七年，藤堂高猷也參與了反幕府聯盟，這個聯盟在一八六八年推翻了德川軍隊。

75 本草學在當代的對應，是裕仁天皇的化學實驗與明仁天皇對自然科學的熱情。關於「殿樣博物學」的普遍研究，參考《科學朝日》，「殿樣生物学の系譜」。亦可參考Nishimura, *Bunmei no naka no hakubutsugaku*, vol. 1, 149–56.

76 Nishimura, *Bunmei no naka no hakubutsugaku*, vol. 1, 150.

77 荒俣宏，「松平頼恭」，《彩色江戸博物学集成》，下中宏主編，80–85.

78 Ibid., 84.

79 Nishimura, *Bunmei no naka no hakubutsugaku*, vol. 1, 150. 見第十一章。

第十章

1 鬣羊(學名*Ammotragus lervia*)。

2 麝香貓，靈貓科下一個無法識別的物種。

3 幾乎五平方公尺。

4 為了販售熱帶鳥類而製作的目錄，參考磯野直秀、内田康夫，《舶来鳥獣図誌》。亦可參考Isono Naohide, "Chinkin ijū kigyo no kokiroku," *Hiyoshi Review of Natural Science* 37 (2005): 33–59.

5 參考Screech, *The Lens within the Heart*.

6 小野蘭山，《本草綱目啓蒙：本文、研究、索引》，杉本つとむ編(Tokyo: Waseda Daigaku Shuppanbu, 1974).

7 關於平賀源内，參考奥村正二，《平賀源内を歩く：江戸の科学を訪ね

Shimonaka, *Saishiki Edo hakubutsugaku shūsei*, 225–37.

51 Fukuoka, *The Premise of Fidelity*, 26–34.

52 相對於約翰・雷（John Ray，一六二七——七〇五）與尼米・格魯（Nehemjah Grew，一六四一——七一二）這一代的西方自然史學家，他們的觀察與歸納推論有意識地反對來自古代經典的接受性知識（他們對普林尼的攻擊尤甚）與這些知識的現代捍衛者（阿爾德羅萬迪與格斯納）。關於辯護他的觀察方法，參考"The Preface" in Nehemjah Grew, *The Anatomy of Plants with an Idea of a Philosophical History of Plants, and Several Other Lectures, Read before the Royal Society* (London: W. Rowlins, 1682). 關於這兩者之間的精彩描述，參考 Gould, *The Hedgehog, the Fox, and the Magister's Pox.*

53 見第十二章。

54 一種不同的解釋，參考 Fukuoka, *The Premise of Fidelity*, 63–78.

55 Ibid., 34-42.

56 簇絨海鸚（學名 *Fratercula cirrhata*）；在日本又稱花魁鳥。

57 角海鸚（學名 *Fratercula corniculata*）。

58 樋口秀雄，「増山雪斎」，《彩色江戸博物学集成》，下中宏主編，161–72.

59 「蒹葭堂雜誌」，收錄於《木村蒹葭堂資料集》，瀧川義一、佐藤卓弥編 113.

60 參考 Sugimoto Tsutomu, *Edo no honyakukatachi* (Tokyo: Waseda Daigaku Shuppanbu, 1995).

61 Fukuoka, *The Premise of Fidelity*, 61–62.

62 現在稱為鱗馬鞭魚（學名 *Fistularia petimba*）。

63 海豹（髯海豹，學名 *Erignathus barbatus*）。

64 磯野直秀，《描かれた動物植物》，88; 梶島孝雄，《資料日本動物史》，480–81.

65 前田利保，《本草図鑑》，94 vols., ed. Masamune Atsuo (Tokyo: Nihon Koten Zenshū Kankōkai, 1937–40). See also Sasaki, "Maeda Toshiyasu," 345.

66 Maeda Toshiyasu, *Honzō tsūkan shōzu*, ed. Yamashita Moritane (Tokyo: Kokuritsu Kōbunshokan Naikaku Bunko, 2000), 1.

67 荒俣宏，「松平頼恭」，《彩色江戸博物学集成》，下中宏主編，73–88. 讚岐位置約於今日的香川縣。

68 小西正泰，「細川重賢」，《彩色江戸博物学集成》，下中宏主編，89–105. 肥後位置約於今日熊本縣。

Svetlana Alpers, "Interpretation without Representation, or, the Viewing of Las Meninas," *Representations* 1 (February 1983): 30–42; Svetlana Alpers, *The Art of Describing: Dutch Art in the Seventeenth Century* (Chicago: University of Chicago Press, 1983).

39 依次是日本鬼鮋（學名*Inimicus japonicus*）與赤魟（學名*Dasyatis akajei*）。鮋來自佐橋佳依的四季園。魟是來自姸芳私人收藏的乾製標本。姸芳別名設樂貞丈。參考Isono, *Egakareta dōbutsu shokubutsu*, 49.

40 升麻是學名為*Cimicifugae rhizoma*的塊莖。

41 栗本丹洲，《千虫譜》(Manuscript, 1811), accessed June 2007, http://www.ndl.go.jp/nature/img_l/007/007- 03- 001l.html.

42 鎧蝶，指大紫蛺蝶，學名*Sasakia charonda*。

43 審定注：雖原文如此，然而實際上「昆蟲」只是「蟲」的一種。此處原文有歧義。

44 Isono, *Egakareta dōbutsu shokubutsu*, 87.

45 豪豬指爪哇豪豬（學名*Hystrix javanica*）與翻車魚（學名*Mola mola*）。

46 「水虎」是《本草綱目》中描述的一種中國神話動物，自林羅山的《多識編》與貝原益軒的《大和本草》以後，據信與日本的河童同源。在近世歐洲，人們經常看到河童、人魚、天狗與其他怪物的防腐標本，顯然是巧手製造而成。參考Daston and Park, *Wonders and the Order of Nature.*

47 Ibid., 176.

48 編按：烏利塞．阿爾德羅萬迪（一五二二－一六〇五），義大利的博物學家、植物學家，曾在博洛尼亞大學任教，並在當地建立了一座植物園，出版有關該植物園中的藥材的專著。安布魯瓦茲．帕雷（一五一〇－一五九〇），法國的外科醫生與病理學家，早年曾作為軍醫隨軍參加戰爭，後專攻一般外科，出版過外科專著。布豐（一七〇七－一七八八），法國著名生物學家、博物學家，出版過多本與生物學、博物學、天文學、數學有關的作品，其思想影響了之後的生物學家，包括提出「物競天擇學說」的達爾文和「用進廢退學說」的拉馬克，也奠定十八世紀後半葉的博物學研究方法。

49 關於嘗百社更多的資訊，Fukuoka, *The Premise of Fidelity*; Ueno, *Kusa wo te ni shita shōzōga*, 26–35.

50 關於水谷豐文更多的資訊，Fukuoka, *The Premise of Fidelity*; Ueno, *Hakubutsugakusha retsuden*, 102–4; Sugiura Minpei, "Mizutani Hōbun," in

27 編按：文人共和國（Republic of Letters）是十七、八世紀存在於歐洲與美洲的遠距離知識社群。主要由當時的知識分子自動自發串起響應，跨越了國界的藩籬，以知識交流與收集為目的。值得一提的是，由於當時性別在歐洲社會的限制，參與的女性知識分子較少，男性較多，也可呼應本章開頭作者對於江戶日本的觀察。

28 田中優子，「江戸文化のパトロネエジ」，收錄於《伝統芸能の展開》，熊倉功夫編 (Tokyo: Chūōkōronsha, 1993), 151–53.

29 Pierre Bourdieu, *Distinction: A Social Critique of the Judgement of Taste*, trans. Richard Nice (Cambridge, MA: Harvard University Press, 1984); Pierre Bourdieu, *The Field of Cultural Production: Essays on Art and Literature*, ed. Randal Johnson (New York: Columbia University Press, 1993).

30 滝川義一、佐藤卓弥、蒼土舎編，《木村蒹葭堂資料集：校訂と解説》(Tokyo: Sōdosha, 1988).

31 「蒹葭堂雜誌」，收錄於《木村蒹葭堂資料集》，瀧川義一、佐藤卓弥編 100.

32 木村蒹葭堂，《完本蒹葭堂日記》，水田紀久、野口隆、有坂道子編著 (Tokyo: Geika Shoin, 2009).

33 種村季弘，《木村蒹葭堂》125.

34 更多社團的資訊，參考上野益三，《博物学者列伝》；以及西村三郎，《文明の中の博物学》vol. 1, 149–68. 關於嘗百社，參考 Maki Fukuoka, *The Premise of Fidelity*.

35 關於前田利保與博物學的發展，參考 佐佐木利和，「前田利保」，《彩色江戸博物学集成》，下中宏主編，341–51. 越中位於現在的富山縣。前田家的江戶宅邸有序言中提到的育德園。

36 福岡藩可以聲稱從貝原益軒為其藩主服務的那幾年起就與自然研究有關。關於馬場大助，參考佐佐木利和，「馬場大助」，《彩色江戸博物学集成》，下中宏主編，265–79. 西之丸是幕府御所的一部分，為退休幕府將軍的居所。

37 田中誠，「粟本丹洲」，《彩色江戸博物学集成》，下中宏主編，189–208; 上野益三，《博物学者列伝》，81–85.

38 關於近世歐洲一個類似的認知進路與描述方面的比較，參考 Ogilvie, *The Science of Describing*. See also Svetlana Alpers, "Describe or Narrate? A Problem in Realistic Representation," *New Literary History* 8, no. 1 (Autumn 1976): 15–41;

13 松浦靜山，《甲子夜話》，20 vols. (Tokyo: Heibonsha, 1979–81).

14 Douglas Howland, *Translating the West: Language and Political Reason in Nineteenth-Century Japan* (Honolulu: University of Hawaii Press, 2002). 這並沒有考慮到，即使是歐洲的文人共和國，也不是一個「開放的社會」，甚至不如佩瑞斯特（Nicolas-Claude Fabri de Peiresc）與其他文藝復興時期學者對文人界的理想化描述那樣平等（如某些歷史學家大膽聲稱）。參考 Anne Goldgar, *Impolite Learning: Conduct and Community in the Republic of Letters, 1680–1750* (New Haven: Yale University Press, 1995); Benedetta Craveri, *The Age of Conversation*, trans. Teresa Waugh (New York: New York Review Books, 2005); Steven Shapin, *A Social History of Truth: Civility and Science in Seventeenth-Century England* (Chicago: University of Chicago Press, 1994).

15 例如兩位本草學者畔田翠山（即畔田伴存，一七九二—一八五九）與山本沈三郎（一八〇九—一八六四）之間的書信往來，Ueda Minoru, ed., *Bakumatsu honzōka kōshinroku: Kuroda Suizan-Yamamoto Shinzaburō monjo* (Osaka: Seibundō Shuppan, 1996).

16 所謂的家元制度是一種組織結構，為德川時期日本不同類型文化與工匠團體的特點，它通常與茶道文化圈有關。池上英子解釋道，「家元制度的理想目標是藉著建立一個由專業教師、半專業人員與業餘學生組成的等級秩序來提高大師的權威。藉由提高大師權威，藝術學校試圖支持飛地群眾的地位，在這種情況下，學生暫時中止了封建社會的等級地位秩序。」Ikegami, *Bonds of Civility*, 163.

17 Ibid., 164.

18 遠藤正治，《本草学と洋学：小野蘭山学統の研究》。

19 上野益三，《日本博物学史》，166.

20 編按：能登國為古代日本令制國，相當於今日日本本島石川縣北邊的能登半島地區。

21 引自 ibid.

22 引自 ibid., 167.

23 中村真一郎，《木村蒹葭堂のサロン》(Tokyo: Shinchōsha, 2000), 308–13.

24 以下關於木村蒹葭堂的生平係取自中村真一郎，《木村蒹葭堂のサロン》。

25 也可參考種村季弘，「木村蒹葭堂」，《彩色江戸博物学集成》，下中宏主編，128–29.

26 關於津嶋恒之進更多的訊息，上野益三，《博物学者列伝》，38–42.

3 Tanaka Yūko, "Cultural Networks in Premodern Japan," *Japan Echo* 34, no. 2 (April 2007). 也可參考 Tanaka Yūko, *Edo wa nettowāku* (Tokyo: Heibonsha, 1993).

4 Suwa Haruo, *Nihon no yūrei* (Tokyo: Iwanami Shoten, 1988); Timon Screech, *Sex and the Floating World: Erotic Images in Japan, 1700–1820* (London: Reaktion Books, 1999).

5 Suzuki Bokushi, *Snow Country Tales: Life in the Other Japan*, trans. Jeffrey Hunter and Rose Lesser (New York: Weatherhill, 1986).

6 參考 Suzuki, *Snow Country*.

7 Steven D. Carter, ed., *Literary Patronage in Late Medieval Japan* (Ann Arbor: University of Michigan Center for Japanese Studies, 1993); H. Mark Horton, "Renga Unbound: Performative Aspects of Japanese Linked Verse," *Harvard Journal of Asian Studies* 53, no. 2 (December 1993): 443–512; 宮地正人，《幕末維新期の文化と情報》(Tokyo: Meicho Kankōkai, 1994); Ichimura Yūichi, *Edo no jōhōryoku: Uebuka to chi no ryūtsū* (Tokyo: Kōdansha Sensho Mechie, 2004); Ikegami, *Bonds of Civility*; Tanaka, "Cultural Networks in Premodern Japan"; Ann Jannetta, *The Vaccinators: Smallpox, Medical Knowledge, and the "Opening" of Japan* (Stanford: Stanford University Press, 2007); Fukuoka, *The Premise of Fidelity*.

8 Ikegami, *Bonds of Civility*, 19.

9 Ibid., 78.

10 Ibid., 164. 池上對「德川時期網絡革命」的「哈伯瑪斯式」研究探討了文化社團的社會與政治反響，並認為建構這些「審美網絡」的社會模式預示著後來類似結構公共領域的出現。參考 Ikegami, *Bonds of Civility*, 10, 58–63, 380. 參考 Anne Walthall's review article in Walthall, "Networking for Pleasure and Profit," *Monumenta Nipponica* 61, no. 1 (Spring 2006): 93–103. 我對本草學社會的看法，與其說是一個新興的公共領域，不如說是「知識論社群」(epistemological communities) 的演變，人們在這些社群中嘗試新的知識形式。參考 Michel Foucault, "On the Archaeology of the Sciences: Response to the Epistemology Circle," in *Aesthetics, Method, and Epistemology*, ed. James D. Faubion (New York: New Press, 1998), 297–334.

11 另一個見證社交互動新形式出現的空間是娛樂場所。參考 Cecilia Segawa Siegle, *Yoshiwara* (Honolulu: University of Hawaii Press, 1993).

12 參考水田紀久、野口隆、有坂道子編著，《完本蒹葭堂日記》(Tokyo: Geika shoin, 2009).

25 西村三郎，《文明の中の博物学》，vol. 1, 179. 在整個時期，馴鷹也廣受高階武士所喜愛，但仍然局限於德川社會的上層。

26 Ibid.

27 Ibid.

28 依序為：丹頂鶴（學名 *Grus japonensis*），一種瀕臨滅絕的鶴；鴛鴦（學名 *Aix galericulata*）；金雞（紅腹錦雞，學名 *Chrysolophus pictus*）；白鷴（學名 *Lophura nycthemera*）。

29 Kajishima, *Shiryō Nihon dōbutsushi*.

30 Isono Naohide and Uchida Yasuo, *Hakurai chōjū zushi* (Tokyo: Yasaka Shobō, 1992); Isono Naohide, "Umi wo koete kita chōjūtachi," in Yamada, *Mono no imeeji*, 65–91.

31 依序為：文鳥（學名 *Lonchura oryzivora*）；紅雀（紅梅花雀，學名 *Amandava amandava*）；冠鳩（藍鳳冠鳩，學名 *Goura cristata*）；金系雀（金絲雀，學名 *Serinus canaria*）；孔雀，大多為藍孔雀（學名 *Pavus cristatus*）；尾長鳩（斑尾鵑鳩，學名 *Macropygia unchall*）；九官鳥（學名 *Gracula religiosa*）；紅綬雞（學名 *Gracula religiosa*）；以及珠鳥（黑珠雞，學名 *Agelastes niger*）；鸚鵡和鸚哥並不被識別為現代物種。

32 依序為：火食雞（南方鶴鴕，學名 *Casuarius casuarius*）；鴕鳥（學名 *Struthio camelus*）；以及犀鳥，犀鳥科鳥類。See Isono and Uchida, *Hakurai chōjū zushi* for a complete list.

33 澤巨蜥（學名 *Varanaus salvator*）。參考 Kajishima, *Shiryō Nihon dōbutsushi*, 76–122 for a survey of animal imports in the Tokugawa period.

34 參考 Harriet Ritvo, *The Animal Estate: The English and Other Creature in the Victorian Age* (Cambridge, MA: Harvard University Press, 1987); Lynn L. Merrill, *The Romance of Victorian Natural History* (Oxford: Oxford University Press, 1989); Barber, *The Heyday of Natural History*.

35 見第十三章。

第九章

1 正如在自然研究中低階到高階武士占大多數，也說明了這一點。關於專業與業餘本草學者的社會學分類，參考 Ueno, *Nihon hakubutsugaku shi*, 90–102. 關於於高級武士與貴族參與自然研究的概觀，參考 Kagaku Asahi, ed., *Tonosama seibutsugaku no keifu* (Tokyo: Asahi Sensho, 1991), 7–164.

2 他的巨著包括為《本草綱目》作注。

12 矢部一郎，《江戸の本草：薬物学と博物学》111.
13 唐橘（中文名百兩金，學名*Ardisia crispa*）。完整的清單，參考有岡利幸，《資料日本植物文化誌》(Tokyo: Yasaka Shobō, 2005); 野村圭佑，《江戸の自然誌：『武江產物志』を読む》(Tokyo: Dōbutsusha, 2002).
14 編按：明曆大火（又稱振袖大火）是日本明曆三年正月十八（一六五七年三月二日）到正月二十（三月四日）之間發生在江戶城的大規模火災。短短兩天的火勢，最終燒掉三分之二的江戶城，造成十萬多名江戶居民死亡。
15 三之丞之子伊藤伊兵衛政武（一六七六—一七五七）於一七三三年加以擴充並以《長生花林抄》（書名直譯為「長壽的裝飾植物之書」）為題重新印刷。參考伊藤伊兵衛三之丞，《花壇地錦抄，加藤要訳註編 (Tokyo: Heibonsha, 1976).
16 參考貝原益軒，《花譜．菜譜》。
17 Ibid., 14–15.
18 依次為：《怡顏齋蘭品》，一七一二年開始以手稿形式流傳，後於一七七二年出版；《怡顏齋櫻品》，一七一六年以手稿形式流傳，一七五七年印刷；《怡顏齋竹品》，完成於一七一七年但從未出版；以及《怡顏齋梅品》，一七六〇年出版。參考Ueno Masuzō, *Kusa wo te ni shita shōzōga* (Tokyo: Yasaka Shobō, 1986), 45–51.
19 小野蘭山、島田充房，《花彙》(Kyoto: Bunshōkaku, 1759– 65). 關於《花彙》，參考Ueno, *Kusa wo te ni shita shōzōga,* 52–62. 更多關於園藝和本草學的討論，參考白幡洋三郎，「本草学と植物園芸」，收錄於《東アジアの本草と博物学の世界》，山田慶児編，vol. 2, 143–69; Ueno, *Kusa wo te ni shita shōzōga,* 63–103.
20 西村三郎，《文明の中の博物学》，vol. 1, 174.
21 在現今東京西北部駒込站與巢鴨站之間。染井是伊藤伊兵衛家族自家商店所在的街區。
22 牽牛花（學名*Ipomoea nil*）。
23 引自西村三郎，《文明の中の博物学》，vol. 1, 176. 日本園藝技術也受後來來訪植物學家的高度讚賞，如俄國的卡爾．馬克西莫維奇（Carl Maximowicz）與法國的保羅．薩瓦迪（Paul Savatier）。參考矢部一郎，《江戶の本草：薬物学と博物学》，119–24.
24 有岡利幸，《日本植物文化誌》。

13 Ibid. 在一八九〇年代，動物學家威廉・亨利・弗羅爾爵士（William Henry Flower，一八三一—一八九九）曾抱怨自然史是「所有職業中薪資最低也最不受重視的一個」。Sir William Henry Flower, *Essays on Museums and Other Subjects Connected with Natural History* (London: Macmillan, 1898), 64.

第八章

1 其中包括《象志》（一七二九年）和《象のみつぎ》（一七二九年）。

2 Kajishima, *Shiryō Nihon dōbutsushi*, 573.

3 西村三郎，《文明の中の博物学》，vol. 1, 317–18.

4 參考中野好夫，《司馬江漢考》(Tokyo: Shinchōsha, 1986), 57–61; Timon Screech, *The Lens within the Heart: The Western Scientific Gaze and Popular Imaginary in Later Edo Japan* (Honolulu: University of Hawaii Press, 2002), 39; Kajishima, *Shiryō Nihon dōbutsushi*, 573; Ian Miller, "Didactic Nature: Exhibiting Nation and Empire at the Ueno Zoological Gardens," in *JAPANimals: History and Culture in Japan's Animal Life*, ed. Gregory M. Pflugfelder and Brett L. Walker (Ann Arbor: University of Michigan Press, 2005), 280–83.

5 譯注：勘定奉行為江戶幕府職稱，統括全國幕領代官。

6 近世歐洲歷史中也有類似的異國動物遊行，這些動物被獻給國王、親王或教宗，藉此展現他們的權力，就如葡萄牙國王曼紐一世於一五一六年向教宗良十世進獻的白象——參考Bedini, *The Pope's Elephant*——或是法國國王進獻給教宗克萊孟七世（Pope Clement VII）的獅子。參考Marina Belozerskaya, *The Medici Giraffe: And Other Tales of Exotic Animals and Power* (New York: Little, Brown, 2006), xiv. 亦可參考Smith and Findlen, *Merchants & Marvels*; Daniel Hahn, *The Tower Menagerie: The Amazing 600-Year History of the Royal Collection of Wild and Ferocious Beasts Kept at the Tower of London* (New York: Jeremy P. Tarcher/Penguin, 2003).

7 關於更多細節，參考木村陽二郎，《江戸期のナチュラリスト》，123–29.

8 本小節中有關動植物時尚的討論，以下資料值得一看：Kajishima, *Shiryō Nihon dōbutsushi*; 上野益三，《日本動物学史》(Tokyo: Yasaka Shobō, 1987); Yabe, *Edo no honzō*, 109–24; 西村三郎，《文明の中の博物学》，vol. 1, 146–85.

9 椿，山茶花（學名*Camellia japonica*）。

10 矢部一郎，《江戸の本草：薬物学と博物学》111.

11 椛與楓。

Japan (Cambridge, MA: Harvard University Press, 1995). 關於歐洲的開化過程，參考經典的Norbert Elias, *The Civilizing Process: Sociogenetic and Psychogenetic Investigations*, ed. Eric Dunning, Johan Goudsblom, and Stephen Mennell (Oxford: Blackwell, 2000).

3 參考Beonio-Brocchieri, *Religiosita e ideologia alle origini del Giappone moderno*; Bellah, *Tokugawa Religion*; Najita, *Vision of Virtue in Tokugawa Japan*.

4 Donald H. Shively, "Popular Culture," in *The Cambridge History of Japan*, vol. 4, ed. John Whitney Hall (Cambridge: Cambridge University Press, 1991), 706–70; Harry D. Harootunian, "Late Tokugawa Culture and Thought," in *The Cambridge History of Japan*, vol. 5, ed. Marius B. Jansen (Cambridge: Cambridge University Press, 1989); Nishiyama Matsunosuke, *Edo Culture: Daily Life and Diversions in Urban Japan, 1600–1868*, trans. Gerald Groemer (Honolulu: University of Hawaii Press, 1997); 鬼頭宏，《文明としての江戸システム》(Tokyo: Kōdansha, 2002).

5 西村三郎，《文明の中の博物学》，vol. 1, 148.

6 遠藤正治，《本草学と洋学．小野蘭山学統の研究》(Tokyo: Shibunkaku Shuppan, 2003).

7 杉仁，《近世の地域と在村文化—技術と商品と風雅の交流》。

8 Haga Tōru, ed., *Hiraga Gennai ten* (Tokyo: Tokyo Shinbun, 2003); Okumura Shōji, *Hiraga Gennai wo aruku: Edo no kagaku wo tazunete* (Tokyo: Iwanami Shoten, 2003).

9 大場秀章，《植物学と植物画》(Tokyo: Yasaka Shobō, 2003).

10 由理學家暨昌平黌教員柴野栗山（一七三六－一八〇七）撰寫的《寛政異學之禁》是老中松平定信制定的改革方案的一部分，旨在將理學的林家學派確立為為一個正統學習形式（**正学**），藉此防止邪惡異端思想（**異学**）的惡意散播。參考Backus, "The Relationship of Confucianism to the Tokugawa Bakufu as Revealed in the Kansei Educational Reform"; Backus, "The Kansei Prohibition of Heterodoxy and Its Effects on Education"; Backus, "The Motivation of Confucian Orthodoxy in Tokugawa Japan"; 亦可參考賴祺一，《近世後期朱子学派の研究》(Tokyo: Keisuisha, 1986); 和島芳男，《日本宋学史の研究》。

11 Mayr, *The Growth of Biological Thought*.

12 Leonard Huxley, *Life and Letters of Thomas Henry Huxley*, vol. 1 (New York: D. Appleton, 1901), 68.

27 參考Wilfrid Blunt, *Linnaeus: The Compleat Naturalist* (Princeton, NJ: Princeton University Press, 2001), 38–70; Koerner, *Linnaeus*.

28 參考Blunt, *Linnaeus*, 185–97; Fara, *Sex, Botany, and Empire*; Nishimura, *Rinne to sono shitotachi*.

29 編按：佩爾·卡姆（一七一六—一七七九），瑞典芬蘭裔植物學家、博物學家、探險家與農業經濟學家，林奈使徒之一。曾受到瑞典皇家科學學會的委託前往北美大陸，期望他收集並調查北美的植物物種，同時帶回一些種子以幫助瑞典發展農業。

30 編按：丹尼爾·索蘭德（一七三三—一七八二），瑞典植物學家，林奈使徒之一。曾於一七六〇年代前往英國，任職於大英博物館，並入選為英國皇家學會會員。曾隨英國植物學家班克斯爵士一起參與庫克船長的太平洋遠征航行，並在植物學研究上，與班克斯爵士保有長期緊密的合作關係。

31 編按：弗雷德里克·哈塞爾奎斯特（一七二二—一七五二），瑞典探險家與博物學家，林奈使徒之一。曾為了採集工作，長途旅行至小亞細亞、巴勒斯坦、埃及、地中海的賽普勒斯島等地。

32 Peter Raby, *Bright Paradise: Victorian Scientific Travellers* (Princeton, NJ: Princeton University Press, 1997), 45.

33 關於植村佐平次的生平，參考松島博，《近世伊勢における本草学者の研究 》(Tokyo: Kōdansha, 1974), 194– 262; 上野益三，《博物学者列伝》，32–38. 植村佐平次的筆記可見於植村佐平次，《近世歴史資料集成》，dai II ki, dai VI kan:《採薬志一》，浅見恵、安田健訳編 (Tokyo: Kagaku Shoin, 1994).

34 手稿可見於Isono, *Egakareta dōbutsu shokubutsu*, 25.

35 上野益三，《博物学者列伝》，33.

36 關於植村佐平次勘查旅行的編年史，參考Matsushima, *Kinsei Ise ni okeru honzōgakusha no kenkyū*, 205–16.

第四部分

1 Rubinger, *Popular Literacy in Early Modern Japan*; Susan B. Hanley, "A High Standard of Living in Nineteenth- Century Japan: Fact or Fantasy?," *Journal of Economic History* 43, no. 1 (March 1983): 183–92.

2 Ikegami, *The Taming of the Samurai: Honorific Individualism and the Making of Modern*

7 引自安田健，《江戸諸国産物帳》，25。
8 上野益三，《博物学者列伝》，19.
9 上野益三認為，這些調查活動可能是為了評定他在野外的實際能力而進行的考試。Ibid., 20. 沒有任何歷史資料顯示，德川吉宗與丹羽正伯在一七二二年之前是否有任何接觸，但我們有理由相信，吉宗至少可能間接聽說過這位才華洋溢的年輕醫生暨本草學者，在他藩內最熱鬧的松阪市城下町執業。
10 泥鰍（學名 *Misgurnus anguillicaudatus*）。
11 引自安田健，《江戸諸国産物帳》，27–29。
12 Ibid., 29.
13 Ibid.
14 Ibid.
15 Ibid.
16 Ibid.
17 關於如何記錄各種農作物的指示非常詳細。例如，在許多藩裡，水稻等穀物的生產遵循著不同的節律。稻米通常被記錄在早稻、中稻與晚稻等三個不同的標題下，也就是指一年中的第一、第二與第三次收成，這些都必須有精確的日期。問題是，同一個藩的不同村莊可能遵循不同的收穫日曆，或是有不同的產量：在這種情況下，產物御用所會收集早稻、中稻與晚稻的數據，並在說明紀錄中具體指出不按照平均收穫日曆的村莊的作物產量。安田健，《江戸諸国産物帳》，31.
18 若名稱並未出現在丹羽正伯的指導方針中，則遵循貝原益軒在《大和本草》的命名法。
19 盛永俊太郎、安田健，《享保元文諸国産物帳》，vol. 1.
20 Ibid. 亦可參考安田健，《江戸諸国産物帳》，32.
21 Ibid.
22 大花蔥（學名 *Allium giganteum*）。
23 依次是日本水獺（學名 *Lutra lutra* Whiteleyi）、朱鷺（學名 *Nipponia nippon*）與日本狼（學名 *Canis lupus hodophilax*）。
24 安田健，「丹羽正伯」，《彩色江戸博物学集成》，下中宏主編，(Tokyo: Heibonsha, 1994), 64.
25 Yasuda, "Niwa Shōhaku," 64.
26 目前收藏在東京的國立公文書館（日本的國家檔案館）。

（雄蕊數與雌蕊數）。

106 Ibid., 35. 亦可參考 Koerner, *Linnaeus*.

107 Fara, *Sex, Botany, and Empire*, 134.

108 林奈稱他們為「使徒」，藉此更加強調他們的使命。

109 Fara, *Sex, Botany, and Empire*; Bayly, *Empire and Information*. 這種情況在日本也沒什麼不同，儘管日本在德川時期還不是現代意義上的民族國家，而且藩利益往往重於國家利益（Ravina, *Land and Lordship in Early Modern Japan*）。自德川吉宗以來的幕府政治採用了類似的「帝國主義」策略，將幕府霸權強加於日本各令制國：正如我在下一章所示，幕府贊助丹羽正伯所組織的全國自然產物調查也是類似的構想，且祕密地將調查報告保存在紅葉山文庫裡。

110 Ritvo, *The Platypus and the Mermaid*, 44, 26.

111 同樣地，哥白尼之所以猶豫要不要取代托勒密的地心說，不僅是出於對《聖經》的忠誠，更重要的是，這樣的概念破壞了亞里斯多德的整個物理學體系。

第七章

1 井原西鶴，《世間胸算用》，收錄於《井原西鶴集》，三卷本，谷脇理史、神保五弥、暉峻康隆編 (Tokyo: Shōgakukan, 1996), 337. 此句的英文翻譯係來自 Ben Befu in *Worldly Mental Calculation: An Annotated Translation of* Seken munezan'yō (Berkeley: University of California Press, 1976), 31。

2 John Stuart Mill, "On the Definition of Political Economy, and on the Method of Investigation Proper to It," originally published in October 1836 in the *London and Westminster Review*. Reprinted in *Essays on Some Unsettled Questions of Political Economy*, 2nd ed. (London: Longmans, Green, Reader & Dyer, 1874), essay 5, paragraphs 38 and 48.

3 井原西鶴，《世間胸算用》369. English translation in Befu, *Worldly Mental Calculation*, 52.

4 有關這些調查報告的電子版，參考 Morinaga Toshitarō and Yasuda Ken, eds., *Kyōhō—Genbun shokoku sanbutsuchō shūsei*, 21 vols. (Tokyo: Kagaku Shoin, 1985)。

5 近藤守重（正齋），《近藤守重全集》，vol. 12 (Tokyo: Kokusho Kankōkai, 1905–6), 293.

6 上野益三，《博物学者列伝》，11.

牠的鼻尖上有一個強壯的尖角，會用石頭削尖。牠是大象的死敵。大象害怕犀牛，因為當牠們相遇時，犀牛會正對著大象往前衝，用角撕開大象的肚子，大象無法抵抗。犀牛全副武裝，大象無法傷害牠。據說犀牛的速度很快，性急魯莽，而且個性狡猾。」翻譯係引自 T. H. Clarke, *The Rhinoceros from Durer to Stubbs: 1515–1799* (London: Sotheby's Publications, 1986)。

98 西村三郎，《文明の中の博物学》，vol. 2, 462.《植物誌》的完整譯本一直要到野呂元丈《阿蘭陀本草和解》出版七十多年之後才被委託翻譯。一七九二年左右，老中松平定信（一七五八－一八二九）招募了前長崎首席翻譯官石井常右衛門（生於一七四三年）來負責這項任務。石井常右衛門在翻譯時採用的是一六一八年重印的多東斯百科全書第一版，但他在翻譯計畫進行期間過世了。又過了三十年，譯本才由另一位前長崎翻譯吉田九市（一八〇〇－一八二〇）完成，吉田九市曾在小野蘭山門下學習本草學。西村三郎，《文明の中の博物学》，vol. 2, 489.《遠西獨度涅烏斯草木譜》（書名直譯為「多東斯的遠西草木書」）於一八二一年完成，但從未出版。松平定信曾在一八二三年與一八二八年試圖出版，但兩次的雕版都被大火焚毀。第三次嘗試則因松平定信在一八二九年去世而中斷。今日，只有部分原稿得以保存。它包括一六一八年荷蘭文版原始插圖的全頁複製，並附有植物的拉丁文名稱，有時則是其他歐洲語言（荷蘭文、法文或英文），還有其日文與中文翻譯，植物的形態描述與其藥理用途。

99 西村三郎，《文明の中の博物学》，vol. 2, 490.

100 參考Lynne Withey, *Voyages of Discovery: Captain Cook and the Exploration of the Pacific* (Berkeley: University of California Press, 1987); Patrick O'Brian, *Joseph Banks: A Life* (Chicago: University of Chicago Press, 1997)。

101 拉丁文原版（一七三二年）的一七三四年荷蘭文版。

102 西村三郎，《文明の中の博物学》，vol. 2, 466.

103 約瑟夫・班克斯爵士（一七四三－一八二〇）係一名偉大的自然探險家，曾陪同皇家海軍上校詹姆斯・庫克（James Cook）環遊世界。有關林奈系統的影響，以及大英帝國如何藉由班克斯的探險而不斷擴張領土，參考派翠西婭・法拉（Patricia Fara）的《性、植物學與帝國》（*Sex, Botany, and Empire*）。

104 這可能是機密資訊：幕府聲稱，任何採訪西方人所獲得的資訊都受到幕府的完全控制。

105 Fara, *Sex, Botany, and Empire*, 21. 基於對花朵中雄性與雌性性腺數量的計算

荷蘭東印度公司的首席外科醫師威廉・瓦格曼斯（Willem Wagemans）提出了同樣的問題。

85 正如我在前面所示，這種教育背景推崇歸納研究，而不是朱熹理學的演繹化約論。關於野呂元丈，參考上野益三，《博物学者列伝》，26–31。

86 上野益三，《日本動物学史》，115; Shirahata, "The Development of Japanese Botanical Interest and Dodonaeus' Role," 267. 吉雄藤三郎之子吉雄耕牛（一七二四－一八〇〇）之後將繼承父親的衣缽，成為首席翻譯官，並與滕伯格、青木昆陽、野呂元丈、平賀源內、杉田玄白（一七三三－一八一七）以及其他知名學者等結交。

87 例如，「pāruto」的語音可以對應到荷蘭文「paard」（馬）的發音，一旁附上日文翻譯「uma」（馬）。Shirahata, "The Development of Japanese Botanical Interest and Dodonaeus' Role."

88 約五・七公尺。

89 翻譯自 Shirahata, "The Development of Japanese Botanical Interest and Dodonaeus' Role," 268。

90 Kajishima, *Shiryō Nihon dōbutsushi*, 573. 審定注：《本草綱目》無相關記載。此處之出典或容再考。

91 引自 Shirahata, "The Development of Japanese Botanical Interest and Dodonaeus' Role," 268.

92 Ibid., 269.

93 Ibid.

94 Ibid.

95 譯注：沈南蘋（生於一六八二年）是中國清代畫家而非出生於日本長崎的畫家。但他曾於長崎滯留兩年，並將花鳥畫的寫生技法帶進日本。也正是在日本的這段期間，宋紫石拜入其門下習畫。

96 這隻印度犀（學名*Rhinoceros unicornis*）是為了讓教宗承認葡萄牙對瓦斯科・達伽馬（Vasco da Gama，一四六九－一五二四）在非洲大陸新發現土地的獨占權而贈送的禮物。參考 Silvio A. Bedini, *The Pope's Elephant* (London: Carcanet, 1997)。

97 杜勒木刻上方的德文題辭是：「西元一五一三年五月一日，強大的葡萄牙國王，里斯本的曼紐一世，從印度帶來了這樣一種活生生的動物，名叫犀牛。這幅圖像精確地描繪這隻動物。牠的顏色像斑點珍龜，幾乎全身都覆蓋著厚厚的鱗片。體型如大象，但腿比較短，幾乎是無堅不摧。

67 Ibid., 178.

68 參考 Yonemoto, *Mapping Early Modern Japan*; Berry, *Japan in Print*。

69 辻達也，《德川吉宗》，169–70.

70 它從禁止宣揚基督教（一六一二年）和進口宗教書籍（一六三〇年）的法令開始。禁令很快就擴展到禁止各種形式的海外旅行（一六三〇年與一六三五年），唯有幕府的正式派遣才能出國。一六三七年，島原的一個基督教社群發生叛亂後，幕府禁止所有西班牙與葡萄牙船進入（一六三九年），只允許荷蘭人在長崎灣的出島上繼續他們的貿易關係（一六四一年）。參考 Toby, *State and Diplomacy in Early Modern Japan*。

71 關於德川當局與荷蘭商人之間的關係，參考 Clulow, *The Company of the Shogun*。

72 上野益三，《日本動物学史》，111.

73 Ogilvie, *The Science of Describing*, 34.

74 Rembert Dodoens, *Cruijdeboeck*, 1554, accessed June 2007, http://leesmaar.nl/cruijdeboeck/index.htm.

75 Rembert Dodoens, *Cruydt- boeck*. 1644, accessed June 2007, http://leesmaar.nl/cruydtboeck/index.htm.

76 迪奧斯科里德斯（Dioscorides）（西元一世紀）是《藥物論》（*De materia medica*）的作者。泰奧弗拉斯托斯（Theophrastus）（西元前三七〇年至一八五年）是亞里斯多德的繼承人，也是植物百科全書的作者。

77 Ogilvie, "The Many Books of Nature."

78 引自 Ogilvie, *The Science of Describing*, 51。

79 S. Peter Dance, *The Art of Natural History: Animal Illustrations and Their Work* (Woodstock, NY: Overlook, 1978), 34.

80 Paula Findlen, *Possessing Nature: Museums, Collecting, and Scientific Culture in Early Modern Italy* (Berkeley: University of California Press, 1994).

81 Dance, *The Art of Natural History*.

82 如新井白石在《戴恩記》所示，引自 Shirahata Yōsaburō, "The Development of Japanese Botanical Interest and Dodonaeus' Role," in Vande Walle, *Dodonaus in Japan*, 265.

83 見第八章。

84 Vande Walle, *Dodonaus in Japan*, 265. 同年，栗崎道有（一六六一—一七二六）與另外三位幕府醫生訪問了長崎屋，即荷蘭特使在江戶的官邸。他們向歷史的重要一頁，其中涉及的人物非常耐人尋味，以致於被寫入小說作品中，例如紅衣主教暨公爵黎希留（Armand de Richelieu，一五八五－一六四二）、在法國被稱為紅衣主教馬薩林的朱利奧・萊蒙多・馬薩里諾（Giulio Raimondo Mazzarino，一六〇二－一六六二），以及哈布斯堡君主國的梅勒西奧・克萊斯爾（Melchior Khlesl，一五五二－一六三〇）。

55 參考 Steven J. Harris, "Long- Distance Corporations, Big Sciences, and the Geography of Knowledge," *Configurations* 6, no. 2 (Spring 1998), 269–304; Mordechai Feingold, ed., *Jesuit Science and the Republic of Letters* (Cambridge, MA: MIT Press, 2003)。

56 Donald Queller, "The Development of Ambassadorial *Relazioni*," in *Renaissance Venice*, ed. J. R. Hale (Totowa, NJ: Rowman and Littlefield, 1973).

57 Bayly, *Empire and Information*.

58 Burke, *A Social History of Knowledge*, 125.

59 Ibid., 129.

60 辻達也，《德川吉宗》，166.

61 幸虧木下順庵另一名弟子新井白石的推薦。

62 他在這裡將侄子荷田在滿（一七〇六－一七五一）及賀茂真淵收為弟子。參考 Nosco, *Remembering Paradise*; Susan Burns, *Before the Nation: Kokugaku and the Imagining of Community in Early Modern Japan* (Durham: Duke University Press, 2003)。

63 德川吉宗教育政策同時具有說教與意識形態的目的，這可以從教育著作的出版與發行中得到說明。其中最成功的作品為室鳩巢在一七二一年在德川吉宗授意下撰寫的《六諭衍義大意》。這部作品是對清代中文著作《六諭衍義》的注解。德川吉宗命令荻生徂徠翻譯這本作品，下令大量印刷這份出版物，並用作藩校與寺院學校（**寺子屋**）的兒童教科書。Tsuji, *Tokugawa Yoshimune*, 167–68. 所謂的六諭是：（一）孝順父母、（二）恭敬長上、（三）和睦鄉里、（四）教訓子孫、（五）各安生理，以及（六）毋作非為。

64 辻達也，《德川吉宗》，176.

65 Ibid., 174.

66 甲斐國（山梨縣）、信濃國（長野縣）、武藏國（東京與埼玉縣）、相模國（神奈川縣）、伊豆國（靜岡縣）、遠江國（靜岡縣）、以及三河國（愛知縣）。辻達也，《德川吉宗》，176–77.

48 在同時期的歐洲，近世國家也密切關注植物學知識。更詳盡的資訊可參考奧格維爾（Brian W. Ogilvie）的《描述的科學》（*The Science of Describing*）。莉絲貝・克納（Lisbet Koerner）在《林奈：自然與國家》（*Linnaeus: Nature and Nation*. Cambridge, MA: Harvard University Press, 1999）一書中，強調了林奈如何從對經濟本質的關注中構思其分類方法。我們不僅需要一個簡單且適應性強的系統來為一國生物的生產進行分類，還需要為來自世界最偏遠地區的大量動、植物的新物種資訊，賦予其意義與秩序。林奈大多數弟子都以植物學家的身分參與東亞公司海上探險活動，這件事並非偶然；亦可參考西村三郎，《リンネとその使徒たち》Patricia Fara, *Sex, Botany, and Empire: The Story of Carl Linnaeus and Joseph Banks* (New York: Columbia University Press, 2003)。

49 吉田伸之，《成熟する江戸》，19.

50 Ibid., 20.

51 與「御庭番」（編按：御庭番乃德川吉宗所創立之密探與特務系統，主要由訓練有素的忍者世代傳承，負責執行保護、警戒、偵查等工作）相關的介紹，參考深井雅海，《江戸城御庭番：徳川将軍の耳と目》。關於歐洲近世時期有關間諜的介紹，參考Wilhelm Agrell and Bo Huldt, eds., *Clio Goes Spying: Eight Essays on the History of Intelligence* (Lunds, Sweden: Scandinavian University Books, 1983); Peter Burke, *A Social History of Knowledge: From Gutenberg to Diderot* (Malden, MA: Blackwell, 2000); Stephen Budiansky, *Her Majesty's Spymaster: Elizabeth I, Sir Francis Walsingham, and the Birth of Modern Espionage* (London: Viking, 2005)。

52 參考Christopher Alan Bayly, *Empire and Information: Intelligence Gathering and Social Communication in India, 1780–1870* (Cambridge: Cambridge University Press, 1996)。

53 Peter Burke, "The Bishop's Questions and the Pope's Religion"; Peter Burke, *Historical Anthropology of Early Modern Italy* (Cambridge: Cambridge University Press, 1987), 40–47.

54 Gerald Strauss, "Success and Failure in the German Reformation," *Past and Present* 67 (1975): 30–63; Burke, *A Social History of Knowledge*, 121– 22. 亦可參考Gustav Henningsen and John Tedeschi, eds., *The Inquisition in Early Modern Europe: Studies on Sources and Methods* (Dekalb: Northern Illinois University Press, 1986). 教會與國家之間的互動，以及兩大強權之間的資訊交流，共同構成了近世歐洲

系統是幕府當局為因應十七世紀大規模森林砍伐的後果如水土流失、河流淤積、洪水等而制定的。Totman, *The Green Archipelago*; Conrad Totman, *The Lumber Industry in Early Modern Japan* (Honolulu: University of Hawaii Press, 1995).

29 按順序，烏臼木（學名*Triadica sebifera*）是中國的烏桕，東京肉桂是連香樹（學名*Cercidiphyllum japonicum*）的一個中國亞種，天台烏藥是烏藥（學名*Lindera strychnifolia*），以及山茱萸（學名*Corni fructus*）。

30 按順序為甘蔗（學名Saccharum officinarum），古貝是吉貝（學名*Ceiba pentandra*），還有黃芩（學名*Scutellaria baicalensis* Georgi）。

31 完整清單參考大場秀章編，《日本植物研究の歴史：小石川植物園300年の歩み》(Tokyo: Tokyo Daigaku Shuppankai, 1996), 34–39。

32 Ibid., 40.

33 大場秀章（Hideaki Ōba）曾編輯了一本有關小石川植物園的歷史研究，他曾擔任該植物園研究員多年。Ibid.

34 番薯（學名*Ipomoea batatas* L.）。

35 不同於野呂元丈一七三二年的《甘藷記》，這是他對這種塊莖進行實驗的日記。

36 野呂元丈於一七四〇年在那裡加入他的行列。

37 準確來說是高麗蔘（學名*Panax ginseng* C.A. Meyer.）。

38 正如它的希臘文屬名「*Panax*」所示。（編按：「panax」是由「pan-」〔意味「所有」〕與「-ax」〔意味「治療」〕這兩個詞根所共同構成，表示「萬靈藥」。）

39 參考川島祐次，《朝鮮人参秘史》(Tokyo: Yasaka Shobō, 1993), 241–318。

40 約莫為當時最低階武士「**足軽**」的年薪。

41 矢部一郎，《江戸の本草：薬物学と博物学》84.

42 鈴木昶，《江戸の医療風俗事典》179.

43 朝鮮政府禁止活體根莖的貿易。參考川島祐次，《朝鮮人参秘史》，57–74。

44 矢部一郎，《江戸の本草：薬物学と博物学》86; 川島祐次，《朝鮮人参秘史》，75–85.

45 矢部一郎，《江戸の本草：薬物学と博物学》86.

46 Ibid.

47 井上忠，《貝原益軒》。

154。

17 Kozo Yamamura, "Toward a Reexamination of the Economic History of Tokugawa Japan, 1600–1867," *Journal of Economic History* 33, no. 3 (September 1973): 512.

18 Ibid.

19 Ibid., 513.

20 參考高槻泰郎，《近世米市場の形成と展開：幕府司法と堂島米会所の発展》(Nagoya: Nagoya Daigaku Shuppankai, 2012), 26–132。

21 審定注：據《岩波日本史辭典》，「延米」指的是近世年貢的附加稅，此處似乎是指米糧商品期貨投機。

22 即使在幕府早期的鎖國政策之後，德川政權仍然維持著對商品與資源貿易的嚴格監督。幕府直接透過長崎奉行或間接透過與島津氏、松前氏、宗氏等地方藩主的合作來控制海外商業貿易。長崎透過松前藩的調解，監督與明清中國、荷蘭和蝦夷人（編按：泛指日本東北方族群的稱呼）的貿易。薩摩藩島津氏獲准與琉球群島的半自治王國進行貿易，對馬藩宗氏則負責調解與朝鮮的進出口。雖然從一六九〇年代開始，「對外貿易是採以物易物的方式進行，任何結餘都會被延續到下一個貿易季」，但是奢侈品（特別像是人參這樣的藥材）往往是以白銀支付。參考E. S. Crawcour and Kozo Yamamura, "The Tokugawa Monetary System: 1787– 1868," in *The Japanese Economy in the Tokugawa Era, 1600–1868*, ed. Michael Smitka (New York: Garland, 1998), 3。

23 參考村井淳志，《勘定奉行荻原重秀の生涯》(Tokyo: Shūheisha Shinsho, 2007)。

24 笠谷和比古，「新井白石と徳川吉宗」326.

25 Kasaya, "The Tokugawa Bakufu's Policies for the National Production of Medicines and Dodonaus's *Cruijdeboeck*," 172.

26 今村鞆，《人蔘史》vol. 4 (Kyoto: Shibunkaku Shuppan, 1971), 231.亦可參考Kasaya, "The Tokugawa Bakufu's Policies for the National Production of Medicines and Dodonaus's *Cruijdeboeck*," 173–75.

27 Emma C. Spary, *Utopia's Garden: French Natural History from Old Regime to Revolution* (Chicago: University of Chicago Press, 2000), 7, 190–94.

28 幕府對自然資源的關注，也可以藉由考察十八世紀早期以來林業與木材工業的發展來瞭解。在中央與藩層次對樹木砍伐、植樹造林與定期普查等方面的嚴格控制上，可看出縝密的林地管理系統的一些特點；而這個統思想詮釋。辻達也，《德川吉宗》165–80. 亦可參考Dore, *Education in Tokugawa Japan*; Najita, *Visions of Virtue in Tokugawa Japan*。

8 Totman, *Early Modern Japan*, 303. 亦可參考Rubinger, *Private Academies of Tokugawa Japan*, 109。

9 Totman, *Early Modern Japan*, 313. 一七三二年，日本西部的農作物被蝗蟲毀壞後，享保大饑荒的影響範圍遍及四十六藩，這些地區「損失了將近七成五的農作物，有些主要是由於惡劣的天氣，有些則是因為蟲害。根據當局記載，有一萬兩千零七十二人被餓死，兩百六十四萬六千零二十人據稱遭受饑荒。」Ibid., 237.

10 矢部一郎，《江戸の本草：薬物学と博物学》82; 西村三郎，《文明の中の博物学》, vol. 1, 130; 杉本つとむ，《江戸の翻訳家たち》, 79; 木村陽二郎，《江戸期のナチュラリスト》, 11–17.

11 Totman, *Early Modern Japan*, 313.

12 吉田伸之，《成熟する江戸》17.

13 Totman, *Early Modern Japan*, 314.

14 正文接下來提到有關德川吉宗在財政政策的施行與結果，對自然史所造成的影響，係基於以下的材料：Kasaya Kazuhiko, "Arai Hakuseki to Tokugawa Yoshimune—Tokugawa jidai no seiji to honzō," in *Mono no imeeji: Honzō to hakubutsugaku he no shōtai*, ed. Yamada Keiji (Tokyo: Asahi Shinbunsha, 1994), 319–35; Kasaya Kazuhiko, "Tokugawa Yoshimune no Kyōhō kaikaku to honzō," in Yamada, *Higashi ajia no honzō to hakubutsugaku no sekai*, vol. 2, 3–42; Kasaya Kazuhiko, "The Tokugawa Bakufu's Policies for the National Production of Medicines and Dodonaus's *Cruijdeboeck*," in *Dodonaus in Japan: Translation and the Scientific Mind in the Tokugawa Period*, ed. W. F. Vande Walle (Leuven: Leuven University Press, 2001), 167–86。

15 Perry Anderson, *Lineages of the Absolutist State* (London: Verso, 1985), 19.

16 根據一七二六年的人口調查，日本有兩千六百五十五萬居民，其中有九・八%為武士（**士**），七六・四%為農民（**農**），七・五%為商人（**町人**），一・九%為無法分類的社會類別如佛教僧侶、神道教神職人員、醫師與獨立學者，還有四・四%的棄民（**穢多**與**非人**）。值得一提的是，德川時期四級體系的劃分是意識形態的，而非法律上的：事實上，唯一的法律區別是將武士與平民分開。參考Totman, *Early Modern Japan*, 250–52; Eijiro Honjo, *The Social and Economic History of Japan* (New York: Russell & Russell, 1965),

89 上野益三，《博物学者列伝》，10.

第三部分

1 杉仁著（Hitoshi Sugi）在《近世地域和在村文化：技術、商品與風雅之交流》（*Kinsei no chiiki to zaison bunka: Gijutsu to shōhin to fūga no kōryū*〔Tokyo: Yoshikawa Kōbunkan, 2001〕）專注於關東農村地區的知識分子網絡，以及他們與主要全國學者網絡和地方社群之間的互動。杉仁認為，這些地方網絡在結構上與京都、江戶和大阪等大城市的大型網絡是相同的。

2 這是日本德川時期大多數私人書院的共同特徵，符合家傳（**家元**）傳統。我將在第四部分描述本草學者與業餘愛好者的團體與社團組織。

3 真柳誠，「日本の医薬博物著述年表」；大庭脩，《江戸時代における唐船持渡書の研究》。

4 例如木村陽二郎，《日本自然史の成立》；矢部一郎，《江戸の本草：薬物学と博物学》；杉本つとむ，《江戸の翻訳家たち》；上野益三，《日本動物学史》。

5 Yonemoto, *Mapping Early Modern Japan*, 105–7. 亦可參考 Walker, *The Lost Wolves of Japan*, 35–36; Cheng-hua Wang, "Art and Daily Life: Knowledge and Social Space in Late-Ming *Riyong Leishu*," http://www.ihp.sinica.edu.tw/~ihpcamp/pdf/92year/wang-cheng-hua-2.pdf.

第六章

1 德川吉宗的生平資料係取自辻達也，《德川吉宗》(Tokyo: Yoshikawa Kōbunkan, 1985).

2 Conrad Totman, *Early Modern Japan* (Berkeley: University of California Press, 1993), 281.

3 關於更多資訊，參考吉田伸之，《成熟する江戸》(Tokyo: Kōdansha, 2002), 18; 辻達也，《德川吉宗》。

4 參考深井雅海，《江戸城御庭番：徳川将軍の耳と目》(Tokyo: Chūkō Shinsho, 1992)。

5 關於寡頭壟斷如何運作，參考 Ravina, *Land and Lordship in Early Modern Japan*。

6 參考海原徹，《近世の学校と教育》。

7 會輔堂是一個學派，它遵循並複製菅野兼山的老師佐藤直方的朱熹正

article of Tucker's translation in James McMullen, "Itō Jinsai and the Meanings of Words," *Monumenta Nipponica* 54, no. 4 (Winter 1999): 509–20.

72 關於我本人使用「層層結構」這一詞彙，參考Gérard Genette, *Palimpsests: Literature in the Second Degree,* trans. Channa Newman and Claude Doubinsky (Lincoln: University of Nebraska Press, 1997).

73 這也是與伊藤仁齋駁斥朱熹「人性」概念（仁）的另一個相似之處。參考Yamashita, "The Early Life and Thought of Itō Jinsai," 468–73。

74 日文為「氣一元論」，相關原始資料非常豐富。一個較簡短的參考是Yamashita, "The Early Life and Thought of Itô Jinsai"; Yoshikawa, *Jinsai Sorai Norinaga*; Tucker, *Itō Jinsai's* Gomō jigi; Koyasu, *Itō Jinsai*; Koyasu, *Edo shisōshi kōgi*; Iwasaki, *Nihon kinsei shisōshi josetsu*, vol. 1.

75 雖然這種詮釋往往忽略了王廷相與宋應星等明代學者的作品。參考Ge Rongjin, *Wang Tingxiang he Ming dai qi xue* (Beijing: Zhonghua shu ju: Xin hua shu dian Beijing fa xing suo fa xing, 1990)。

76 Yamashita, "The Early Life and Thought of Itō Jinsai," 471.

77 翻譯並引自ibid., 471.

78 Yamashita, *Compasses and Carpenter's Squares.*

79 引自上野益三，《博物学者列伝》，9–10.

80 Sugimoto and Swain, *Science & Culture in Traditional Japan*, 279–90.

81 參考Kosoto Hiroshi, *Kanpō no rekishi: Chūgoku, Nihon no dentō igaku* (Tokyo: Taishūkan Shoten, 1999); Hattori, *Edo jidai igakushi no kenkyū*。

82 Sugimoto and Swain, *Science & Culture in Traditional Japan*, 280– 81.

83 Ibid., 282; Ishida Ichirō, *Kami to Nihon bunka* (Tokyo: Perikansha, 1983), 129.

84 這個學派有時被稱為「古學」，即古代研究。參考Yamashita, *Compasses and Carpenter's Squares*; Yoshikawa, *Jinsai Sorai Norinaga*。

85 參考Peter Nosco, *Remembering Paradise: Nativism and Nostalgia in Eighteenth-Century Japan* (Cambridge, MA: Harvard University Press, 1990); Harry Harootunian, *Things Seen and Unseen: Discourse and Ideology in Tokugawa Nativism* (Chicago: University of Chicago Press, 1988).

86 Yabe Ichirō, "Dentōteki honzōka to yōgakukei honzōka," in *Nihon kagakushi no shatei,* ed. Itō Shuntarō and Murakami Yōichirō (Tokyo: Baifūkan, 1989), 296–315.

87 引自Yabe, "Dentōteki honzōka to yōgakukei honzōka," 304。

88 引自Yabe, "Dentōteki honzōka to yōgakukei honzōka," 304.

252–53。

59 編按：筑前國為古代日本令制國，其範圍約為今天日本九州地區福岡縣的西部。

60 上野益三（Masuzō Ueno，一九〇〇—一九八九）在《博物學者列傳》（*Hakubutsugakusha retsuden*）明確指出，阿部將翁的工作是德川吉宗在一七三〇年代進行全國調查的靈感來源（見第八章）。然而，儘管安田健（Ken Yasuda）認為阿部將翁首次進行了動植物普查，但由於這些普查在地理上局限於本州北部（陸奧國與出羽國），而且是獨立組織的，他也明確指出，這些普查既沒有後來的規模，也沒有得到幕府的正式認可。參考安田健，《江戸諸国産物帳》(Tokyo: Shōbunsha, 1986), 22。

61 傳記介紹部分，參考上野益三，《博物学者列伝》，5–7。

62 然而，學者對這份文件的真實性提出質疑。Ibid., 81.

63 引自 ibid., 81.

64 後來他把自己的名字改成聽起來更像中國人的「稻若水」。淀藩位於京都外圍，現屬京都伏見區。

65 上野益三，《博物学者列伝》，8.

66 Ibid.

67 這封信被收錄在他的《庶物類纂》的前言部分，日期為一六九四年十月。引自上野益三，《博物学者列伝》，9。

68 Ibid.《庶物類纂》已被收錄於稻生若水、丹羽正伯，《庶物類纂》，十一卷本 (Tokyo: Kagaku Shoin, 1987)。

69 丹羽正伯，《庶物類纂》，「導論」。引自上野益三，《博物学者列伝》，10。

70 Ibid.

71 一六九五年，江戶曾出版了一個更早且未經授權的《語孟字義》版本。參考伊藤仁齋，《語孟字義》，收錄於《日本思想大系》，第33冊，吉川幸次郎、清永茂校注 (Tokyo: Iwanami Shoten, 1971). 關於伊藤仁齋，參考 Yamashita, *Compasses and Carpenter's Squares*; Samuel Hideo Yamashita, "The Early Life and Thought of Itō Jinsai," *Harvard Journal of Asiatic Studies* 43, no. 2 (December 1983): 453–80; 吉川幸次郎，《仁齋・徂徠・宣長》(Tokyo: Iwanami Shoten, 1975); 子安宣邦，《伊藤仁斎：人倫的世界の思想》(Tokyo: Tōkyō Daigaku Shuppankai, 1982); Naoki Sakai, *Voices of the Past: The Status of Language in Eighteenth-Century Japanese Discourse* (Ithaca, NY: Cornell University Press, 1992).《語孟字義》的英譯，參考 Tucker, *Itō Jinsai's* Gomō jigi and McMullen's review

Worst Fears (Oxford: Oxford University Press, 2009), 123–79。

42 引自上野益三，《博物学者列伝》，66.

43 Ibid.

44 貝原益軒，《大和本草》，vol. 1, "Hanrei," 4. 翻譯參考 Samuel Yamashita in William Theodore de Bary and Irene Bloom, eds., *Principle and Practicality: Essays in Neo-Confucianism and Practical Learning* (New York: Columbia University Press, 1979), 270。

45 Ibid. 翻譯為本人所翻。

46 《慎思錄》(手稿完成於一七一四年，而且此書收錄許多「謙遜地記載下來的思想」)。De Bary and Bloom, *Principle and Practicality*, 271.

47 貝原益軒，《大和本草》，"Hanrei," 4.

48 《慎思錄》，引用自西村三郎，《文明の中の博物学》，vol. 1, 124.

49 *Taigiroku* (undated manuscript). Tucker, *Moral and Spiritual Cultivation in Japanese Neo-Confucianism*, 114.

50 貝原益軒，《大和本草》，一七〇八年版的導論，vol. 1, "Jijo," 1.

51 Ibid.

52 貝原益軒，《大和本草》，"Hanrei," 4.

53 Ibid.

54 參考 Tucker, *Moral and Spiritual Cultivation in Japanese Neo-Confucianism*, 107; Tetsuo Najita, "Intellectual Change in Early Eighteenth-Century Tokugawa Confucianism," *Journal of Asian Studies* 34, no. 4 (August 1975): 931–44; Olof G. Lidin, *From Taoism to Einstein:* Ki *and* Ri *in Chinese and Japanese Thought, a Survey* (Folkestone: Global Oriental, 2006), 108–13。

55 值得一提的是，貝原益軒也受到宋應星《天工開物》(一六三七年)的影響。參考第十三章。

56 例如參考 Mario Biagioli, *Galileo, Courtier: The Practice of Science in the Culture of Absolutism* (Chicago: University of Chicago Press, 1992); Bruce T. Moran, ed., *Patronage and Institutions: Science, Technology, and Medicine at the European Court, 1500–1750* (Woodbridge, Suffolk: Boydell, 1991); Lisa Jardine, *Ingenious Pursuits: Building the Scientific Revolution* (New York: Anchor Books, 1999)。

57 Pierre Bourdieu, *Pascalian Meditation* (Stanford: Stanford University Press, 2000), 123.

58 稍加修改自 Tucker, *Moral and Spiritual Cultivation in Japanese Neo-Confucianism*,

個詞的含義仍有待調查。(「國」在今日指「國家」〔state〕，但在當時主要用來指稱「令制國」〔province〕)。

28 "Yamato honzō hanrei," 2.

29 Ibid., 3.

30 Ibid., 4

31 貝原益軒，《大和本草》，vol. 1.

32 根據白井光太郎為貝原益軒《大和本草》卷二與卷三的特丹櫻（學名 *Prunus donarium* Sieboldi）。

33 梓（學名 *Betula grossa*）。

34 山櫻花（學名 *Prunus cerasoides* var. *campanulata*）。

35 一葉櫻（學名 *Prunus lannesiana*）。

36 十四世紀的詩人僧侶，人稱正徹。

37 白井光太郎在一份筆記中承認，他不明白貝原益軒所說的「usuzakura」指的是什麼，不過他確信這不是現代日文中的「薄櫻（ususakura）」(學名 *Prunus sachalinensis* var. *udzuzakura*）。

38 山櫻（學名 *Prunus donarium* var. *spontanea*）。

39 敷島是「大和」的枕詞（譯注：枕詞為日本和歌的修辭法）;「大和」是日本的古稱;「朝日」為初升的太陽，實際上是日本國名的釋義，象徵作為太陽女神的天照大神。這四個詞本身的故事就很有趣：敷島、大和、朝日與山櫻是一九〇四年六月二十九日以來市場上的四個香菸品牌。幾年後，在太平洋戰爭期間，這四個名詞再度出現，與「神風特攻隊」有關。參考田中康二，《本居宣長の大東亜戦争》(Tokyo: Perikansha, 2009)。

40 貝原益軒，《大和本草》，vol. 2, 270–71.

41 對離奇現象的好奇心與對這些現象的自然化（naturalization），都被歷史學家看作是發展新物理現象興趣的一個重要步驟，最終也為十七世紀的科學革命開闢了道路。參考 Lorraine Daston and Katharine Park, *Wonders and the Order of Nature, 1150–1750* (New York: Zone Books, 1998)。瑞士博物學家格斯納在他的《動物史》中納入了對獨角獸與羊男的章節。法國皇家外科醫師安布魯瓦茲・帕雷（Ambroise Paré）寫了一本《論怪物與奇蹟》(*Des Monstres et prodiges*)，其中顯示出「對實驗的興趣，僅管它可能是非常初步的」，以及「收集標本和提出問題的傾向」。Ambroise Paré, *On Monsters and Marvels*, trans. and ed. Janis L. Pallister (Chicago: University of Chicago Press, 1983), xxii. 亦可參考 Stephen T. Asma, *On Monsters: An Unnatural History of Our*

新秩序下重新定義武士的社會角色時，文武之間的關聯是一個核心議題。

13 尤其在黑田忠之實施「軍國主義」的統治，繼而被黑田光之以民政為導向的統治所取代以後，部分藩貨幣預算被重新投資在贊助文化教育與實踐等方面。井上忠，《貝原益軒》29–38; 岡田武彥，《貝原益軒》24–25.

14 井上忠，《貝原益軒》29; 岡田武彥，《貝原益軒》，25; Tucker, *Moral and Spiritual Cultivation in Japanese Neo-Confucianism*, 54.

15 貝原益軒曾追隨他的講座一段時間，雖然並沒有特別欣賞他嚴厲與教條的態度。岡田武彥，《貝原益軒》，25.

16 貝原益軒後來批評了伊藤仁齋在《童子問批語》中對儒家思想的詮釋，特別是他對朱熹哲學的排斥。參考井上忠，「貝原益軒の童子問批語について」，《九州大学研究報告》(1977): 121–77。

17 關於更多資訊，參考Thomas C. Smith, *The Agrarian Origins of Modern Japan* (Stanford: Stanford University Press, 1959); Iinuma Jirō, *Kinsei nōsho ni Manabu* (Tokyo: Nihon Hōsō Shuppan Kyōkai, 1976)。關於貝原益軒和宮崎安貞的交往，參考井上忠，《貝原益軒》39–44。

18 這本書一直出版到一八九四年的最後一版。

19 貝原益軒，《花譜・菜譜》(Tokyo: Yasaka Shobō, 1973), 91.

20 Tucker, *Moral and Spiritual Cultivation in Japanese Neo-Confucianism*, 58. 貝原益軒的工作狂形象最早出現在井上哲次郎（Tetsujirō Inoue）《日本朱子學派之哲學》(*Nihon shu shigakuha no tetsugaku*〔Tokyo: Fuzanbō, 1926〕, 271–73)，井上在書中提及貝原益軒經常抱怨忘記睡覺的軼事。最近，芳賀徹（Tōru Haga）也提出一個類似的形象，將貝原益軒描述為一個很難聯絡上的學者；參考芳賀徹，「貝原益軒」，《彩色江戸博物学集成》，下中宏主編，(Tokyo: Heibonsha, 1994), 25–40。

21 參考Plutschow, *Edo no tabinikki*, 21–31; 岡田武彥，《貝原益軒》，28–38。

22 Tucker, *Moral and Spiritual Cultivation in Japanese Neo-Confucianism*, 58; Dore, *Education in Tokugawa Japan*, 69.

23 Tucker, *Moral and Spiritual Cultivation in Japanese Neo-Confucianism*, 227.

24 Ibid.

25 岡田武彥，《貝原益軒》，129.

26 *Yamato honzō*, book 1, in Kaibara, *Yamato honzō* (Kyoto: Nagata Chōbei, 1709), vol. 1, 5.

27 Kaibara, *Yamato honzō*, vol. 1, "Yamato honzō hanrei," 1. 貝原益軒賦予「國」這

Zenshū Kankōbu, 1910–11)。二手文獻部分參考井上忠，《貝原益軒》(Tokyo: Yoshikawa Kōbunkan, 1989); 岡田武彥，《貝原益軒》(Tokyo: Meitoku Shuppan, 2012)。英文文獻參考 Tucker, *Moral and Spiritual Cultivation in Japanese Neo- Confucianism*, ch. 2。

2 編按：藤原氏係日本貴族的一個姓氏，源自中臣鎌足（六一四—六六九）由於大化革新的功績，因而被天智天皇賜姓藤原。

3 《貝原益軒先生伝》，收錄於《益軒全集》，vol. 1, 10.

4 岡田武彥，《貝原益軒》，19.

5 《益軒全書》，vol. 1, 3.

6 關於貝原元端，參考井上忠，《貝原益軒》，13–15。貝原元端在一六四三年結束醫生培訓回去以後，便擔任黑田光之的御醫，後來在鄉下開設了一所私立學校講授理學思想。

7 譯注：參勤交代是日本江戶時代的制度，各藩藩主需要每年前往江戶替幕府將軍執行政務一段時間，再返回領地。

8 井上忠，《貝原益軒》，19. 正是在那些年間，貝原益軒寫下他的第一個短篇《四海同胞》，這是受到《論語．顏淵篇》「四海之內皆兄弟也」這句話的啟發。井上忠認為，文本主張的普遍主義理想，即將全世界人類聯繫在一起的手足情誼，與政府的鎖國政治相抵觸（p. 20）。不過對我來說恰好相反，該文本迫使我們重新考慮德川時期有關鎖國制度的概念。參考 Ronald P. Toby, *State and Diplomacy in Early Modern Japan: Asian in the Development of the Tokugawa Bakufu* (Stanford: Stanford University Press, 1991); Iwashita Tetsunori, *Edo no kaigai jōhō nettowāku* (Tokyo: Yoshikawa Kōbunkan, 2006); Adam Clulow, *The Company and the Shogun: The Dutch Encounter with Tokugawa Japan* (New York: Columbia University Press, 2014).

9 《益軒全書》，vol. 1, 10. 亦可參考井上忠，《貝原益軒》，22; Tucker, *Moral and Spiritual Cultivation in Japanese Neo-Confucianism*, 52。

10 一六五九年，當執政在京都訪問的黑田光之，向貝原益軒贈送了衣服與書籍。參考井上忠，《貝原益軒》，46.

11 《武家諸法度》是德川家康於一六一五年頒布的法令，規範武士的行為準則與適當道德行為。後於一六二九年、一六三五年、一六六三年、一六八三年與一七一〇年都有所擴充。

12 這種教育政策並非源自德川幕府，而是可以追溯到室町幕府（編按：是德川幕府的前一個政權，於一三三八年至一五七三年間掌權。）。在德川

斯－克勞德・法布里・德・佩芮斯特（Nicolas-Claude Fabri de Peiresc，一五八〇－一六三七）的例子，他生前是名聲響亮的知識分子，但死後很快就被遺忘了。

55 參考井原西鶴，《西鶴五百韻》(Tokyo: Benseisha, 1976)。

56 編按：德島藩為日本江戶時期統領阿波國（即今天日本四國島上的德島縣）與淡路國（即今天兵庫縣淡路島）兩國的藩，其藩主為外樣大名（即實際控制地方但卻無參與中央幕府權力的諸侯）的蜂須賀一族。

57 參考 http://www2.ntj.jac.go.jp/dglib/ebook01/mainmenu.html (accessed June 2007)。

58 標題開頭的「六六」兩字顯示，這本選集是按照「六歌仙」傳統編纂的，所謂六歌仙指《古今和歌集》中六位有名的歌人，《古今和歌集》是十世紀初編纂的一本詩選。「六六」也可能是一個雙關語，為形容詞，經常被用來表示「普通」、「常見」、「微小」的意思，通常與小物件有關。

59 Emma C. Spary, "Rococo Readings of the Book of Nature," in: *Books and the Sciences in History*, ed. Marina Frasca-Spada and Nick Jardine (Cambridge: Cambridge University Press, 2000), 255–75. See also Gould, *The Hedgehog, the Fox, and the Magister's Pox*, 157–63.

60 Spary, "Rococo Readings of the Book of Nature," 260. 關於早期近代英格蘭社會地位與真理講述之間的關聯，參考 Shapin, *A Social History of Truth*。史帕里（Emma C. Spary）認為，審美關注與科學事業在知識論上的分離是一種現代性的發展。我將在第四部分論證藝術理想與自然世界知識的相互關係，並著重於私人收藏家與業餘博物學家。從另一個角度來看，池上英子（Eiko Ikegami）關注的是近世日本的文明紐帶，也就是說，在德川時期的進程中，審美網絡與社群的形成本身就形塑了一種身分，並在現代世界的黎明產生政治影響。參考 Eiko Ikegami, *Bonds of Civility: Aesthetic Networks and the Political Origins of Japanese Culture* (Cambridge: Cambridge University Press, 2005)。

61 Kornicki, *The Book in Japan*; Mayanagi, "Nihon no iyaku, hakubutsu chojutsunenpyō" for *honzōgaku*.

第五章

1 貝原益軒的生平係參考 *Kaibara Ekiken sensei nenpu* 和 *Kaibara Ekiken sensei den*，皆收錄於 Kaibara Ekiken, *Ekiken zenshū*, vol. 1, ed. Ekikenkai (Tokyo: Ekiken

人和平民提供資訊。參考 Pamela H. Smith and Paula Findlen, eds., *Merchants & Marvels: Commerce, Science, and Art in Early Modern Europe* (New York: Routledge, 2002); Ogilvie, *The Science of Describing*。在十八世紀與十九世紀，居維葉（George Cuvier）、林奈與達爾文等學者也倚賴從工人那裡蒐集到的資訊。

44 他沒有指名道姓的做法，揭露了十七世紀插畫師的地位。這種情況在下個世紀發生了變化。在《訓蒙圖彙》較晚的版本中（京都，一七八九年出版），插圖是由活躍於十八世紀的插畫師下河邊拾水所編輯的。

45 鱟（學名 *Tachypleus tridentatus*）。同樣參考 Kajishima Takao, *Shiryō Nihon dōbut sushi* (Tokyo: Yasaka Shobō, 2002), 194–95。

46 淡水龜是中華鱉（*Amyda japonica* 為同種異名），中村惕齋將之稱為「iogame（いをがめ）」或「dōgame（どうがめ）」，但今天通常被稱為「suppon（鼈）」

47 The last "working" edition was Terajima Ryōan, *Wakan sansai zue*, 2 vols. (Tokyo: Nihon Zuihitsu Taisei Kankōkai, 1929).

48 參考 Ronald Dore, *Education in Tokugawa Japan* (Ann Arbor: University of Michigan Press, 1985); Richard Rubinger, *Private Academies of Tokugawa Japan* (Princeton, NJ: Princeton University Press, 1982); and especially Richard Rubinger, *Popular Literacy in Early Modern Japan* (Honolulu: University of Hawaii Press, 2007). 亦可參考海原徹，《近世の学校と教育》(Tokyo: Shibunkaku Shuppan, 1988); 辻本雅史《近世教育思想史の研究：日本における「公教育」思想の源流》*shisō no genryū* (Kyoto: Shibunkaku Shuppan, 1990).

49 矢部一郎，《江戸の本草：薬物学と博物学》59.

50 Ibid.

51 Ibid., 60.

52 Rubinger, *Popular Literacy in Early Modern Japan*; Ishikawa Matsutarō, *Hankō to terakoya* (Tokyo: Kyōikusha, 1978).

53 The original English title was *The History of Japan, Giving an Account of the Ancient and Present State and Government of That Empire; of Its Temples, Palaces, Castles and Other Buildings; of Its Metals, Minerals, Trees, Plants, Animals, Birds and Fishes; of the Chronology and Succession of the Emperors, Ecclesiastical and Secular; of the Original Descent, Religions, Customs, and Manufactures of the Natives, and of Their Trade and Commerce with the Dutch and Chinese. Together with a Description of the Kingdom of Siam.*

54 中村惕齋生前的成功與身後在現代史中的默默無名，讓我們想起尼古拉

from the Guideways through Mountains and Seas (Berkeley: University of California Press, 2002)。

30 香川雅信，《江戸の妖怪革命》(Tokyo: Kawade Shobō Shinsha, 2005).

31 山田慶児，《本草と夢と錬金術と》，27– 101. 亦可參考Gluck, "The Fine Folly of the Encyclopedists."

32 西村三郎，《文明の中の博物学》，vol. 1, 216.

33 這個詞在日本直到現代才被大量使用。

34 西村三郎，《文明の中の博物学》，vol. 1, 218.

35 參考本書第四部分。

36 事實上，《本草綱目》的一千八百九十五個條目（除了同義詞與方言名稱以外）遠遠超過當時十六世紀歐洲博物學家所命名與描述的物種數目。李奧尼塞諾與瓦勒留斯・科爾杜斯（Valerius Cordus）可能是同世代之間最博學的博物學家，在他們的著作中為不到五百種生物分類，而卡羅盧斯・克盧修斯（Carolus Clusius）則描述了七百種。Ogilvie, *The Science of Describing*, 52.

37 "Introduction" in Nakamura Tekisai, *Kinmō zui*, ed. Sugimoto Tsutomu (Tokyo: Waseda Daigaku Shuppanbu, 1975), 1.

38 在以動物為題的四卷中，卷十二列出六十四幅動物圖像，卷十三有七十六幅鳥圖，卷十四有六十四幅魚類與兩棲類插圖，卷十五有一百零八幅昆蟲圖片。以植物為題的有五卷：卷十六有三十六幅各類穀物插圖，卷十七有五十六張蔬菜圖片，卷十八有五十二則配有插圖的果實果樹條目，卷十九以八十四種樹木與竹子為重點，卷二十有一百二十八幅花卉藥草圖。

39 矢部一郎，《江戸の本草：薬物学と博物学》，57– 60; 西村三郎，《文明の中の博物学》，vol. 1, 112–15. 有趣的是，最近新版的《訓蒙圖彙》，副標題為「第一部日本的圖解百科全書」。Kobayashi Yōjirō, ed., *Edo no irasuto jiten: Kinmōzui, waga kuni hatsu no irasuto hyakka* (Tokyo: Bensho Shuppan, 2012).

40 依次是鳳仙花（學名*Impatiens balsamica*）、多花水仙（學名*Narcissus tazetta*）、黃蜀葵（學名*Abelmoschus manihot*，學名誤植為*Hibiscus japonicus*），以及春菊（*Leucanthemum coronarium*）。

41 北艾（學名*Artemisia vulgaris*）。

42 「三才」指的是「三界」，即天、地與人（文化）。

43 十六世紀與十七世紀的歐洲博物學家同樣也倚賴沒有參與學術活動的工

Bibliographic Guide, ed. Michael Loewe (Berkeley: Society for the Study of Early China, 1993); Elman, *On Their Own Terms*, 38–41.

23 《爾雅》的研究在早先幾個世紀是在大學寮進行的。自該文本傳入日本以來，啟發了類似論文文集與評論文集的編纂，其中最有名的可能是源順的《和名類聚抄》，於九三一年至九三八年間以萬葉假名編撰。江戶時期流傳的《和名類聚抄》有五個手稿版本，直到一八〇一年與一八二一年才出現印刷版本。

24 Bernhard Karlgren, "The Early History of the *Chou Li* and *Tso Chuan* Texts," *Bulletin of the Museum of Far Eastern Antiquities* 3 (1931): 1–59.

25 將它們分成藥草、樹木、昆蟲、魚、鳥與動物等類別。參考 Roel Sterckx, *The Animal and the Daemon in Early China* (Albany: State University of New York Press, 2002), 30–32.

26 貝原好古的《和爾雅》是最早提到花生的東亞原始資料，花生是荷蘭商人在元祿時代（一六八八至一七〇四年）末期從非洲西部進口到日本的，此後在日文中被稱為「落花生」（學名 *Arachis hypogea*）。《和爾雅》也是第一個引用並簡要描述仙人掌的日本文本，仙人掌是一種外來植物，以「仙人掌」（Opuntia maxima的亞種，稱「人型寶建」）的名稱進口到日本。佛甲草與蜀黍亦然，前者被稱為「弁慶草」，後者則被稱作「唐黍」（學名 *Hylotelephium erythrostictum*）。早稻田大學收藏有京都書商玉枝軒初版的《和爾雅》。參考貝原好古（恥軒），《和爾雅》(Manuscript, 1694), http://www.wul.waseda.ac.jp/kotenseki/html/ho02/ho02_04324/index.html (accessed June 2007).

27 新井白石，《東雅：影印・翻刻・解題・索引》，杉本つとむ編 (Tokyo: Waseda Daigaku Shuppanbu, 1994).《東雅》對德川時代中期國學學者賀茂真淵（一六九七—一七六九）與本居宣長（一七三〇—一八〇一）等人影響甚巨。

28 參考 Harold Bolitho, "Travelers' Tales: Three Eighteenth-Century Travel Journals," *Harvard Journal of Asiatic Studies* 50, no. 2 (December 1990): 485–504; Constantine N. Vaporis, *Breaking Barriers: Travel and the State in Early Modern Japan* (Cambridge, MA: Harvard University Press, 1994); Marcia Yonemoto, *Mapping Early Modern Japan: Space, Place, and Culture in the Tokugawa Period, 1603–1867* (Berkeley: University of California Press, 2003); Berry, *Japan in Print*.

29 關於《山海經》，參考 Richard E. Strassberg, *A Chinese Bestiary: Strange Creatures*

Journal of the History of Ideas 64, no. 1 (January 2003): 61–72. Gessner, *Bibliotheca universalis* (Zurich, Switzerland: Christoph Froschauer, 1545), sig. *3^{V} is quoted in Ann Blair, "Reading Strategies for Coping with Information Overload ca. 1550–1700," *Journal of the History of Ideas* 64, no. 1 (January 2003): 11–28. 亦可參考 Blair, *Too Much to Know: Managing Scholarly Information Before the Modern Age* (New Haven: Yale University Press, 2010).

17 參考Jansen, *China in the Tokugawa World*；關於「後現代」的解釋，David Pollack, *The Fracture of Meaning: Japan's Synthesis of China from the Eighth through the Eighteenth Centuries* (Princeton, NJ: Princeton University Press, 1986)。關於德川時期中國文化被接納的程度，更詳盡的研究參考Ōba Osamu, *Edo jidai ni okeru Chūgoku bunka juyō no kenkyū* (Kyoto: Dōhōsha Shuppan, 1984)。與歐洲的比較，參考Anthony Grafton, *Bring Out Your Dead: The Past as Revelation* (Cambridge, MA: Harvard University Press, 2001)。

18 例如，像尼科洛・李奧尼塞諾（Nicolò Leoniceno）這樣的學者，他們對自然界的知識幾乎完全基於古希臘與古羅馬文獻。李奧尼塞諾是義大利費拉拉大學醫學暨道德哲學教授，他擁有當時最龐大的自然史與醫藥學書籍收藏。他的藏書大多為希臘文與拉丁文經典，從亞里斯多德的《動物學》（*Historia animalium*）到泰奧弗拉斯特（Theophrastus）的《植物誌》（*De historia plantarum*），再到普林尼（Pliny the Elder）的《博物志》（*Historia naturalis*）都有收藏。根據丹妮耶拉・穆奈・卡拉拉（Daniela Mugnai Carrara）從一份李奧尼塞諾身後出版的清單中所蒐集到的資訊，他總共擁有四百八十二份文本；參考Daniela Mugnai Carrara, *La biblioteca di Nicolo Leoniceno. Tra Aristotele e Galeno: Cultura e libri di un medico umanista* (Firenze: Olschki, 1991), 44。同樣參考Atran, *Cognitive Foundations of Natural History*, 83–122; Ogilvie, *The Science of Describing*, 31。

19 Ogilvie, *The Science of Describing*, 28.

20 關於譜錄，參考Martina Siebert, *Pulu: "Abhandlungen und Auflistungen" zu materieller Kultur und Naturkunde im traditionellen China*, Opera Sinologica 17 (Wiesbaden: Harrassowitz Verlag, 2006).

21 《爾雅》書名的這兩個字很難解釋，英文書名曾被翻譯為「The Literary Expositor」、「The Ready Rectifier」、「Progress toward Correctness」以及「Approaching Elegance/Refinement」。

22 關於《爾雅》，參考W. South Coblin, "*Erh ya*," in *Early Chinese Texts: A*

Hawaii Press, 2004)。

6 參考 Carol Gluck, "The Fine Folly of the Encyclopedists," in *Currents in Japanese Culture: Translations and Transformations*, ed. Amy Vladeck Heinrich (New York: Columbia University Press, 1996), 223–51; Yamada, *Honzō to yume to renkinjutsu to*。

7 有關「原文本」的意義，參考 Gérard Genette, *The Architext: An Introduction*, trans. Jane E. Lewin (Berkeley: University of California Press, 1992)。

8 中文文本未被譯成日文，而是用標記與音標系統進行編輯，讓日本人能用古典日文（**訓読**）閱讀文本。

9 這個說法並未獲得日本學者的一致認同，它來自對每卷卷末注釋的分析，注釋中仔細推敲了中、日術語之間的對應關係，類似於貝原益軒在《大和本草》所述。更多細節，參考矢部一郎，《江戸の本草：薬物学と博物学》，50。

10 要追溯一本中文書籍其日文版的歷史並不容易，因為正如科尼基（Peter Kornicki）所言，像《國書總目錄》與其續篇《古典籍總合目錄》這樣的書目著作，通常只會紀錄「日文書」（**国書**），不會包括所有在日本翻印的中文書籍。參考 Kornicki, *The Book in Japan*, 1–2。關於日文版的《本草綱目》，參考真柳誠 「本草綱目の伝来と金陵本」; 西村三郎，《文明の中の博物学》，vol. 1; 矢部一郎，《江戸の本草：薬物学と博物学》; 磯野直秀，《日本博物史年表》; 磯野直秀編，《描かれた動物植物》(Tokyo: Kinokuniya Shoten, 2005)。

11 儘管他們沒有組成行會（座），但他們的社會組織類似於專業工匠與商人。

12 Mary Elizabeth Berry, *Japan in Print: Information and Nation in the Early Modern Period* (Berkeley: University of California Press, 2006).

13 根據真柳誠（Makoto Mayanagi）的統計，十七世紀日本學者出版的醫學與本草學手稿和印刷書籍有四百多本。參考 Mayanagi Makoto, "Nihon no iyaku, hakubutsu chojutsu nenpyō" (2006), accessed June 2007, http://www.hum.ibaraki.ac.jp/mayanagi /paper01/ChronoTabJpMed.html。

14 Brian W. Ogilvie, "The Many Books of Nature: Renaissance Naturalists and Information Overload," *Journal of the History of Ideas* 64, no. 1 (January 2003): 39.

15 大庭脩，《江戸時代における唐船持渡書の研究》(Suita: Kansai Daigaku Tōzai Gakujustsu Kenkyūjo, 1967).

16 關於萊布尼茲的引用，參考 Richard Yeo, "A Solution to the Multitude of Books: Ephraim Chambers's *Cyclopaedia* (1728) as 'the Best Book in the Universe,'"

70 Elman, *A Cultural History of Civil Examinations*; Elman, *From Philosophy to Philology: Intellectual and Social Aspects of Change in Late Imperial China*, 2nd rev. ed. (Los Angeles: UCLA Asian Pacific Monograph Series, 2001).

71 Nakai, "The Naturalization of Confucianism in Tokugawa Japan," 159.

72 藤村作，《日本文学大辞典》新潮社，八卷本(Tokyo: Shinchōsha, 1932–35), vol. 2.

73 然而，《多識編》的形象最終從一本字典變成日本最早的自然史文本。一九三〇年代，東京帝國大學生物學教授白井光太郎（Mitsutarō Shirai）在《本草綱目》日文全譯本出版時重複了這個解釋。他批評龜田次郎的百科全書對《多識編》的處理方式，並強調它作為自然史的地位。參考白井光太郎，《白井光太郎著作集》，木村陽二郎編，六卷本 (Tokyo: Kagaku Shoin, 1985–90), 6:369。白井光太郎的解釋未曾受到批駁，當代科學史家也繼續將《多識編》歸類為自然史。例如參考杉本つとむ在「解說」中的評論，參考林羅山，《新刊多識編》，日本研究グループ編 (Tokyo: Bunka Shobō Hakubunsha, 1973), 1。

第四章

1 引自 Daniel Rosenberg, "Early Modern Information Overload," *Journal of the History of Ideas* 64, no. 1 (January 2003): 1.

2 因此，極權主義政權對百科全書製作、編輯與傳播的嚴格控制，也就不足為奇。

3 就這個意義而言，維基百科是一個不斷發展的作品，它挑戰了現代百科全書的概念。參考 Erik Olin Wright, *Envisioning Real Utopias* (London: Verso, 2010), ch. 7.

4 Jorge Luis Borges, "On Exactitude in Science," in *Collected Fictions*, trans. Andrew Hurley (New York: Penguin, 1999), 325.

5 我在這裡雖然用「百科全書」這個詞，是以系統的方式介紹各種主題下不同類型的書籍，並加以歸類，然而這麼做其實並不妥當（這裡的「百科全書」當然不是啟蒙思想家所賦予的意義）。有關於中國百科全書的印刷工業，參考 Chia, *Printing for Profit*; Joseph P. McDermott, *A Social History of the Chinese Book: Books and Literati Culture in Late Imperial China* (Hong Kong: Hong Kong University Press, 2006)。亦可參考 Craig Clunas, *Superfluous Things: Material Culture and Social Status in Early Modern China*, 2nd ed. (Honolulu: University of

年版、一六三一年版、一六四九年版，以及另外兩個沒有日期的版本）。最早的一六三〇年印刷版包括兩卷小對開本，共一百四十一頁。一六三一年版為修訂版，名為《新刊多識編》，由京都書商村上宗信和田中長左衛門出版，包括三卷雕版印刷板本，我查閱的是早稻田大學的收藏。

59 萬葉假名是一種以漢字為基礎的書寫系統，只取其音讀來代表日文音節。自七世紀開始使用，其名稱來自約於七五九年編纂的和歌詩集《萬葉集》。

60 振假名（用表音符號寫成日文漢字讀音）只在文本的頭幾頁附在萬葉假名上，在讀者熟悉林羅山的用法以後，很快就被省略了。

61 筆柿，學名 *Diospyros kaki*。

62 烏材，學名 *Diospyros eriantha*。

63 醂柿，一種柿子醬。

64 這與近世歐洲的百科全書有趨同發展的情形，直到法國博物學家布豐（Comte de Buffon）《自然通史》（*Histoire naturelle, générale et particulière*，一七四九年至一七八八年間編纂）為止。

65 馬蛭，學名 *Haemopis marmorata*。

66 「tabako」（煙草）一字源自葡萄牙語的「tabaco」，是一五九六年至一六一四年間薩摩省引進這種植物之後才出現的。煙草被引入東亞的時間可以追溯到一五七一年，當時西班牙商人將煙草從古巴帶到菲律賓。

67 讓這個問題更複雜的是，現在的科學家認為「莨」是莨菪（學名 *Scopalia Japonica maxima*），而莨菪與天仙子（*H. niger*）毫無關聯，反而與同屬茄科的煙草（學名 *Nicotiana tabacum*）有關。

68 《多識編》的所有條目都參照詞彙學方法，包括關於「人類」的條目在內。在這一節中，有關日本與中國怪物的比較是史上最早的嘗試。例如，該節最後一個條目是這樣的：

> 飛頭蛮 呂久呂久毘

這似乎是現存最早將中國的「飛頭蠻」翻譯成日文的「轆轤首」的資料，飛頭蠻是由病人的頭構成的鬼怪，據說在廢墟裡出沒，轆轤首則是在無人居住的屋舍中出沒的可怕生物，能夠隨意伸長脖子。

69 John Knoblock, ed., *Xunzi: A Translation and Study of the Complete Works*, vol. 3, books 17–32 (Stanford: Stanford University Press, 1994), 129.

45 Ibid.; Wajima, "Kinsei shoki jugakushi ni okeru ni-san no mondai"; Iwasaki, *Nihon kinsei shisōshi josetsu*, vol. 1.

46 Ooms, *Tokugawa Ideology*, 74.

47 Hiromi, *Taiheiki "yomi" no kanōsei*.

48 Mikael S. Adolphson, *The Gates of Power: Monks, Courtiers, and Warriors in Premodern Japan* (Honolulu: University of Hawaii Press, 2000); Souyri, *The World Turned Upside Down*; Kuroda Toshio, *Kenmon taiseiron*, in *Kuroda Toshio chosakushū*, vol. 1 (Kyoto: Hōzōkan, 1994).

49 在《羅山先生年譜》一六〇七年的條目中，以及引自堀勇雄，《林羅山》，128–29.

50 後世儒學家如中江藤樹（一六〇八—一六四八）則嚴厲批評林羅山對德川家康命令的服從，（在〈林氏剃髮受位弁〉中）並將他描述成一個只是在行為舉止上合格的儒者。Jean- François Soum, *Nakae Tōju, 1608–1648, et Kumazawa Banzan, 1619–1691: Deux penseurs de l'epoque d'Edo* (Paris: De Boccard, Diffusion, 2000). 我們也該記得，在林氏私塾（弘文院），教師與學生都剃了頭，身著黑色僧袍，直到一六九〇年為止。更多細節，參考Wajima Yoshio, *Shōheikō to hangaku* (Tokyo: Shibundō, 1962)。

51 Nakai, "The Naturalization of Confucianism in Tokugawa Japan," 157.

52 如紅葉山內閣文庫一位擔任相當於今日圖書館館長職務的人，近藤守重（一七七一—一八二九）在《右文故事》一則一八一七年的條目所述。引自堀勇雄，《林羅山》，133。

53 Mayanagi, "*Honzō kōmoku* no denrai to kinryōbon."

54 編按：由於要與「語意學」（semantics）做出區別，故「semasiology」此處翻成「語義學」。然而無論是「semantics」還是「semasiology」，今日的語言學研究都將這兩者視為是同一門領域。

55 名物學是源自中國漢代的一門儒家學問，受孔子「正名」的主張所啟發（《論語・子路篇》）。參考Sueki Takehiro, *Tōyō no gōri shisō* (Kyoto: Hōzōkan, 2001).

56 譯注：該日文版序即為《本草綱目序註》。

57 《本草綱目序註》係於作者身後一六六六年印刷，其中包括李時珍原序的注釋版，以及一六〇三年添加到江西版的序文。（編按：《本草綱目》在中國最早的版本，即是於一五九六年出版的金陵版。）

58 現存的《多識編》有六個版本，包括一個手稿與五個印刷版（一六三〇到這筆補助有多微不足道。天海和尚是天台宗僧人，享有德川家康的贊助，並參與幕府政治組織。此外，天海和尚也積極從他的延曆寺以及後來位於日光的德川陵墓，參與德川家康死後作為「東照大權現」的神化工作。

37 有關於近世日本時期的反佛作品，參考圭室文雄，《江戸幕府の宗教統制》(Tokyo: Hyōronsha, 1971); 大桑斉，《日本近世の思想と仏教》(Kyoto: Hōzōkan, 1989); 大桑斉，《日本仏教の近世》(Kyoto: Hōzōkan, 2003).

38 尤其是後陽成天皇（一五八六年至一六一一年在位）與後水尾天皇（一六一一年至一六二九年在位）。

39 《慶長日件錄》（慶長時代的日記，一五九六至一六一五年），同樣引自堀勇雄，《林羅山》，41.

40 和島芳男，「近世初期儒学史に於ける二、三の問題」，《大手前女子大学論集》7 (1973): 92–94.

41 由於根據日本計算年齡的方式，林羅山在一六〇三年為二十一歲，他所描述的事件發生在一六〇四年與一六〇五年。此外，我們從《羅山先生年譜》得知，林羅山係從藤原惺窩那裡習得穿著「深衣」的習俗，兩人是在一六〇四年八月會面的。

42 引自堀勇雄，《林羅山》，41–42.《羅山先生年譜》、《羅山林先生行狀》與《德川實紀》的記載，以及林羅山自己在《野槌》對該事件的回憶，在一些細節上稍有差異。（《野槌》是林羅山在一六二一年對日本經典著作《徒然草》的評注。）根據《羅山林先生行狀》與《德川實紀》的記載，林羅山與清原秀賢的爭端始於一六〇三年，並沒有提到林羅山曾試圖爭取清原秀賢的支持——這與隨後反對朝廷壟斷儒家經典詮釋的鬥爭是矛盾的。相反，它們強調德川家康對知識追求自由的請求，而這最終也被授與林羅山。此外，來自德川家康的公開支持（值得一提的是當時他還沒見過這位年輕的學者）與德川家康任命清原秀賢為幕府的宮廷程序顧問的作法互相矛盾。更多細節，參考堀勇雄，《林羅山》，40–48.

43 引自 Ibid., 43.

44 Ibid., 49. 德川家康向清原秀賢緩頰道，「他不該擔心林羅山的講學，就如他不該被一隻青蠅所困擾一樣。」同一本書（Ibid., 44）也引用藤原惺窩寫給林羅山的一封信，提到幕府禮儀師（**奏者番**）城和泉守昌茂所聽到的，關於德川家康的審議結果。城和泉守昌茂於一六〇五年初在藤原惺窩的舉薦下成為林羅山的弟子。

25 在明清時期的中國，「晚期的科舉制度，」艾爾曼解釋說，「既不是前現代時期的時代錯誤，也不是反現代的巨型機制。科舉考試是一種有效的文化、社會、政治與教育建設，既滿足了明清官僚機構的需求，同時也支持了帝國後期的社會結構，即精英仕紳與商人地位群體在一定程度上是由考試文憑來定義的。」Elman, *A Cultural History of Civil Examinations in Late Imperial China*, xx. 根據艾爾曼的說法，「地方精英與朝廷不斷影響政府，讓他們重新審查與調整古典課程，並考慮新的方法來改善遴選官員候選人的制度體系……科舉考試，作為一種教育價值的測試……是一個不同政治與社會利益相互競爭，並取得平衡的文化舞臺。」Elman, *A Cultural History of Civil Examinations*, xxiii–xxiv.

26 Ooms, *Tokugawa Ideology*, 73.

27 Ibid.

28 有關藤原惺窩，參考Ōta Seikyū, *Fujiwara Seika* (Tokyo: Yoshikawa Kōbunkan, 1985).

29 參考中井履軒，《深衣圖解》(Illustrated Explanation of *shin'i*, 1795)，電子版本參考http://wsv.library.osaka-u.ac.jp/tenji/kaitokudo/kaitok09.htm (accessed June 2007). 中井履軒（一七三二—一八一七）曾經是懷德堂裡的儒學學者。關於中井履軒更多的細節，亦可參考Najita, *Vision of Virtue in Tokugawa Japan*, 186–220。

30 《羅山先生年譜》的一六〇三年條目，堀勇雄《林羅山》也曾引用。朱熹對《論語》的評論在日文為《論語集注》。

31 Kondō Seisai, *Kōsho koji*，引自Hori, *Hayashi Razan*, 222–23.

32 布道被稱為「說法」、「說經」或「談義」。參考関山和夫，《説教の歴史：仏教と話芸》(Tokyo: Hakusuisha, 1992); Nakamura Yukihiko, "Taiheiki no kōshakushi-tachi," in *Nihon no koten: Taiheki* (Tokyo: Sekai Bunkasha, 1975); Hyōdō Hiromi, *Taiheiki "yomi" no kanōsei: Rekishi to iu monogatari* (Tokyo: Kōdansha, 1995); Wakao Masaki, *"Taiheiki yomi" no jidai: Kinsei seiji shisōshi no kōsō* (Tokyo: Heibonsha, 1999).

33 堀勇雄，《林羅山》，40.

34 譯注：指幕府簽發的朱印狀。

35 譯注：土倉即是當時的典當業。

36 Ooms, *Tokugawa Ideology*, 75. 如果我們把兩百兩與五千三百四十坪土地（不到四英畝）與天海和尚為建造寺廟而得到的五萬兩相比，我們就會意識

搬到大阪然後又遷居京都之前，原本是小型自耕農，家族財產足以讓他們在首都過上舒適的城市生活。關於地侍，參考Pierre François Souyri, *The World Turned Upside Down: Medieval Japanese Society*, trans. Käthe Roth (New York: Columbia University Press, 2001).

15 引自堀勇雄，《林羅山》，9.

16 Martin Collcutt, *Five Mountains: The Rinzai Zen Monastic Institution in Medieval Japan* (Cambridge, MA: Harvard University Press, 1981).

17 關於朱熹的形上學，參考山田慶兒，《朱子の自然学》；島田虔次，《朱子学と陽明学》；安田二郎，《中国近世思想研究》。關於日本學者如何看待朱熹的宇宙論，參考Wajima, *Nihon Sōgakushi no kenkyū*; Iwasaki, *Nihon kinsei shisoshi josetsu*, vol. 1, 116–76. For "heterodox" interpretations of Japanese *shushigaku*, see Koyasu Nobukuni, *Edo shisōshi kōgi* (Tokyo: Iwanami Shoten, 1998); Kurozumi, *Kinsei Nihon shakai to jukyō*. See also Bellah, *Tokugawa Religion*; de Bary, *The Unfolding of Neo- Confucianism*; Elman, Duncan, and Ooms, *Rethinking Confucianism*; Maruyama, *Studies in the Intellectual History of Tokugawa Japan*; Nosco, *Confucianism and Tokugawa Culture*; Ooms, *Tokugawa Ideology*.

18 例如理學學派中播磨學派和土佐學派的情形。參考Wajima, *Nihon Sōgakushi no kenkyū.*

19 德川家族試圖將他們的家族與源氏家族聯繫在一起；參考中村孝也，《德川家：家康を中心に》(Tokyo: Shibundō, 1961)。豐臣秀吉與德川家康在死後都被神格化；參考Mary Elizabeth Berry, *Hideyoshi* (Cambridge, MA: Harvard UniversityPress, 1982); Ooms, *Tokugawa Ideology*. 有關於將文化視為是合法化的工具，參考William H. Coaldrake, "Edo Architecture and Tokugawa Law," *Monumenta Nipponica* 36, no. 3 (Autumn 1981): 235–84; William H. Coaldrake, *Architecture and Authority in Japan* (London: Routledge, 1996); Peter F. Kornicki, *The Book in Japan*; Timon Screech, *The Shogun's Painted Culture: Fear and Creativity in the Japanese States, 1760–1829* (London: Reaktion Books, 2000).

20 Hori, *Hayashi Razan*, 18.

21 Ibid., 20.

22 Ibid.

23 在《羅山先生年譜》一五九九年的條目中，以及引用自Hori, *Hayashi Razan*, 27.

24 Ibid., 25–38.

6 為了證明自己的主張，丸山真男引用了《德川實紀》:「家康在馬背上征服了全國，但作為一個開明的智者，他很早就意識到，在馬背上無法好好治理這片土地。他一直尊重並相信智者之道。他明智地決定，為了治理土地，遵循適合人類的道路，他必須追求學習之道。因此，他從一開始就鼓勵學習。」Maruyama, *Studies in the Intellectual History of Tokugawa Japan*, 15.

7 一方面，我尊重奧姆斯在德川幕府意識形態基礎中對理學角色的弱化。另一方面，我也承認理學的世界觀在整個時期的自然研究中無所不在。參考黑住真，《近世日本社会と儒教》W. J. Boot, *Keizers en Shōgun: Een Geschiedenis van Japan tot 1868* (Amsterdam: Amsterdam University Press/Salomé, 2001).

8 Ooms, *Tokugawa Ideology*, 73.

9 有關林羅山的資訊不只出現在《德川實紀》中，也可以在他的兩個兒子在父親過世後不久寫下的兩份手稿《羅山林先生行狀》(一六五八年)與《羅山先生年譜》(一六五九年)中找到；兩份手稿出自京都史蹟會編纂《羅山先生文集》兩卷(京都：平安考古學會，一九一八年)。林守勝(即林春德)的《羅山林先生行狀》只有一卷，是林春德在父親去世後一年寫的悼詞。《羅山先生年譜》是一部傳記，記載林羅山的一生，按年份順序排列；它是在林羅山過世後兩年由他的三子林春齋(即林鵞峰)所編撰。有關林羅山生平的現代參考資料有堀勇雄的《林羅山》(東京：吉川弘文館，一九六四年)；鈴木健一《林羅山年譜稿》(東京：ぺりかん社，一九九九年)。

10 真柳誠，「本草綱目の伝来と金陵本」，《日本医史学会》37, no. 2 (1991): 41–43; 磯野直秀，《日本博物史年表》，西村三郎，《文明の中の博物学》，vol. 1, 106–8.

11 Mayanagi, "*Honzo komoku* no denrai to kinryôbon," 108.

12 《羅山林先生行狀》與《羅山先生年譜》，收錄於《羅山先生文集》；還有堀勇雄《林羅山》；鈴木健一《林羅山年譜稿》。

13 編按：加賀國為日本古代令制國，其範圍約為今天日本本島石川縣的南部地區。

14 中世紀的自耕農武士，是不為幕府服務的地方權貴。他們的崛起與鎌倉時代後期幕府政權衰落有關，當時土地持有者(被稱為「名主」)開始逐漸與中央政府脫鉤，並在村莊中奪取實際的統治權。他們之中的許多人為了自我保護而組織了軍事化部隊。在戰國時期，這些勢力強大的地侍逐漸控制了整個地區的軍事。他們的家臣通常被稱為「鄉士」。林家在

第三章

1 矢部一郎，《江戸の本草：薬物学と博物学》43; 上野益三，《日本博物学史》，65; 木村陽二郎，《日本自然史の成立》，33; 杉本つとむ，《江戸の翻訳家たち》，38; 西村三郎，《文明の中の博物学》，vol. 1, 106.

2 關於理學在德川幕府建立過程中所扮演之意識形態角色的爭論是非常激烈的。特別參考 Wm. Theodore de Bary, *The Unfolding of Neo-Confucianism* (New York: Columbia University Press, 1975); 黑住真，《近世日本社会と儒教》；山田慶児，《朱子の自然学》；島田虔次，《朱子学と陽明学》；和島芳男，《日本宋学史の研究》；岩崎允胤，《日本近世思想史序説》，vol. 2; Robert Bellah, *Tokugawa Religion: The Cultural Roots of Modern Japan* (London: Free Press, 1985); Maruyama, *Studies in the Intellectual History of Tokugawa Japan*; Tetsuo and Scheiner, *Japanese Thought in the Tokugawa Period, 1600–1868*; Kate Wildman Nakai, "The Naturalization of Confucianism in Tokugawa Japan: The Problem of Sinocentrism," *Harvard Journal of Asiatic Studies* 40, no. 1 (June 1980): 157–99; Nosco, *Confucianism and Tokugawa Culture*; Samuel Hideo Yamashita, *Compasses and Carpenter's Squares: A Study of Itō Jinsai (1627–1705) and Ogyū Sorai (1666–1728)* (Ann Arbor, MI: University Microfilms International, 1981); Watanabe Hiroshi, *A History of Japanese Political Thought, 1600–1901*, trans. David Noble (Tokyo: International House of Japan, 2012).

3 矢部一郎，《日本の本草》，44; 上野益三，《日本博物学史》，65; 木村陽二郎，《日本自然史の成立》，34; 杉本つとむ，《江戸の翻訳家たち》，38–46; 西村三郎，《文明の中の博物学》，vol. 1, 106.

4 參考 Robert L. Backus, "The Relationship of Confucianism to the Tokugawa Bakufu as Revealed in the Kansei Educational Reform," *Harvard Journal of Asiatic Studies* 34 (1974): 97–162; Robert L. Backus, "The Kansei Prohibition of Heterodoxy and Its Effects on Education," *Harvard Journal of Asiatic Studies* 39, no. 1 (June 1979): 55–106; Robert L. Backus, "The Motivation of Confucian Orthodoxy in Tokugawa Japan," *Harvard Journal of Asiatic Studies* 39, no. 2 (December 1979): 275–338.

5 例如井上哲次郎（一八五五—一九四四）與村岡典嗣（一八八四—一九四六）。Maruyama Masao, *Studies in the Intellectual History of Tokugawa Japan*, xv–xxxvii. Published in Japanese as *Nihon seiji shisōshi kenkyū* (Tokyo: Tokyo Daigaku Shuppankai, 1952).

http://plato.stanford.edu/entries/xunzi.（譯注：〔原文〕有時而欲偏舉之，故謂之鳥獸。鳥獸也者，大別名也。推而別之，別則有別，至於無別然後至。〔《荀子・正名篇》，第七章〕）

101 Fung, *History of Chinese Philosophy*, vol. 2, 631–36.

102 Métailié, "The *Bencao gangmu* of Li Shizhen," 241.

103 Nappi, *The Monkey and the Inkpot*, 140.

104 這種對名稱與事物同源性的類似信念，也是文藝復興時期歐洲自然史的特徵。Foucault, *The Order of Things*, 129. 亦可參考 William B. Ashworth Jr., "Emblematic Natural History of the Renaissance," in *Cultures of Natural History*, ed. Nicholas Jardine, James A. Secord, and Emma C. Spary (Cambridge: Cambridge University Press, 1996), 23.

105 請注意，例如，將事物分為類（**綱**）與等級（**目**）的術語，也被用來命名條目（**綱**）與章節（**目**）。

106 William Shakespeare, *Romeo and Juliet*, II, ii, 1–2, accessed August 14, 2014, http://shakespeare.mit.edu/romeo_juliet/full.html.

107 Bernard of Cluny, *De Contemptu Mundi*, in *Bernard le Clunisien: De contempt mundi. Une vision du monde vers 1144*, ed. André Cresson (Turnhout: Brepols, 2009), 126. 今天最廣為流行的版本是來自於安伯托・艾可（Umberto Eco）：*Stat rosa pristina nomine, nomina nuda tenemus*, in *Il nome della rosa* (Milano: Bompiani, 1980).

第二部分

1 參考 Peter Kornicki, *The Book in Japan: A Cultural History from the Beginnings to the Nineteenth Century* (Honolulu: University of Hawaii Press, 2001), 277–305. 亦可參考 Lucille Chia, *Printing for Profit: The Commercial Publishers of Jianyang, Fujian(11th-17th Centuries)* (Cambridge, MA: Harvard University Asia Center, 2002); Lucille Chia, "Of Three Mountains Street: The Commercial Publishers of Ming Nanjing," in *Printing and Book Culture in Late Imperial China*, ed. Cynthia Brokaw and Kai-wing Chow (Berkeley: University of California Press, 2005), 107– 51.

2 編按：播磨國為日本古代令制國，其範圍約為今天日本本島兵庫縣南部及神戶市的西區周邊。土佐國亦為古代令制國，其範圍為今日日本四國島上的高知縣。

3 Fukuo Takeichirō, *Ōuchi Yoshitaka* (Tokyo: Yoshikawa Kōbunkan, 1989), 93–115.

4 參考第十章。

事物。參考Umberto Eco, "Dall'albero al labirinto," in *Dall'albero al labirinto. Studi storici sul segno e l'interpretazione* (Milano: Bompiani, 2007), 13–96.

86 參考Wilkins, *Species: A History of the Idea* (Berkeley: University of California Press, 2009), 47–96.

87 參考Wheeler, *Species Concepts and Phylogenetic Theory*.

88 參考Aristotle, *De generation et corruptione* (On Generation and Corruption). 英譯本可參考 H. H. Joachim at http://ebooks.adelaide.edu.au/a/aristotle/corruption (accessed October 21, 2010).

89 自從巴門尼德（Parmenides）以來，希臘哲學就陷入存在與變化的悖論之中。德謨克利特（Democritus）的原子論試圖規避一個與自身相同的存在和變化的問題，但亞里斯多德否定了這個理論，其演繹系統成了西方哲學傳統的主流典範，直到近世時期。希臘與中國關於人體之思想體系的比較，參考Shigehisa Kuriyama, *The Expressiveness of the Body, and the Divergence of Greek and Chinese Medicine* (New York: Zone Books, 2002).

90 參考Nappi, *The Monkey and the Inkpot*, 69–135.

91 Ibid., 140.

92 編按：有關波菲利之樹，參考本章注解86。

93 Elman, *On Their Own Terms*, 5.

94 Métailié, "The *Bencao gangmu* of Li Shizhen," 241.

95 Elman, *On Their Own Terms*, 37. 亦可參考John Makeham, *Name and Actuality in Early Chinese Thought* (Albany: State University of New York Press, 1994)；以及Fung, *History of Chinese Philosophy*, vol. 1, 59–62, 302–11.

96 《論語．子路篇》，第三章。

97 《論語．顏淵篇》，第十七章。

98 編按：唯名論乃形上學中的一種立場，其主張為拒絕接受有共享的、抽象的事物存在（例如抽象的形狀、顏色等性質或關係），轉而只接受個別的、具體的事物存在。與唯名論相對立的立場則是實在論，亦即接受有共享、抽象的事物存在。此處作者論孔子在「正名」問題上有唯名論的傾向，係意指「正名」這項行為不是一個抽象且統一的哲學活動，而是可以具體落實在不同場合與不同應用的活動。

99 Burton Watson, *Xunzi: Basic Writings* (New York: Columbia University Press, 2003), 154.

100 Dan Robins, "Xunzi," *Stanford Encyclopedia of Philosophy*, accessed October 21, 2010,

"Compasses and Carpenter's Squares: A Study of Itō Jinsai (1627–1705) and Ogyū Sorai (1666–1728)" (PhD diss., University of Michigan, 1981).

76 在日本，石田梅岩（一六八五—一七四四，理學心學派創始人）與佐藤直方（一六五〇—一七一九）是兩位強調內省實踐的學者。參考 Bellah, *Tokugawa Religion*; Paolo Beonio-Brocchieri, *Religiosita e ideologia alle origini del Giappone moderno* (Milano: Ispi, 1965); John Allen Tucker, "Quiet-Sitting and Political Activism: The Thought and Practice of Satō Naokata," *Japanese Journal of Religious Studies* 29, nos. 1–2 (2002): 107–46.

77 理學家主要在日本江戶所進行的「科學」運動。這方面可參考柄谷行人，《言葉と悲劇》(Tokyo: Kōdansha Gakujutsu Bunko, 1993), 161–84; 辻哲夫，《日本の科学思想：その自立への模索》(Tokyo: Chūkō Shinsho, 1973), 25–61; Sugimoto and Swain, *Science & Culture in Traditional Japan*, 291–395; 伊東俊太郎、村上陽一郎編，《日本科学史の射程》，講座科学史 4 (Tokyo: Baifūkan, 1989), 64–89, 121–41.

78 Needham and Lu, *Botany*, 315.

79 Elman, *On Their Own Terms*, 5.

80 Métailié, "The *Bencao gangmu* of Li Shizhen," 233.

81 Ibid., 234.

82 *Bencao gangmu, juan* 34, 1911. 翻譯自 Métailié, "The *Bencao gangmu* of Li Shizhen," 236.

83 Needham and Lu, *Botany*, 177.

84 Métailié, "The *Bencao gangmu* of Li Shizhen," 238. 梅泰理所謂的「民間分類」係取自 Scott Atran, "Origin of the Species and Genus Concepts: An Anthropological Perspective," *Journal of the History of Biology* 20, no. 2 (1987): 195–279. 亦可參考 Atran, *Cognitive Foundations of Natural History*.

85 新柏拉圖學派的哲學家波菲利（Porphyry）利用一個層次結構圖，來解釋亞里斯多德「種－屬」（eidos-genos）的邏輯－存有學模型，揭示了真實世界在邏輯、存有學與經驗上可觀察的結構。大致來說，它是將亞里斯多德所謂的「屬」（genos）按照一種差別（differences／διαφορα）等級系統劃分為「種」（eidos），這個系統顯示出物種如何共有一個屬的本質，以及一個物種的每個個體如何共有物種的本質。這個系統被設想為應該能建構出一個樹狀結構（treelike structure／arbor porphyriana），以視覺化的方式顯示出邏輯與存有學差別的層次序列，從而區分出宇宙中的所有

73 引自 Needham and Lu, *Botany*, 320–21.（譯注：原文出自〈《本草綱目》凡例〉，「雖曰醫家藥品，其考釋性理，實吾儒格物之學，可裨《爾雅》、《詩疏》之缺。」）

74 編按：有必要澄清的是，二十世紀以熊十力、唐君毅、牟宗三等眾多當代儒者所高舉的「新儒家」旗幟，在學界通常以「New Confucianism」作出英文譯名上的區別。此處作者認為將「（江戶）朱子學」或「程朱理學」翻譯成「Neo-Confucianism」係誤譯，然而目前學界仍持續把「Neo-Confucianism」拿來作「宋明理學」（相當於既涵蓋宋代的程朱理學，亦涵蓋明代的陸王心學）的英文翻譯。需注意的是，單就內文來看，此處的「新儒家」並不是指二十世紀當代儒者的新儒家派別。

75 關於朱熹的形上學，參考 Yamada Keiji, *Shushi no shizengaku* (Tokyo: Iwanami Shoten, 1978); Shimada Kenji, *Shushigaku to yōmeigaku* (Tokyo: Iwanami Shinsho, 2000); Yasuda Jirō, *Chūgoku kinsei shisō kenkyū* (Tokyo: Chikuma Shobō, 1976); Fung Yu Lan, *A History of Chinese Philosophy*, vol. 2 (Princeton, NJ: Princeton University Press, 1953), 533–672. 關於朱熹宇宙論在日本的研究，參考 Wajima Yoshio, *Nihon Sōgakushi no kenkyū*, rev. ed. (Tokyo: Yoshikawa Kōbunkan, 1988); Iwasaki Chikatsugu, *Nihon kinsei shisōshi josetsu*, vol. 1 (Tokyo: Shin Nihon Shuppansha, 1997), 116–76. 關於日本朱子學的「異端」詮釋，參考子安宣邦，《江戶思想史講義》(Tokyo: Iwanami Shoten, 1998); 子安宣邦，《方法としての江戶》(Tokyo: Perikansha, 2000); 黑住真，《近世日本社会と儒教》(Tokyo: Perikansha, 2003). 亦可參考 Robert Bellah, *Tokugawa Religion: The Cultural Roots of Modern Japan* (London: Free Press, 1985); Wm Theodore de Bary, *The Unfolding of Neo-Confucianism* (New York: Columbia University Press, 1975); Benjamin Elman, John Duncan, and Herman Ooms, eds., *Rethinking Confucianism: Past and Present in China, Japan, Korea, and Vietnam* (Los Angeles: UCLA, 2002); Maruyama Masao, *Studies in the Intellectual History of Tokugawa Japan*, ed. Mikiso Hane (Tokyo: University of Tokyo Press, 1974); Tetsuo Najita, *Vision of Virtue in Tokugawa Japan: The Kaitokudō Merchant Academy of Osaka* (Honolulu: University of Hawaii Press, 1987); Tetsuo Najita and Irwin Scheiner, eds., *Japanese Thought in the Tokugawa Period, 1600–1868: Methods and Metaphors* (Chicago: University of Chicago Press, 1968); Peter Nosco, ed., *Confucianism and Tokugawa Culture* (Honolulu: University of Hawaii Press, 1984); Herman Ooms, *Tokugawa Ideology: Early Constructs, 1570–1680* (Princeton, NJ: Princeton University Press, 1985); Samuel Hideo Yamashita,

嘲弄著「某本中國百科全書」的分類法，將該書動物分成(a)屬於皇帝的、(b)經過防腐處理的、(c)馴服的、(d)乳豬、(e)海妖、(f)傳說的、(g)流浪狗、(h)包括在當前分類的、(i)瘋狂的、(j)數不清的、(k)用很細的駱駝毛筆畫的、(l)其他等等、(m)剛打破水壺、(n)從遠處看來像蒼蠅。」Foucault, *The Order of Things*, xv，也引用了這段話。

59 參考 Geoffrey C. Bowker and Susan Leigh Star, *Sorting Things Out: Classification and Its Consequences* (Cambridge, MA: MIT Press, 1999).

60 Ian Hacking, "Biopower and the Avalanche of Printed Number," *Humanities in Society* 5 (1982): 280.

61 Foucault, *The Order of Things*, xv– xvi.

62 Ritvo, *The Platypus and the Mermaid*.

63 Marcel Proust, *Swann's Way*, trans. Lydia David (London: Penguin, 2004), 403.

64 我在這裡用「百科全書」來比喻一個社群中，說話者的語意能力。Umberto Eco, *Kant and the Platypus: Essays on Language and Cognition* (New York: Harcourt Brace, 2000).

65 Edward Sapir, *Selected Writing of Edward Sapir on Language, Culture, and Personality* (Berkeley: University of California Press, 1949).

66 Martin Heidegger, *Poetry, Language, Thought* (New York: Harper & Row, 1971), 146.

67 「相關主義」是法國哲學家甘丹・梅亞蘇（Quentin Meillassoux）創造的一個名詞。他解釋道：「所謂的『相關性』指的是一種觀念，根據這種觀念，我們只能接觸到思維與存在之間的關聯，不能將兩者分開考慮。」Quentin Meillassoux, *After Finitude: An Essay on the Necessity of Contingency*, trans. Ray Brassier (London: Continuum, 2008), 5.

68 Theodor W. Adorno, *Metaphysics: Concepts and Problems*, trans. E. F. N. Jephcott (Stanford: Stanford University Press, 2001), 68.

69 因為「物質（υλη／matter）概念的特殊性在於，我們使用的這個概念……根據其意義，它指的是不屬於概念或原則的東西。」Adorno, *Metaphysics*, 67.

70 Cook, *Adorno on Nature*, 11.

71 理學中有關知識與本草學方面的看法，參考 See Elman, *On Their Own Terms*, 24–60.

72 譯注：即〈進《本草綱目》疏〉。

別（先驗論式的〔aprioristic〕），而第二型分類則產生歸納性的推論（科學的經驗主義），但這種知識論的劃分在哲學上是薄弱的：若為純粹的歸納，分類不僅會傾向於持續對其結構進行調整，也會根據隨後的經驗發現來調整其探究原則，但這實際上未曾發生過，正如林奈二名法（一種演繹的識別方案）在今天的系統分類學中倖存下來所顯示的那樣。參考 Mark Ridley, "Principles of Classification," in *Philosophy of Biology*, ed. Michael Ruse (Amherst, NY: Prometheus Books, 1998), 167–79; Ritvo, *The Platypus and the Mermaid*; 另一個不同的概述，參考 Martin Mahner and Mario Bunge, *Foundations of Biophilosophy* (Berlin: Springer, 1997).

54 John Dupré, "Are Whales Fish?," in Medin and Atran, *Folkbiology*, 461–76.

55 參考 Umberto Eco, "Interpreting Animals," in *The Limits of Interpretations* (Bloomington: Indiana University Press, 1994), 111–22.

56 又稱系統分類學（phylogenetic systematics）。參考 Willi Henning, *Phylogenetic Systematics*, trans. D. Dwight Davis and Rainer Zangerl (Urbana, IL: University of Illinois Press, 1999).

57 相關的科學爭論，參考 Quentin Wheeler, *Species Concepts and Phylogenetic Theory: A Debate* (New York: Columbia University Press, 2000); David L. Hull, "The Limits of Cladism," *Systematic Zoology* 28 (1978): 416–40; Mayr, *The Growth of Biological Thought*; Claude Dupuis, "Willi Hennig's Impact on Taxonomic Thought," *Annual Review of Ecology and Systematics* 15 (1984): 1–24; Edward O. Wiley, D. Siegel-Causey, Daniel R. Brooks, and V. A. Funk, *The Compleat Cladist: A Primer of Philogenetic Procedures* (Lawrence: University of Kansas Museum of Natural History Special Publication No. 19, 1991); Ian J. Kitching, Peter L. Forey, Christopher J. Humphries, and David M. Williams, eds., *Cladistics: Theory and Practice of Parsimony Analysis* (Oxford: Oxford University Press, 1998). 相關的哲學爭論，參考 David L. Hull, "The Ontological Status of Species as Evolutionary Units," in Ruse, *Philosophy of Biology*, 146–55; David L. Hull and Michael Ruse, eds., *The Philosophy of Biology* (Oxford: Oxford University Press, 1998), 295–347; Mahner and Bunge, *Foundations of Biophilosophy*, 213–70. 若需要面向大眾的導論，參考 Carol Kaesuk Yoon, *Naming Nature: The Clash between Instinct and Science* (New York: W. W. Norton, 2009).

58 Jorge Luis Borges, "John Wilkins' Analytical Language," in *Jorge Luis Borges: Selected Non-fictions*, ed. Eliot Weinberger (New York: Penguin Books, 1999), 231. 波赫士

啟發。鑑於李時珍對朱熹的崇敬，這是一個有說服力的假說。Métailié, "The *Bencao gangmu* of Li Shizhen," 226.

43 引自 Métailié, "The *Bencao gangmu* of Li Shizhen," 226.（譯注：〔原文〕《神農本草》三卷，三百六十種，分上、中、下三品。梁陶弘景增藥一倍，隨品附入。唐、宋重修，各有增附，或並或退，品目雖存，舊額淆混，義意俱失。今通列一十六部為綱，六十類為目，各以類從。）

44 審定注：雖然原文如此，但其實其中有許多不是昆蟲（insect）。

45 引自 Needham and Lu, *Botany*, 315. 更符合原意的翻譯，參考 Métailié, "The *Bencao gangmu* of Li Shizhen," 227.（譯注：〔原文〕舊本玉、石、水、土混同，諸蟲、鱗、介不別，或蟲入木部，或木入草部。今各列為部，首以水、火，次之以土，水、火為萬物之先，土為萬物母也。次之以金、石，從土也。次之以草、穀、菜、果、木，從微至巨也。次之以服、器，從草、木也。次之以蟲、鱗、介、禽、獸，終之以人，從賤至貴也。）

46 參考 Nappi, *The Monkey and the Inkpot*, 50–68，有關「龍」這個條目的分析。亦可參考 Métailié, "The *Bencao gangmu* of Li Shizhen," 250–52.

47 譯者注：原文寫李建元為李時珍之兄弟，為作者誤植。

48 Needham and Lu, *Botany*, 282.《經史證類備急本草》也稱《證類本草》。一六四〇年重印的百科全書在插圖方面顯示出重大變化。一八八五年的版本主要以取自《救荒本草》與吳其濬《植物名實圖考》（一八四八年）的新插圖取代原來的插圖。參考 Nappi, *The Monkey and the Inkpot*, 52–53; Xie Zongwan, "*Bencao gangmu* tuban de kaocha," in *Li Shizhen yanjiu lunwen ji* (Wuhan: Hubei Kexue Jishu Chubanshe, 1985), 145–99.

49 Brian W. Ogilvie, *The Science of Describing: Natural History in Renaissance Europe* (Chicago: University of Chicago Press, 2006), 219–21; Scott Atran, *Cognitive Foundations of Natural History: Towards an Anthropology of Science* (Cambridge: Cambridge University Press, 1990); Brent Berlin, *Ethnobiological Classification: Principles of Categorization of Plants and Animals in Traditional Societies* (Princeton, NJ: Princeton University Press, 1992).

50 Ernst Mayr, *The Growth of Biological Thought: Diversity, Evolution and Inheritance* (Cambridge, MA: Belknap, 1982), 147– 48.

51 Mayr, *The Growth of Biological Thought*, 148.

52 Ibid.

53 在我看來，邁爾的建議是，第一型分類（識別方案）導致演繹性的識

32 引用自 ibid., 311.

33 Ibid., 316; Elman, *On Their Own Terms*, 32–33. 不同的數字可能取決於李約瑟和矢部一郎（Ichiro Yabe）在分析時考慮的究竟是哪個版本。李約瑟以一五九六年初版為基礎，矢部一郎則參考一六〇三年的第二版，即所謂的江西版。由於印刷數量較多，江西版流傳範圍更廣。目前，我們無法確定林羅山於一六〇七年在長崎為德川家康購買的是第一版或第二版，儘管大多數日本學者傾向後者。第三版即所謂的湖北版，於一六〇六年推出，按中國慣例以印刷地區命名。正如艾爾曼所言，「這部巨作很快就銷售一空，僅在十七世紀就再版八次。」Elman, *On Their Own Terms*, 30–31.

34 南京在當時稱為金陵，因此《本草綱目》也稱作「金陵本」。

35 Translated by Nappi, *The Monkey and the Inkpot*, 20.（譯注：〔原文〕上自墳典，下及傳奇，凡有相關，靡不備采。）

36 李約瑟將書名翻譯為「至高藥典」（The Great Pharmacopoeia），Needham and Lu, *Botany*, 312，但其實更恰當的描述是「依據綱目分類的藥典」（Pharmacopoeia Divided into Classes and Orders）或更精確地說，「系統的本草學」（Systematic Materia Medica），這裡我採取的翻譯係來自 Elman, *On Their Own Terms*, and Nappi, *The Monkey and the Inkpot*。梅泰理（Georges Métailié）建議翻成「分類的本草學」（Classified Materia Medica），參考 Métailié, "The *Bencao gangmu* of Li Shizhen," 221.

37 Needham and Lu, *Botany*, 312.

38 In Nappi, *The Monkey and the Inkpot*, 20.（譯注：〔原文〕如入金谷之園，種色奪目；如登龍君之宮，寶藏悉陳；如對冰壺玉鑒，毛髮可指數也。博而不繁，詳而有要，綜核究竟，直窺淵海。茲豈僅以醫書覯哉？實性理之精微，格物之《通典》，帝王之秘籙，臣民之重寶也。李君用心嘉惠何勤哉！）

39 Métailié, "The *Bencao gangmu* of Li Shizhen," 241.

40 Needham and Lu, *Botany*, 312.

41 Li Shizhen, *Bencao gangmu* (Beijing: Renmin Weisheng Chubanshe, 1977–81). 我參照的近代日本的版本是《国訳本草綱目：新註校訂》，鈴木真海譯；白井光太郎、木村康一監修，十五卷本 (Tokyo: Shun'yōdō Shoten, 1973). 關於英文譯本，參考 *Compendium of Materia Medica*, trans. and ann. Luo Xiwen, 6 vols. (Beijing: Foreign Languages Press, 2003).

42 梅泰理認為，李時珍可能是受到朱熹一一八九年《通鑑綱目》的書名所輔仁，《本草和名》，与謝野鉄幹編，兩卷本 (Tokyo: Nihon Koten Zenshū Kankōkai, 1926). 同樣參考真柳誠，「本草和名引用書名索引」，《日本医史学雑誌》33, no.3 (1986): 381–95.

19 矢部一郎，《江戸の本草：薬物学と博物学》15–24.

20 惟宗具俊，《本草色葉抄》(Tokyo: Naikaku Bunko, 1968). 也可參考 Needham and Lu, *Botany*, 282–83.

21 完整的清單，參考 矢部一郎，《江戸の本草：薬物学と博物学》28–31

22 關於中國醫學，參考 *Medicine in China: A History of Ideas* 和 Joseph Needham and Lu Gwei-djen, *Science and Civilization in China*, vol. 6, bk. 6, Medicine (Cambridge: Cambridge University Press, 2000). 關於日本醫學，參考 Sugimoto and Swain, *Science & Culture in Traditional Japan*; Hattori Toshirō, *Edo jidai igakushi no kenkyū* (Tokyo: Yoshikawa Kōbunkan, 1978).

23 Sugimoto and Swain, *Science & Culture in Traditional Japan*, 215.

24 參考第三章。

25 審定注：李時珍在《本草綱目・人参》中，提到父親擁有太醫院吏目的頭銜。

26 Needham and Lu, Botany, 308. 關於李時珍生平的描繪，參考 Nappi, *The Monkey and the Inkpot*, 12–49；亦可參考 Chen Xinqian, ed., Li Shizhen yanjiu lunwen ji (Wuhan: Hubei Kexue Jishu Chubanshe, 1985).

27 參考 Liu Hongyao, ed., *Lidai mingren yu Wudang, Wudang Zazhi Zengkan*, 1994；亦可參考 Nappi, *The Monkey and the Inkpot*, 136–49.

28 審定注：李時珍終身未通過湖北省鄉試，否則有舉人資格已可做官。

29 正如艾爾曼（Benjamin A. Elman）所言，李時珍在鄉試中落榜，「就如全國九成五的考生一樣」。Elman, *On Their Own Terms*, 30. 有關科舉考試，參考 Benjamin A. Elman, "Political, Social, and Cultural Reproduction via Civil Service Examinations in Late Imperial China," *Journal of Asian Studies* 50, no. 1 (February 1991): 7– 28; Benjamin A. Elman, *A Cultural History of Civil Examinations in Late Imperial China* (Berkeley: University of California Press, 2000).

30 Needham and Lu, *Botany*, 310.

31 審定注：史家對李時珍是否做過太醫院的高官有不同意見。被楚王推薦到中央後才一年就返鄉，能夠做到太醫院首長的可能性並不高。至少，其子李建元上表時只說他是「楚王府奉祠正」。作者在這裡採取了艾爾曼（Benjamin Elman）的說法。

4 Unshuld, *Medicine in China*, 5, 14.

5 字面上來看，本草學的意思是「基本」（本）「藥草」（草）的「學習」（學）。參考Yabe, *Edo no honzō*, 6.

6 翻譯（稍加潤飾）出自Unshuld, *Medicine in China*, 113. 不同的翻譯版本，參考Needham and Lu, *Botany*, 237.（譯注：〔原文〕古者，民茹草飲水，采樹木之實，食蠃蠬之肉。時多疾病毒傷之害，於是神農乃始教民播種五穀，相土地宜，燥濕肥墝高下，嘗百草之滋味，水泉之甘苦，令民知所辟就。當此之時，一日而遇七十毒。）

7 Needham and Lu, *Botany*, 244.

8 審定注：「令制國」是江戶時代為止日本的地方行政名詞。有一些「國」原本是獨立於大和朝廷的地方政權，在日本仿唐建立「律令制度」後，將全土劃分為六十餘「國」，成為日本史上重要的地方區劃單位。有時也稱為「州」，地域約相當現代一個或半個縣。至明治維新時廢止，但仍常見於鐵路名稱等地方用語。日文中通常直接稱之為「國」，本書譯者則是使用現代史學界的專有名詞「令制國」，幫助中文讀者與現代意義的國家做區分。

9 Masayoshi Sugimoto and David Swain, *Science & Culture in Traditional Japan* (Rutland: Charles E. Tuttle, 1989), 88.

10 Ibid., 85.

11 有關於日本本草學的早期歷史，參考Yabe, *Edo no honzō*, 15–42; Ueno, *Nihon hakubutsugaku shi*, 24– 63; Nishimura, *Bunmei no naka no hakubutsugaku*, vol. 1, 223–30.

12 該文本早已佚失，但根據八世紀《日本書紀》的記載，它曾經兩次從中國與朝鮮半島傳入。

13 Needham and Lu, *Botany*, 242.

14 Nishimura, *Bunmei no naka no hakubutsugaku*, vol. 1, 194–98.

15 Métailié, "The Bencao gangmu of Li Shizhen," 224–25.

16 審定注：蘇敬（五九九—六七四）的正式職位為右監門衛長史，與宮掖門禁有關，有可能因職務之便經眼過從各地貢入的藥品。他上書倡議修訂陶弘景的《本草經集註》，為唐高宗所採納，並令元老李勣（五九四—六六九）與蘇敬等人共同修撰成《新修本草》。

17 Needham and Lu, *Botany*, 266.

18 深根輔仁，《本草和名》，兩卷本 (Edo: Izumiya Shōjirō, 1796). 重印於深根

一直持續到西元四世紀。Mark J. Hudson, *Ruins of Identity: Ethnogenesis in the Japanese Islands* (Honolulu: University of Hawaii Press, 1999).

2 本章簡要介紹了一六〇〇年以前日本本草學的概況。為此，我很大程度上倚賴有關中國本草的研究。其中包括了Joseph Needham and Lu Gwei-djen, *Science and Civilization in China*, vol. 6, bk. 1, *Botany* (Cambridge: Cambridge University Press, 1986); Peter Unshuld, *Medicine in China: A History of Pharmaceutics* (Berkeley: University of California Press, 1986); Peter Unshuld, *Medicine in China: A History of Ideas* (1985; repr. Berkeley: University of California Press, 2010); Benjamin Elman, *On Their Own Terms: Science in China, 1550–1900* (Cambridge, MA: Harvard University Press, 2005); Benjamin Elman, *A Cultural History of Modern Science in China* (Cambridge, MA: Harvard University Press, 2006); Linda L. Barnes, *Needles, Herbs, Gods, and Ghosts: China, Healing, and the West to 1848* (Cambridge, MA: Harvard University Press, 2005); Vivienne Lo and Christopher Cullen, eds., *Medieval Chinese Medicine: The Dunhuang Medical Manuscripts* (London: Routledge Curzon, 2005); Elizabeth Hsu, ed., *Innovation in Chinese Medicine* (Cambridge: Cambridge University Press, 2001); Nishimura, *Bunmei no naka no hakubutsugaku*, vol. 1; Ishida Hidemi, *Chūgoku igaku shisōshi* (Tokyo: Tōkyō Daigaku Shuppankai, 1992); Okanishi Tameto, *Honzō gaisetsu* (Osaka: Sōgensha, 1977); Yamada Keiji, *Chūgoku kodai kagaku shiron* (Kyoto: Kyoto Daigaku Jinbunkagaku Kenkyūjo, 1989); Yamada Keiji, ed., *Higashi ajia no honzō to hakubutsugaku no sekai* (Tokyo: Shibunkaku Shuppan, 1995); Yamada, *Honzō to yume to tōkinjutsu*; Pan Jixing, "Tan 'Zhiwuxue' yi ci zai Zhingguo he Riben de youlai," *Daiziran tansuo* 3 (1984): 167–72; Zhongyi dacidian bianji weiyuanhui,ed., *Zhongyi dacidian: yishi wenxian fence* (Beijing: Renmin Weisheng Chubanshe, 1981). 有關李時珍，參考Nappi, *The Monkey and the Inkpot*; Georges Métailié, "Des mots et des plantes dans le *Bencao gangmu* de Li Shizhen," *Extreme-Orient Extreme- Occident* 10 (1988): 27–43; Georges Métailié, "The *Bencao gangmu* of Li Shizhen: An Innovation in Natural History?," in *Innovation in Chinese Medicine*, ed. Elizabeth Hsu (Cambridge: Cambridge University Press, 2001), 221–61; Qian Yuanming, ed., *Li Shizhen yanjiu* (Guangzhou: Guangdong Keji Chubanshe, 1984); Lu Gwei-djen, "China's Greatest Naturalist: A Brief Biography of Li Shih-Chen," *Physis* 8, no. 4 (1966): 383–92.

3 Marius B. Jansen, *China in the Tokugawa World* (Cambridge, MA: Harvard University Press, 1992).

Commentaries (Ann Arbor, MI: Association for Asian Studies, 1997). 當代哲學家和辻哲郎以地緣文化決定論（geocultural determinism）的方式重新建構「風土」概念，參考 *Climate and Culture: A Philosophical Study* (Tokyo: Hakuseido, 1961). On Watsuji, see Harootunian, *Overcome by Modernity*, 202–92.

66 有關批判性質的導覽，參考 Julia Adeney Thomas, *Reconfiguring Modernity: Concepts of Nature in Japanese Political Ideology* (Berkeley: University of California Press, 2001).

67 這是大多數日本原始資料的常規作法。

68 白井光太郎，《日本博物学年表》(Tokyo: Maruzen, 1891).

69 Steven Shapin, *The Scientific Revolution* (Chicago: University of Chicago Press, 1996), 1–14.

70 Simon Schaffer et al., eds., *The Brokered Word: Go-Betweens and Global Intelligence, 1770–1820* (Sagamore Beach, MA: Science History Publications, 2009).

71 Peter Dear, *The Intelligibility of Nature: How Science Makes Sense of the World* (Chicago: University of Chicago Press, 2006), 11.

72 因此，我和保羅・博格西安（Paul Boghossian）一樣，對他所為「後現代主義的相對主義」感到不滿。所謂「後現代主義的相對主義」，即認為「要認識世界，有許多完全不同但『同樣有效』的方式，科學只是其中之一。」Paul Boghossian, *Fear of Knowledge: Against Relativism and Constructivism* (Oxford: Oxford University Press, 2006), 2.

73 事實上，恩格爾貝特・肯普弗（Engelbert Kaempfer）、卡爾・彼得・滕伯格（Carl Peter Thunberg）與弗蘭茲・馮・西博爾德（Franz von Siebold）在十八世紀與十九世紀有關日本動植物相關的出版品，是本草學知識間接為歐洲自然史作出貢獻的媒介。

74 佐藤仁，《「持たざる国」の資源論：持続可能な国土をめぐるもう一つの知》(Tokyo: Tōkyō Daigaku Shuppankai, 2011).

75 Watsuji, *Climate and Culture*；也可參考 Julia Adeney Thomas, "The Cage of Nature: Modernity's History in Japan," *History and Theory* 40, no. 1 (February 2001): 16–36; Thomas, *Reconfiguring Modernity*; Karatani Kōjin, *Origins of Modern Japanese Literature* (Durham: Duke University Press, 1993), 11– 44.

第二章

1 事實上，日本群島在三萬五千年前就開始了一系列的移民浪潮，而且三伯與宇田川玄隨及岡田甫說合作編纂，並以一七二二年於阿姆斯特丹印刷之弗朗索瓦・豪瑪（François Halma，一六五三——七二二）荷法辭典第二版為基礎的荷日辭典。這三位譯者都是蘭學學者暨醫生大槻玄澤的弟子，大槻玄澤是本草學知識圈的積極參與者。《波留麻和解》值得一提，因為相對於德川時期編纂的所有其他字典，它是唯一一本將荷蘭文的「Natuur」翻譯為「自然」的字典。然而，當一八五八年桂川甫周（即桂川國瑞）的《波留麻和解》新版終於以《和蘭字彙》為題印刷時，「Natuur」這個條目消失了。第二個例外是農村思想家安藤昌益的作品，其手稿《自然真營道》將「自然」視為一個基本概念。遺憾的是，安藤昌益一直默默無聞，他的手稿在一八九九年才被狩野亨吉（一八六五—一九四二）發現。安藤昌益對德川時期哲學辯論的貢獻實際上是無關緊要的。參考 Toshinobu Yoshinaka, *Andō Shōeki: Social and Ecological Philosopher in Eighteenth- Century Japan* (New York: Weatherhill, 1992); Ishiwata Hiroaki, *Andō Shōeki no sekai: Dokusōteki shisō wa ikani umareta ka* (Tokyo: Sōshisha, 2007).

60 伊藤仁齋，《語孟字義》，收錄於《日本思想大系》，吉川幸次郎、清永茂校注 vol. 33 (Tokyo: Iwanami Shoten, 1971), 116.

61 Ibid. 不同的翻譯版本，參考 John Allen Tucker, *Itō Jinsai's* Gomō jigi *and the Philosophical Definition of Early Modern Japan* (Leiden: Brill, 1998), 73.（譯注：〔原文〕今若以版六片相合作匣，密以蓋加其上，則自有氣盈于其內。有氣盈于其內，則自生白醭。既生白醭，則又自生蛀蟫，此自然之理也，蓋天地一大匣也，陰陽匣中之氣也，萬物白醭蛀蟫也。）

62 正文以下的條目係出自 Terao, *"Shizen" gainen no keiseishi*, 154–69.

63 特別參考《日本書紀》（七二〇年）和《懷風藻》（七五一年）。寺尾五郎，《「自然」概念の形成史》，157–58.

64 編按：原為梵文「लोकधातु」的音譯，指佛教裡的「世界」，「loka」為「世」，指的是時間，「dhātu」為「界」，指的是空間，合在一起指稱現象世界裡的萬物。

65 有關於中國地方志，參考 Peter K. Bol, "The Rise of Local History: History, Geography, and Culture in Southern Song and Yuan Wuzhou," *Harvard Journal of Asiatic Studies* 61, no. 1 (2001): 37–76; James M. Hargett, "Song Dynasty Local Gazetteers and Their Place in the History of Difangzhi Writing," *Harvard Journal of Asiatic Studies* 56, no. 2 (1996): 405–42. 有關日本的風土記，參考 Michiko Y. Aoki, *Records of Wind and Earth: A Translation of Fudoki, with Introduction and*

John Torrance (Oxford: Clarendon Press, 1992), 1–24; Charles E. Scott, *The Lives of Things* (Bloomington: Indiana University Press, 2002), 3– 81; Giovanni Reale, *Storia della filosofia greca e romana*, vols. 1–4 (Milano: Bompiani, 2004).

52 若想看一個批判性質的分析，參考Bruno Latour, *Politics of Nature: How to Bring the Sciences into Democracy* (Cambridge, MA: Harvard University Press, 2004); Timothy Morton, *The Ecological Thought* (Cambridge, MA: Harvard University Press, 2010); and Steven Vogel, *Against Nature: The Concept of Nature in Critical Theory* (Albany: State University of New York Press, 1996).

53 Jean Baudrillard, *Simulacra and Simulation* (Ann Arbor: University of Michigan Press, 1994), 4–18; 同樣參考Jean Baudrillard, *The Perfect Crime* (London: Verso, 1996), 119.

54 例如，參考提出「深層生態」宣言（the "deep ecology" manifesto）的Bill Devall and George Sessions, *Deep Ecology: Living as if Nature Mattered* (Salt Lake City, UT: Gibbs Smith, 1985). 然而，仍有來自糾纏於該宣言的猛烈抨擊，參考Murray Bookchin, *The Philosophy of Social Ecology: Essays on Dialectical Naturalism* (Montreal: Black Rose Books, 1990).

55 Latour, *Politics of Nature*.

56 Theodor Adorno, "Musikpädagogische Musik: Brief an Ernst Krenck," in *Theodor W. Adorno und Ernst Krenek: Briefwechsel*, ed. Wolfgang Rogge (Frankfurt am Main: Suhrkamp Verlag, 1974), 219. English translation by Susan Buck-Morss, *The Origin of Negative Dialectic: Theodor W. Adorno, Walter Benjamin, and the Frankfurt Institute* (New York: Free Press, 1977), 228.

57 參考Timothy Morton, *Ecology without Nature: Rethinking Environmental Aesthetics* (Cambridge, MA: Harvard University Press, 2007); Peter C. van Wyck, *Primitives in the Wilderness: Deep Ecology and the Missing Human Subject* (Albany: State University of New York Press, 1997); John Bellamy Foster, *Marx's Ecology: Materialism and Nature* (New York: Monthly Review Press, 2000); Bill McKibben, *The End of Nature* (New York: Random House, 2006); Robert Stolz, "Nature over Nation: Tanaka Shōzō's Fundamental River Law," *Japan Forum* 18, no. 3 (November 2006): 417– 37.

58 顯然，這是對羅伯斯庇爾（Maximilien Robespierre）在一七九二年十二月三日演講中著名段落的釋義：「路易必須死，因為這個國家得活下去。」在此感謝釋義者羅伯特・史托茲（Robert Stolz）。

59 這種情況只有兩個例外：第一個是《波留麻和解》，一七九六年由稻村

Culture, trans. Janet Lloyd (Chicago: University of Chicago Press, 2013).

40 柳父章，《翻訳の思想—「自然」とNATURE》(Tokyo: Heibonsha, 1977), 3–30. 同樣參考吉田忠，「自然と科学」，收錄於《講座日本思想》，卷一《自然》，相良亨、尾藤正英、秋山虔編 (Tokyo: Tōkyō Daigaku Shuppankai, 1983), 342.

41 針對文獻學方面的概述，參考寺尾五郎，《「自然」概念の形成史》(Tokyo: Nōsangyoson Bunka Kyōkai, 2002)

42 Graham Harman, *Guerrilla Metaphysics* (Peru, IL: Open Court, 2005), 251. 同樣參考 Graham Harman, *The Quadruple Object* (Winchester, UK: Zero Books, 2011).

43 "*Quid est ergo tempus? Si nemo ex me quaerat, scio; si quaerenti explicare velim, nescio.*" Augustine, *Confessionum libri*, XI- 14- 17.

44 例如參考英文網站Wikipedia中「自然」(“nature”）詞條裡的照片：http://en.wikipedia.org/wiki/Nature, last accessed October 2, 2012.

45 Sigmund Freud, *The Uncanny* (London: Penguin, 2003), 121.

46 *Φύσις κρύπτεσθαι φιλεῖ—Physis kryptesthai philei*—is Fragmentum B 123 in *Fragmente der Vorsokratiker*, ed. Hermann Diels (Berlin: Weidmann, 1903).

47 Galileo Galilei, *Il Saggiatore [The Assayer]*, quoted in Stillman Drake, ed., *The Controversy of the Comet of 1618* (Philadelphia: University of Pennsylvania Press, 1960), 183– 84.

48 Alfred Tennyson, *In Memoriam A. H. H.*, Canto 56 (1850): "Who trusted God was love indeed / And love Creation's final law / Tho' Nature, red in tooth and claw / With ravine, shriek'd against his creed."（編按：丁尼生這首詩的節錄大意如下：他相信上帝與愛合為一體／而愛是創造的終極律法／儘管自然有紅牙血爪的殘酷／他仍高喊反對神的教義。）

49 如同洛夫洛克（James Lovelock）的蓋婭假說（Gaia hypothesis）一樣，首次見於James Lovelock and C. E. Giffin, "Planetary Atmospheres: Compositional and Other Changes Associated with the Presence of Life," *Advances in the Astronautical Sciences* 25 (1969): 179– 93.

50 如同斯賓諾莎的「上帝或自然」(deus sive natura)。參考Hasana Sharp, *Spinoza and the Politics of Renaturalization* (Chicago: University of Chicago Press, 2011).

51 參考Roger French, *Ancient Natural History* (London: Routledge, 1994); Geoffrey E. R. Lloyd, "Greek Antiquity: The Invention of Nature," in *The Concept of Nature*, ed.

種爭論立場。例如伊恩・哈金（Ian Hacking）提出「推理風格」（style of reasoning）的概念，將不同的知識論態度置於特定的學科脈絡之中；參考 Hacking's "'Style' for Historians and Philosophers" and "Language, Truth, and Reason" in Ian Hacking, *Historical Ontology* (Cambridge: Cambridge University Press, 2002). 參考 David Bloor, *Knowledge and Social Imagery* (Chicago: University of Chicago Press, 1991); Bruno Latour, *Science in Action: How to Follow Scientists and Engineers through Society* (Cambridge, MA: Harvard University Press, 1987); Bruno Latour, *We Have Never Been Modern* (Cambridge, MA: Harvard University Press, 1993); Richard Rorty, *Philosophy and the Mirror of Nature* (Princeton, NJ: Princeton University Press, 1980); Richard Rorty, *Objectivity, Relativism, and Truth: Philosophical Papers* (Cambridge: Cambridge University Press, 1981); Wolfgang Stegmüller, *The Structure and Dynamics of Theories* (New York: Springer-Verlag, 1976). 同樣參考經典的 Richard J. Bernstein, *Beyond Objectivism and Relativism: Science, Hermeneutics, and Praxis* (Philadelphia: University of Pennsylvania Press, 1983); Allan Megill, ed., *Rethinking Objectivity* (Durham: Duke University Press, 1994).

37 Raymond Williams, *Keywords* (Oxford: Oxford University Press, 1984), 219. 每當「自然」被用引號標起來時，它就意味著自然的概念或觀念，重點在於這個詞作為「能指」（signifier）本身，而非所指稱的「所指」（signified）。

38 Arthur O. Lovejoy, "Some Meanings of Nature," in *Primitivism and Related Ideas in Antiquity*, by A. O. Lovejoy and George Boss (Baltimore: Johns Hopkins University Press, 1997), 447–56.

39 對自然「觀念」在歷史方面的研究，參考 Alfred North Whitehead, *The Concept of Nature* (Cambridge: Cambridge University Press, 1930); Adorno, "The Idea of Natural- History," 252–69; R. G. Collingwood, *The Idea of Nature* (Oxford: Oxford University Press, 1960); Maurice Merleau-Ponty's lectures on *Nature: Course Notes from the College de France*, trans. Robert Vallier (Evanston, IL: Northwestern University Press, 2003); Hans Blumenberg, *Die Lesbarkeit der Welt* (Frankfurt: Suhrkamp, 1983); Kate Soper, *What Is Nature?* (Oxford: Blackwell, 1995); Jean Ehrard, *L'Idee de nature en France dans la premiere moitie du XVIIIe siècle* (Paris: Albin Michel, 1994); Mario Alcaro, *Filosofie della natura* (Roma: Manifestolibri, 2006); Gianfranco Basti, *Filosofia della natura e della scienza* (Roma: Lateran University Press, 2002); Gianfranco Marrone, ed., *Semiotica della natura (Natura della semiotica)* (Milano: Mimesis, 2012); the magnificent Philippe Descola, *Beyond Nature and*

的，例如內省、記憶、推論等等。至於外在論者則允許有外在於認知主體的證成條件，例如因果關係、形塑信念的外部事件等等。

27 編按：這裡指的是卡爾・波普（Karl Popper）所謂「近似真」（verisimilitude／truthlikeness）的觀點。根據波普自己所主張的否證論（falsificationism），他認為我們無法真正證實（verify）一個科學理論是否在描述外在世界時為真，頂多只能透過否證，將假的理論排除；他進而認為，科學知識跟真理的發展因而只能是朝向對外在世界愈來愈精確的描述。因此科學真理具有近似真的性質。

28 Theodor W. Adorno, "The Idea of Natural- History," in *Things Beyond Resemblance: Collected Essays on Theodor W. Adorno*, ed. Robert Hullot-Kentor (New York: Columbia University Press, 2006), 260.

29 Deborah Cook, *Adorno on Nature* (Durham, UK: Acumen, 2011), 17.

30 Ibid., 11.

31 審定注：此處之學名僅指高麗參，後文所謂另一個產區所生的西洋參，學名為 *Panax quinquefolius*。

32 以下兩個相關方面的研究都很優異：Harold J. Cook, *Matters of Exchange: Commerce, Medicine, and Science in the Dutch Golden Age* (New Haven: Yale University Press, 2007); Alix Cooper, *Inventing the Indigenous: Local Knowledge and Natural History in Early Modern Europe* (Cambridge: Cambridge University Press, 2007).

33 P. J. Crutzen and E. F. Stoermer, "The 'Anthropocene,'" *Global Change Newsletter* 41 (2000): 17–18.

34 Dipesh Chakrabarty, "The Climate of History: Four Theses," *Critical Inquiry* 35 (2009): 197–222.

35 Hilary Putnam, *Reason, Truth and History* (Cambridge: Cambridge University Press, 1981), xi.

36 這是將一個非常有爭議的哲學辯論領域簡化處理了。在這個領域中，普遍主義者反對相對主義者，實在論者反對反實在論者。關於這個問題的介紹性研究非常多。例如參考 Stuart Brock and Edwin Mares, *Realism and Anti-realism* (Montreal: McGill- Queen's University Press, 2007); William P. Alston, ed., *Realism and Antirealism* (Ithaca, NY: Cornell University Press, 2002); Patrick Greenough and Michael P. Lynch, eds., *Truth and Realism* (Oxford: Oxford University Press, 2006); Alfred I. Tauber, ed., *Science and the Quest for Reality* (Houndmills, UK: Macmillan, 1997). 有些哲學家與科學史家試圖調解這兩

no. 1 (1981): 66–90; John Dupré, "In Defense of Classification," *Studies in History and Philosophy of Biological and Biomedical Sciences* 32, no. 2 (2001): 203–19; John Wilkins, *Species: The History of the Idea* (Berkeley: University of California Press, 2009).

21 參考John Dupré, *The Disorder of Things: Metaphysical Foundations of the Disunity of Science* (Cambridge, MA: Harvard University Press, 1993); Wilkins, *Species*. 同樣參考西村三郎，《リンネとその使徒たち—探検博物学の夜明け》(Tokyo: Asahi Sensho, 1997).

22 Hilary Putnam, "The Meaning of 'Meaning,'" in *Philosophical Papers: Mind, Language, and Reality*, vol. 2 (Cambridge: Cambridge University Press, 1975), 215–71.（編按：「清晰與明白」是笛卡兒哲學方法論中重要的哲學原則。根據笛卡兒，要建立堅固的知識基礎，就必須依照一些原則作為依歸；而為了讓所有知識的各個部分都是自明〔self-evident〕且不可被懷疑的，他主張我們要把知識拆解成最基本的觀念，而且每一個觀念都必須是清晰與明白的，才可以被我們所接受。至於社會分工的意義理論係已故的哈佛大學哲學家普特南早期的觀點。根據普特南，語詞——特別指的是種類詞〔kind terms〕——的實際指涉對象，係由一個社會中各個領域的專家所各自發現的，例如「水」的指涉是由化學家所發現的「H_2O」，「智人」的指涉則是由生物學家所發現的「被歸類為哺乳綱、靈長目、人科、人屬的物種」，諸如此類。）

23 Antonio Gramsci, *The Prison Notebooks: Selections* (New York: International Publishers, 1971), 9.

24 雅克・勒高夫（Jacques Le Goff）將學者職業化的開始往前推到十二世紀。參考Le Goff, *Les intellectuels au Moyen Age* (Paris: Editions du Seuil, 1957).

25 布魯諾・拉圖（Bruno Latour）發展出一個關係網絡，涉及人類行動者與他們所居住的機構、他們所共享的話語裝置、以及他們直接和間接接觸的對象，這三個因素都有類似的地位，並且作為「行為體」（actants）相互交織。參考Bruno Latour, *Reassembling the Social: An Introduction to Actor-Network Theory* (Oxford: Oxford University Press, 2005).

26 編按：知識論上的內在論與外在論之爭，指的是究竟在滿足什麼樣的條件下，一個認知主體可以宣稱他所具有的信念是合理的——或嚴格一點來說，是知態上被證成的（epistemically justified）——因而可以宣稱該信念是知識。內在論者主張這個知態證成的條件必須是內在於認知主體前的世界觀中，那種神秘與象徵性對應關係網絡的衰落，這是現代社會的工具理性化與官僚化的結果。參考Max Weber, "Science as a Vocation," in *The Vocation Lectures: "Science as a Vocation," "Politics as a Vocation,"* ed. D. S. Owen and T. B. Strong (Indianapolis: Hackett, 2004), 1–32.

12 本書並沒有對本草學的實踐層面，從藥學到自然史以及包括烹飪、景觀設計、植物學、農學、漁業、林業等，進行多樣性與豐富性的全面調查。它只是粗略介紹了一些本草學者，例如小野蘭山，雖然這些學者在自己的時代享有崇高的地位，但他們的工作與我的論點沒有太大關係。針對本草學的概述，參考矢部一郎，《江戸の本草：薬物学と博物学》(Tokyo: Saiensu Sha, 1984); 上野益三，《日本博物学史》(Tokyo: Kōdansha Gakujutsu Bunko, 1989); 木村陽二郎，《日本自然史の成立：蘭学と本草学》(Tokyo: Chūōkōronsha, 1974); 杉本つとむ，《江戸の翻訳家たち》(Tokyo: Seidosha, 1985); 西村三郎，《文明の中の博物学：西欧と日本》，兩卷本 (Tokyo: Kinokuniya Shoten, 1999); 杉本つとむ，《日本本草学の世界：自然・医薬・民俗語彙の探究》(Tokyo: Yasaka Shobō, 2011).

13 引用自上野益三，《日本博物学史》，66.

14 參考Carla Nappi, *The Monkey and the Inkpot: Natural History and Its Transformations in Early Modern China* (Cambridge, MA: Harvard University Press, 2009).

15 參考第二章。

16 Michel Foucault, *The Order of Things: An Archaeology of the Human Sciences* (New York: Vintage, 1994), 132–38.

17 宇田川榕庵與嘗百社博物學家在十九世紀的活動是部分例外。參考第十章與第十二章。同樣參考Maki Fukuoka, *The Premise of Fidelity: Science, Visuality, and Representing the Real in Nineteenth- Century Japan* (Stanford: Stanford University Press, 2012).

18 這個表述係來自Karl Marx, *Capital: A Critique of Political Economy*, vol. 1, trans. Ben Fowkes (London: Penguin Classics, 1990), 167.

19 略為修正自 ibid., 165.

20 參考Alexander Bird and Emma Tobin, "Natural Kind," in *Stanford Encyclopedia of Philosophy* (2008), accessed October 14, 2010, http://plato.stanford.edu/entries/natural- kinds; Marc Ereshefsky, "Species," in *Stanford Encyclopedia of Philosophy* (2010), accessed October 14, 2010, http://plato.stanford.edu/entries/species. 同樣參考John Dupré, "Natural Kinds and Biological Taxa," *Philosophical Review* 90,

5 特別參考Massimo Raveri, *Itinerari nel sacro: L'esperienza religiosa giapponese* (Venezia: Cafoscarina, 1984), 11–68; Yoneyama Toshinao, *Shōbonchi uchū to Nihon bunka* (Tokyo: Iwanami Shoten, 1989)；以及Hori Ichiro, *Folk Religion in Japan: Continuity and Change* (Chicago: University of Chicago Press, 1968).

6 此處有大量的相關文獻。特別參考Nakao Sasuke, *Saibai shokubutsu to nōkō no kigen* (Tokyo: Iwanami Shoten, 1966); Sonoda Minoru, "Shinto and the Natural Environment," in *Shinto in History: Ways of the Kami*, ed. John Breen and Mark Teeuwen (London: Curzon, 2000), 32–46; Okatani Kōji, *Kami no mori, mori no kami* (Tokyo: Tokyo Shoseki, 1989). 關於柳田國男論述民族中心主義（ethnocentrism）的政治意涵，參考H. D. Harootunian, *Overcome by Modernity: History, Culture, and Community in Interwar Japan* (Princeton, NJ: Princeton University Press, 2000).

7 Raveri, *Itinerari nel sacro*; Yoneyama, *Shōbonchi uchū to Nihon bunka*.

8 日本環境史相關文獻增長得非常快速：參考Brett Walker, Ian Miller, and Julia Adeney Thomas, eds., *Japan at Nature's Edge: The Environmental Origins of a Global Power* (Honolulu: University of Hawaii Press, 2013); Robert Stolz, *Bad Water. Nature, Pollution, and Politics in Japan, 1870–1950* (Durham: Duke University Press, 2014); Brett Walker, *Toxic Archipelago: A History of Industrial Disease in Japan* (Seattle: University of Washington Press, 2010); Conrad Totman's *A History of Japan* (Malden, MA: Blackwell, 2000) 這本書中有一章特別長，專論環境史；William Kelly, *Water Control in Tokugawa Japan: Irrigation Organization in a Japanese River Basin, 1600–1870* (Ithaca, NY: Cornell University China-Japan Program, 1982)；同樣參考兩冊的菊池万雄，《日本の歴史災害》(Tokyo: Kokon Shoin, 1980–86).

9 Conrad Totman, *The Green Archipelago: Forestry in Pre-industrial Japan* (Berkeley: University of California Press, 1989).

10 讀者後來將會看到，我並不認為空間是中性且空無一物的，人類事件與自然現象並不是在一個預先存在的笛卡兒網格上展開，而是在人類社群與自然環境之間，持續進行社會性的代謝過程中，這兩者關係意義下的產物。參考Henri Lefebvre, *The Production of Space* (Oxford: Basil Blackwell, 1991); David Harvey, *Justice, Nature and the Geography of Difference* (Oxford: Basil Blackwell, 1996).

11 這樣的描述呼應了韋伯的「袪魅」或「除魅」概念（德文是「Entzauberung」），韋伯從席勒（Friedrich Schiller）那裡承襲了這個概念，藉此描述現代化之

注釋

Notes

前言

1 位於現在的石川縣與富山縣，沿著本州的西海岸。本書寫作時遵循中國與日本姓名的書寫慣例：姓在前，名在後。舉例來說，前田是姓，利常是名。此外，寫作時也遵循了用名字來稱呼日本現代化以前知名人士的慣例；因此，在提到學者貝原益軒時，我會以「益軒」（名）稱呼之，而非「貝原」（姓）。（編按：由於本書翻譯成中文後，考量到中文讀者已熟悉的語境來稱呼書中的日本歷史人物，再加上由於涉及的人物眾多，因此仍保留以連名帶姓的方式稱呼之。故中文版將不會依照作者只稱呼名的方式編輯。）

2 Natsume Sōseki, *Sanshiro*, trans. Jay Rubin (London: Penguin, 2009).

3 Max Horkheimer and Theodor W. Adorno, *Dialectic of Enlightenment*, trans. John Cumming (New York: Continuum, 1989), 3.

第一章

1 Akimoto Kichirō, "Hitachi no kuni fudoki," in *Fudoki, Nihon koten bungaku taikei*, vol. 2, ed. Akimoto Kichirō (Tokyo: Iwanami Shoten, 1976), 54–57. 更直白的英文翻譯請見Mark C. Funke, "*Hitachi no Kuni Fudoki*," *Monumenta Nipponica* 49, no. 1 (Spring 1994): 16–17. 自此以後，除非另有說明，所有日文、中文、拉丁文、古希臘文、德文、法文與義大利文的翻譯都為作者本人所譯。

2 關於導論型的專著，參考Komatsu Kazuhiko, *Yōkaigaku shinkō: Yōkai kara miru Nihonjin no kokoro* (Tokyo: Shōgakukan, 1994).

3 參考Komine Kazuaki, *Chūsei setsuwa no sekai wo yomu* (Tokyo: Iwanami Shoten, 1998).

4 審定注：「**里山**」原是日文詞彙，原本指接近人類聚落，可供人採集柴薪與野菜的山林；其相對語為「**深山**」，即內文中所提到的，人煙罕至的森林覆蓋山區，通常為神靈的居所。

Beyond
37
世界的啟迪

博物日本：

本草學與江戶日本的自然觀

The Knowledge of Nature and the Nature of Knowledge in Early Modern Japan

作者	費德里柯・馬孔（Federico Marcon）
譯者	林潔盈
執行長	陳蕙慧
總編輯	張惠菁
責任編輯	謝嘉豪
行銷總監	陳雅雯
行銷企劃	余一霞、林芳如
封面設計	張巖
內頁排版	宸遠彩藝
社長	郭重興
發行人兼出版總監	曾大福
出版	衛城出版 / 遠足文化事業股份有限公司
發行	遠足文化事業股份有限公司
地址	231 新北市新店區民權路 108-2 號 9 樓
電話	02-22181417
傳真	02-22180727
客服專線	0800-221029
法律顧問	華洋法律事務所　蘇文生律師
印刷	通南彩色印刷有限公司
初版一刷	2022 年 06 月
定價	650 元
ISBN	9786267052365（紙本）
	9786267052389（EPUB）
	9786267052372（PDF）

歡迎團體訂購，另有優惠，請洽 02-22181417，分機 1124、1135

ACRO POLIS
衛城出版
Email　acropolismde@gmail.com
Facebook　www.facebook.com/acrolispublish

國家圖書館出版品預行編目(CIP)資料

博物日本 ： 本草學與江戶日本的自然觀 / 費德里柯.馬孔(Federico Marcon)著 ; 林潔盈譯. -- 一版. -- 新北市 : 衛城出版 : 遠足文化事業股份有限公司發行, 2022.06
面； 公分. -- (Beyond)
譯自 : The knowledge of nature and the nature of knowledge in early modern Japan.
ISBN 978-626-7052-36-5(平裝)

1. 自然史 2. 江戶時代 3. 日本史

731.26 111005731

● 親愛的讀者你好，非常感謝你購買衛城出版品。
我們非常需要你的意見，請於回函中告訴我們你對此書的意見，
我們會針對你的意見加強改進。

若不方便郵寄回函，歡迎傳真回函給我們。傳真電話 —— 02-2218-0727

或上網搜尋「衛城出版 FACEBOOK」
http://www.facebook.com/acropolispublish

● 讀者資料

你的性別是 □ 男性 □ 女性 □ 其他

你的職業是 ________________ 你的最高學歷是 ________________

年齡 □ 20 歲以下 □ 21-30 歲 □ 31-40 歲 □ 41-50 歲 □ 51-60 歲 □ 61 歲以上

若你願意留下 e-mail，我們將優先寄送 ________________ 衛城出版相關活動訊息與優惠活動

● 購書資料

● 請問你是從哪裡得知本書出版訊息？（可複選）
□ 實體書店 □ 網路書店 □ 報紙 □ 電視 □ 網路 □ 廣播 □ 雜誌 □ 朋友介紹
□ 參加講座活動 □ 其他 ______

● 是在哪裡購買的呢？（單選）
□ 實體連鎖書店 □ 網路書店 □ 獨立書店 □ 傳統書店 □ 團購 □ 其他 ______

● 讓你燃起購買慾的主要原因是？（可複選）
□ 對此類主題感興趣
□ 覺得書籍設計好美，看起來好有質感！
□ 議題好熱，好像很多人都在看，我也想知道裡面在寫什麼
□ 其他 ______
□ 參加講座後，覺得好像不賴
□ 價格優惠吸引我
□ 其實我沒有買書啦！這是送（借）的

● 如果你覺得這本書還不錯，那它的優點是？（可複選）
□ 內容主題具參考價值 □ 文筆流暢 □ 書籍整體設計優美 □ 價格實在 □ 其他 ______

● 如果你覺得這本書讓你好失望，請務必告訴我們它的缺點（可複選）
□ 內容與想像中不符 □ 文筆不流暢 □ 印刷品質差 □ 版面設計影響閱讀 □ 價格偏高 □ 其他 ______

● 大都經由哪些管道得到書籍出版訊息？（可複選）
□ 實體書店 □ 網路書店 □ 報紙 □ 電視 □ 網路 □ 廣播 □ 親友介紹 □ 圖書館 □ 其他 ______

● 習慣購書的地方是？（可複選）
□ 實體連鎖書店 □ 網路書店 □ 獨立書店 □ 傳統書店 □ 學校團購 □ 其他 ______

● 如果你發現書中錯字或是內文有任何需要改進之處，請不吝給我們指教，我們將於再版時更正錯誤

請沿虛線剪下

廣　告　回　信
臺灣北區郵政管理局登記證
第　1　4　4　3　7　號

請直接投郵•郵資由本公司支付

23141
新北市新店區民權路108-2號9樓

衛城出版 收

● 請沿虛線對折裝訂後寄回，謝謝！

ACROPOLIS 衛城出版

Beyond

37

世界的啟迪